经典教材系列
CLASSIC TEXTBOOK SERIES

GYOSEI GAKU

(new ed.)

中国人民大学出版社

公共行政与公共管理经典译丛
Public Administration and Public Management Classics

行政学

（新版）

[日] 西尾胜　著

毛桂荣　杜创国　熊达云
张亲培　白智立　译

《公共行政与公共管理经典译丛》
总　　序

在当今社会，政府行政体系与市场体系成为控制社会、影响社会的最大的两股力量。理论研究和实践经验表明，政府公共行政与公共管理体系在创造和提升国家竞争优势方面具有不可替代的作用。一个民主的、负责任的、有能力的、高效率的、透明的政府行政管理体系，无论是对经济的发展还是对整个社会的可持续发展都是不可缺少的。

公共行政与公共管理作为一门学科，诞生于20世纪初发达的资本主义国家，现已有上百年的历史。在中国，公共行政与公共管理仍是一个正在发展中的新兴学科。公共行政和公共管理的教育也处在探索和发展阶段。因此，广大教师、学生、公务员急需贴近实践、具有实际操作性、能系统培养学生思考和解决实际问题能力的教材。我国公共行政与公共管理科学研究和教育的发展与繁荣，固然取决于多方面的努力，但一个重要的方面在于我们要以开放的态度，了解、研究、学习和借鉴国外发达国家研究和实践的成果；另一方面，我国正在进行大规模的政府行政改革，致力于建立与社会主义市场经济相适应的公共行政与公共管理体制，这同样需要了解、学习和借鉴发达国家在公共行政与公共管理方面的经验和教训。因此无论从我国公共行政与公共管理的教育发展和学科建设的需要，还是从我国政府改革的实践层面，全面系统地引进公共行政与公共管理经典著作都是时代赋予我们的职责。

出于上述几方面的考虑，我们组织翻译出版了这套《公共行政与公共管理经典译丛》。为了较为全面、系统地反映当代公共行政与公共管理理论与实践的发展，本套丛书分为四个系列：(1) 经典教材系列。引进这一系列图书的主要目的是适应国内公共行政与公共管理教育对教学参考及资料的需求。这个系列所选教材，内容全面系统、简明通俗，涵盖了公共行政与公共管理的主要知识领域，内容涉及公共行政与公共管理的一般理论、公共组织理论与管理、公共政策、公共财政与预算、公共部门人力资源管理、公共行政的伦理学等。这些教材都是国外大学通用的公共行政与公共管理教科书，多次再版，其作者皆为该领域最著名的教授，他们在自己的研究领域多次获奖，享有极高的声誉。(2) 公共管理实务系列。这一系列图书主要是针对实践中的公共管理者，目的是使公共管理者了解国外公共管理的知识、技术、方法，提高管理的能力和水平，内容涉及如何成为一个有效的公共管理者、如何开发管理技能、政府全面质量管理、政府标杆管理、绩效管理等。(3) 政府治理与改革系列。自 20 世纪 80 年代以来，世界各国均开展了大规模的政府再造运动，政府再造或改革成为公共行政与公共管理的热点和核心问题。这一系列选择了在这一领域极具影响的专家的著作，这些著作分析了政府再造的战略，向人们展示了政府治理的前景。(4) 学术前沿系列。本系列选择了当代公共行政与公共管理领域有影响的学术流派，如新公共行政、批判主义的行政学、后现代行政学、公共行政的民主理论学派等的著作，以期国内公共行政与公共管理专业领域的学者和学生了解公共行政理论研究的最新发展。

总的来看，这套译丛体现了以下特点：(1) 系统性。基本上涵盖了公共行政与公共管理的主要领域。(2) 权威性。所选著作均是国外公共行政与公共管理的大师，或极具影响力的作者的著作。(3) 前沿性。反映了公共行政与公共管理研究领域最新的理论和学术主张。

在半个多世纪以前，公共行政大师罗伯特·达尔 (Robert Dahl) 在《行政学的三个问题》中曾这样讲道："从某一个国家的行政环境归纳出来的概论，不能够立刻予以普遍化，或被应用到另一个不同环境的行政管理上去。一个理论是否适用于另一个不同的场合，必须先把那个特殊场合加以研究之后才可以判定"。的确，在公共行政与公共管理领域，事实上并不存在放之四海而皆准的行政准则。按照建设有中国特色的社会主义的要求，立足于对中国特殊行政生态的了解，以开放的思想对待国际的经验，通过比较、鉴别、有选择的吸收，发展中国自己的公共行政与公共管理理论，并积极致力于实践，探索具有中国特色的公共行政体制及公共管理模式，是中国公共行政与公共管理发展的现实选择。

本套译丛于 1999 年底由中国人民大学出版社开始策划和组织出版工作，并成立了由该领域很多专家、学者组成的编辑委员会。中国人民大学政府管理与改革研究中心、国务院发展研究中心东方公共管理综合研究所给予了大力的支持和帮助。我国的一些留美学者和国内外有关方面的专家教授参与了原著的推荐工作。中国人民大学、北京大学、清华大学、厦门大学、复旦大学、中山大学、武汉大学等许多该领域的中青年专家学者参与了本译丛的翻译工作。在此，谨向他们表示敬意和衷心的感谢。

《公共行政与公共管理经典译丛》编辑委员会

2001年8月

中文版序言

日本现在正处于继1868年的明治维新，1945年的第二次世界大战后改革之后的第三次改革之中。政治与行政的框架结构仍在不断地变化。本书中的一些叙述也已经不合现状，在不久的将来必须做一些改定。

明治维新是萨摩、长州、土佐、肥前这些西南雄藩联合讨伐幕府的内战而引发的革命。这是士族与士族之间的内战，在这个意义上明治维新与欧洲的市民革命有着不同的性质，但是这无疑是一场革命。1869年的版籍奉还和1871年的废藩置县这两项措施，完全摧垮了德川幕府体制，并在“王政复古”的名义下确立了以天皇为中心的、新的政治体制。自此以后，废除封建的士农工商的身份制度，禁带刀器，换和服为洋装等“文明开化”的各种举措不断实施，甚至国民的生活也大有变化。到明治二十年代（1888年以后），发布大日本帝国宪法，开设帝国议会，使得日本的制度转变为近代西欧式的立宪君主制。

日本在太平洋战争战败后，在盟军总司令部（GHQ）的占领管理下，实施了一系列改革措施，其中包括将大日本帝国宪法修改新定为日本国宪法，天皇主权变更为国民主权，接连不断的占领当局的改革使得日本的政治结构、经济结构和社会结构都发生了巨大的变革。首先，财阀的解散使得大企业分割，促进了企业间的竞争。其次，公认劳动基本权的行使使得劳动组合（工会）的成立数量增长迅速，不断地展开要求增加工资的斗争，人们的工资收入水平也逐渐提高。基于此，大众的购买能力也得到提高，经济增长成为现实。在农村，农地改革的坚定实施推进了佃农向自耕农的转化，促进了粮食增产，摆脱了战时以及战后时期的粮食不足的困境。还有，修改民法，废除了战前的家族制度和长子继承制度，推进了男女平等。同时，义务教育的年限从小学 6 年制扩大为中小学 9 年制，大大提高了国民的平均教育水平。这一连串的战后改革，给国民各个阶层增添了新的活力，这种国民的活力使得战后日本经济的复苏成为可能，也支撑了其后的高度经济增长。

但是，以 20 世纪 70 年代的两次石油危机为转机，日本经济增长大幅度地下降，政府陷入了严重的财政危机。日本社会进入停滞萧条的时期。其后，90 年代的前半期一度曾有微弱的复苏苗头，但是泡沫经济崩溃，90 年代后期日本陷入金融危机，日本社会转到了更加萧条的时期。中央和地方的累计财政赤字巨额上升。由此，日本政府在 1981 年设立了第二次临时行政调查会，其后推进了诸如国有铁道、日本电信电话、日本烟草专卖三个政府企业的私营化在内的各种公共事务的民营化，放松规制等一系列的新保守主义改革。这个时期，在行政改革之上又出现了政治改革的潮流，二者相互交织至今。现在小泉内阁的中央和地方之间包括事权下放在内的“三位一体的改革”，道路公团的民营化，邮政事业的民营化，政府管辖金融机构的统合和废除，预算特别会计制度的改革，公务员工资的调整和公务员人数的削减等，都是从政治改革和行政改革两方面推进的改革。这是停滞、萧条的时代，同时也是改革的时代。

也就是说，战后改革引发出来的国民的新活力在其后的四五十年中消耗殆尽，这正是停滞、萧条的根本原因。企业正在接受全球化的竞争挑战，开始重新寻求组合。工会无法通过谈判要求增加工资，加入工会的人数比率在下降。在农村，大部分的农户成为兼业（非专业）农户，又因减少耕地的政府政策，土地的休耕面积在上升。核心家庭化趋势的增强和女性社会参与的增多，导致老年人护理和幼儿抚育的社会化的需求增加。高学历化倾向增强，同一年龄层中半数以上进入大学等高等教育机构，这一变化反过来导致大量的高中毕业生、大学毕业生成为无业者或待业者，同时在体力劳动的行业产生劳动力不足的现象。而且，在这一变化的过程中，出生率下降和人口老龄化趋势急剧上升，2006 年日本转入人口减少期。战后改革中创造出来的社会活力已消耗殆尽，其效果在最近表现明显的只剩下女性的活力了。

如此下去，日本社会就无法描绘其光明的未来蓝图。日本社会如要再次获得活力，必须推进不低于明治维新和战后改革规模的“第三次改革”，打破和重铸已经僵化的现存社会和经济结构，给社会各阶层注入新的活力。这样的结构性改革，需要有政治的决断才能实现。但是，这样的结构改革会遭遇到在现存结构下拥有经济、地位、权力、名声的既得利益集团的强力反对。在被称为“1955 年体制”的、长达 38 年的自民党一党统治下形成的官僚主导政治体制下，日本有没有那种能够排除各种既得利益者的强力反对、断然实行结构性改革的政治指导力量呢？无论怎么看，似乎没有。因而，要认识到，要实现经济的结构改革、社会的结构改革，必须首先实现政治的结构改革，实现从官僚主导体制到政治主导体制的转变。

政治结构改革的潮流是在 1993 年夏季众议院的解散、大选中自民党的分裂、非自民党大联合政权的细川内阁产生以后才真正开始的。首先，众议院的选举制度由先前的中选举区制度改为小选举区和比例代表并立制。这个选举制度的改革是使执政党与在野党之间的政权轮替成为可能的改革。从其后的选举结果来看，日本的政界正渐渐地朝向两党制的方向收敛。其次，日本实现了第一次分权改革。还有，日本实施了包括强化内阁功能、重组中央政府部委、建立独立行政法人制度、引进政策评价制度在内的“桥本（龙太郎）改革”。与此同时，也实现了包括新设副大臣、大臣政务官制度，废除在国会委员会审议中高级官僚作为政府答辩人的政府委员制度，引进党首（在国会直接面对）讨论制度在内的“小泽（一郎）构想”。到小泉内阁时期，自民党内派系的活动能力受到削弱，中央政府的官僚机构事实上拥有的（政策）否决权也被剥夺，执政党对内阁提出法案（在提交国会前）的事先审查的习惯也渐被打破。还有，在大选时，各政党提出政策公约（manifesto），以此为中心展开选举的模式已经引进日本政治。在 2005 年的大选中，自民党虽然内部有反对势力，但还是将邮政民营化作为最优先课题迎战大选，结果是执政党联合政权获得了众议院议席的三分之二以上的绝对多数，获得大胜。在大选后的特别国会实现了邮政的民营化。

今后，诸如改善政府和执政党的二元权力结构、公务员制度改革、第二次（地方）分权改革、修改宪法等课题将会继续讨论下去。从 1993 年开始的“第三次改革”估计需要四分之一世纪的时间，可能会持续到 2020 年。这个“第三次改革”不是明治维新那样的革命时期的改革，而是在和平、稳定时期的政治环境下实施的，因而其难度要超越明治维新时期的改革。而且，这一改革也与战后占领时期依照占领军的绝对命令而实施的改革不同，是日本国民自发选择实施的改革，其难度超过战后占领时期的改革。日本社会的未来，取决于日本能否成功地实现这个“第三次改革”。

这个未来转变的关键，首先会在 2007 年来到。2007 年不仅仅是日本的人口开始减少的一年，而且是所谓的“团块的一代”，即战后不久第一次生育高峰期出生的一代人迎来 60 岁的退休年龄，开始陆续退休，离开职场的一年。日本社会要经历前所未有的、大规模的代际交替。而且，2007 年要实施同一地方选举和参议院议员选举。众议院议员选举在这一年举行的可能性也很大。2007 年的这三大选举中，日本的选民会表达什么样的政治意向呢？这一年选举的结果，也许会导致日本的政治和行政的状况发生更深刻的变化。

在以上的思考下写作的本书，中国的读者会怎样阅读理解呢？平心而言，无法预言。现在，中国正在极力推进改革开放，正处在经济高速增长时期。2004 年冬天，相隔了许久，我再次来到北京，当时北京正为举办奥运会进行着超出我想象的、大规模的城市改造，这令我惊叹。我坚信，北京的这场城市改造一定会作为 21 世纪初期世界城市改造的案例，载入城市规划史册而留传下去。在中国的改革过程中，各个领域的法制建设正在进行，其中之一，《中华人民共和国公务员法》已经制定公布，2006年开始实施。困于停滞和萧条的日本与正在跃进的中国，两国的状况相差甚远。但是，经济高速增长之后日本的各种经历，以及为从这个萧条中挣脱出来而努力的日本的经验，如果能够成为今后中国的参考，这对笔者来说，正是无上之荣幸。

西尾胜

国际基督教大学教授

2006年4月

修订版序言

本书自 1993 年 6 月初版发行以来，7 年半的时间已经过去。

与本书的初版发行几乎同时，对笔者而言，意料之外的事发生了，那就是日本的自民党分裂。1955 年以来，长达 38 年之久的自民党一党执政的统治体制拉下帷幕，日本政治走上了联合政府的时代。尔后，政治流动化的倾向虽有所加剧，但是日本政界的重新组合还在进行之中，其未来走向还不明确。

但是，在这期间，日本宪政体制发生了变革，其规模之大超出大家的想象。始于 20 世纪 90 年代初的政治改革与 80 年代之后延续不断的行政改革合流，相互映衬，政治改革的取向渐而鲜明，打破“官僚统治”并确立“政治主导”成为公认的政治改革目标。时光流逝，万物流转。

笔者作为地方分权推进委员会的委员，投身于这一改革的浪潮，极力主张此时此刻正是推进继明治维新和“战后改革”之后的“第三次改革”的最佳时机。笔者当时投入全部身心，投身于“第三次改革”，因而没有过多的余力关注在自己身边同时发生的许多改革。这是非常遗憾的事。但是，当分权改革暂且告一段落，略有余力环观周边的变化时发现，基于宪法的各种法律，也即是《国会法》、《内阁法》、《国家行政组织法》、《地方自治法》等国家基本法，都发生了变革，在其规模和性质上都是前所未有的。笔者深感，“第三次改革”不止于期盼，而是正在渐渐地成为现实。

面对如此的变革，本书难免需要修订。以制度学的观点为重点对行政进行考察的本书更是如此。未满 10 年而寿终的教科书不再适合作为教科书，对此笔者略有心痛，但也深感无奈。同时，笔者也感叹日本国民的力量，能够在如此短短几年的时间内完成如此大规模的变革。这个国家的潜能不可低估，由此，笔者也有了一丝安慰和愉悦。

但是，本书的修订却是个很难的工作。确实，许多新的法律制度付诸实施，无可计数的现行法律进行了修订工作。但是，比如《行政程序法》、《环境影响评估法》刚刚实施不久，副大臣、大臣政务官制度的设置，新的省厅制度的转变也是同样。至于信息（情报）公开法则尚未实施（2001 年 4 月实施）。笔者参与的分权改革亦然，其改革的意图，要得到地方自治体相关人士的理解，这次改革的成果在全国上下都能够得到实际应用，估计还需要 10 至 15 年的时间。

制度修改了，并不保证制度的运作也会立即转变。法律制度常常会在受到人的意识和习惯的强化、架空或歪曲之后被实施和运用。在这一点上，只要看看新宪法确立的议会内阁制在战后 50 年中是如何被理解以及如何被运用的，就可理解制度和制度运作的不同。“宪法变，行政法不变”的类似现象，虽有程度之差，在任何制度变革中都是不可避免的事。此次“第三次改革”的效果应该会渐渐地呈现出来，但是其预定的目标究竟能在多大程度上得到实现，非上帝莫能预言。要厘定改革的效果为时过早，因而此时修订本书实在艰难。在何时修订本书最为合适，这个问题越想越烦恼。

这次修订，几乎全部重写的是第 7 章。其次，第 6 章和第 8 章也作了大幅度的补写，第 1 章和第 16 章，还有第 18 章到第 20 章也作了若干追加。其他各章节都作了必要的补写和修正。同时，在提高该书的可读性上做了很大的努力。

书末的参考文献栏目，补充了许多在本书初版后出版的书籍，希望对自学有参考价值。

西尾胜

2001 年元旦

第一版前言

本书是笔者在先前的放送大学（广播函授大学）教材《行政学》（放送大学教育振兴会，1988 年）的基础上改编的。本书仍作为大学本科 4 学分的行政学教材之用，增加了新的章节，并对各章内容作了详细的解说。因此，本书与其说是先前的放送大学教材的修订版，不如说是新版。但是其基本架构与先前的教材相似，以制度学观点的考察为中心，再加上若干管理学和政策学观点的考察。

行政学是在美国诞生，在美国成长的。因而，认为只有美国行政学才是世界行政学的正统教义的观点，现在依然可见。直接地说，国际公务员录用考试的行政学考题是根据美国行政学设定的。如此而来，参考美国的行政学教科书，依此为标准而写作的教科书，或许可以成为国际通用的教科书。但是美国的行政学，在世界上并不是具有普遍意义的行政学。因为美国行政学是以美国的行政为考察对象，并依此构建其学问体系的，具有美国的本土性。通过学习集美国行政学之大成的教科书，依此准确地理解日本的行政，深化对日本行政的思考是不可能的。

因此，在日本从事行政学教育时，必须建构适合日本的行政学教科书。其理由不仅仅在于作为行政学考察对象的日本与美国的行政实践不同，而且因为日本与美国的行政学教育的环境大有差异。关于日美行政的实践的不同，本书的许多章节都有解说，在此仅对日美行政学不同的教育环境作若干解说。通过日美行政学教育环境差异的解说，来彰显本书的意图之所在。

行政学诞生至今仅有 100 多年的历史。但是行政学在美国异常地发达，许多机构设置了以行政学为中心的行政研究院。行政研究院成为培养通才型职业行政官的核心机构。有志于做职业行政官的学生，不仅仅在本科学习作为专业科目的行政学，而且更进一步地在行政研究院研习行政管理与公共政策的各个分支学科。

相对于此，日本的许多职业行政官是从法学院、经济学院、政治经济学院的本科毕业生中录用、培养出来的。在日本，相当于美国行政研究院的机构不发达，因此行政学仅限为法学院、经济学院、政治经济学院的政治学系本科生的一门专业课。

以上述教育体制为前提，日本的行政学教科书，首先，在其构成上尽量使其成为自我完善的体系。本书以制度学观点的考察为中心编写，对管理学和政策学观点的考察避深就浅，原因就在于此。

其次，美国的大学在本科设有政府学（Government）、国家政府（National Government）、地方政府（Local Government）的专业课，而日本的大学没有这些课程。低年级的政治学讲义的内容几乎是政治科学。在日本大学的课程中，政府的制度与运用的概论不如说是交给了宪法的课程。但仅仅这样是不够的，所以本书在第 5 章到第 8 章中对地方自治制度、议会内阁制、部委或省厅制度以及公务员制度做了长篇的解说。

再次，在日本，行政学的课程几乎是以法学院、经济学院的学生，也就是以专攻法律学的学生为对象的。因此，讲授行政学时有必要弄清其与行政法课程的关系，在行政学与行政法之间形成适当的分工关系。本书非常强调法令之外的行为规范，即预算、计划、行政规则等的控制功能，这也是基于以上的考量。另外，关于法院的行政监督问题在行政法的课程中讲得较多，因而本书几乎未涉及。

在教科书中，以××学入门为题的较多。事实上，大学生通过大学课堂的讲义和教科书接触本专业，开始入其门，在这个意义上，教科书都可称其为入门书。但是入门书要起到唤起学生的兴趣和注意的作用，引导学生不知不觉地深入其学问的深奥境界，才算是真正的入门书。写作如此货真价实的、嚼之有味的入门书实在是太难了。可以说，读完教科书即失去兴趣，早早地与该学科说再见，并从其学问的境地离去的学生很多。非常遗憾，本书似乎也不例外，难逃此命运。

但是反过来说，仅仅靠听讲义读教科书而对该学问产生兴趣的事，可以想一想，似乎没有。要想对学问产生兴趣，有必要打开专业书，与该书的作者进行一番思想的交锋。

在此，殷切希望学生们，以本书最后提供的参考文献为导引，努力自学自修。

西尾胜

1993 年 4 月

目　　录

阅读资料目录

第 1 章

行政服务的范围

从近代国家到现代国家

行政学是19世纪末在美国产生的，是政治学的新的研究领域。它是在近代国家向现代国家过渡之际，为适应现代国家必不可少的行政体制这一制度改革的课题而诞生的学问。

近代国家向现代国家过渡意味着什么？第一点，政府的职能，即行政服务的范围和规模急剧膨胀。第二点，国民经济不再任由市场机制来自动调整，政府深深地介入经济的市场。第三点，因为政治制度上大众民主制的实现，以及行政制度上现代公务员制的确立，立法与行政的关系以及政治与行政的关系产生了重大的变动。

本章将重点放在上述三点中的第一和第二点变化，也就是关于行政服务变化的侧面，从这个侧面来阐述现代国家的历史性地位。

1.1 行政服务的发展

古代·中世纪的政治统治

在古代和中世纪，政治统治者的统治职能大致限于以下三点：保卫领土和人民以防外敌入侵（国防）、惩治犯罪（警察）、裁定争端（审判）。政治统治者为此对人民课以赋役（征兵与征税），并以此权力维持兵力。同时以上述权力为其后盾而建造王宫、神殿、寺院、陵墓（公共建筑），又以此为权威的象征君临人民之上。除此之外，尚有一些其他的统治职能，但也最多是加上防治干旱和洪水以保护农耕之类（治山治水工事）。

近代伊始的殖产兴业政策与官房学

重商主义与富国强兵

中世纪的封建统治体制崩溃，以专制君主为政治统治者的中央集权体制的国民国家（nation state）开始形成。在此近代（premodern）伊始，各地的专制君主竞争于富国强兵之策，基于重商主义（Mercantilism）或重农主义（Physiocracy）的政治思想，推进殖产兴业政策。由此，统治职能的范围渐趋扩大，同时作为承担其职能的新的人才，即近代意义上的官僚登上舞台。

官房学

近代伊始，在欧洲大陆国家，特别是在德意志神圣罗马帝国的统治下的德意志和奥地利，作为君主和官僚的学问盛极一时，支撑富国强兵政策的是官房学（Kameralismus）。

近代国家的自由放任主义

“上帝的看不见的手”

近代伊始，专制君主争相推进殖产兴业政策之后，国家职能的扩大并非是一条直线。其中有过一段回落的时期。也就是在专制君主制下资本主义经济得到发展，所谓的市民阶级（资产阶级）登上舞台，由国家推进的殖产兴业政策受到新兴市民阶级的批判。

其批判认为，包括保护国内产业的关税政策在内，国家的各种保护、资助、振兴产业的规制和干涉的政策措施，制约了产业的自由发展，反而阻碍了国民经济的发展。批判者主张，国家应该停止对市民生活和经济活动的不必要的规制和干涉，允许市民社会的自由发展，这样资本主义经济才能自在地发展，这才是国家富裕的捷径。这样的思潮，用当时法国流行语“laissez faire”来表现，称之为“自由放任主义”。将这种自由放任主义的思潮提升到自由主义经济的理论层次，主张“看不见的手”的市场自动调节作用的古典名著是英国亚当·斯密（A. Smith）的《国民财富的性质和原因的研究》（1776）。

廉价政府

在自由放任主义风靡一世的英国，认为国家应尽的职责仅仅是像警察在夜间巡视街头一般保护市民的生活安宁，如此的世俗性的议论流传于世。因而有人将这种国家观戏称为“守夜人国家论”。把国家的职能仅限于国防、警察、审判的观点，虽然有些过激，但在当时的作为资本主义发达国家的英国，“政府越廉价越是好政府”的主张是多数派。现在通常把这种国家观称为廉价政府（cheap government）观。1801 年就任美国第 3 任总统的托马斯·杰弗逊（T. Jefferson）“最小的行政就是最好的行政”的说法也表达了同样的国家观。

这种自由放任主义的思潮以英国为典型，该思潮在不同程度上普及到经过市民革命建立立宪君主制或近代民主制的欧洲大陆各国。自由放任主义思潮的普及抑制了国家职能的扩大。近代国家的职能范围，一般而言，与现代国家相比还是非常狭小的。

向职能国家的变迁

产业化与城市化

自 19 世纪中叶到 19 世纪末，西欧各国政府开始着手处理由产业化（industrialization）与城市化（urbanization）引起的新的社会问题、城市问题，国家的职能范围又开始扩大。政府着手救济从农村流向城市的贫民，以阻止霍乱、伤寒病的蔓延为契机开始建设自来水管道与下水道。然后就是推进如改造贫民窟，保护工厂工人，充实义务教育，供给电气和煤气，经营城市交通事业，建立社会保险事业等政策。在产业活动方面，政府一方面为预防产业活动给国民生活带来危害而开展具体的规制活动，另一方面又实施多样措施来保护、赞助、振兴产业活动。

国家职能，也就是行政服务的范围和规模，在上述从近代国家向现代国家的渐进过渡中发生变化。在盎格鲁·撒克逊各国，这一变化被称为“从廉价政府到服务国家（service state）或职能国家”的变化，在欧洲大陆，常常被称为“从消极国家到积极国家”的转变。

1.2 福利国家的生成

福利国家的发端

大众民主制

20 世纪以降，西欧各国政府职能、行政服务的扩大倾向更快，导致政府财政规模的扩大，公务员人数的膨胀。但是这一倾向并非仅仅限于政府规模在量上的扩大，政府职能开始发生质的变化，也就是政府走上福利国家的旅程。

当然，何谓福利国家，其起点在何时，对此众说纷纭，尚无定论。因而下面基于著者的理解对福利国家进行解说。

我们将福利国家的起点设在从 19 世纪末到 20 世纪初的世纪转换期。其理由在于，在这个时期各国大致上发生了以下的各种变化。第一，开始组织劳动者的工会，劳动者运动渐趋活跃，阶级对立开始激化；第二，随之而来的是选举权渐渐扩大，以至于开始实施赋予所有成年男子选举权的普选制度；第三，伴随着选举权的扩张，为争取新的选民大众的支持，各政党竞相把社会政策、劳动政策、产业政策写入政策纲领，这些政策的相互竞争成为政党政治的主要焦点。

也就是说，政治制度上的大众民主制（mass democracy）的实现才是现代国家转变为福利国家的最根本的契机。

世界大战与大萧条

虽然说大众民主制是实现福利国家的基本动力，但是现代国家走向福利国家而不可逆转，是由于20世纪前半期发生的一些大事件促进了这一发展动向。首先必须指出的是三大事件的影响，即第一次世界大战、第二次世界大战以及两次世界大战之间发生的1929年的世界性经济大萧条。参加两次世界大战的各国为了取得胜利，不得不采用国家总动员体制或举国一致体制来动员和吸引本国国民参加与支援战争。战时行政带来的结果是推进对国民的行政服务的平均化。另外，世界性的经济大萧条无疑从根本上动摇了各国对市场机制的信任，这是其后各国改变其政策取向的最重要因素。

资本主义体制与社会主义体制的竞争

而且，在此期间，在俄国诞生了社会主义国家。因为要与此相对抗，资本主义各国也不得不在一定程度上改善不公平的所得分配。这一体制间的相互竞争也是福利国家发展的不可忽视的因素。

福利国家的条件

那么，福利国家是什么样的国家呢？福利国家的行政服务有什么质的变化呢？在此我们将符合以下三项因素的国家称为福利国家。第一，把生存权的保障作为国家的责任；第二，将所得的再分配当成国家的理所当然的权责；第三，调节经济周期，积极干预市场经济。顺便说一句，西欧各国是在第二次世界大战之后大致实现了这种意义上的福利国家的。

生存权的保障

第二次世界大战后制定的日本国宪法第25条第1款规定："所有的国民拥有维持健康的、文化的、最低限度的生活的权利"。最初在宪法典中有这类生存权保障条款的是第一次世界大战后德国制定的《魏玛共和国宪法》。其后，把生存权或生活权的保障，或者更进一步说社会权的保障视为国家责任的宪法思想很快在各国普及，并稳定下来。

另外，以奠定英国社会保障制度基础的贝弗里奇（Beveridge）报告（1942年）所用的国民最低生活标准的概念为媒介，不久生存权保障的宪法规范更具体地转化为个别政策领域的目标水准。

所得的再分配

包括对低所得阶层的国民的生活保障，国家有责任提供最低限度以上的生活保障。这样一来，政府除了生活援助政策之外，社会保障、公共卫生、医疗、教育、住宅等各项领域，都需要实施对低所得阶层的保障政策。

但是，这些生活保障政策所需的经费不能让这些政策的对象以及作为受益者的低所得阶层承担，因而现代国家需要向有负担能力的纳税人征收这些政策所需的财富。基于上述因素，在现代国家所得税和企业法人税制度中有累进税的因素，所得越高税率越高。另外，在对资产进行课税的财产税的领域，有类似继承税效用的税制也已在各国确立。

总而言之，现代国家通过岁收政策和支出政策，强制征收国民的某阶层的一部分所得，以此分配给其他阶层的国民，以实现所得重新分配的功能。

从国民的角度看，低所得阶层的国民得到各种行政服务，但并没有缴纳相应的税金。与此相反，高所得阶层的国民缴纳多额的税金，但是并没有得到与其所缴纳税金相当的行政服务。总之，国民与政府之间的负担与受益的交换是不等价交换。无需多言，现代国家政策利害对立的根本原因就在于此。

经济周期的调节

1929 年以后，伴随世界性经济大萧条产生的社会生活的混乱是前所未有的。这是非常事态，不能光用“景气与不景气的循环是资本主义经济的正常生理现象”这样的一句话来打发。因而，美国的富兰克林·罗斯福（F. D. Roosevelt）总统实施了新政，其他各国也都采取了各种各样的紧急对策，力求恢复经济。但是就在这个关头，第二次世界大战爆发，各国寻求恢复经济的政策未能有检证其效果的时间，而被迫转换为战时产业政策。

但是，在这段反复探索的过程中，各国政府确信基于凯恩斯经济学的经济政策是有效的，战后经济复苏政策吸取了这段经验。

金融政策和财政政策

第二次世界大战后，政府动用金融政策和财政政策来调节经济周期的变动被认为是理所当然的经济政策。也就是说，在经济趋向萧条时，以降低利率、扩大政府的财政规模来促进经济回升，控制失业率的增大；而在经济过热时，以提高利率、缩小政府的财政规模来促进经济的稳定，防止物价的高涨。

凯恩斯经济学与滞胀现象

正因如此，在其后的经济高度成长时期，凯恩斯经济学占据了社会科学的王位，凯恩斯经济政策一直主导着公共政策的讨论。

但是，20 世纪 70 年代以后出现了滞胀（stagflation），也就是失业的增加与物价的上涨同时出现的现象。面对这种全新的经济现象，凯恩斯经济学不如以前那样能发挥其功效。于是，货币供应学派等各种新的经济学派开始抬头，经济学迎来了百家争鸣的探索时代。

福利国家的转变或危机

更进一步地讲，经济政策的百家争鸣导致了各种政策争论，从新角度重新评价福利国家的功过是非。福利国家迎来了转变期或面临危机的说法就缘于此。

1.3　行政服务的范围

石油危机与财政危机

20 世纪 60 年代是世界性的经济高速增长期。在这一时期，发达国家的行政服务范围和规模，在税收自然增加的有利条件下愈加扩大。但是，以第一次石油危机（1973—1974 年）以及第二次石油危机（1978 年）为界，发达国家同时面临经济萧条。每个国家都不同程度地遭遇财政危机。

精简运作的行政与财政改革

到 20 世纪 80 年代，重新定位和缩小行政活动范围，也就是以减量经营（cutback management）为目标的行政与财政改革几乎成为发达国家的共同政治课题。其中，美国里根政府的改革（里根主义）、英国撒切尔内阁的改革（撒切尔主义）以及日本中曾根内阁的改革，在推进民营化（privatization）方面有许多相似之处，是比较研究的好题材。

中曾根内阁的行政与财政改革，是以1982年成立的第二次临时行政调查会（第二次临调）为舞台而开始的。该调查会以“小政府”的建设为目标，在“无增税的财政重建”这一基本方针下，推进实施了“三公社（国有公司）（日本国有铁道公社，日本电信电话公社，日本专卖公社）的民营化”等一系列的改革。

民间活动与行政活动

行政活动的四种类型

这个时期的行政和财政改革的讨论中，对行政活动与民间活动的关系以及各自的问题进行分析讨论很流行。行政活动被分为以下四种类型。第一种是对民间活动进行管制的活动（依各种行业法规进行管制的产业行政最典型）；第二种是对民间活动进行援助的活动（各种农业补贴为其典型）；第三种是补充民间活动不足的行政活动（由国立和公立的学校、医院、福利设施提供的教育、医疗、福利活动为其典型）；第四种是民间不能处理而只能由政府来完成的活动（国防、警察、消防、河川道路港湾等公共设施的建设和管理为其典型）。

从放松规制到民营化

依照上述分类，第一种规制活动，其中不乏妨碍民间活动的部分，对此需要推进放松规制（deregulation）的改革；第二种援助行政活动，如有过分保护的部分，需要促使民间的自立自救；第三种补充活动，如该行政活动不是补充民间活动，而是与民间事业成相互竞争状态并阻碍民间活动的，应该积极鼓励利用民间活力，促进向民间的委托，鼓励政府事业的民营化。

行政活动的“新公共管理”（NPM）

执行局自律性的强化

英国政权由撒切尔夫人传到同一个保守党的梅杰首相，政府改革也转向下一步（next step）改革。除了放松规制以及民营化改革促进市场活跃政策之外，英国政府更实施了以下的一系列措施。也就是，对行政活动的计划和实施职能进行分离，强化承担实施业务的执行局（agency）在人事管理和财务管理上的自律性，同时将执行局的业务目标预先明确规定在市民宪章（Citizen's Charter）之中，确立测定其绩效目标完成状况的评价体系。

在这样的改革之下，行政活动的控制体系由对实施业务的执行方法或过程的事先控制转变为对实施成果的事后控制。

NPM 的思潮与手法

以上的各种活用市场机制、向执行局的权限委任、强调结果取向和顾客取向的绩效评估等为主的改革浪潮，波及澳大利亚、新西兰，甚至传播到美国。掀起如此改革浪潮的英国本国，在内阁从保守党的梅杰转到布莱尔以后，其改革的基本路线也没有变化。现在，这种新的改革浪潮和改革手法总称为“新公共管理”（new public management，NPM），对其概念的内涵和外延的讨论正在展开。

独立行政法人与政策评价

“新公共管理”的改革浪潮也波及日本。2001 年 1 月日本中央政府编制重组之际，创制了日本版的执行局制度，即独立行政法人制度。同时，所有的中央政府省厅强制性地实施了政策评价制度。

市场机制与政治机制

20 世纪 80 年代以后的行政改革中一贯性的观点，即是主张更加信任和利用市场机制，并且搞活市场。

但是，这里我们再回过头来想一想政府职能、行政服务的发展，我们就会发现现代国家转变成服务国家或职能国家，走上了福利国家之途，正是因为现实中的市场机制引发了许多社会问题，而这些问题的解决需要政府的努力。

市场缺陷与市场失灵

在现实的市场中，垄断和寡占等状态常会出现，市场并不能达到完全竞争的条件（如经济学所说的“市场的不完全性”以及“市场失灵”的现象）。

还有，即使我们假设市场是完全竞争状态，市场的自动调节作用也不能解决如公害等的经济外部性问题，同样不能解决对公共物品进行有效资源配置的问题（经济学所说的“市场失败”的问题）。

换言之，现代国家对资本主义经济并不寄予无条件的信赖，正因为如此，国家才不得不扩大行政服务的范围和规模。

政府失败及政策失败

但是，现在的时代潮流和方向完全逆转过来了。如今人们忧虑的是行政的膨胀，批判的矛头指向行政活动的不适当和无效率的方面。还有，人们比拟经济学的“市场失灵”这一非常有魅力的概念用语，以诸如“政府失败”乃至“政策失败”来指责政治机制方面的内在缺陷。

行政服务的适当范围是什么？市场的经济活动和政府的行政活动应有的界限是什么？这是历史上重复出现的争论焦点。今后也不会例外，这种争论如同钟摆一样时左时右，反复运动。

总之，市场机制可以提供服务，政治机制也可以提供服务。行政学可以阐明这两者在提供服务上的各自的利害得失，进而对这个问题的讨论进行思路整理。但是，要想对其利害得失的讨论下最终的结论，我们并没有科学的判断标准。

行政服务的范围，并不是在学术上能够确定的问题，在其性质上应该是通过政治的机制最终决定的。因而，各国的行政服务的范围多种多样就很自然，随时代变迁而变化也是当然的事。

阅读资料

官房学

三十年战争（1618 年至 1648 年）使德意志神圣罗马帝国的国土荒废、人口剧减。《威斯特伐利亚条约》虽然终结了战争，但也使帝国的统治权名存实亡，帝国内各领邦的独立与割据日趋强化。

前期官房学者

此后，德意志、奥地利的各领邦争相谋求国土复兴和富国强兵。这一时期在这个地区出现了一大批向领邦的邦主献计献策，力求成为各邦政治顾问的知识集团，这些人是其后被总称为“官房学（Kameralismus）者”的起源。比哈、施罗德、浩罗尼克等都是在 17 世纪活跃的前期官房学者的代表性人物。

当时各领邦的君主在统治经营上，并未明确地区分王家财产与国有财产、王家的家政与国家的政治。对于君主来说，其主要岁入来源是：第一，王家直辖领地的收入；第二，对城市工商业者课征的特权收入；第三，领邦内通过封建诸侯对其各邦内臣民所征收的分担金。

上面第三种对臣民课征的分担金以后发展为租税，它在当时不但仅限于国防之用，而且该分担金的征收必须得到封建诸侯的同意和协助。君主能够自由地调高岁入的方法是前两种，即王家直辖领地的收入和向工商业者课征的收入。

鉴于此，前期官房学的主要国策是王家直辖领地的农业经营政策、矿山开发政策、城市工商业振兴方针。但是，作为增强国力的基础，这一时期的官房学者的国策中心是强调人口的增加，学者把政策重点放在直辖领地的经营，而不是振兴工商业。所以，后来有学者称之为“德国版的重商主义政策”。

后期官房学者

1727 年哈勒大学（马丁·路德大学）和法兰克福大学开设了官房学的讲座。该讲座后来发展成为培养官僚的课程。渐渐地，讲堂的官房学讲座在接受自然法思想的影响下，形成独自的学问体系，其著作也形成教科书体系。该体系基本上是把国家的指导思想放在君主追求幸福的思想（Eudämonismus）上，同时官房学也分化为经济政策学、财政学、警察学（Polizeiwissenschaft）等各个领域。鉴于此，通常将这个时期以后的官房学者称为“后期官房学者”，其代表性学者是佑施提、仲能斐如斯等。

官房学的衰退

官房学，其中以“警察”的概念为中心的警察学，到 19 世纪后受到法治国家思想的影响，渐渐地发生转变。在以依法行政为新的指导思想的德国公法发展起来后，官房学的地位终于被公法所取代，并衰退下去。

官房学，是从 17 世纪中叶到 19 世纪中期持续了二百年的学问。总而言之，这是支撑专制君主制时代的“警察国家”的、为了君主和官僚的学问。在寻求立宪主义的时代潮流中，官房学未能适应从专制君主制到立宪君主制的转变而衰退。

在官房学盛行的欧洲大陆，以民主制的宪法体制为前提的关于行政的学问，也就是如近代行政学一样的学问终于没有诞生。仅有劳伦茨·冯·石泰因（L. von Stein）的行政学，以其孤高而独放异彩。

如此说来，那么英国如何呢？英国没有“警察国家”的传统，也很少受官房学的影响，更是比较早地完成了向立宪君主制转变的国家。对这个问题的回答是，近代行政学也没有能够在英国产生。在自由放任主义风靡的英国，当时的行政没有什么值得研究的重要方面。

第 2 章

官僚制与民主制

前一章讲到现代国家的三个特点，其中第三点为大众民主制的实现与现代公务员制度的确立。为理解其变化的结果，为加深理解现代国家在立法、行政关系、政治上发生的问题状况，在本章我们把焦点放在近代官僚制上，观察在专制君主制时代形成的近代官僚制，在市民革命后的近代民主制的宪法体制下是如何发生变化的。

2.1 近代官僚制的形成——君主和官僚的统治

近代国家宪法结构原型的形成

专制君主制的政治体制

中世纪以后，在分立割据的各种封建势力中，成功地实施富国强兵之策而崭露头角的封建领邦君主渐渐地在扩张其领土的同时，确立了中央集权体制。专制君主制时代，就是这样的剥夺封建势力的特权，建立统一的国民国家的时代。

在专制君主制下，君主总揽统治的大权。立法、司法、行政的区分虽然还不明确，但是构成近代国家宪法结构的各种制度的原型，几乎都在专制君主制的政治体制下开始形成。

君主权与统治权的分化

首先，主权的概念开始确立，进而开始分化为君主权（立法权、统率权）与统治权（司法权、行政权）。其后，代理君主行使统治权的组织机构，即官僚制开始形成，统辖官僚制统治的君主的辅佐机构开始产生，成为后来的内阁的原型。另外，作为君主权的赞助机构，等族会议、三级部会等开始设立，这是以后的议会制的原型。

近代官僚制的形成

专制君主制时代的官僚，当初也是从君主原有的家臣或等族势力的家臣当中选拔出来的。以这样的官僚为部下，君主要想剥夺封建势力的特权，打破旧体制，完成统治的近代化是非常困难的。

于是，君主就在旧体制桎梏中寻求身份自由的将校和官吏，寻找只为君主尽忠诚，不支持特定的阶级、地区、职能集团，把自己内化于国家的新型的将校和官僚。其后，渐渐地，君主们不拘泥于社会身份和门第（包括平民阶级在内），以其学历和能力为基准录用和提拔将校与官僚。这样历史上第一次形成了可以称为近代官僚制的集团组织。

近代官僚制的属性——规范与现实

对于以后的行政概念的形成来说，重要的是在专制君主制时代的近代官僚制中，官僚制的基本属性的原型已经形成，现代官僚制的行政官集团也继承了这些属性。这些属性就是专业性，持续性（熟练性、终身性），从属性，中立性。

黑格尔的官职原理

弗里德里希·黑格尔（G. W. F. Hegel）的《法哲学原理》一书，在关于君主权与统治权的叙述中，对于官职原理做了以下的说明。

首先，官僚应是依照其学历和能力等客观资格来任命，排除世袭和卖官（这是专业性）。严格禁止官僚在公务上追求私人利益，同时以支付薪俸的形式保障其生活，并给予终身的身份保障（这是终身性，以终身制的官僚组成的官僚制的特性是持续性）。其次，官僚是运营和维持由君主决定的法、机构、设施的统治权的代理者，应效忠君主，认同国家（这是从属性）。最后，官僚不应偏袒市民社会的各种特殊利益，而应以贯彻国家的普遍利益为天职（这是中立性）。

专业性、持续性、从属性、中立性的规范与现实

上述专业性、持续性、从属性、中立性是君主强加于官僚的规范。

但实际上，官僚追求私人利益、滥用权力的可能性是可以想象的。官僚虽然是统治权的辅助执行者，但在现实中，官僚是辅佐和辅弼君主行使君主权（立法权）的重要力量。另外，上述中立性是在超越市民社会的利益冲突这个意义上的中立。官僚既要维持国民国家的统一，又是推进国家近代化这场战斗的尖兵。在这个意义上，官僚的党派性是非常明显的。

2.2 三权分立制的形成——宪政与行政的对抗

立法、司法、行政的分立

国家与社会的妥协

立宪君主制是国家与社会的关系非常紧张的时代里，国家对社会作出一定让步的宪政体制。

这里所说的国家是指支撑专制君主制政治体制的君主、枢密院、军事官僚、司法官僚、行政官僚等统治机构。这里所说的社会是指纳税的地主阶级，新兴的市民阶级（资产阶级）等社会阶层。

宪法公布与国民议会的开设

首先，君主公布钦定宪法，对君主主权的绝对性加以限制。然后，从纳税阶层中选出代表依宪法组成国民议会，把立法权这个君主权的最重要的部分委任给新组成的国民议会。这样一来，由于立法权独立，立法、司法、行政的概念开始形成。此为所谓三权分立制的起源。

这里所说的行政，是从以前的统治的概念中，除去委任给议会和法院的立法权和司法权所剩余的权能，因而与旧的统治概念并无大的差异，是范围非常广的概念。

法治主义原理——规范与现实

法治主义的三原理

在概念成立时，规定立法、司法、行政三权之间的新关系的规范是法治主义的三个原理。

第一原理：议会制定的法律优越于其他机关制定的所有的命令（敕令、枢密院令、军令、政令、总统令等），与法律的规定相抵触的命令的规定在抵触法律这个意义上为无效（法律至上的原理）；第二原理：政府实施的行政中，对国民强加义务，限制国民权利的性质的行政行为的授权，全部保留为法律事项，侵害国民的权利和自由的行政行为，必须有议会制定的法律作为依据，以法律的规定执行行政（法律保留的原理）；第三原理：政府的行政行为的合法性，应当由独立于政府的法院根据议会制定的法律的规定进行审理判断（依法审判的原理）。

依法行政的原理

真正意义上的依法行政的原理（有时也讲法治行政的原理），必须是在以上三项原理都具备，确立了法治主义的宪法结构之下，政府的行政活动依据议会制定的法律而执行的规范。

官制大权与超然内阁

以上规范的确立，使得以前从属于君主的君主权的官僚转化为从属于议会的立法权的官僚。

但是，这种从属性在立宪君主制下并没有完全确立。原因在于，比如相当于现在的行政组织法、公务员法的法律仍属于“官制大权”，这些还是依照敕令或枢密院令来决定的。

另外，最重要的限制是议会内阁制还没有成立，内阁总理大臣由君主任命，多数内阁的阁僚是官僚出身，内阁是超越议会的存在。

总而言之，在立宪君主制下，议会势力还不拥有将其政治意志渗透到官僚制的深处，控制其行动的手段。

宪法与行政的对抗

政党内阁的出现

在出于政治妥协的宪法结构下，当议会势力在政治上积蓄足够的力量后，事实上超然内阁的存续就变得困难。政府要确保预算案、法律案在议会通过，必须在议会内形成支持政府的势力并维持这股势力。这样，议会内就形成了政府执政党和在野党的党派对立。

议会的自律性进一步强化之后，政党制就可确立。政党政治一旦确立，就会出现不得不任命议会内的多数党领袖为内阁总理大臣的局面。经过这样的变迁，立宪君主制下诞生的政党内阁政治一般被称为宪政。

政党内阁的选举干预

当议会内阁制萌芽的宪政开始稳定，政党内阁的政权轮换成为常态的时候，政党之间的对立渗透到官僚集团的内部，在一定程度上是难免的事。官僚现在不但从属于议会的立法，而且要从属于政党内阁的执政。宪政时代常常发生的官选知事（中央任命的省级地方政府行政首长）与警察干预选举等事例正是反映此现象的一个侧面。

但是，在立宪君主制下，官僚制的自律性总的来说还是比较强的。此等自律性的大规模崩溃，官僚制的全面政治化和政党化的事态可以说并没有发生。

2.3　从官僚制到公务员制——赡徇制与分肥制

文官指挥原理确立

在法国的宪法结构在帝制、君主制、共和制之间激烈变动时期，德国统一之后在立宪君主制下呈现良好的发展，英国和美国已经确立了议会主权或国民主权的宪法原理，近代民主制在这两个国家迎来了全盛的时期。

常备军与民兵制度

英国的议会势力在市民革命中面对的第一个课题是常备军的处理问题。

在1640年开始的清教徒革命时，军中有宣誓支持议会的部分，议会将这一部分接受下来并以此为核心建立了新议会军（New Model Army），通过指挥新议会军取得内战的胜利。议会在内战即将结束时，立即开始讨论常备军的存废问题。在这之前，军队是国王的恣意统治的支柱，因而在将来也有可能成为压迫人民的工具。由于忌惮这种可能性，国防应该基于民兵制度的意见成为多数意见。

但是，内战的全面胜利需要有一段时间，议会在这期间制定了《叛乱法》，在这个法律中，规定限于此后的一年中，继续维持议会军。然后，这个有时限规定的《叛乱法》每年更新，以至于立法的期限也被延长。最后，时限规定本身也被抹销，军队的存废问题以军队成为常备军而告终。

文官指挥的原理

但是，议会的势力在这个过程中，明确了军队的存废问题事关议会的决定问题，把曾经是国王的军队改变成忠诚于议会的军队，确立了被称为文官指挥（统治）（civilian control）或文官至上（civilian supremacy）的原理。

议会内阁制的确立

英国的议会势力面对的第二个课题是议会内阁制的确立。

共和势力的代表结集于议会，即使掌握立法权，如果内阁还是独立于议会的内阁，那么这个议会与先前的立宪君主制的议会没有两样。这是因为内阁掌握了制定包括外交、国防方针在内的国家政治的大政方针，拟订预算案、法律案，控制官僚制的行政活动的大权。

共和势力要在统治上全盘掌握的实权，不仅包括议会的立法权，而且必须包括内阁的行政权。

内阁是议会的执行委员会

英国的共和势力经过 1688 年的光荣革命，终于确立了议会内阁制。

这里的议会内阁制是指从议会的共和势力中选出代表组成内阁，换言之，将内阁改变成议会共和势力的执政委员会。这样，立法机构与行政机构以内阁为媒介一元化地结合起来，内阁成为调整和统合立法权与行政权的政治指导的中枢机构。英国的国王退至“君主统而不治”的地位就是从这个时候开始的。

英国的内阁政治与赡徇制

赡徇制任用的目的

英国的共和势力的第三个课题是，正如对军队确立文官指挥原理一样，将效忠国王的旧的官僚制转变为忠实于共和势力的官僚制。

为使官界焕然一新，内阁录用和提拔对共和势力抱有亲近感的、支持共和势力的人为行政官。这种人事任用政策称为赡徇制（或政治庇荫制）人事任用（patronage）。

虽然非常广泛地执行这种赡徇制人事任用政策，但并没有对行政活动造成危害。这是因为当时的行政活动的范围狭小，业务多为法令的单纯执行事务，这些事务的执行并不要求很高的专业能力。

赡徇制任用的弊害与改革

但随着时间的变化，赡徇制或政治庇荫制政治任用的目的和效果变得与当初不同了。其原因是政党内阁制的扎根。内阁与其说是议会共和势力的执政委员会，不如说已变成各自议会内多数派的执政委员会，议会变成了政府执政党与在野党兵分左右相互对抗的场所。因而，行政官的赡徇制或政治庇荫制任用也就转化为各自的政党在官界扶植自己的支持势力的方法了。

这样一来，在每次执政党轮换的时候，都要重演行政官的更迭。如果这种更迭的规模和范围较大，不仅官僚制的自律性和专业性受损，甚至官僚制也会失去其终身性、持续性、中立性的特点，甚至丧失连续性的机构运转所必需的业务熟练性。

诺斯科特-屈维廉报告

在这种情况下，英国在 1853 年的诺斯科特-屈维廉（Northcote-Trevelyan）报告的建议下，进行公务员制度的改革。其后，以资格任用制或考绩制（merit system）和政治中立为核心的新的公务员制度（现代公务员制度）在英国确立了。

控制规范与分离规范

在这里，重新审视的是政党政治与人事行政应有的关系。更一般化地说，政治家与行政官之间应有的规范性关系。

与三权分立相关，法治主义原理和“依法行政”原理的各项规范，将立法与行政的关系放在优越与从属的关系上。这是立法部门控制行政部门的规范。相对于此，与上述排斥赡徇制相关，在优越与从属的控制规范之外，新添加的规范是政治家集团与行政官集团的分离的规范，在两个集团之间形成在一定范围内不介入相互领域的规范。

立法、司法、行政与政治、行政

在表述立法、行政、司法的三权关系时，这个行政是指包含内阁在内的整个行政部门及其活动。而在表述政治、行政关系时，这个行政是指除了内阁和大臣之外的行政部门，也就是仅仅指由职业行政官所组成的行政机关及其活动。

美国民主制与分肥制

美国的宪法结构与政党

美国的宪法结构与英国完全不同。美国联邦政府的议会与总统是相互独立和对等的民意代表机构。两个机构之间存在复杂的相互制衡（check and balance）关系。

基于上述相互制衡的关系，两个机构之间产生摩擦是难以避免的。政府行政的有效运作需要调整、整合这两个机构的政策。承担此责任，成为这两个机构的媒介的是美国的政党。鉴于此，美国的政党有与其他国家的政党相异的性质，这也造成了美国政党政治与行政之关系的独特性。

与其他各国相比，美国较早地实施了平等的普选制，因而在 19 世纪前半期以国民大众为组织基础的政党就开始发展。但是，这些政党是以各个地方为单位而组织起来的，在总统选举时，这些地方单位的政党松散地联合起来形成民主党与共和党两大阵营，但是在日常运作中并没有全国性政党的作用。

这种地方分权性的政党制之所以形成的原因之一，在于美国的地方政府与州政府，而不是联邦政府，存在许多直接选举的公职，而且地方和州政府的公职选举非常重要。另外，在地方政府与州政府，人们也期望政党在议会与行政首长（市长、知事）之间起到中介与桥梁的作用。

杰弗逊式的民主主义

以公职候选人的选择和当选为主要目的而发展起来的美国政党，逐渐深深地介入到包括联邦政府在内的各级政府任命职位的人事任用。这就是美国独特的、被称为政党分肥制或分赃制（spoils system）的政治惯例。

政党分肥的政治惯例始于 1801 年当选美国总统的反联邦党人派的杰弗逊。他认为，既然此次总统选举，公民选出反联邦党人派的候选人为总统，公民的政治意志应该反映到总统任命的人事上来，这样才是真正的民主制。他在政府高官的人事任用上，果断进行人事更迭，重新任用拥有反联邦党人派政治信念的人。

杰克逊式的民主主义

1829 年就任美国第七任总统的安德鲁·杰克逊（A. Jackson），更是激进政治信仰的主唱者。他坚信政府的官职应该向国民大众开放，阻止永恒性官僚制的成长和发展才是真正的民主主义。所以他提倡制定一部将所有的官职定为与总统一样的 4 年任期的法律。议会并没有回应他的主张，但是杰克逊政权在其人事任命中尽其可能地进行人事更换，其范围大大超过了杰弗逊时期。而且，这个时期人事任用重视的，与其说是政治信仰如何的问题，而不如说是对选举活动的贡献的程度，根本没有考量学历、能力等问题。

分肥制的扎根

当时的在野党对杰克逊政权的这一人事政策表示不满和非难。但是，当在野党在选举中取得胜利夺回政权的时候，也进行了大幅度的人事更换，以示报复。

此后，每当总统更换时，掌权者重复党派性的人事更换成为政治惯例。政府的官职是属于选举中取胜的政党的，就如“猎物是打赢者的”一样。官职分肥的惯例，从联邦政府到州政府以至于渐渐渗透普及到地方政府，并在美国扎下根来。

民主主义的理念与政党利益的工具

英国在人事上的赡徇制任用是作为对当时已经存在的官僚制进行民主化改造的措施而采用的。与英国不同，美国的分肥制是为了阻止官僚制的成长发展而开始的。

两者的共同之处就在于都是站在民主主义的理念上采用的人事政策。但是，在政党政治全面发展的时候，这种人事政策转而演变为追求各自政党利益的工具，从而失去其原有政治理念的高尚意义。

更严重的是，这两种人事政策在新的公务员制取代旧的官僚制的进程中，阻碍了新的公务员制的发展，因而不能适应新的职能国家时代的行政问题。特别是在美国，因为美国的分肥制几乎波及包括联邦和地方政府在内的所有官职，因而其危害远远超过英国的赡徇制的负面影响。

《彭德尔顿法》与美国行政学的诞生

19 世纪 70 年代，受到英国公务员制度改革的影响，美国也开始讨论改革官职的政党分肥制。1883 年，美国制定了以资格任用制和政治中立性为基础的第一部联邦公务员法。该法律在国会的审议过程中，上议院议员乔治·彭德尔顿（G. H. Pendleton）起了很大的作用，因而该法冠以其名，通称为《彭德尔顿法》。

该法被通过后，扩大政府官职资格任用的努力绵绵不断，其范围愈见扩大。但是，美国的公务员制至今依然留有政党分肥制的这一传统的印记。

美国的行政学以公务员制度的改革为其诞生的主要背景之一，是在反省美国民主政治行之过激之后，以建立政治与行政的分离规范为理论起点而开始发展的。

阅读资料

《彭德尔顿法》通过之缘由

在美国，指责分肥制的弊端，谋求公务员制度改革的运动，早在 19

世纪 70 年代就已开始。但是，政党政治家充分利用这个分肥制的人事任用制度作为对选民和本党党员的利益诱导与利益回馈的方法，团结一致反对改革政党分肥制。

但是，在 1881 年与 1882 年，接连发生了一连串的彻底改变这种状况的事件。第一件事是 1881 年 7 月 2 日的总统暗杀事件。在前一年的选举中当选并于该年的 3 月 4 日就任第二十届美国总统的詹姆斯·加菲尔德(J. A. Garfield)，7 月 2 日在华盛顿车站被一名男子枪击。因为此枪击事件，总统在 9 月 18 日身亡。

犯人原是希望得到政府官职，反复向总统请愿的人。因多次请求未能如愿而激愤，终于走上枪击总统之途。这件蠢事给了美国社会很大的震惊，反对改革分肥制的舆论因而直线上升。

第二件事是在 1882 年，美国的中期选举中，共和党大败。共和党在这之前的很长一段时间占有联邦议会的多数党的地位，而且连续占据了数任总统宝座。这次中间选举的大败使共和党意识到，两年后的总统大选共和党可能会败给民主党。这一预测令共和党人战战兢兢。

显而易见，如果民主党夺回政权，共和党至今在官场扶植的势力将会被民主党人以分肥制一扫而光。既然如此，共和党不如乘此机会，下定决心制定公务员法，依此法来限制公务员职位的人事更换，以利于共和党。

共和党的议员如此这般地打算，突然改变了公务员制度改革的态度。正因为如此，《彭德尔顿法》才得以在 1883 年通过。

第 3 章

美国行政学的发展

第 1 章从行政服务的层面，第 2 章从行政服务的生产与供应的主体，也就是官僚、行政官的层面对现代国家在历史上的地位进行了概述。

对现代国家来说，行政体制必不可少，建设行政体制成为制度改革的课题。在第 3 章，我们将就适应上述改革课题而诞生的美国行政学的发展作一些概述。

行政理论的系谱与组织理论的系谱

美国行政学有从不同的源头流出来的两个水流。这两个水流时而合流成为一条河川，时而又分为两条不同的河流。一个是以政治学为源头的行政理论的系谱，另外一个是以科学管理（scientific management）为源头的组织理论的系谱。

对于以上两个水流的合流与分流的动向，我们在表 3—1 中做了简单描述。本章将美国的行政学发展史分为行政理论系谱的发展与组织理论系谱的展开这两条水流，顺着这两个流向对美国行政学史作一些解说。

表 3—1　　美国行政学的发展

世纪转换期	两次世界大战之间	20 世纪 40 年代	第二次世界大战后	
行政理论的系谱				
政治与行政分离论 → （公务员制的培育）	行政管理论 → （执政权的强化）	政治与行政融合论 → （行政权的优越性）	行政责任论 （行政国家）	
	↕ 合流（正统派的完成）			政策科学 管理科学
组织理论的系谱				
科学管理 → （作业的科学）	古典组织理论/人际关系理论 → （组织编制论/组织生成论）	现代组织理论 → （组织形成论）	决策论 （组织经营论）	

3.1　行政理论的系谱

政治与行政分离论

威尔逊与古德诺

美国行政学的创建始祖被认为是伍德罗·威尔逊（W. Wilson）与福兰克·古德诺（F. J. Goodnow）。威尔逊就是后来当选美国第二十八任总统，促使美国参加第一次世界大战，倡议建立国际联盟的人。古德诺是哥伦比亚大学政治系市政学讲座的教授，后来成为霍普金斯大学校长。

年轻的政治学者威尔逊的论文《行政之研究》（1887 年）与古德诺的著作《政治与行政》（1900 年）被称为奠定美国行政学基础的里程碑式的著作。《行政之研究》是在《彭德尔顿法》于 1883 年制定后，仅仅过了 4

年发表的，古德诺的《政治与行政》是在美国市政改革运动（municipal reform movement）刚刚兴起的时候发表的。而且，这是在市政改革运动的交汇点，在刚刚成立不久的全国城市联盟将其最初的《城市纲领》（Municipal Program）公之于世的同一年发表的著作。

政治与行政分离论

这两部著作的共同之处可以说主要有以下论点，即现代国家对有效率的行政活动的需求日益增大，但是美国的政府体系未能回应这个时代的要求。这一点，将美国与欧洲各国比较一下就显而易见。美国民主政治的这个缺陷应该说是起源于合众国宪法规定的三权分立的架构，更直接的原因在于这个宪法结构下形成的异常形态的政党政治，特别是政党政治侵犯了行政领域，阻碍了行政机构的正常发展。因此，为改变这种状况，建设一个顺应时代要求的有能力和有效率的政府，就有必要认识到政治的任务和行政的任务之不同，并把两者加以区分，在政党政治的介入过程中确立自由的行政领域，同时学习欧洲的议会内阁制和官僚制，整合政府的执政权，在政府的行政机构中导入科层制结构原理。

寻求确立分离规范的基础理论

初创期的这些论述，被后来的行政学者称为政治行政分离论、分断论、两分论等。事实上，这种论说也就是提倡在美国确立前一章所说的“分离规范”的要求。这是世纪之交美国的制度改革的课题，特别是公务员制度改革、地方自治制度改革、军制改革等都需要的基础理论。

这个分离规范的理论，在继承了专制君主制时代后的官僚制的欧洲大陆国家，是没有必要重新追求的理论。但是在近代民主制的政党政治之下，官僚制的地位被削弱的英国和美国有必要重新确立这个规范。也就是，初创期的政治与行政的分离论，可以说是培养现代公务员制和行政组织的基础理论。

行政管理论

与科学管理的合流

其后的美国行政理论，主张有必要将适用这种分离规范的领域，从起初的行政人员任免的领域，渐渐扩展到财务会计事务的处理、行政组织的编制等领域。接下来，行政理论就开始探求这些行政固有领域的活动的科学原理，以及合乎这种原理的行政技巧。

这个探求运动的主导性推进机构是在市政改革运动中于 1906 年设立的纽约市政调查会（后改为纽约行政研究所）。聚集在这个机构的人主要学习在美国私人企业的经营管理（business administration）领域开始流行的科学管理法，将从中吸取的东西应用于公共经营的领域。

这样，行政理论的系谱就与另一个组织理论的系谱合流，行政的管理理论开始开花结果。这在两次世界大战之间迎来了理论的鼎盛时期。这个时期的美国公共行政学（Public Administration）非常接近于经营学(Business Administration)。

初创期的美国公共行政学是以欧洲各国的行政学为典范的。发展到此时，美国公共行政学开始寻求在本国的先进私人企业的经营管理中吸取精华，其后美国的公共行政学作为纯粹的美国国产的学问成长和发展下去。

事务管理理论的系统

行政的管理理论大致可以分为两大系统。一个是在科学管理的直接影响下发展起来的事务管理理论的系统。在这个理论系统中以后发展出财务会计事务的标准化、公共物品的政府采购、竞争投标制度的引进等虽不起眼但却是非常重要的理论成果。

更重要的是，纽约市政调查会的相关人士，参与由塔夫脱总统在 1912 年设立的关于节约与效率的总统委员会，提出了创建行政预算制度的建议（由 1921 年的《预算会计法》实现)，并以此为契机把“节约与效率”(Economy and Efficiency）提升为时代的流行语，而且建立了“节约与效率”是评价行政管理好坏的最终标准这样的社会普遍观念。

组织管理理论的系统

行政的管理理论的另一个系统是，探求包括公私组织在内的所有组织编制原理的组织管理理论。代表当时的理论高峰的是古立克(L. H. Gulick）与厄威克（L. H. Urwick）共同编写的《管理科学论文集》(1937 年)。关于组织管理理论的组织编制原理的解说留在下一节的古典组织理论的部分，这里只简单地介绍一下由古立克模式化了的、关于执行机关的控制管理职能的理论。

POSDCORB

参与罗斯福总统在1937年设置的关于行政管理的总统委员会（通称为布朗诺委员会）的古立克在为该委员会而写的备忘录中指出，组织的领导人应该承担的综合管理职能是策划（planning）、组织（organizing）、人事（staffing）、指挥监督（directing）、协调（coordinating）、报告（reporting）、预算（budgeting），共七项职能。古立克为了使这七项职能能够用一个词汇来表述，就将这七项职能的英语单词的开头字母取出而合成为POSDCORB这样新造的词汇。

总统府的设置

接下来，古立克认为如果是规模较小的组织，其领导人可以一个人处理上述七项职能，但是在大规模的组织中，这种可能性较小。因而古立克提出有必要设立辅助性管理机构协助组织中的领导人并分掌部分管理职能。显而易见，这种想法是受到古典组织理论的命令（直线）系统与参谋系统（line and staff）理论的启示而应用于实践的。

其后，古立克的基本想法被委员会的报告书采用，根据这些建议，美国创立了囊括预算局等机构的总统府。

市经理制与行政研究院

另外，不可忽视的时代产物是地方政府层次上市议会—市经理制（council-manager system）的诞生与普及。这种制度产生于1908年，全国城市联盟在其第二次《城市纲领》（1915年）中将该制度推荐为最好的政府形态。这种制度是以政治与行政的分离为基本理念的。市议会（council）从有卓越的市政管理能力的候选人中选择合适的人选将其任命为市经理（city manager），市议会将市政的执行权全面地授予市经理，由市经理来统一行使对行政各部门的指挥监督。

这种新的政府形态在20世纪20年代以后迅速普及，对于市经理的人才需要也猛增。有鉴于此，仿照商学院，行政研究院作为培养这些专业人才的机构在各地陆续建立起来。

总而言之，以事务管理论和组织管理论为核心的这个时代的行政管理论，是以行政固有活动领域的合理化、整合和强化执政权为其实践目标的行政理论。

政治与行政融合论

向行政国家的转变

在其后的发展中，从联邦政府到地方政府的各级政府，美国现代公务员制度的形成开始步入正轨，执政权得到了整合和强化。其结果是，从“新政”直到第二次世界大战，总统、州长（知事）、市长等执政的政府首长对其掌管下的行政机构能够紧紧地控制了。

发展到这个地步，立法机构与行政机构的权力关系也发生了很大的变动。行政机构如今也承担政策规划的功能，有时行政机构对于立法机构甚至发挥指导作用。这种现象普遍存在，被称为行政权的优越化或强化，这个阶段的国家被称为行政国家（administrative state)。

政治与行政的融合论

对应于实际发生的立法与行政关系以及政治与行政关系的变化，20世纪40年代总称为政治与行政融合论的学说开始在学界占主导地位。也就是说，认为美国行政学的正统教义（dogma）之政治行政两分论，不但没有正确地认识现实行政的实际状况，而且即便作为规范性理论也是无法成立的。批判者开始一起批判这些理论是完全错误的。

在这个批判的先锋中，像阿普莱比（P. Appleby）这样参与过“新政”活动的学者也不少。这些批判者主张在政府的政治与行政的现实关系上，政治与行政是整合的、连续的，或者说是循环的，两者之间形成了难以分辨、不可分离的结合关系。

但是，这种政治与行政融合论的提起，并不意味着全面否定政治家集团与官僚集团之间的区别，并不否定这两者之间需要维持一定的相互不介入的关系。

应该说，分离论与融合论这两种理论，与其说完全是非此即彼的关系，不如说是看问题的侧面不同而产生的差异。分离论中所说的政治是指政党政治，从这个政党政治中分离出来的行政是指行政固有的活动领域。相对于此，融合论所说的政治是指政策形成过程中的政治事务，与此结成不可分割关系的行政主要是指行政机构的相关于制定政策和政策实施的行政活动。

融合论登场的三个意义

提出融合论的第一个意义是，唤醒大家注意到政治与行政的交叉领域愈加扩大的现实，把行政学的研究对象拉回到与政治相关的领域，将行政学的研究对象扩大到这个交叉的领域。

第二个意义是，行政管理论是以分离论为前提的，一味地探求价值中立性的行政原理。融合论的登场促其反省。沃尔多（D. Waldo）揭露出看似价值中立的行政原理的政治意识形态特性，以此来批判行政管理论。西蒙（H. A. Simon）通过指出这些原理的朴素的科学主义的虚构性而进行了理论批判。

政治与行政的协作规范的生成

第三个意义是，融合论的登场，重新燃起政治与行政应有规范的讨论。这里生成了政治与行政关系的第三规范，即期望两者之间有指导（政治）与辅助（行政）关系的“相互合作规范”的条件开始出现。

行政责任论

经过上述发展，到第二次世界大战后，在美国也出现了对行政机构的臃肿和过大的担忧，怀疑这是否是新的现代官僚制的发展。

于是，再次燃起关于“官僚制与民主制”应有关系的讨论，美国行政学的主题，(开始从培养现代行政制度问题）转移到了在行政权优越化的时代里行政机构和行政官应尽责任的问题。发起行政责任讨论的是英国的行政学者赫尔曼·法因纳（H. Finer）与美国的行政学者卡尔·弗里德里希（C. J. Friedrich)，他们进行了争论。

法因纳与弗里德里希的争论

法因纳忠实于传统的宪法原理强调的“控制规范”，强调由议会对行政活动进行控制的重要性，也就是强调确保行政部门在制度上对议会的回应责任即问责制（accountability）的重要性。对此，弗里德里希认为在现代把行政责任拿出来讨论的最根本原因本来就在于议会控制不能有效地发挥作用。因而弗里德里希主张，对现代行政机构和行政官员只提在制度上对议会的回应责任是不够的，同时须要求行政官员在其各自行动上，自觉培养对于社区民众感情的直接回应责任（responsibility）以及对客观确立的科学准则的应对责任。

对社区的直接责任与功能性责任

弗里德里希将其所说责任的前者称为对社区民众感情的直接责任，将后者命名为功能性责任（functional responsibility）。

可以说，美国行政学的主题发展到这个地步之后，终于靠近了继承官僚制传统之后迎来现代行政的其他各国行政学的研究主题。欧洲各国和日本吸取美国行政学的理论是在第二次世界大战之后正式开始，也是有其理由的。

美国行政学的特征

虽说美国与其他国家的行政学研究主题接近，但是美国行政学的特征在于与组织理论的系谱曾经合流而发展出丰富的行政管理理论。因而，我们在下一节对另一个组织理论的系谱作一些简单的描述。

3.2　组织理论的系谱

科学管理

泰勒制

科学管理是由弗里德里克·泰勒（F. W. Taylor）始创的。泰勒提倡的工厂劳动的管理法称为泰勒制。可以说，这是 20 世纪初期的机械化的初期阶段，也就是在还是以人力为动力的机械时代的“作业的科学”这样一种性质的管理法。

其后，蒸汽动力机的发明，再加上履带传送机组成的流水生产线系统研发出来后，“作业的科学”的历史使命基本完成。

作业的计量和标准化

但是，泰勒制灵活运用了动作—时间分析（motion-time study）而形成的作业的标准化（standardization），以及以此为基础的工作管理（task management）的管理手法，以此为核心再加上各种各样管理手法的开发，成为其后的科学管理法的发展基础。

作业的计量的想法成为工业工程学的基础，标准化的原理被广泛地运用于人事管理的职位分类、财务管理上的标准成本上。另外，职业倾向测试、员工的培训、组织理论的命令（直线）系统与参谋系统的理论等，这些理论的萌芽都可在泰勒制中找到。

古典组织理论

从“作业的科学”到“组织的科学”

如福特汽车工厂采用的福特制系统一样，生产工厂的流水线作业体系普及后，履带传送机开始管理工人的作业，私人企业的经营者关心的事项于是从工厂转向如何确立公司的管理部门的事务机构，从这开始古典组织理论开始发展。随着经营者的关注点从低端管理向中端管理推移，他们开始探索取代“作业（的）科学”的“组织的科学”。

从功能性的工长制到“命令系统的一元化”原理

在泰勒制中，有一项独特的被称为按职能分类的工长制（functional foremanship），在实践中几乎没有采用，因而是没有普及的制度。这是将在第一线监督工厂工人的工长定为复数，分化各个工长承担的监督功能的设想。在古典组织理论中，这种工长制设想被彻底地排除，取代它的“一臣不事二主”的“命令系统的一元化”（unity of command）的原理被认为是无可置疑的原理。

组织编制的三项原理

古典组织理论认为，组织应该按三项原理的组合来编制。也就是上述“命令系统一元化”原理；关于管理者控制部下的适当规模的“控制幅度”（span of control）的原理；再加上业务的“同质性分工”的原理。

重视“控制幅度”的原理而进行组织编制，这就形成“自上而下”（top-down）的编制，相反，重视“同质性分工”的原理进行编制，就形成“由下而上”（bottom-up）的编制。但是不管如何，只要以“命令系统一元化”为牢固不动的原理，编制成的组织形态一定会成为金字塔形的科层制结构。

命令（直线）系统与参谋系统的理论

与此同时，古典组织理论也提出了所谓的命令（直线）系统与参谋系统的理论。也就是模仿军队的参谋组织制度，提出要给命令系统的管理者配置必要的、辅助执行管理功能的参谋系统组织。其理论认为，这里设想的参谋系统是以向命令系统管理者提供建议和劝告为其唯一的任务，参谋系统不应该拥有发布命令和决断的权限。理由在于，如果不能守住参谋系统不可有命令权限这一点，古典组织理论最为重要的“命令系统一元化”的原理将会被打乱。

纵向组织与横向组织

那么，业务的“同质性分工”的原理中所说的同质性又应该按什么样的基准呢？该同质性的基准有目的（purpose）、作业方法（process）、目标群体（对象集团）（clients）、再加上管辖区域（area），共四个基准。其中，编制组织时最为常用的是目的同质性和作业方法同质性这两个基准。

按业务的目的分工原理进行编制而形成的组织是所谓的纵向分工的组织，而按业务作业方法分工原理进行编制而形成的组织是横向分工的组织。

讨论以上两种不同编制的组织形态的利害得失是古典组织理论的一个重要论题。

人际关系理论

职务体系与员工

按照科学管理法和古典组织理论，构成组织的要素是职务，而不是担当这些职务的员工。合理地编制组织就是将全部的职务进行合理的分化或组合，而并不是决定员工的配置组合。在这里，人配合事，而不是事配合人。

但是，活生生的人并不是引擎的零配件，并不会如设计者所想象的那样行动。通过现场观察，由此提出组织新的认识方法的是人际关系理论（human relations theory）。

霍桑实验

最初发表人际关系理论的是哈佛大学商学院的梅奥（E. Mayo）及其弟子罗特利斯伯格（F. J. Roethlisberger）。他们的研究组织受西部电器公司委托，进行关于提高工作效率方法的调查研究。他们以该公司的霍桑工厂为基地开始实地调查。

最初的调查是依据科学管理法的观点和方法设计的，但是在调查中渐渐对于科学管理法是否妥当产生疑问，多次改变调查的观点和方法。调查最终得到的结论是，把组织当作一种社会系统来看待，认为工作场所的非正式的人际关系正是给予第一线的工作效率最大影响的终极因素。

正式组织与非正式组织

这个研究组织的假说认为，组织这一社会系统，如图 3—1 所示，是由几个次级或下位系统构成的。

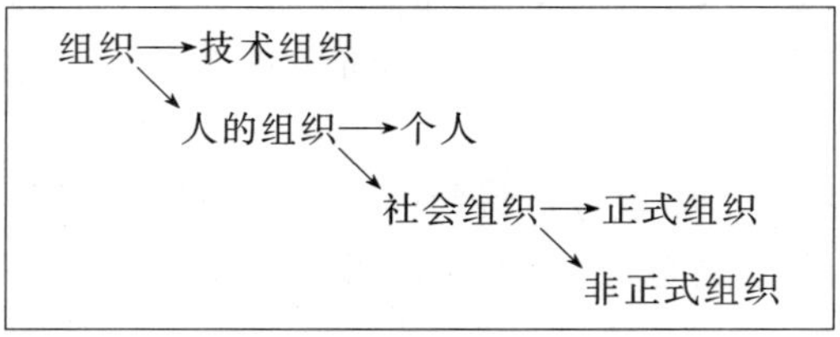

图 3—1　组织的次级系统

正式组织（或者说定形组织）犹如组织的命令关系和事务分配等，是一般在组织示意图上表现出来的、组织成员之间应有的关系。相对于此，非正式组织（或者说非定形组织）是在正式组织上没有表现出来的，但却在组织的成员之间实际发生的、所有的关系形态。

非正式组织是在正式组织的规范之下，以此为前提而产生的事实关系，正式组织与非正式组织并不是相互排斥的关系。

对内均衡和对外均衡

人际关系理论学者在这样的组织观之下展开了如下的主张。即非正式组织可能阻碍正式组织的活动，但是另一方面，非正式组织的存在，对于维持组织内有效的相互合作关系也是非常必要的。

另外，人际关系理论也主张所有的组织都拥有追求组织目标的功能（称为对外均衡），以及确保组织成员发自内心的合作的功能（称为对内均衡）。这两项功能中，经营者的关心常常趋向于对外均衡的问题，但是要使一个组织成为真正有效的组织，经营者必须同时考虑另一项功能，也就是对内均衡的问题，要提高组织成员的工作满意度。

总之，对管理者来说，使非正式组织为有效维持正式组织而运行是管理的一个关键所在。

组织生成理论及管理方法

如上所说，人际关系理论从非正式组织的生成理论出发而衍生，转而将非正式组织的生成当成操作的对象而探索其管理方法。也就是，探索如何控制组织成员的，甚至是内在心理的管理的方法。

但是，上述人际关系理论在关于正式组织问题上，并没有提出新的组织编制方法原理。

现代组织理论

以人际关系理论丰富的关于人的行为的知识积累为前提，巴纳德（C. I. Barnard）写成了《经理人员的职能》（1938 年），从此现代组织理论产生。

巴纳德的三层结构理论

巴纳德的理论从协作（互动）体系（cooperative system）开始展开，然后作为这个协作体系的一个次级体系，对组织（organization）进行论述，其后又对管理（management）进行了分析。故而巴纳德的理论常解说为经营、组织、管理的三层结构理论。

这里所说的协作体系是通常用法中的组织。这个协作体系有以下几个次级体系，即受制于协作体系的活动目标与其环境的相互关系的社会体系；支撑该体系活动的资财、人才的采购分配体系；还有一个就是以这些次级体系为前提而展开的、组织成员之间产生的人的行为体系。巴纳德所说的组织是指最后这个次级体系。

由上可知，巴纳德的组织理论是志在建构合乎包含军队、政府、企业、政党、工会、教会、学校等多种多样的应有尽有的协作体系在内的、组织的纯粹理论。这个理论有意舍去了显示各个协作体系特有的组织目标、资财、人才的特征。

组织形成的理论

将组织看作人的行为体系的巴纳德组织理论是将组织编制与组织生成的两个侧面统一为组织的形成理论。也就是，着眼于组织的运作而不是正式组织本身，抓住组织的动态而不是静态。

或者也可以说，其理论着眼于在组织内部的“从上至下”的方向和“从下至上”的方向上的影响力的双方，意图将这两者统一起来。这一点正好体现在本书后面介绍的巴纳德的组织均衡理论和权威接受理论（参见第 11 章）。

可以说，在巴纳德的理论中，组织成员相互的信息沟通（communication）是其理论的关键概念。

西蒙的决策理论

继承了巴纳德理论的重要思想，将研究焦点放在信息沟通交节点的决策（decision making）问题上，飞跃性地发展了现代组织理论的是西蒙（H. A. Simon）的《管理行为》（1947 年），以及西蒙与马奇（J. G. March）合著的《组织》（1958 年）。

其后，作为组织理论的发展潮流之一，理性选择（rational choice）理论开始发展。而且这些理论也被应用于对政府的政策决定（policy making）、政策评估（policy evaluation）的研究之中。

如今，在上述研究基础上，再加上统计分析方法的计量研究，即管理科学（management science）和政策科学（policy science）已经发展起来。

行政理论与组织理论的分化和交错

美国行政学的两个系谱，也就是行政理论的系谱和组织理论的系谱，在第二次世界大战之后又开始各自分化为独自的学问领域。而且，在各自领域内又分化为多样的研究体系发展至今。

但同时，这两个系谱也重新发展了有益的相互学习和相互借鉴的研究领域。也就是，组织理论的系谱其关注点终而转向了组织的高层管理，也就是其理论取向是与经营战略相关的决策问题。与这一取向相符，行政理论系谱的关注点也转到了政策领域政治与行政相交叉的层面上来。

阅读资料

美国的行政研究院

美国的综合性大学，在研究生院层次上，设置法学院或法律研究生院

(Law School)、商学院（Business School）以及行政研究院（Graduate School of Public Administration）的学校很多。

联邦政府的总统、州长（州的知事）等政治任命的特别职务者中，法学院出身的法律学家很多，而就联邦和州的一般职务的高级行政官中的事务性人员来说，其多数为行政研究院硕士课程的毕业生。此外，在市议会—市经理制的地方政府，被任命为市经理或市经理助理的，大部分是行政研究院的硕士毕业生。

在本科生阶段，美国的大学提供给学生的仅有以行政学为题的入门课程。但当进入研究生阶段，则教授内容广且专业性强的科目，如财务管理、人事管理、劳务管理、组织管理、一般事务管理等行政管理的相关科目，再加上城市行政、公共政策等相关科目。

也就是说，就日本的中央政府省厅（部委）的官房系统组织，或者地方政府都道府县、市村镇的总务系统组织所管辖的总务管理功能而言，美国的行政研究院教育培养的是能够承担这些工作的专业人才。

与此不同，在日本，行政学仅仅是法学部或政治经济学部的政治学专业的科目之一，这是为本科生而开的课。在研究生院的学科层次上，并未开设行政管理理论的各个分科课程。

顺便讲一句，邻国韩国在第二次世界大战结束后，深受美国的教育和大学制度的影响，很多大学设置了行政研究院，实施美国式的行政学教育。当然，韩国在本科层次上也设有行政学专业，这成了有志于成为公务员的人的主要培养课程。在这一点上，韩国又与美国不同，非常特别。

第 4 章

行政学的研究对象

前一章对当代世界的行政学的源流和主流，也就是美国行政学的展开作了概述。在这一章，我们将追踪一下致力于建构自己独特行政学体系的日本行政学的足迹。日本的行政学一面继承美国的行政学，同时对此作一定意义的补充。在日本行政学历史追踪之后，笔者将就日本行政学的研究对象，谈一些自己的观点。

4.1 日本行政学的发展

日本行政学的系谱

1882 年（明治十五年）到 1890 年（明治二十三年），东京大学（明治十九年即 1886 年改为帝国大学，明治三十年即 1897 年改为东京帝国大学）的政治学科开设了以行政学为题的讲课科目。但讲授这个科目的是从德国来日的卡尔·拉托根（K. Rathgen），其讲课的内容基本上继承了以前的官房学，不可与现代行政学同等而论。

二战前的行政学

日本现代行政学的教育与研究始于 1921 年（大正十年）。在这一年，当时的东京帝国大学与京都帝国大学的两个法学部新设了行政学讲座。

东京帝国大学新设行政学讲座的第一代担当者为刚出道的政治学者蜡山政道（Royama，Masamichi）。任职后不久，他便前往英国和德国留学。受英国研究的影响，他构建了实证的行政学体系。与之不同的是，在京都帝国大学担当第一任行政学讲座的田村德治（Tamura，Tokuji）钟情于德国的新康德哲学，全身心倾注于行政学体系和方法的思索，运用其独特而又难解的概念，确立了观念性的行政学体系。

日本二战前的行政学几乎只有这两位行政学创始人的业绩。共同的特点是他们都有一种使命感，都想把行政学建构成为一门与行政法学不同的新学问。

二战后的行政学

在上述两位的指导或者影响下，战争期间作为行政学研究者开始崭露头角的是京都大学培养的吉富重夫（Yoshitomi，Shigeo）与长浜政寿（Nagahama，Masatoshi），以及东京大学培养的辻清明（Tsuji，Kiyoaki）。上述第二代的三位学者，以及受到这三位的指导和影响，在二战后不久成长起来的足立忠夫等第三代研究者的行政学，可以称为二战后的行政学。

日本二战后的行政学者的显著特征为以下两点：第一，他们从二战前和战争期间的文化锁国状态下解放出来，第一次开始真正地吸收美国行政学；第二，他们面临的是以修改宪法为起始的战后改革，因而必须对这些制度改革作出评论。

理论研究和实证研究的偏离

以上两个特征各有其展开的轨迹，没有相互联动。也就是说，第一个特征吸取美国行政学以理论研究为基本动机，其研究成果反映在教科书的内容里。但是，第二个特征是实践性的研究课题，是以与美国行政学无关的形式而展开的，是关于明治维新以来日本行政制度史的历史研究，或者是关于制度改革效果的实证调查研究。

比如，辻清明的教科书《行政学概论》（上卷）（1966 年）引入了美国行政学的各种概念，各种命题的叙述很多。而在他的主要著作《日本官僚制的研究》（新版）（1969 年）里收集的许多论文中，很少见到美国行政学的影响。

1976 年的《行政学讲座》

二战后的行政学研究成果的集大成者是 1976 年（昭和五十一年）出版发行的《行政学讲座》，共五卷（东京大学出版社）。

安定期的行政学

上述《行政学讲座》发行之后至今，以第三代和第四代的研究者为中心形成的行政学是二战后制度转向安定期之后的行政学，在这个意义上，这个时期的行政学可称为安定期的行政学。这个时期学者们开始进行多种尝试来克服二战后行政学的倾向性问题，也就是克服行政学教育和行政研究的分裂，或者说理论研究和实证研究的偏离。

1994 年的《讲座行政学》

这个安定期行政学成果的集大成者是 1994 年至 1995 年出版发行的《讲座行政学》，共六卷（有斐阁）。

美国行政学的继承与吸收

日本行政学肩负着克服教育与研究分裂的学术课题，追根究底，其原因就在于美国的行政与日本的现实相差太大，偏离甚远。

美国的宪法结构与日本的宪法结构

美国行政学某种意义上是应对现代国家普遍存在的行政课题的学问。但同时，美国行政学也是受美国宪法结构的特殊条件规定的美国特有的学问。也就是说，美国的行政学是没有强有力官僚制传统的国家的行政学，是以高度分权的政府间关系为背景的行政学，是以总统制下政治与行政关系为前提的行政学。

与美国相比，日本的特征是一个在明治以后形成了强有力官僚制传统的国家，是维持着一个集权—融合型的政府间关系的国家（参见第 5 章），也是一个在二战后采用议会内阁制的国家。

这样一来，美国行政学的各种概念、命题被引进日本，如果原封不动地运用于对日本行政的考察，势必造成许多偏差。

宪法结构的历史发展阶段论

二战后日本行政学者对美日的差异并不是一无所知。恰恰相反，他们非常明确地意识到了这个问题。比如说，吉富重夫的《现代行政学》(1967 年)，辻清明的许多论文在很早就提出宪法结构的历史发展阶段论，这个理论框架就是认识日美差异的明确佐证。

民主化和效率化的“双重课题”

辻清明展开如下的论说可视为典型的一例。他认为，近代史的主流是从专制君主制到近代民主制，然后再走向现代民主制的历史过程。

基于这样的历史认识，他认为从专制君主制向近代民主制的历史变迁过程中，民主化是基本课题。而从近代民主制向现代民主制的过渡中，提高效率是基本课题。

在现代化的历史进程中，非常接近于上述理念型的渐进发展过程的国家，不管是官僚制、公务员制度改革，或者是地方制度、自治制度的改革，以上两个过程的过渡都是循序渐进的。但是，日本在二战后改革的经验是从专制君主制直接跨入现代民主制，因而日本面临的是民主化与提高行政效率并行的“双重课题”。辻清明指出，日本二战后以民主化为目标的改革不够彻底，因而遗留了许多君主制的残渣。

结合历史研究与比较研究的框架

上述历史发展阶段理论，是自觉认识美国行政学的课题与日本行政学的课题之间的决定性差异，希望在两国行政学之间的深沟上架上一座桥梁，嫁接两国行政学的一种有益尝试。这也是历史研究与比较研究相结合的理论框架。

但是，这个嫁接的理论框架还仅仅是宏观层次的框架体系。只利用这种桥梁是不可能自由来往于美国行政学与日本行政学之间的。横在两者之间的深沟比想象的要深得多。

社会科学无法摆脱各国历史文化的束缚。社会科学必然是各国的社会科学，各国的学问。日本的行政学也同样，虽然参考以美国行政学为首的各国行政学的研究成果，但是日本的行政学必须以日本的行政为其研究题材，对此题材进行仔细观察并进行理论化的工作。构建日本的行政学，除此之外别无他途。

这个方法，正是日本行政学贡献世界行政学的最佳之路。

4.2 行政学的研究对象

行政学的外延——与相邻学科的分工关系

行政学的定义

行政学，广义地说是“对行政活动进行考察的学问”。换句话说，是“对公共官僚制组织的活动进行考察的学问”。更严密的定义可以说，是“对政府的科层制组织的集团行为进行考察的学问”。

这里所说的政府，不仅指行政机构，也包括立法与司法机构；不但是中央政府，也包括地方政府。因而，这里的公共官僚制组织不但包括行政官僚制，而且包含司法官僚制和军事官僚制等。这里所说的集团行为包含政策制定活动和政策实施活动。另外，这里的考察既包括规范性考察，也包括描述性考察。

但是，如果上述的行政学定义仅仅如此而已，行政学与其相关学科的分工关系还是不明了。这是因为社会学、经营（管理）学、财政学、公法学、政治学也都将公共官僚制组织的集团行动作为其考察对象的一部分。因而在此将行政学更狭义地定义如下：行政学是“以公共官僚制组织的集团活动为核心，对此进行政治学考察的学问”。

这里所说的政治学考察是什么？如果要追问这个问题，应该说有必要先将社会学、经济学、法学、政治学这些学科下一个明确的定义，然后才能回答这个问题。在此，以更简便的方法，对行政学与其他相邻学科的分工关系作一简单的分析。

与社会学、经营学的分工关系

公共官僚制组织也是社会学中的组织社会学的研究对象，因为公共官僚制组织也是一般性组织之一。经营学中的经营管理学也是同样。但是行政学，仅仅研究“公共的”官僚制组织，在研究考察时充分意识到“公共的”官僚制组织的特殊性，这是行政学的使命。

“公共的”官僚制组织的特殊性

那么，“公共的”官僚制组织的特殊性是什么呢？至少可以举出以下几点。第一，一般来说其规模较大；第二，“公共的”官僚制组织的业务多种多样；第三，“公共的”官僚制组织的各类组织活动对于组织贡献的评价问题上，不存在类似于私营企业组织的收益、利润这样的统一的评价基准和尺度；第四，“公共的”官僚制组织的业务常常有垄断的性质，没有竞争的环境；第五，控制“公共的”官僚制组织活动的规则常常规定得非常详细，组织的活动缺乏弹性；第六，最终决定“公共的”官僚制组织活动的是政治的机制；等等。

但是，财政学、公法学、政治学则与刚才所讲的社会学、经营学有所不同，都是考察研究政府活动的学问。因而，财政学、公法学、政治学与行政学的差异，与其说缘于研究对象的差异，不如说是因为考察的侧面或研究的视角不同。

与财政学的分工关系

财政学是经济学的一个研究领域，着眼于考察财富的作用；而行政学是政治学的一个研究领域，着眼于个人、集团、社会阶层等的人际关系。如果从政府活动的资源这个角度来讲，财政学关心的是资财，行政学更关心的是人才，两者存在如此的差异。

但是，当财政学跨出其传统的岁收（收入）的理论领域，扩展到岁出（支出）的领域，特别是把研究重点放在财政民主主义、预算、财务会计的相关制度和活动的领域时，财政学与行政学研究考察的侧面或研究的视角的差异就微乎其微了。

与公法学的分工关系

宪法学、行政法学等公法学是法学的一个领域，以审判制度为前提的法规范的解释学是法学的中心。其中，公法学以立宪君主制时代以来的权力分立制与法治主义的宪法原理为基础，对控制政府活动的规则，特别是对议会与执政部门为控制行政的活动而制定的法令作适当的理论解释。

而行政学考察的侧面并不限于控制行政活动的规范。行政学考察的与其说是法律行为，不如说更多的是行政的事实行为。

另外，即便是在考察法律规范的时候，行政学关心的与其说是法律的审判规范功能，不如说是法律的行为规范的功能，将焦点更多地放在法律在控制行政行为上的功能。由此又可以得出另外一个差异，也就是行政学考察的法律规范的范围不限于法令。行政学重视预算这一规范所具有的控制功能，也重视没有法规性质的行政规则的控制功能。

由此可得出的结论是，公法现象的法社会学的研究与行政学的研究比较接近。

与政治学的分工关系

行政学是广义政治学的一个分支。狭义的政治学原理、政治过程理论与行政学之间，究竟应该有什么样的分工关系呢？

将公共官僚制组织的集团行为解说为组织内的各下级单位之间的权力关系现象，或者将其集团行为描绘成以下级组织为行为者的政治过程的产物，如果仅此而已，这些研究就仅仅是以公共官僚制组织为对象的政治学原理的议论，政治过程理论的研究。没有更多的理由将其定为行政学的研究。

行政学既然是一门将考察的重点放在公共官僚制组织的集团行为上的学问，那么就不能将行政组织的内部关系还原成组织之间的关系框架来说明。行政的活动中含有组织内的控制、调整、协调合作的关系，行政学要将其与通常的政治现象在哪些方面不同描述出来，依此来补充狭义的政治学研究。

行政学的内涵——是各学科的混成或者是合成？

只读了前一节的内容，行政学的印象好像还是在云里雾中，茫然不知所以。

这也不无道理。即使在行政学得到辉煌发展的美国也是一样，有关于行政学是混成学科还是合成学科的讨论，人们时而感叹行政学面临“丧失自我的危机”（crisis of identity）。

为何有这样的现象呢？究其根本原因就在于现代国家具有职能国家、福利国家和行政国家这样三个新特征。行政学是应对现代国家特有的行政课题而诞生和成长起来的学问。这个学问应该是对应于行政国家现象的学问，还是对应于职能国家的学问，或者说应该是对应于福利国家现象的学问，其强调的重点值得讨论。

制度学的观点

将视点放在行政国家现象上时，旧的权力分立原理与新的行政权优越化现象之间的关系，旧的民主制原理与新的官僚制化现象之间的关系问题，旧的地方自治制度原理与新的中央集权化现象之间的关系问题等成为研究主题。

这里讨论的问题是过程的民主性、程序的妥当性，这里重视的价值基准是正统性、合法性、公平性等。

这个方面的行政学非常接近于狭义的政治学，特别是政治制度学。

管理学的观点

将视点放在职能国家现象上时，行政的业务量、人员数、财政规模等的膨胀、扩大成为最重要的研究课题。鉴于此，抑制行政事务项目的膨胀，执行事务方法的精简、合理化、效率化，业务的民间委托，国营事业的民营化，还有定员管理、人事管理、劳务管理、财务管理、预算管理等的改善，再加上“新公共管理”的思潮与其方法等成为主要的研究课题。

总之，这里追求的是行政管理和行政改革的行政学，这里重视的价值基准是节约和效率等。

这个方面的行政学，非常接近经营学，特别是经营管理学。

政策学的观点

将视点放在福利国家现象上时，政府实施的政策、政府提供的行政服务的主观意图和客观效果的恰当性成为中心课题。

在这个层面上，关于政策、行政服务的最终效果的事前、事后的评价方法，确保政策、行政服务的实现可能性、有效性、合理性的各种条件，政策、行政服务在环境变化时的适应程度等成为讨论的对象。在这里重视的价值基准是必要性、有效性、适应性等。

这个方面的行政学，可以说其目标是创造新的政策学。

行政学的强项与弱项

如上所说，行政学包括制度学、管理学、政策学这三门学问，以这三个学科的价值基准为灵魂而不断地探索其未来之路。这里有行政学的强项与弱项两面。

行政学，究竟会汲取这三个学科的精华而形成一门真正的新的学问，还是由三个学科及其灵魂将其分裂而呈现分裂症的学问，其前途莫测。

行政学的体系——专业分化与综合管理

支撑行政活动的各学科

现代国家的政府的业务、服务几乎涉及人类社会的方方面面，可谓包罗万象。因而，行政活动可谓动员了所有可能的知识和技术。这里的知识包括自然科学、社会科学、人文科学的所有领域，这里的技术也是从包括工程学、社会工程学、医学、药学、农学、法学、经济学、教育学、心理学在内的非常广泛的领域里调动出来的。

再进一步说，有不少学问知识或技术并不是偶尔被行政活动所利用，而是一开始就是以行政活动为研究对象，希望其研究成果灵活运用于行政领域的。比如，教育行政学、卫生行政学、保健管理学等几乎只是以政府的特定领域的行政活动为其研究对象的、专业分化的管理学。或者，也有像应用经济学、农政学、林政学、交通计划学、城市规划学等几乎只是以特定领域的公共政策为研究对象的专业分化的政策学。

这样一来，按特定领域不同而专业分化的管理学、政策学，与我们的行政学又有什么样的关系呢?

横向分割的行政学与纵向分割的行政学

按领域不同而分化的管理学、政策学是对应于分管政府业务的各个省厅、部委的，可以说是纵向分割的行政学。相对于此，我们的行政学是横向分割的行政学，对应于协助内阁、内阁总理大臣、各部部长，承担政府各部整体的、综合管理功能的官房系统组织。

纵向分割的行政学基本上是取向于各个专业领域政策和行政服务的扩充和发展，而横向分割的行政学基本上是取向于行政资源的控制和合理分配。换句话说，前者是倾向于政策学的行政学，而后者是倾向于管理学的行政学。

行政学起初是从制度学出发的，然后朝着有管理学倾向的行政学发展，但迟迟不能扩展到其后、倾向于政策学的行政学的原因就在于此。

行政学分支科目的建构

但是，笔者认为，行政学如果不立足于从事政策实施、提供行政服务的行政活动的第一线，就很难使制度学、管理学、政策学这三门学问的混合物进一步地发展成长为三门学问的合成物。

为寻求行政学的飞速发展，首先必须将全部的行政活动进行适当的分类，整理成行政体系图，然后再依此为引导，一个一个地积累行政学的各个分支。

阅读资料

分手亦无恙，一路花之山（河井继之助）

日本行政学的先驱蜡山政道 1895 年（明治二十八年）出生于群马县，经旧学制第一高中，升到东京大学，1920 年（大正九年）东京大学法学部毕业。毕业后即被录用为助教，1922 年为副教授，1928 年升为教授。

学生时代，私淑于吉野作造，加入左翼学生组织“新人会”。又与河合荣治郎结有亲交，在《社会思想》杂志创刊时即为创刊同仁。1933 年（昭和八年）参加昭和研究会，次年跟随近卫文麿访美。

1939 年（昭和十四年），平贺东京大学校长处分教授事件发生，经济学系的河合荣治郎等几位教授受到停职处分。河合荣治郎对此处分表示抗议而辞职。蜡山政道不满该事件之处理，激愤之下而辞去东京大学教授之职。

1942 年（昭和十七年），蜡山政道参与翼赞政治体制协议会推荐的众议院议员选举，从群马 2 区参选而当选。1945 年战败后，立即辞去议员之职。1947 年受到开除公职的处分，但次年这个处分被解除。

其后，蜡山政道历任御茶之水女子大学校长，国际基督教大学教授，东京都教育委员会委员长等职，活跃于教育界。同时以民主社会主义研究会议议长等身份，参与了支持民社党的理论建设活动。

1980年去世，享年84岁。

对“殉情”于受到右派攻击的河合荣治郎而干脆辞职的蜡山教授，当时的报纸，一起报道他的行动为“义举”。1942年2月18日的《朝日新闻》在“以古人的俳句为饯行，蜡山教授，最后讲义之辞”的标题下，对最后一次讲课的情形做了以下的报道。

“赠送大家一首俳句，‘分手亦无恙，一路花之山’，再见。兴奋的学生对说完走下讲台的教授大叫，‘先生，让我们以萤火之光来送别您’，教授只是大大地挥手，离开了（省略）似乎春天就要来临的东大”。

这个时候，蜡山政道只有43岁。他在任职期间培养的第二代行政学家只有辻清明一人。对日本行政学的发展来说，这真是非常不幸的事。

第 5 章

现代国家的政府体系
——中央集权和地方分权

第 1 章至第 4 章作为行政学的绪论，概述了现代国家的形成和行政学产生之间的关系。

从第 5 章开始进入主题。第 5 章至第 8 章的概述构成现代国家行政活动的政府体系和政府形态。换言之，就是讲解现代国家的权力分立制结构、行政活动主体的官僚制组织以及制约和监督官僚制组织活动的政府各机构之间的结构关系。

一讲到权力分立，很容易使人联想到立法、司法、行政的三权分立。所谓三权分立，是在一个政府层次内部的权力分立结构。与此相反，将政府权力整个地分割开、分散开的是政府体系结构的架构。政府体系结构先于三权分立，是更根本的权力分立。

那么，首先讨论政府体系问题吧。

5.1 中央地方关系的变迁

各国的政府体系

单一主权国家的政府体系

除一个城市形成一个国家的小国外，大部分国家的政府体系都是由二至四个层级构成的。

现在的日本实行国家、都道府县、市镇村三级政府体系。法国采用国家、道（région）、省（déparetment）、市镇村（commune）四级政府体系。英国在1974年至1986年地方制度改革以前，在城市地区采用国家、城市郡（metropolitan county）、区（district）三级政府体系，在非城市地区采用国家、非城市郡（nonmetropolitan county）、区（district）、教区或者社区（parish or community）四级政府体系；撒切尔政府1986年实行改革后，废止了城市郡，把城市地区的政府体系改为国家（中央）、区二级制。

像这样构成一个国家政府体系的政府和政府之间的关系，一般称为中央地方关系（central-local relation），有时也称为政府间关系（intergovernmental relation）。

在政府体系中，作为中央政府的国家保留权限、财源到何种程度，把权限、财源转让给地方政府的府省、市镇村到何种程度，这是作为中央集权和地方分权的问题加以讨论的。

顺便提一下，也有像英国的苏格兰、威尔士等地区，承认一个国家内特定地区的特别自治权，采用广义上“一国多制”的国家。

单一主权国家和联邦制国家

在上述意义上，中央地方关系就是地方自治制度。不过，两者相同的情况是日本、法国、英国、瑞典等单一主权国家，而德国、瑞士、美国、加拿大、澳大利亚等联邦制国家则另当别论。

在联邦制国家，构成联邦的州、邦、共和国是拥有自己主权和宪法的国家，这些州（邦、共和国）把一部分主权委托给联邦政府。因此，联邦制国家的政府间关系是由联邦制度（联邦和州等的关系）和地方自治制度（州等和府县、市镇村等的关系）两个层级构成的。

所以，严格地讲，与单一主权国家的地方自治制度能够比照的只是州政府之下的政府体系。不过，虽然都统称为联邦制国家，但联邦和州等的权限、权力的分配关系却是多种多样的。其中也有权限向联邦政府集中程度较高的联邦制国家，州政府与其说是主权国家，不如说是更接近于自治体。在这种情况下，联邦制度和地方自治制度的差异甚微。

联邦制国家的政府体系

这里概括一下联邦制国家德国和美国的政府体系。在德国（原联邦德国），因为每个邦（Land）的政府体系不同，所以不能一概而论。城市地区的标准体系是三级制，即联邦和邦之下只有特别市（Kreisfreie Stadt）；农村地区的标准体系是四级制，即联邦和邦之下有郡（Kreis）和镇村（Gemeinde）。

在美国，州（state）原则上划分为郡（county），在郡设置郡政府。郡可分为设市（municipality）的地区和不设市的地区。因而，城市地区原则上是联邦、州、郡、市镇村四级制，农村地区是联邦、州、郡三级制。

因为构成欧盟（EU）的各国中央政府之上存在着超国家的 EU 政府，可以说政府间的关系是更多层级的体系。

中央地方关系的变迁

下面概括一下政府体系的历史变迁和形成过程。

国民国家的形成和中央集权

在中世纪封建制时代，领邦君主、诸侯、教会、自治城市等封建势力在各地分封割据，政治权力是分散的。后来，逐渐积蓄了财富和实力的领邦君主把其他的封建势力纳入其统治之下，形成了统一的国民国家，这是专制君主制时代。因此，近代国家虽然有程度上的差异，但在成立之时都倾向于中央集权。

政治体制的民主化和中央地方关系的分权化

但是，随着逐渐成熟的市民阶级要求国家政治民主化，政治体制从专制君主制演变为立宪君主制，进而发展为近代民主制。与这种政治民主化潮流并行的是中央集权体制的缓和，即以前被王权肆意控制下的地方自治被置于"依法行政"原理之下，地方自治制度也由议会制定的法律规定。而且，随着选举权的数次扩大，地方政府的政治独立性也逐渐提高。总之，民主主义的发展和地方自治的发展几乎是同时进行的。

可是，还不能断言民权打倒王权、近代民主制一完成，地方自治就稳定下来了。即使在民主制下，中央政府和地方政府之间还会产生新的对立、抗争。实际上也发生过中央政府的议会滥用立法权，任意压制地方政府自治权的现象。

美国滥用特别法和制约立法权

在19世纪的美国，各州的议会与地方政府之间发生的纠纷正是上述事态的极端表现。

殖民地时代的美国，城市自治权是以英国国王通过殖民地总督授予的王立城市宪章（Royal City Charter）作为法律依据。城市宪章被认为是城市和国王之间的契约（contract），不能单方面地废除。但美国独立后，城市宪章被认为是州议会制定的法律，因此，可以根据州议会的意志自由地加以修改。此后，美国州议会制定、修改、废除以特定自治体作为对象的特别法即特别立法（Special Legislation）极其平常。

其结果是，在共和党是州政府的统治政党、民主党是大城市政府的统治政党的状况下，州议会的共和党势力根据特别立法剥夺民主党统治下的大城市自治体的部分自治权的事态频频发生。这样，地方制度处于不稳定状态。不久，修改州宪法，设计了限制或禁止只以特定的地方政府为对象制定特别法的条款，地方自治制度转向由一般法即地方自治法规定。但后来，不断发生逃避特别法禁止条款的行为，譬如按人口等级区别的地方自治法等。最终，州宪法中制定了地方自治制度的保障条款，以此来制约州议会的立法权。

自治宪章制度

当然，在美国，特别法的传统以变形的方式继承下来，并不断被灵活运用。明显的现象是20世纪的美国快速普及的自治宪章制度（home rule charter system）。自治宪章制度正是把特别法的提案权赋予自治体，将自治体的提案权与居民投票（referendum）制度连接在一起的制度。

根据宪法创设地方政府

现在根据美国的经验在宪法中制定地方自治的制度保障条款的国家不断增加。第二次世界大战后日本国宪法第 8 章的各项条款也适应了这种世界潮流，尤其是第 95 条受美国特别法的影响。

但是，宪法规定地方自治的制度保障条款，并不仅仅限于禁止抵触“地方自治的宗旨”的立法。这意味着主权者在创设中央政府的同时，创设地方政府的意志表达。因而，即使站在自治权的根据是所谓的“传来说”（中央授权说）的立场，也必须理解地方政府的自治权不是由中央政府授予的，而是由主权者国民直接授予的。

总之，在专制君主制的中央集权体制下存在着的、曾经是脆弱的地方政府，经过迂回曲折的过程逐渐得以强化，成为民主制国家不可缺少的部分。在现代，在为国民提供现今福利国家特有的行政服务这一点上，地方政府也是必不可少的部分。

5.2　中央地方关系的类型

盎格鲁·撒克逊和欧洲大陆

各国中央地方关系的形态反映了其现代化进程，各不相同，千差万别。但是，西欧各国的中央地方关系大体可以分为以下两种类型。

分权·分离型

第一，英国作为母国，后来普及到英联邦各国和美国的盎格鲁·撒克逊各国的地方自治。其特征可以概括为分权·分离型。

集权·融合型

第二，欧洲大陆各国的地方自治。法国是其发源地，一个支流是意大利、西班牙、葡萄牙，后来普及到拉丁美洲各国；另一个支流是德国、澳大利亚、荷兰，一直普及到北欧各国。不论是前者拉丁国家，还是后者德意志国家的地方自治，基本特征都可以概括为集权·融合型。

关于上述两种形态，下面首先分小节对分权和集权以及分离和融合进行解说。

分权型和集权型

分权型·英国

在英国统一的国民国家形成过程中，国王与封建势力的对立斗争不像大陆各国那样激烈，因此，国王不需要把中央集权的统治机构遍布到地方末梢（基层）。

国王在地方行政区划的省（county），只设置委托其维持治安的地方执法官（justice of the peace）等极少的官职。而且，这些地方执法官不是从中央派遣的官吏，而是从当地名门望族中选任的没有工资的名誉职务。19 世纪末，和市镇村一样，省也设置议会（council），并得到承认，省逐渐变为广域自治体。

而且，教区（parish）和地方的镇村、自治城市等从古代就形成的市镇村共同体的自治几乎照原样保留下来。不仅如此，警察行政的服务长期以来是基层自治体的主管事项。

分权型·美国

在美国、加拿大、澳大利亚等新大陆国家，从殖民地时代开始，殖民地总督的统治机构并不强大。

因此，美国各州的地方行政区划郡设置的官职，独立后也极其简单。而且，美国郡的官职最初是由州政府任命，不久就改为直接公选。因而，尽管郡在法律上是州政府的地方下级机构，与具有独立法人资格的自治体（municipality）完全不同，但其机构早就实行自治管理，成为与自治体并立的名副其实的地方政府（local government）。

另外，新大陆的移民村落本身是共同防御的共同体，因此，通过极其自然的居民大会使“草根自治”在这些村落扎下根来。而且，通常是这些基层共同体形成的市区，得到州议会的承认升格为具有法人资格的自治体时，作为郡主管事项的警察行政服务也授权给了这些基层自治体。

分权型的特征

如上所说，在盎格鲁·撒克逊各国，国家（或者州）的地方基层机构简单，这些地方机构早就转化为广域自治体，警察是（基层）自治体市镇村的主管事项。从上述及其他特征来看，盎格鲁·撒克逊各国的地方自治称为分权型地方自治。

集权型·法国

与此相反，法国、普鲁士、澳大利亚等大陆各国的各种封建势力抵抗、反抗激烈。如果容许其继续存在的话，将难以维持国民国家的统一。

于是，专制君主制时代的国王想出各种办法把封建诸侯集中到首都，将他们转变为宫廷贵族，千方百计地削弱他们和领地之间的关系。国王在设置中央集权体制的地方基层机构时，有意无视封建诸侯的领地境界，设立全新的、人为的地方行政区划，派遣代官到那里。

可以说，法国在专制君主制时代形成的中央集权体制，在拿破仑帝制统治下，作为省（département）制度进一步得到了强化和完善。即，作为国家的行政官厅设置了内务省，省长以及副省长之下的大部分干部是从内务省官僚集团中任命、派遣的。内务省把国家警察的事务权限作为核心，发展成为具有"内政综合官厅"性质的官厅机构。其后，在省设立了议会，虽然不完全，但省成为具有某些自治体特征的地方政府。省主管的大部分事务仍然是国家事务，直到20世纪80年代以后地方分权改革前，省一直是国家的地方下级机构，而不是真正的地方自治政府。

当然，在大陆各国市镇村自治也得到认可，允许设置公选的议会和公选的长官。不过，在20世纪80年代的地方分权改革之前，市镇村的自治被严格地置于中央任命的省长的严格而又有监护性的行政监督之下。总之，在大陆各国，地方自治是在不威胁国民国家统一的限制范围内被认可的。

集权型的特征

如上所说，从大陆各国企图解体封建制时代的地区区划，介于国家和市镇村之间的省不是自治体而是国家的地方下级机构，警察作为国家警察等方面来看，大陆各国的地方自治具有集权型地方自治的特征。

分离型和融合型

分离型的特征

盎格鲁·撒克逊各国的地方自治还具有分离型特征，其原因有以下三点：

第一，盎格鲁·撒克逊各国在规定自治体事务权限的授权法中，一一分别明确列举自治体可以实施的事务，可以行使的权限。这种授权方式被称为有限列举方式。

自治体只执行法律明确授权的事务权限，超出其范围的行为视为越权行为，所以，在审判中发生争议，如视为违法，则其行为无效。这被称为“越权无效（ultra vires）的法理”。因此，在盎格鲁·撒克逊各国，围绕自治体权限范围提起的诉讼特别多，地方自治法的解释通过判例法形成。对自治体的监督主要是基于立法的监督（立法监督）和司法的监督（司法监督）。

第二，以上述方式明确划分国家（或者州）与自治体、广域自治体和基层自治体的事务权限范围，作为这一方针贯彻的结果，各级政府以相互分离的形式向国民提供行政服务。即没有明确授权给自治体的事务权限全部保留在国家（或者州政府），国家为了在当地执行国家保留的事务权限，在各地设置成为其手足的地方派出机构。广域自治体也是如此设置其自身的派出机构。于是，在同一地域内市镇村政府、省的地方事务所和国家的地方派出机构同时并存，居民接受各个机构提供的互不相关的个别的行政服务。

第三，盎格鲁·撒克逊各国的中央政府里没有设置类似于大陆各国内务省的“内政综合官厅”。刚才讲到的国家的地方派出机构也是由各部委分别设立。因此，即使中央政府的行政部门对自治体进行监督（行政监督），也遵从各部委的规定行政。

融合型的特征

与此相反，大陆各国的地方行政有以下三个特征，因此称之为融合型地方自治。

第一，大陆各国在法律上规定市镇村的事务权限时，采用概括授权方式或概括例示方式。例如，日本现行的《地方自治法》第 2 条第 2 款规定：“普通地方公共团体根据法律或基于法律的政令处理地区事务和其他事务”。因此，在大陆各国，国家的事务权限和自治体的事务权限没有被明确区分、分离，所以，各级政府在同一地区重复地、竞相提供行政服务的现象并不鲜见。

第二，原则上欧洲大陆各国的各部委主管的事务权限，通过称之为国家的地方综合派出机构的省去执行，而且大多采用把执行国家事务的权限委托给自治体市镇村或者市镇村长官执行的方式。这是因为，作为行政机构让同一政府承担相关事务权限的执行简单有效，而且，“地区综合行政”会卓有成效。因此，欧洲大陆各国的市镇村作为自治体执行自治事务，同时作为国家的地方下级机构执行国家的委任事务，承担着双重任务。对于委任事务的执行，通常国家施加比自治事务更加严密的行政监督。

第三，欧洲大陆各国在中央政府设置了“内政综合官厅”的内务省，在省，内务官僚的官选省长统一调整中央政府各部委主管的事务权限的执行。对市镇村的行政监督整合为从内务省到府省长，从府省长到市镇村长这样的单一系统。

综合评价·自治权的质量

那么，综合评价盎格鲁·撒克逊各国的分权·分离型地方自治和欧洲大陆各国的集权·融合型地方自治，哪一种可以称得上更充实的地方自治呢?

当然，容许地方自治发展到省层次的盎格鲁·撒克逊各国的政府体系总体而言是更分权的。因此，不论哪种类型的地方自治，这里必须综合评价的是自治体市镇村的自治权。

自治权的质和量

可以说，分权·分离型市镇村的自治权的事务权限范围，可能比集权·融合型市镇村的自治权范围窄；在授权范围内执行事务权限的自由、自主裁量的余地可能比集权·融合型的市镇村广。换言之，可能是分权·分离型市镇村的自治权，量小而质高；而集权·融合型市镇村的自治权，量多而质低。

市镇村的规模

但是，这只不过具有可能性或或然性，并不具有必然性。实际上，在分权·分离型的母国英国，市镇村的主管事项极其广泛，而在集权·融合型的母国法国，市镇村的主管事项则极其狭窄。

为什么会是这样的呢?可能是与市镇村的面积、人口的规模大小等因素有很大关系。

在英国，根据 1972 年制定的《地方自治法》，对市镇村进行了大规模的合并。1974 年市镇村合并后，英国共有 333 个市镇村，平均人口略低于 12 万人。作为基层自治体的平均规模，英国基层市镇村在世界上是最大的。即使在 1974 年以前，英国共有 1 300 多个市镇村，平均人口将近 3 万人。

与此相比，即使现在法国仍有 34 000 个市镇村，平均人口仅有 1 570人。

必须进行综合考察

因此，分析各国地方政府的差异必须进行综合考察。对于一个国家是联邦制国家还是单一制国家，政府体系分为几个层级，构成政府体系的政府间的关系是分权·分离型还是集权·融合型，以及基层自治体的规模如何等方面进行综合的考察是必不可少的。

5.3 福利国家的中央地方关系

两种类型的相互接近

可是，盎格鲁·撒克逊各国和大陆各国的地方自治的差异，在第二次世界大战后一直在大幅度地缩小。

集权型的分权化

第一，联邦德国值战后改革之际，对法西斯时代的中央集权体制进行反省后，实行联邦制，强化了地方自治；在法国，密特朗就任总统后，开始了把道和县改为完全自治体的分权改革；等等。大陆各国出现了分权化动向。

分权型的融合化

第二，在盎格鲁·撒克逊各国，逐渐广泛活用国家把事务权限委任给自治体的“委任”（delegation）方法。与此同时，中央政府各省（部委）加强对自治体的行政监督，正是在这个意义上接近了融合型。

自治体行政活动的膨胀

更重要的变化是，现代国家开始步入福利国家以后，自治体的行政活动以超过中央政府行政活动的速度膨胀起来。这是为什么呢？

规定中央政府和地方政府之间事务权限的分配关系主要有两个原因（参见表 5—1）。

表 5—1　　中央与地方事务权限的分配

对象集团的规模		
小	中央政府部门	
↑	**地方派出机构** （例示）邮政事业 社会保险事务	**自治体** （例示）义务教育行政 公共卫生行政 保健医疗行政 社会福利行政
↓ 大		

狭←第一线公务员的裁量权→广

对象集团规模的大小

第一，行政活动对象集团规模的大小。如果对象集团的规模小，全部由中央政府各部委处理；但对象集团的规模大且广泛分散在全国各地，即使其行政活动的计划调整业务由中央各部委进行，至少关于行政活动的实施业务由中央政府各部委的派出机构主管，不然就不得不授权或委托给自治体。

裁量权的大小

第二，直接面对对象集团的第一线公务员的裁量权的大小。如果是能够定型到几乎没有裁量权的行政活动，由中央政府各部委制定指南，第一线公务员的业务就完全是常规的程序性工作。这种行政活动即使由中央政府各部委的地方派出机构实施也没有问题。但是，第一线公务员裁量权大的情况下，就产生第一线公务员执行职务时由谁以及怎样监督、管理比较合理的问题。

民主监督和地区综合行政

如果认为监督管理第一线公务员执行职务状态的机构，是以当地居民民主选举出来的代表机构为好（民主监督的观点）的话，则将其行政活动授权或委托给自治体。另外，如果认为其行政活动与自治体主管的其他行政活动密切相关，将第一线公务员的业务与自治体主管的其他行政综合联系起来进行判断处理为好（地域综合行政的观点）的话，这种情况下也可以委托给自治体。

对人服务的性质

但是，福利国家阶段显著膨胀的行政活动，几乎是以非常多的国民个人为对象的对人服务。对人服务若不能适当地调和每个服务对象的个性和个别情况，则其效果会降低。通常是从事这种服务的教师、医生、保健员（师）、护士、社会福利机构的调查员、护理员、保育员等专门职业者或者相当于专门职业者的人们的自由裁量权比较大。因此，这些行政活动的大部分是委托给自治体处理的，从而引发了自治体的膨胀。

相互依存关系的成立

自治体的膨胀和新中央集权

仅仅从中央政府的许多行政服务的生产、提供活动不得不交给自治体，自治体的行政活动比中央政府的行政活动膨胀得快这个现象来看，分权化好像是现代趋势。

但另一方面，现代国家对多数行政服务设定了国家最低标准，并以达到最低限度为目标，所以，即使是自治体主管的行政服务，中央政府也制定法令，以通知的方式规定实施的标准，要求自治体遵守。而且，通过将中央政府的财源分配给地方政府等各种方式来诱导自治体的行为。在这个意义上，可以说新集权化（称之为新中央集权）是体现现代中央与地方关系的变动的现象。

因此，把分权化和集权化同时进行的、福利国家的中央地方关系解释为中央政府与自治体的相互依存（interdependence）关系的观点出现了。

罗兹的相互依存论

虽统称为相互依存论，但其分析框架多种多样。例如，英国的罗兹（R. A. W. Rhodes）以英国分权・分离型的地方自治为基础，着眼于中央政府和自治体占有的行政资源以及基于行政资源的权力关系，认为中央政府在立法权限和占有财源方面处于优势，但在实施行政服务方面必不可少的组织资源和信息资源的占有方面不如自治体，以此说明中央政府和自治体之间相互依存关系的成立。

阿斯夫尔德的相互依存论

相反，美国的道格拉斯·阿斯夫尔德（D. E. Ashford）以法国集权·融合型地方自治为基础，着眼于中央政府和自治体之间的信息传达和行使影响力的双向性，重视两者相互依存的路径的多元性（参见图 5—1）。

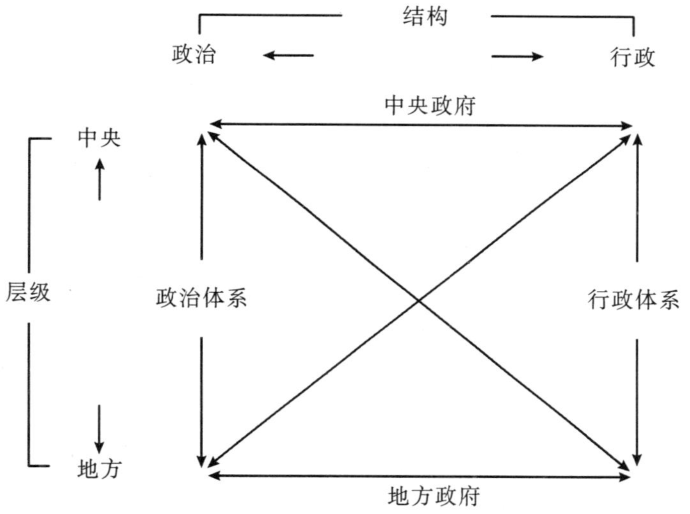

图 5—1 中央与地方的相互依存关系（阿斯夫尔德模型）

资料来源：D. E. Ashford，*British Dogmatism and French Pragmatism*，George Allen & Unwin，1982，p. 19。

即使到了福利国家阶段，中央地方关系的分权·分离型和集权·融合型的差异依然存在。

阅读资料

国际行政是"丢失的一章"（Missing Chapter）吗？

本章虽说是对规定现代国家的行政活动的框架进行了概述，其实仅仅研究了国内政府体系和国内政府间的关系，即“国内行政”问题。

但是，如果不对国际性的条约、协定、宣言以及国际专门机构设定的技术标准、国际首脑会议达成的协议等“国际行政”加以讨论，就不能把握现代国家行政活动的全貌。这是因为现代国家的行政活动完全不具有国际性是极其少见的。

试想，如果支撑某个行政活动的行政资源——权限、财源、人才、信息中任何一个具有国际性，便称它为国际行政的话，那么，现在可以说，“国际行政无处不在”。诸如国际邮政、国际通讯、国际航空等事业，如果解决不了共同收入或者租税管辖权的国际分配等问题，便不能维持。另外，现在，OECD的经济统计对于发达国家的经济运行是必不可少的，WHO的信息对各国的医药品检查行政起着极为重要的作用。

有人认为，20世纪前半叶行政学者在国内和国际两个层次上把握行政现象的现代趋势的研究比现在做得好。不论是德国行政学创始人劳伦茨·冯·石泰因，还是美国“行政学之父”伍德罗·威尔逊，抑或是日本第一代行政学者蜡山政道，都留下了论述国际行政的著作。

行政学的这个传统为什么在第二次世界大战后中断了呢？我们姑且不管其中断的原因，但弥补这个“丢失的一章”，对全世界的行政学来说确是当务之急。

第 6 章

战后日本的中央地方关系

第 5 章对规定现代国家行政活动的框架，各国的政府体系和中央地方关系进行了概述。本章集中考察日本，详细论述日本的政府体系框架的现状。

首先简要回顾明治维新以来日本地方制度的变迁史，然后主要阐述战后日本地方自治制度的状况。

6.1　地方制度的变迁史

日本地方制度的历史大体可以划分为四个时期。

第一时期，从明治维新到 1880 年（明治十三年）前后的明治维新时代。

第二时期，根据 1878 年的三新法和 1880 年的《区镇村议会法》，建立、运用可称为第一个地方制度的三新法时代。

第三时期，从 1888 年的市制镇村制、1890 年的府县制和郡制的制定公布到太平洋战争战败投降，是明治宪法时代。

第四时期，从战后改革一直到现在的新宪法时代。

明治维新时代

版籍奉还和废藩置县

明治维新初期的新政府能够直接统治的，只是幕藩体制时代的幕府直辖领土，而各藩的领地和人民仍然处于各藩的统治之下。新政府开始着手改变这种状态，把全国的土地和全国国民置于新政府的统治下，在全国各地配置称之为新政府代官的府知事、县令。这是 1869 年（明治 2 年）的版籍奉还和 1871 年废藩置县时采取的措施。

但是，废藩置县后设置的县的区域几乎和旧藩的范围相同，共有 3 府 302 县。而且，任命的新县令几乎都是旧藩的藩主。因此，调整、合并府县一直到接近于现在的 47 个都道府县体制，全部府知事、县令都改为从中央派遣，经过了相当长的时间。

户籍法

新政府成立之初，政府认为镇村事务像从前一样委任于村长、里正、长者等村官即可。在 1871 年废藩置县之前，新政府为了整顿全国国民的户籍，制定了户籍法。1872 年实施户籍调查，编制了第 1 个户籍（壬申户籍）制度。作为处理户籍事务的体制，该户籍法决定在全国各地普遍设区，并向区里任命国家官员户长、副户长。以此为契机，新政府深深地介入到镇村自治，结果引起地方制度的混乱。

大区小区制

具体来说，1872 年太政官布告把刚设置的区改为大区，在原来的镇村设小区（大区小区制），原来的村官改为小区的户长、副户长，也让他们承担户籍事务。虽然引起各种混乱，但不久，区从承担户籍事务的特定目的的行政区划转变成承担一般目的的行政区划，而且国家的地方行政和镇村的地方自治开始融合。

三新法时代

大久保利通的三新法

为了缓和明治维新时代过度的中央集权体制，平息地方的不平、骚乱，在大久保利通内务卿的主导下，1878 年（明治十一年）制定了《郡区镇村编制法》、府县议会规则、地方税规则（三新法），1880 年制定了《区镇村议会法》。三新法时代地方制度的要点如下：

第一，府县之下设郡区，郡区之下设镇村。郡是地理上的区域，这里所说的区不是前面讲到的区，相当于以后的市。这些改革只是按原样承认镇村依照旧制。

第二，作为国家的地方行政区划，首先确定府县、区、镇村的区域，然后在这些区域设立府县、区、镇村的地方团体。因此，作为地方团体的府县、区、镇村既是国家的地方行政机构，又是自治体。

第三，在镇村可以设置镇村议会，但是否设置由府县判断。

第四，作为镇村之长的户长，可以由镇村议会选任，由镇村决定选举方法，进行“尽量公选”，然后由府县知事任命。

第五，在府县设置由郡区作为选举区的公选议员组成的府县议会，作为议定以地方税支付的经费预算和征收方法的机关。有选举权者是“20 周岁以上的男子，籍贯在郡、区内，在府县内交纳地租 5 日元以上者”。

以上是三新法时代的地方制度的要点。有必要注意两点：第一，这里已经出现了区别郡部（农村部）和区部（城市部）的设想；第二，使地方团体具有国家的地方行政机构和自治体的双重特性的设想出现了。

明治宪法时代

山县有朋和莫塞

1881 年（明治十四年），明治政府发布了开设国会的敕谕，1882 年，命令伊藤博文进行宪法调查，开始了发布宪法和开设国会的准备。在此情况下，时任内务卿的山县有朋于 1884 年 12 月，在内务省设置了负责起草全面改革地方制度方案的镇村法调查委员。在山县的主导下制定公布的是，1888 年的市制镇村制、1890 年的府县制和郡制。在这一系列新制度的筹划过程中，从德国招聘的 A. 莫塞（A. Mosse）发挥了很大作用。

这样，在帝国议会即将开设之际制定公布的新制度的核心内容是：

府县、郡市、镇村的三级结构

第一，郡不仅是地理上的区域，而且在郡设地方团体，和市并列。地方制度的层级结构统一为府县、郡市、镇村三级制。同时，明确规定镇村受郡、郡市受府县、府县受内务省监督的金字塔结构。

地方自治的区划和国家的地方行政区划

第二，镇村和市首先是作为地方自治区划，在该区域设置称作市、镇、村的具有独立法人资格的自治体。同时，将该地方自治的区域也设为国家的地方行政区划，规定这些自治体的首长为国家的机关。

机关委任事务制度的法制化

这正是后来所说的机关委任事务制度的法制化。与此相反，郡和府县只是国家的地方行政区划和国家的地方行政机构，其长官是国家的地方行政官厅。换言之，法律上没有明文规定郡和府县同时是地方自治区划和自治体。

镇村制

第三，镇村设立由公选议员组成的镇村议会，镇村议会选举镇村长，镇村长兼任镇村议会的议长。镇村议会议员的选举，有选举权者仅限于公民。公民是指居民中“日本国民，25 周岁以上的独立男性，向镇村交纳地租或者每年交纳直接国税 2 日元以上者”。而且，镇村议会议员的选举制度是两等级选举制，即根据有选举权者纳税额的多少区分为两个等级，各级公民选举议员的一半。

市制

第四，除东京、京都、大阪三大城市之外的一般市和镇村一样，容许设置市议会，概括授权于市议会，并赋予市议会的条例制定权。不过市议会议员的选举制度是把公民区分为三个等级的三等级选举制度。另外，规定内务大臣把市议会推荐的 3 名市长候选人上奏天皇，请求天皇裁决。而且，设置由市长以及市议会选任的 1 名助役（副市长）和 6 名名誉职参事会员组成的市参事会，作为市的执行机构。总之，与镇村相比，市的自治权受到更多的制约。

6.2　大城市特例

第五，在东京、京都、大阪三大城市，不设市长和助役。规定市长的职务是府知事，助役的职务是府的书记官。总之，同一般的市相比，中央更加忧虑赋予这三大城市自治权。

郡制

第六，郡是总管镇村的地方团体，也设置郡议会。但是，郡议会议员采取由镇村议会议员选举的间接选举制。郡议会的议长是官选（中央任命）的郡长，郡的执行机构是郡参事会。

府县制

第七，和三新法时代一样，府县设置府县议会。府县议会议员的选举改为由郡议会议员、郡参事会员和市议会议员、市参事会员选举的间接选举制。虽然府县也设参事会，但不是执行机关，而是副议决机关。府县的执行机关是内务省任命的独任制的官选知事，府县知事不兼任府县议会的议长。

新制度的特征

上述明治宪法时代地方制度的特征：

第一，一方面，进一步强化了市镇村，尤其是镇村的地方自治；另一方面，府县引入间接选举制，改变府县议会的议员构成，明确限定其议决权限。这更进一步强化了府县作为官治团体的特征。

第二，从参考德国的地方制度制定方案的经过来看，不言而喻，地方制度具备前章所述的集权·融合型特征。郡制、等级选举制、间接选举制、参事会制的引入等，尤其表现出德国模式的特征。

其后的变化

明治二十年代初制定的地方制度没有持续到战败。其后不得不进行数次修改，渐渐发生了一些变化。

首先，1898 年（明治三十一年），因大城市相关者对大城市特例制度（限制多等）的不满增加，从而废除了三大特例城市。东京、京都、大阪三大城市也设置市长和助役。市长和一般市的市长一样，改为由内务大臣从市议会推荐的 3 名候选人中选任、批准。

随后，1899 年修改郡制和府县制。废止郡议会议员和府县议会议员的间接选举制，改为直接选举。

进而，1911 年修改市制镇村制，分离市制和镇村制为相互独立的法律制度，同时修改市制，市参事会由执行机关转变为副决议机关。

1921 年（大正十年）修改市制，市议会议员的选举由三等级选举制改为二等级选举制。同年修改镇村制，镇村议会议员的选举由二等级选举制改为平等选举制。

1923 年废除郡制，郡不再作为自治体，郡长和郡政府转变为仅仅是单纯的国家的地方行政机构。1926 年又废止了郡长和郡政府，此后郡连国家的地方行政区划都不是了，仅仅是单纯的地理名称而已。

1925 年（大正十四年），修改选举法，实现了国家众议院议员选举的普通选举制（普选）。1926 年地方议会议员的选举也全部改为普通选举制。

1926 年修改市制之际，规定市长和镇村长一样，由市议会选举，全面废止由内务大臣选任和决定市长的制度。但是，当时六大城市当事者不满足和镇村相同的待遇，其后积极展开谋求实现“特别市制”的运动。

1929 年（昭和四年）修改府县制。和市镇村一样，正式赋予府县制定条例、规则的权限。

从德国模式到法国模式

战前的地方制度经过上述的数次变化，于大正末年基本上稳定下来。但在这个过程中，间接选举制、郡制、等级选举制相继废除，德国模式的特征渐渐消失。最初的模式变成不同的体制，最后只保留了德国的参事会制，即府县参事会和市参事会制。其结果，战前日本的地方制度渐渐地更近似于法国模式。

二战时期对地方自治的限制

进入二战时期的 1943 年，重新实行把市长改为内务大臣，根据市议会的推荐选任，镇村长根据镇村议会的选举由上级认可的制度。另外，废除东京市，把它吸收合并到东京府，创设了新的东京都。这是持续到战后的东京都的雏形。

地方制度的概念

这里笔者对前面未加说明就直接使用的“地方制度”加以解释，并想概括一下明治宪法时代地方制度的结构。在日本，所谓地方制度是把地方行政制度和地方自治制度合为一体的制度。所谓地方行政制度，是指国家的地方行政官厅的府县知事、郡长，或者按照国家的地方行政官厅来看待的市镇村长，在国家的地方行政区划府县、郡、市镇村实施的有关国家地方行政的制度。所谓地方自治制度，是指作为自治体被承认或创设的市镇村、郡、府县等居民，在自己的区域内行使自治权的制度。

明治宪法时代地方制度的结构

明治宪法时代的地方制度规定：地方行政制度是指 1886 年（明治十九年）根据敕令制定的地方官制，地方自治制度是指 1888 年制定的市镇村制与 1890 年制定的府县制和郡制。市镇村制、府县制、郡制当初是政府制定公布的法律，但帝国议会开设后，其修改废除由帝国议会审议议决。即，地方行政制度继续交给内阁和枢密院，地方自治制度改为由议会制定法来保障。

以自治体府县、郡、市镇村的区域作为国家的地方行政区划，采用地方自治的区划和国家的地方行政区划相一致的方式。并且，实行机关委任事务制度，即国家地方行政官厅的官选府县、郡的长官理所当然是自治体府县、郡的长官，作为自治体市镇村长官的市镇村长理所当然是相当于地方行政官厅的国家行政机构。值得注意的主要是长官的选任方法不同，府县和郡是官治团体或者不完全自治体，市镇村勉强可以算作完全自治体。

集权融合模式的典型

总之，地方行政制度和地方自治制度以这种方式统一起来，这种表里合一的制度被称为地方制度。换言之，国家的地方行政和自治体的地方自治基于这种方式几乎完全融合起来，明治宪法时代的地方自治制度是第 5 章论述的集权·融合型地方自治制度的一个典型。

本土·殖民地的特殊制度

以上概述的是除北海道和冲绳县之外，在日本国内府县实施的地方制度。北海道和冲绳县实施的是与此略有不同的特殊地方制度，而且，那时朝鲜等海外殖民地与北海道和冲绳县更不一样，实施了各自特有的地方制度。第二次世界大战前的地方制度是“一国多制”。

新宪法时代

战后改革的要点

对于第二次世界大战失败后的战后改革改变了什么，现列举要点如下：

第一，日本国宪法第 8 章设立了地方自治的制度保障条款。

第二，都道府县知事的选任方法，由内务省的官选（任命）改为居民的直接公选。当时，除一部分地方事务官的身份是国家公务员外，知事以下的都道府县职员的身份原则上都是地方公务员。主要由于这两个方面的改革，都道府县成为完全的自治体。

第三，市镇村长的选任方法，由市镇村议会间接公选改为由居民直接公选。

第四，总称为地方公共团体的自治体组织及运作事项，不是由以前的对市制、镇村制、府县制分别制定的团体法制规定，而是由地方自治法统一规定。还有，在实施地方自治法的同时，废止了从前的地方官官制。

第五，解散内务省。包括二战中已经从中分离独立的厚生省，以前的内务省经过迂回曲折，被分割为厚生省、劳动省、建设省、自治省以及国家公安委员会和警察厅。这助长了条条行政的分立体制。

第六，战后初期，解散了以前的国家警察，整编为以市镇村管辖的自治体警察为基础的体系；义务教育行政，包括任用教员在内，也转变为由公选委员构成的市镇村教育委员会主管。

第七，虽不完备，但引入了罢免请求，条例制定改废请求，监查请求等居民直接请求的各项制度。

通过上述一系列的主要改革，可以说，日本的地方制度比战前大幅度地分权化、分离化了。

战后继承的战前的要点

决不能说通过战后改革，日本的地方自治制度从集权·融合型完全转化为分权·分离型。以下几点作为没有改变的要素，从战前继承到了战后。所以，战后日本的地方自治制度依然残留着浓厚的集权·融合型的特征。

第一，对自治体的授权方式依然是概括例示方式或概括授权方式。

第二，自治体同时作为国家的地方行政机构的方式依然被广泛运用着。虽然废除了地方官官制，都道府县知事已经不是国家的地方行政官厅，但战前只适用于市镇村的机关委任事务制度，在战后扩大运用到都道府县。把以知事等都道府县的执行机关和市镇村长等市镇村的执行机关当作国家的地方机构，把“国家事务”的执行委任给这些自治体的执行机关，这种委任制度被广泛运用。在这点上，战前地方行政制度和地方自治制度表里合一的地方制度，以不同的方式在战后也残留下来了。

第三，保留了作为广域自治体的都道府县和作为基层自治体的市镇村之间的上下指挥、监督的科层结构。这是由于代替国家（中央）监督、指挥市镇村事务执行的事务成为都道府县执行机关的机关委任事务，同时，因为原则上国家和市镇村之间进行上下双向信息传达的时候要通过都道府县。这些是形成两者的上下监督结构的重要原因。

6.3　讲和（《旧金山条约》签署）后的地方制度改革

新宪法制定前后的战后改革实施之后，一直到昭和三十年代初是连续不断的“制度改革时代”，几乎每年都对地方自治法进行修改。描述其变迁的编年史过于复杂，所以下面分成 4 项，阐述讲和后的地方制度改革。

都道府县和市镇村

机关委任事务制度的活用

虽然都道府县改为完全的自治体，但其主管事项减少了。其一，把警察行政、义务教育行政等移交给市镇村管理；其二，由于各省对公选知事的不信任，从都道府县知事手中收回国家的事务权限。对此表示忧虑的内务省要求各省活用机关委任事务制度，用这种方法把从前的国家事务留在都道府县。正因为如此，出现了分离化动向和坚持融合型动向的对抗关系的苗头。

都道府县的复权

1949 年（昭和二十四年）肖普（Carl Shoup）税制调查使节团来到日本。肖普劝告提出市镇村优先的原则，这遭到都道府县的强烈反对。都道府县和市镇村的对立、纷争反复地持续。后来废除了教育委员会委员的直接公选制，把义务教育的学校教员的任用事务移交到都道府县管理；废除市镇村警察，创设了都道府县警察，这些都缓慢地推进了都道府县的复权。1956 年地方自治法的修改最终完成了这些改革。即该法律明确规定都道府县和市镇村的上下关系，取消了特别市制条款，取而代之的是创设了政令（内阁决议）指定都市制度。

地方交付税制度

肖普税制和地方平衡交付金制度

肖普劝告的目标是以建立独立税等方法，把国税和地方税以及都道府县税和市镇村税分开。但在另一方面，他同时提议建立作为中央地方财政调整制度的地方平衡交付金制度。在地方平衡交付金制度下，围绕分配给自治体总额的计算，每年度进行预算编制时，大藏省和地方财政委员会之间展开激烈的拉锯战。因此，1954 年（昭和二十九年），取而代之，创设了现在的地方交付税制度。

地方交付税制度

当时创设的地方交付税制度是把三种国税（所得税、法人税、酒税）的收入按一定比例（称之为交付税率）分配给自治体的制度。其后，交付税率从当初的 22%上升到 25%，最后到达 27.5%，自治体的财政匮乏状况渐渐得到改善。中央地方的财政制度在 1957 年前后进入稳定期。由于这个制度，日本的自治体才有可能承担更广泛的事务权限，在这个意义上，地方交付税制度成为在财政方面支持融合型的战后政府间关系体制的重要支柱。

“岁入的自治”方面的不足

与废除地方平衡交付金制度并行的是重新评价肖普税制，弱化国税和地方税以及都道府县税和市镇村税的分离原则。现在，市镇村和都道府县都把征收居民所得的居民税（市镇村居民税、都道府县居民税）和对居民消费进行课税的消费税作为主要的税源之一。也即是，国家和自治体对相同的对象，现在竞相征税。

因为国税和地方税的连动，且必须公平地用地方交付税制度调整财政，所以，连独立的市镇村税的固定资产税也制定了标准税率。这与地方发行公债需要得到中央政府许可的制度相关联，其结果是地方税制被置于国家的严格监督之下。

当然，多数地方税种都规定一般应有的标准税率和不能超标准课税的限制税率。财政上有特别需要的时候，在限制税率的范围内，可以把税率提高到标准税率以上，进行超额课税。而且，地方自治体还可以创设法定外的普通税。但是，活用超额课税和法定外普通税的自治体一直在减少。其结果，在日本的地方自治上，要求居民负担纳税这个意义上的自治，即"岁入的自治"实际上几乎没有实行过。

自治体只是要求国家的税收财源向地方的转让，以地方交付税制度来充实地方的财源保障，还有奔走请愿以求得中央的补助金等的交付。这样一来，日本的自治体，可以说只是专心致力于在何种行政领域分配从国家获得的财政收入，即专心于"岁出的自治"。

这是融合型的地方自治容易变为集权型地方自治的一个例证。

镇村合并

明治时代的镇村合并

明治初期的镇村总数大致超过 7 万个。但是，在实施 1888 年（明治二十一年）制定公布的市制镇村制之前，明治政府坚决实行了大规模的镇村合并，行政镇村总数大约削减到原来的 1/5，共有 14 000 个左右。后来还进行了个别的镇村合并，第二次世界大战结束时，镇村总数不到 1 万个。

昭和时代的镇村合并

1953 年（昭和二十八年）以来，开始了以强化镇村的财政能力为主要目的的镇村合并，目标是镇村的规模达到 8 000 人以上。所谓 8 000 人的规模，是指从建设、维持一所公立新制中学的工作效率来判断的最小限度的规模。昭和三十年代后半期，镇村合并告一段落，日本的市镇村总数相当于以前的 1/3，不到 3 300 个。日本市镇村的平均规模，虽远不及 1974 年以后英国市镇村的平均规模，但在世界各国的基层自治体中已属于规模比较大的一类。

自治体的比重

在日本的政府体系中，自治体占的比重非常大（参见图 6—1 和图 6—2）。全部公务员约 440 万人，其中大约 325 万人（74%弱）是地方公

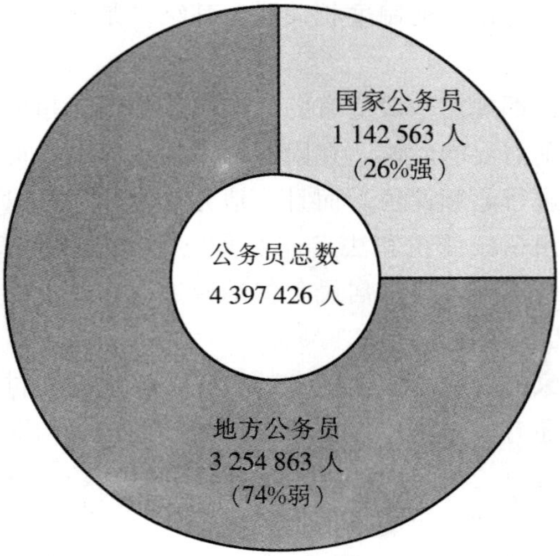

图 6—1 国家公务员和地方公务员

资料来源：根据人事院《平成十一年度报告书》第 493 页的数字制作。

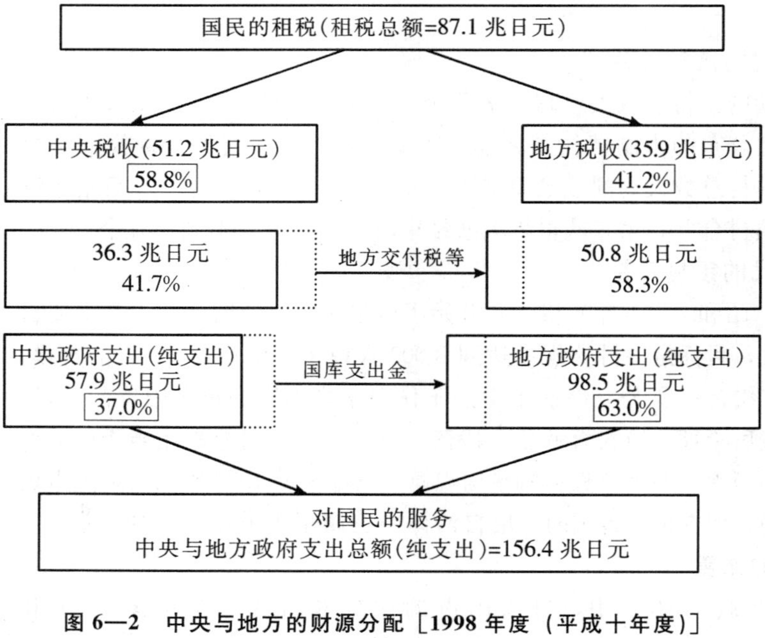

图 6—2 中央与地方的财源分配［1998 年度（平成十年度）］

务员，政府全部支出的 65%弱是自治体支出。这个比例在世界各国中也是非常高的。暂且不论自治的质量，就自治的范围和工作量来说，日本是世界上少有的地方自治的国家。其原因在于日本的自治是融合型的，自治体在财政方面由地方交付税制度支撑，基层自治体的平均规模大。

解散内务省

第二次世界大战前，都道府县可以说是国家的综合派出机构，所以各省设置地方分支部局（地方派出机构）是例外。但地方派出机构在战争年代开始增加，战后因都道府县成为完全自治体促进了地方派出机构的增加，内务省的解散更进一步助长了地方分支部局的设立。在 1967 年严格限制新增行政机构设置之前，各省不断滥设地方派出机构、特殊法人、附属设施（参见图 6—3）。

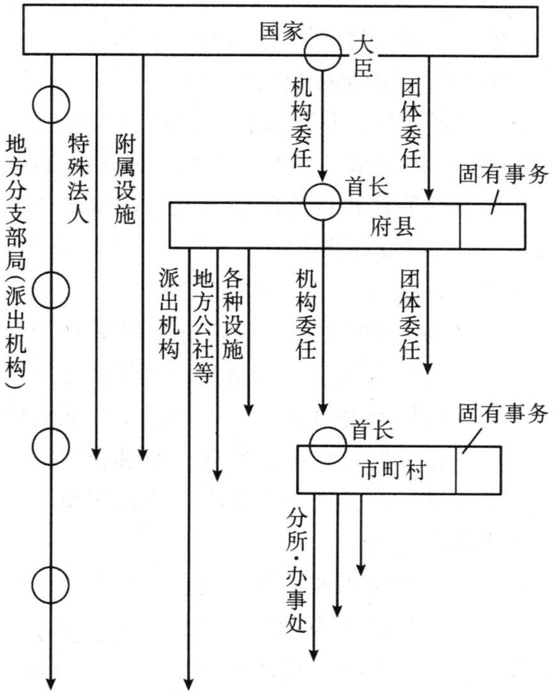

图 6—3　与派出机构·特殊法人等的关系

二战后日本的新中央集权

二战后显著的条条行政的分立体制，贯彻到了自治体内部。第一个表现是机关委任事务的增大，第二个表现是通达（通知）行政的深化，第三个表现是补助金行政的膨胀。这三个动向无非是福利国家阶段共同的新中央集权在日本的表现形式。可以说，这是伴随着国家和自治体的现代融合而出现的集权化现象。但是，日本原本就是融合型体制，再加上上述现代融合的集权化特征，因而，更进一步强化了中央和地方体制的融合性。

复活内务省的构想和挫折

不论是地方派出机构、特殊法人、附属设施的滥设，还是新中央集权的三个动向，都强化了条条行政的分立体制，使自治体“地域综合行政”陷于困境。因此，讲和后不久，出现了批判、抑制条条行政分立体制的改革方案。

第一个表现是 1956 年（昭和三十一年）政府接受第二次行政审议会答审（建议），向国会提出设置内政省的法案（合并建设省、自治省和经济企划厅的一部分的方案），但由于遭到建设省的强烈抵抗，没有成功。第二个表现是 1959 年第四次行政审议会提出的设置自治省的构想（在自治厅里除国家消防本部、北海道开发厅、总理府特别地域联络局、首都圈整备委员会外，还合并建设省的一部分和经济企划厅的一部分），也没有实现的可能性。其结果，1960 年设置了合并自治厅和国家消防本部的自治省，复活内务省的设想（当然，没有涉及合并警察的方案）几乎画上了句号。

州道制案和府县合并案

对抗条条行政分立倾向的另一个方案是所谓道州制构想。1957 年，第四次地方制度调查会同时提出了道州制案和府县合并案的答询。所谓道州制案，指废除完全自治体都道府县，设置类似于二战前府县的道或州的官治团体的构想；与此相反的对抗案是所谓的府县合并案，即合并几个府县成立广域行政，继续维持府县作为完全自治体的构想。

道州制构想的目标和挫折

道州制构想，包含以后的各种类似提案，虽然把当时的都道府县区域落后于时代、面积过小作为其正当化的理由，但至少 1957 年道州制构想的真正目的是废除公选知事制度，废除完全自治体，复活类似于战前的、将都道府县作为国家的综合派出机构的方案。可以说，上述动向是为了：

即使在中央没有内务省，或者正因为中央没有内务省，至少在地方复活国家综合派出机构，以此综合调整各省的条条行政，达到统合内政的目的。

道州制的构想，不仅遭到公选知事的强烈反对，而且也遭到在条条行政分立体制中得到好处的各省的反对。这样，复活国家的综合派出机构的构想，基本上成了“无法实现的往日旧梦”。

这样，从 20 世纪 60 年代（昭和三十年代后半期）开始，战后日本的地方自治制度迎来了“制度运用的时代”。

6.4　地方自治制度的政治过程

虽然战后地方自治制度稳定下来，进入“制度运用的时代”，但是围绕地方自治制度的政治争论并没有完全消失，只是更为日常化。

下面把其后的围绕地方自治制度的争论分为制度改革、制度管理和制度运用三个争论点，对中央的政治过程加以阐述。

制度改革的政治过程

变革基本结构的争论

第一个关于制度改革的争论，是有关地方自治法规定的地方自治制度基本结构的变革。既有都道府县和市镇村的对立，也有大城市和一般城市的对立、市和镇村的对立、地方核心都市和周边市镇村的对立、首长和议会的对立。

与以前相比，这种对立在“制度运用的时代”变得比较弱。但是，譬如筹划阪奈和合并（大阪府、奈良与和歌山的合并）与东海三县合并（爱知县、三重县和岐阜县的合并）的府县合并特例法案，以创设复合事务组合制度为目标的《地方自治法》修正案，改革东京都的都区制度的数次《地方自治法》修正案，均属于这种争论。

地方六团体等

上述争论的政治过程中，争论主体是以地方六团体（全国知事会、全国都道府县议会议长会、全国市长会、全国市议会议长会、全国镇村议

会、全国镇村议会议长会)，政令指定都市联合体的指定都市事务局、东京都 23 区联合体的特别区协议会、革新市长会、自治省（地方公务员的职员组合联合体）等。尤其是自治省的议会外斗争和旧社会党的议会内斗争相呼应，屡屡将地方自治关联法案变为废案。

作为调节者的自治省

只要是关于制度改革的争论，自治省总是站在调节地方自治相关各界内部的各种利益的调节者的立场上。

制度管理的政治过程

调整行政资源的争论点

第二个关于制度管理的争论点，是指《地方税法》、《地方交付税法》、《地方财政法》、《地方公务员法》等法律规定的、对调整自治体行政资源有很深影响的争论点。每年度预算编制之前制定的地方财政计划、地方交付税制度运用方针，地方税制的修改，与行政改革相关连的地方公务员的人员削减和工资、退职金合理化的争论属于调整行政资源的争论。除此之外，也有一些围绕会计检查院的审计、总务厅行政监察局的行政监察等权限范围的特殊争论。

作为代言人、拥护者的自治省

这些争论是以中央和自治体的对立，尤其是国家和自治体之间围绕调配行政资源的竞争为背景，每年不断反复争论。一般的结构是：自治省是这些争论舞台的主角，作为整个自治体利益的代言人、拥护者的自治省斡旋于大藏省、总务厅、人事院、会计检查院等部门之间，地方六团体则从背后或者侧面支援。

作为监督者、管理者的自治省

但是，在国家财政紧张状况下，上述的一般结构就不存在了。因为代表国家利益的大藏省等部门毫不留情地指出自治体行政财政运营的不适当方面，难以进行斡旋。于是，自治省考虑到如果不首先纠正自治体的不当行政财政运营，就无法贯彻自治体方面的正当要求，因此，自治省就对自治体进行积极的指导。与自治体的代言人、拥护者的职能相比，自治省不得不强化作为自治体的监督者、管理者的职能，并表现得非常明显。20

世纪 50 年代前半期地方财政再建时代的自治厅，第二次临调（临时行政调查会）以后地方行政改革时代的自治省就是表现出上述监督者、管理者的特征。通常作为支持者、在背后操纵的地方六团体和自治劳，在这种情况下也走到前台，组成对抗自治省、大藏省等国家方面的共同战线。

制度运用的政治过程

围绕新中央集权的争论

第三个关于制度运用的争论点，是指围绕变更各省主管的个别法令和预算的争论。换言之，条条行政的分立体制在运行上微妙的变更都会直接、间接地影响自治体事务权限的执行，因此成为地方自治制度的争论点。

地方制度调查会以及行政改革推进审议会等机构认为：地方派出机构、特殊法人、附属设施的新增设，机关委任事务的追加，依据法令设置的机构、职员的必设规则，过多地以通知的形式进行指导，补助金种类的扩大等阻碍了地方自治的健全发展，于是，这些审议会就提出建议，要求地方派出机构和特殊法人的统、废、合，精简机关委任事务或者将机关委任事务转变为团体委任事务，必设规则的放宽，个别补助金的整理，补助金的一般财源化或者菜单化，这些都属于制度运用的争论。但是，这种争论日常也主要是在修改法令的各省之间的斡旋（巡回式禀议）过程中，在各有关省厅和自治省的合议的场合展开的。

行政官员和技术官员的对立

但是，围绕这种争论的敌友关系复杂地交错在国家和自治体之间。在国家方面，担任行政综合管理职能的大藏省、总务厅等机构一般与自治省联手而非难各省。在自治体方面，一般是首长和总务系统的职员站在与自治省相同认识的立场上支援自治省；而专门部局的职员对中央各省的主张表示理解，并为此辩护，因而，自治体方面的步调难以协调一致。

借用劳威尔的用词，这种争论无非是因为跨越国家和自治体的各种“专才类官僚”（technocrats）的政策共同体群（policy communities），与跨越国家和自治体的“综合管理类官僚”（topocrats）的政策共同体的不同观点的对立而引起的。

6.5 分权改革的目标和今后的课题

在20世纪80年代以后连续不断的行政改革潮流，与90年代以后的政治改革合流的政治状况中（参见本书第19章），推进地方分权成为政治课题之一，日本的地方制度迎来了“制度改革的时代”。1999年（平成十一年）制定公布了《地方分权一揽子法》，该法统一处理了总共475部有关法律的部分修改。根据《地方分权一揽子法》，2000年4月实施了制度修改。这里，我们把它称为第一次分权改革。

第一次分权改革的经过

从众参两院的推进地方分权决议到联合政权时代

第一次分权改革是以1993年（平成五年）6月，国会参众两院超党派的推进地方分权的决议为开端的。就在这个决议通过之后，发生了国会通过对宫泽内阁的不信任案，解散众议院，实行总选举的突发事件，以此为契机，旧自民党分裂了。自民党在总选举中失败，产生了非自民党的各政党大联合的细川内阁，日本进入联合政权时代。第一次分权改革是联合政权时代的产物。

第三次行政改革审议会的最终答审和地方分权改革的日程

进一步加速推进地方分权改革潮流的是同年10月第三次行政改革推进审议会（行政改革审）向细川首相提出的最终答询。最终答审以推进规制缓和、推进地方分权作为今后行政改革的两大支柱。作为地方分权的推进政策，上述最终答询提出内阁应该在第二年制定推进地方分权的大纲方针，目标是制定“地方分权推进基本法”（暂定名称）。细川首相受理最终答询后，立即许诺政府按照上述日程推进地方分权，之后的羽田内阁和村山内阁都忠实地继承了该政策公约。在村山内阁时期，1994年12月内阁会议作出推进地方分权的大纲方针的决定，1995年制定公布了《地方分权推进法》。基于这部法律，同年7月设置了地方分权推进委员会。

从地方分权推进委员会的劝告到地方分权一揽子法案

从 1996 年（平成八年）到 1997 年，地方分权委员会提出了《中期报告》和四次劝告（第一次劝告到第四次劝告）。政府接到《中期报告》和劝告后，首先在 1998 年制定了地方分权推进计划，其后于 1999 年向国会提出作为实施该计划措施而制定的地方分权一揽子法案。

第一次分权改革的目标

地方自治的扩充政策和居民自治的扩充政策

推进地方分权，最重要的目的是扩大地方自治。扩大地方自治包括扩大团体自治的政策（改善国家、都道府县、市镇村之间的关系，扩大自治体自我决定、自我负责的领域）和扩大居民自治的政策（改善居民和代表机关之间的关系，扩大居民自我决定、自我负责的程度）。

事权下放与缩小、废除广义的干预

扩大团体自治的政策，包括事权下放政策（推进国家的一部分事务项目下放给自治体，或者都道府县的一部分事务项目转让给市镇村，扩大自治体主管事务项目范围的政策）与缩小、废除广义上的干预政策（缩小、废除国家对自治体主管的事务项目的执行方法和执行体制的规定、限制、干涉、介入等，以此扩大根据自治体的判断和责任，选择事务项目的执行方法和执行体制的裁量领域）。

第一次分权改革与扩充居民自治政策相比，优先扩大团体自治的政策；与转移事务项目政策相比，缩小、废除广义上的干预是改革的重点。进一步细分，第一次分权改革实现了三个方面的具体改革：缩小、废止通知的干预；放松、废止涉及机构、职员、资格等必设规则；整理、缩小补助金项目和缓和补助金纲要、补助金要领的补助条件。

全面废止机关委任事务制度及其效果

尤其是作为缩小、废止通知的干预的基本战略，全面废止了明治宪法时代实行市制镇村制以来的机关委任事务制度，这具有重大意义。除了极其个别的借此机会废止事务本身与改为国家直接执行、归还为国家事务之外，其他机关委任事务全部划分为法定受托事务或自治事务。“自治事务”无可置疑的是“自治体的事务”，还明确了法定受托事务也是“自治体的事务”。从此之后，自治体不再作为国家的下属承包机构执行“国家的事务”。而且，借此机会废除了无以计数的通知的一小部分，其他的通知此后全部改为“技术性的助言”，因而自治体不必再受这些通知的约束。自治体的法令解释权得到了大幅度扩大。通过这些改革，地方行政制度和地方自治制度表里合一的地方制度几乎完全解体了。

干预程序的法制化和争讼（纠纷）处理制度的创设

不仅如此，为了使国家和自治体、都道府县和市镇村之间的关系透明公正，新地方自治法制定了国家在狭义上的干预地方的标准类型，同时制定了类似于行政程序法中规定行政程序的干预程序规则。而且，围绕狭义的干预的合法性，开辟了国家和自治体、都道府县和市镇村之间发生争讼纠纷时，最后可以通过诉讼来争论哪一方的法令解释妥当的途径。这次改革把国家和自治体之间的关系由以前的上下、主从关系转变成为新的对等、合作关系。

通过一系列的改革，确实进一步缓和了日本地方自治的集权性和融合性。但是，能否断言日本的地方自治已经从集权·融合型转移到分权·融合型，非常值得怀疑，何况还根本没有向分权·分离型转化。

今后的课题

第一次分权改革取得的以上成果，在日本的地方自治追赶发达国家地方自治的全球化标准的漫长历程中仅仅是一小步。还有很多的改革课题要等到将来实现的第二次分权改革、第三次分权改革来解决。

充实、确保地方税财源

第一，为了把自我决定、自我负责的原则贯彻到地方税、财政领域，必须改革国税和地方税的税源分配，充实自治体的自主财源，大幅度地缓和补助金和地方交付税、交付金等依存于国家财政转移的状态。

“容器论”的再检讨

第二，在厘定与第一次分权改革同时推行的市镇村合并趋势的同时，有必要重新深入探讨道州制论、联邦制论、废县置藩论、一国多制论等关于地方分权的“容器论”（地方政府有无承受能力）是否恰当。

事务项目的转移

第三，对照欧洲评议会制定的欧洲地方自治宪章和国际自治体联合会（IULA）通过的世界地方自治宣言主张的“互补性”（subsidiarity）原理，有必要重新探讨市镇村、都道府县、国家之间事务项目的分配状态，重新讨论向地方下放事务项目的问题。

放松法令控制与义务规定

第四，关于进一步缩小法定受托事务，缓和有关自治事务的国家法令的控制、义务规定的方法和政策，有必要进行崭新的构想。

制度规制的放松与居民自治的充实

第五，作为扩大居民自治的政策，也出现了提倡国家制定地方自治基本法，各自治体制定自治基本条例的动向，所以必须认真讨论《地方自治法》的单一的制度规则应放松到什么程度比较妥当。围绕引入居民投票制度的讨论将会成为一个焦点。

对照以上列举的今后的改革课题与前面讲述的围绕地方自治制度的改革、管理、运用的三个争论点，就会理解第一次分权改革主要是以第三个争论点即制度运用的改革为中心。从这里更进一步，推进全面废除机关委任事务制度的改革，在这个意义上，可以说改革是推进到了第一个争论点即制度改革的争论领域。但是，改革还没有进行到第一个制度改革的其他的各种争论和第二个争论点即制度管理问题的根本改革。

阅读资料

明治初期法令的名称和体裁

观察一下三新法时代的《郡区镇村编制法》、府县议会规则、地方税规则和《区镇村议会法》4 部法令的名称，其中名称是“法”的有两个，名称是“规则”的有两个。

这些都是明治帝国国会开设以前制定、公布的法令，是在还没有确立“法律”和“法”仅仅是作为国会制定法使用专用名词的时代的产物。

那么，为什么一些称为“法”，而另一些称为“规则”呢？看一下当时的立法议论，大致可以说“法”指的是条文少而简略，“规则”则加进许多更详细的规定。

府县议会规则、地方税规则有很多条文，而《郡区镇村编制法》和《区镇村议会法》则用极少的条文简略地制定制度的大纲。而且，其中关于《区镇村议会法》，值1884年讨论修改之际，山县有朋想把《区镇村议会法》改为与府县议会规则一样的规则，依此来加强对区镇村议会的控制。但是，其结果只停留在“法”的修改。如此看来，这也许是受汉高祖“约法三章”故事影响的用词法吧。

说到法令名称的变种，还有1888年法律第1号制定、公布的市制镇村制的“制”，这可能是基于“官制”的命名。

但是，关于市制镇村制这个法，与该法令名称相比更特异的是该法的体裁（形式）。市制、镇村制具有各自独立的法令体裁，而该法将它们合为一个法。因此，要认定某个条文，必须指出这是市制镇村制的市制第几条。再有，该法甚至附了“市制镇村制理由”这样一份很长的理由书，和法令文本一起公布。

第 7 章

议会内阁制和省厅制

从第 5 章开始，本书考察构成现代国家行政活动的政府体系和政府形态。在第 5 章和第 6 章概述了政府体系（中央地方关系），然后，应该顺次论述构成政府体系的各级政府的政府形态。

政府形态（国家层次和自治体层次）

在战后日本，国家（中央政府）层次的政府形态采用议会内阁制，都道府县和市镇村自治体层次的政府形态采用首长制。本书是以国家层次的行政活动作为主要考察对象，所以，本章考察议会内阁制的制度原理以及议会内阁制在战后日本的实际运行。

议会内阁制的政官关系

要正确理解议会内阁制的制度原理，一方面要着眼于议会（国会）、执政党（或者联合执政党）、内阁的关系，另一方面也必须关注内阁、各省大臣、省厅的关系。本章将以省厅制为焦点，致力于全面考察议会内阁制政官关系的各种情况（国会、内阁、各省大臣等政治机构和作为行政机构的各省的关系，政党和官僚制组织的关系，政党政治家和职业行政官的关系）。

政治主导是内阁主导

本章所主张的“政治主导”，不是政治家和执政党主导，而必须是内阁主导。

7.1 议会内阁制

战前的内阁制

创设大宰相制的内阁制

取代以前的太政官制，1885 年（明治十八年）12 月日本建立了最初的内阁制。它采用的是赋予内阁总理大臣强大权力的大宰相制，即承认内阁总理大臣“作为内阁大臣的班首，可以宣奏机务、承圣旨、指示大政方针、统督行政各部”（内阁职权第 1 条），“内阁总理大臣考察各部的成绩，要求各部说明、报告，并对其做核定”（第 2 条），“必要时，中止行政各部的处分或命令，以等候天皇裁决”（第 3 条）。

明治宪法时代的内阁制

1889 年（明治二十二年）颁布了日本帝国宪法，1890 年开设帝国议会，日本政治体制过渡到立宪君主制。

但是，明治宪法没有有关内阁的规定，只是规定“国务各大臣辅弼天皇各负其责”（第 55 条）的国务大臣单独辅弼责任制。因而，为了符合宪法的逻辑，1889 年废止了先前的“内阁职权”，制定了“内阁官制”。与以前相比，内阁官制大幅度地缩小了内阁总理大臣的权力。放弃了大宰相制，内阁总理大臣倒退到“同辈中的首席”（primus inter pares）地位。

为什么是这样的呢？面临即将开设国会，明治宪法的起草者认为，内阁是内阁总理大臣接受天皇下达的敕令组阁，是天皇的内阁，应该超然于帝国议会（超然内阁）。如果内阁是大宰相制的内阁，必然是连带责任制的内阁，连带责任制的内阁不久就会发展成政党内阁制，这样有可能动摇立宪君主制的基础。这是改变内阁地位的原因。

明治宪法时代的统治结构

明治宪法下的日本统治结构，非常警觉向近代民主制的转变，即议会政治的发展和议会内阁制的确立。最大限度地考虑设计了防止、抑制议会政治的发展和确立议会内阁制的统治结构。

在这种统治结构下，设立了独立于内阁统管的各种政府机构：

第一，宫中和府中区别开来，在内阁之外设置了宫中的内大臣和宫内大臣，其周围是元勋、元老，他们监视着内阁。

第二，作为内阁的牵制机构设置了枢密院。不仅有关宪法和条约的事项，其他关于教育制度的基础、各省官制通则、官吏制度等敕令的制定和改废，必须在咨询枢密院后方得制定。

第三，授予以前的公家、大名诸侯以及明治维新的元勋以公爵、侯爵、伯爵、子爵、男爵的爵位，创设了守护皇室的华族制度。以此为基础，开设了贵族院，以这个第二院牵制民选的众议院。

第四，把统率权从内阁独立出来。即陆军的参谋本部、海军的军令部、战时大本营之类的军令机构独立于内阁。有关军令事项，参谋总长和军令部总长直接向天皇帷幄上奏，内阁总理大臣只接受陆军大臣、海军大臣的事后报告。

内阁的不稳定性

日本战前的内阁处于不能统管全部国政的地位。而且，战前内阁常常苦于内阁内部的不统一，因内阁意见不统一不得不总辞职的现象也不少。这是下面三个原因综合作用的结果。

第一，国务大臣单独辅弼责任制进一步助长了各省的分立割据。

第二，陆军省、海军省作为军政机构虽然在内阁的统辖之下，但1898年第二次山县内阁以后，从现役的将官级军官中选任这两个省的大臣、军部大臣现役武官制成为事实上的惯例。军部大臣任命权的制约进一步削弱了内阁总理大臣的领导力，结果导致军部的专横。

第三，内阁总理大臣甚至连罢免扰乱内阁秩序的大臣的权力也没有。

官吏制的确立

从很早日本就开始推进确立自律的官吏制度。官吏制度下培养的高级官僚很快就成为在天皇的内阁中擢用为大臣的主要的人才供给源。

首先，1887 年，制定了“文官考试试补及见习规则”，在文官考试中引进高等、普通考试。其次，1893 年制定的文官任用令限定奏任官、判任官只能从高等、普通考试的合格者中任用。再次，可称为第一个政党内阁的大隈、板垣内阁（隈板内阁）之后成立的第二次山县内阁，鉴于大隈、板垣内阁对各省次官进行政治任用的经验，1899 年修改文官任用令。法令修改的目标是防止以后再次发生政党内阁制下各省次官的政治任用，所以，原则上连敕任官的自由任用也禁止了。

这样，1907 年（明治四十年）以后，各省次官几乎全都是高等考试合格者。1912 年（大正元年）以后，开始不断出现有曾任事务次官者被任命为大臣。简言之，战前天皇的内阁国务大臣最初是从推行明治维新的萨摩、长州、土佐、肥前的西南雄藩的藩阀势力中录用的，后来，作为文官的职业行政官和武官的职业军人加以任用、培养出来的人才成为国务大臣的补充源。

政党内阁时期和高级官僚的赡徇制

但是，即使在这种统治结构和内阁制下，以 1918 年成立的原敬内阁为开端，出现了以帝国议会众议院的多数党为背景，多数党的党首为总理大臣，大部分国务大臣为执政党议员的政党内阁。尤其是在 1924 年第一次加藤高明内阁之后的一段时期，政党内阁政权不断交替，出现了立宪君主制下发展“宪政”的希望。在政党内阁时期，内阁、各省大臣对高级官僚的政治任用的倾向，即赡徇制也强化了。

1932 年的“5・15”事件，随着犬养毅内阁的倒台，政党内阁时代就此告终。高级官僚的政治任用大门重新关闭了，从此之后，军部和革新官僚抬头。

议会内阁制的制度原理

国民主权和议会内阁制的确立

从明治宪法转变到新宪法的宪法改正带给日本统治结构的最大变革，

是明确宣布“主权在民”，国会是国家权力的最高机构，确立了议会内阁制。

那么，议会内阁制（parliamentary cabinet system）究竟是什么样的制度呢？议会内阁制如第 2 章所述，原来是在英国形成、确立的宪法惯例，后来普及到其他国家，成为一般的制度原理。其要点如下：

议会下院选出内阁总理大臣和对内阁的信任、不信任

首先，在总体上，作为行政府的最高机构统辖全部国政的内阁是以议会下院（由直接公选的议员构成的民选议院）多数派的支持为基础的，内阁对议会下院负连带责任，只要得到议会下院的信任就可以一直执政；而总统制下作为行政府首长的总统是由国民直接选举的，至少在制度上，未必能保证得到议会多数派的支持。

就具体架构而言，首先，作为内阁首长的内阁总理大臣（首相），通常是议会下院从下院议员中选出。然后，接受指名的内阁总理大臣任命组成内阁的其他国务大臣。组织内阁（组阁）之际，在日本，至少一半以上的国务大臣是从下议院的多数派议员中任命的。

其次，议会下院有内阁不信任议决权，通过内阁不信任议决的时候，内阁立即总辞职，或者内阁解散议会下院，进行总选举。是支持议会下院还是支持内阁，必须依赖国民在总选举中的判断。内阁对议会下院行使解散权是否只能限定在议会的内阁不信任议决成立时进行，各国不同。一般而言，内阁行使解散权的裁量余地越大，内阁对议会的政治领导力量就越强。

议会内阁制的内阁是政党内阁

议会内阁制在运行上是政党内阁制。特别是在大众民主制（mass democracy）时代，国民无数的意志汇集成各种政党，通过这些政党反映到议会。议会议员的选举也是以政党为中心，议会的投票表决或多或少要受到党内决议的约束，所以，议会下院的多数派几乎和议会下院的多数党是同义语。于是，多数党的政党领袖被选为内阁总理大臣，内阁由执政党议员或其赞同者组成。内阁通过组成政府的各省厅（部委）的官僚制组织来实施在总选举中得到多数国民支持的执政党政策纲领的执政委员会。

没有单独控制议会下院议席过半数的政党，则由几个政党联合形成多数派，组织联合内阁。在这种情况下，联合执政党之间事先协商政策，联合内阁的使命是实施达成协议的事项。

内阁是政治领导的中枢

除因执政党分裂或者联合执政党之间的合作关系破裂而引起不信任内阁议决的异常事态之外，政党内阁制的内阁因为得到控制议会下院一半以上议席的执政党（或者联合政党）支持，所以内阁提出的法案一般能获得全部通过。这样，内阁就能够成为架起立法府和行政府桥梁的政治领导中枢。牵制内阁强有力的政治权力是在野党和媒体的任务。在野党以议会讨论为中心，在讨论过程中批判内阁和执政党的政策，提出自己的政策。执政党和在野党之间的论战通过媒体传达给广泛的一般国民。这样，内阁和执政党政绩的好坏评价、执政党和在野党之间政策争论的优劣判断，在下次总选举中由国民审定。

周期的政权更替

议会内阁制预定了适度的、周期性的政权交替。为了不使议会内阁制陷于过度的权力集中，为了稳固健全的政治制度，根据执政党和在野党之间力量关系的逆转，适时、适当地更替政权是不可缺少的。因此，各国议会内阁制的运行状况与该国议会下院议员的选举制和政党制的状况有着密切的关联。

内阁制的三个原则

议会内阁制的内阁是在三个可能相互矛盾的原则之间的微妙均衡下运行的：属于内阁职权的事项必须咨询内阁会议的“合议制原则”；各省（部委）主管事务由各省“主任大臣”（部长）分别管理的“分担管理原则”；内阁总理大臣拥有国务大臣任免权等的“首相领导原则”。这三个原则的均衡关系的制度设计和制度运用的实际状态，每个国家各不相同，但作为一般的趋势是逐渐强化首相领导的原则。

内阁总理大臣权能和总统权能的对比

虽说如此，内阁总理大臣行使行政权的权能，在不同程度上受“合议制原则”和“分担管理原则”制约。就此而言，与总统制下行政府的独任制首长、摆脱这种制约的总统权能相比，内阁总理大臣的权能比较小。但不要忘记，如前所述，总统制下的总统常常无法保证得到作为对等独立的政治机构、与之对立的议会的支持，而议会内阁制下的内阁总理大臣可以得到议会下院多数派的支持，成为架起行政府和立法府桥梁的政治领导中枢，在这一点上有可能比总统制下的总统更强有力。

议会内阁制和省厅制的连接形态

议会内阁制下的“分担管理原则”的制度设计之一，通常是采用“国务大臣行政长官同一人制”，即构成内阁的多数国务大臣兼任构成政府的各省（部）的主任大臣。值得注意的是，根据内阁总理大臣的意向屡屡任意变更省厅（部）编制的英国和法国，与战后自民党一党统治体制下省厅编制长期稳定的日本相比，“国务大臣行政长官同一人制”所具有的含义或效果有很大的区别。

而且，设置多少不兼任各省主任大臣的无任务国务大臣（不管部部长）和特命担当国务大臣，各省的主任大臣下配置多少执政党议员等政党政治家作为辅佐或辅助主任大臣的副大臣、长官、大臣政务官，还有构成各省厅官僚制组织的职业行政官的任用在何种程度上是政治任用，这些方面各国大相径庭。因此，如何连接议会内阁制和省厅制的形态极为重要。

内阁和政权

在上述意义上，从概念上区分仅由国务大臣构成的“内阁”和该内阁之下由多数政治任用的全体人员构成的“政权”是有意义的。总之，应该承认，即使是采用议会内阁制，各国的“政权”构成方法也有很大差异。

战后日本的议会内阁制

法制上的结构和政治惯例

那么，战后日本的议会内阁制的情况怎么样呢？其法制上的设计是基于新宪法和内阁法，而实际运行在不少方面靠的是政治惯例。

行政权向内阁集中

首先，日本国宪法第 65 条规定：“行政权属于内阁”，包含宫内厅在内的所有行政机构毫无例外地处于内阁的管辖之下。不允许诸如战前统治结构中存在的宫中的内大臣·宫内大臣、元老、枢密院、军令机构等独立于内阁的政府机构继续存在。不属于立法府和司法府，独立于内阁的政府机构只有直接根据宪法第 90 条设立的会计检查院。因此，后来建立的自卫队（包括自卫队的幕僚监部）属于以内阁总理大臣为“主任大臣”的总理府外局之一的防卫厅，被置于内阁领导之下。在 2001 年 1 月以后的新省厅体制中，防卫厅设置在直属于内阁的内阁府。

国会的两院制和议会内阁制的不规范

其次，根据议会内阁制的制度原理，内阁总理大臣是由国会众参两院从国会议员中推荐，内阁总理大臣任命的国务大臣的一半以上必须是国会议员。而且，内阁对国会负连带责任，宪法赋予国会众议院对内阁的不信任决议权和内阁解散众议院的解散权。但是，解散权的行使是否限于内阁不信任决议成立时，宪法上并没有明确规定。根据议会的解散权是没有限制的这种宪法解释，屡屡解散众议院，这可以说作为宪法习惯在日本已经固定下来了。

战后日本的议会内阁制也赋予了国会第二院参议院的总理大臣的选举权。而且，和众议院议员一样，也赋予参议院议员接受选举为内阁总理大臣的资格以及被任命为国务大臣的资格。可以说，对照议会内阁制的制度原理，这是不规范的。

内阁总理大臣权限的强化及其界限

再次，与战前相比，进一步强化了在内阁中的内阁总理大臣权限。明确记载内阁总理大臣是内阁的首长，而且赋予内阁总理大臣罢免国务大臣与指挥监督行政各部（各省厅）的权限。不过，根据《内阁法》第 6 条，内阁总理大臣对各省厅行使指挥监督权应该根据内阁会议决定的方针，受“合议制原则”的制约。

政治任用职的限定

政治任用职与“分担管理原则”的关系如何呢？总理府、各省、总理府外局的大臣厅（国务大臣兼任长官的厅）的总数与《内阁法》规定的国务大臣定额几乎完全一致，所以不兼任各省大臣或各厅长官的国务大臣是极其例外的。各省厅除国务大臣外，配备 1 至 2 名政务次官，除此之外，不再配置执政党议员等政党政治家就任的副大臣·长官等政治任用职。这样，各省厅事务次官以下的高级官僚全部是非政治任用的一般职。

自民党的长期一党执政和历代内阁的"短命"

观察一下制度运用的实际状态。根据 1955 年（昭和三十年）的"保守合同"（日本民主党和自由党合并成立了单一保守政党自由民主党）产生了自民党，转变到"55 年体制"以后，直到 1993 年（平成五年）日本新党党首细川护熙就任内阁总理大臣，成立非自民党的各政党大联合内阁为止，自民党单独执政长达 38 年。在此期间，由于执政党和在野党力量关系的逆转而引起的政权更替一次也没有发生。

尽管如此，在自民党长期一党统治时代，由于自民党内部的派阀争斗原因，基于自民党总裁的更替而轮换内阁总理大臣，以及同一内阁总理大臣领导下的内阁改造频繁发生，所以，历代内阁的存续期间和各省大臣的在任期间极其短暂。

在这种制度运行的实际状态下，各省大臣受各省厅的官僚制组织影响，被他们牵着走，努力实现官僚制组织希望的方针政策，认为这是大臣的本分。作为内阁一员的国务大臣不考虑把统管各省厅官僚制组织、内阁的政治方针渗透到官僚制组织的末端作为本职工作。这样，"内阁主导"就没有指望了。

但是，这并不意味着自民党议员对各省厅的官僚制组织不发挥一点政治影响力。

恩顾主义的政治行动方式和"政治家主导"

不但自民党议员，所有的国会议员都根据本地选举区的后援者和提供政治献金的支援行业界的要求，把在有关省厅的官僚制组织间斡旋作为本分职业。在某种意义上，再也没有比这种政党政治家个人的恩顾主义（clientelism）的政治活动方式蔓延到政界的各个角落这个事实，更雄辩地说明了"政治家主导"在各方面发挥的相应作用。

政府和执政党的交涉与"执政党主导"

而且，作为执政党的自民党设置了干事长和党本部，再加上政务调查会（政调会）和总务会作为党的机构。各省厅向国会提出法案之时，提交内阁会议之前，必须事先取得执政党的谅解。政府和执政党交涉之际，确立了依次经过政调会各部会→政调会→总务会的路径进行交涉的政治惯例。政调会各部会的编制几乎与省厅的编制相对应，这里是"族议员"聚集的地方。自民党议员通过政府和执政党之间交涉而确立的政治惯例，以这种横加干涉的形式，将自民党的意图反映到内阁和各省厅的政策制定中。在这个意义上，“执政党主导”从战后很早就已经实现了。

确立“内阁主导”必须克服政府和执政党的二元体制

随着自民党组织以及党内派阀制度化的推进，从20世纪70年代后期开始，媒体界就有“政高官低”（与官僚政治相比，政党政治占优势地位）、“党高政低”（与政府相比，执政党占优势地位）的评论。政治学界也提出了政党优位论，作为对以前的官僚制优位论的反驳。但是，“政治家主导”和“执政党主导”决不意味着“内阁主导”。对照议会内阁制的制度原理，执政党机构和内阁、各省厅的政府机构是二元分立的，两者没有统一到“政权”里。正是在这一点上，表现了战后日本议会内阁制实际运行的异常性。

总理府外局及其内阁官房的强化、充实

那么，是不是根本没有尝试矫正议会内阁制不完善的机能，确立真正的“内阁主导”的改革呢？否。试图强化内阁总理大臣或内阁综合调整机能的尝试一直在进行着。不过，作为改革办法采用的方案主要是强化、充实总理府外局和内阁官房，而缺乏回到议会内阁制应有的制度原理上的改革。

总理府外局的整理充实

从战后初期就开始实施的、最重要的传统方法是强化、充实内阁总理大臣作为主任大臣的总理府外局。首先，1948年（昭和二十三年）把行政监理委员会改为行政管理厅；其次，1952年把经济安定本部改为经济审议厅，1954年把保安厅改为防卫厅，把国家地方警察本部改为警察厅；再次，1955年把经济审议厅改为经济企划厅。其后，1956年设立了科学技术厅，1971年设立了环境厅，1974年设立了国土厅，1984年合并行政管理厅和总理府内局设立总务厅（参见图7—1）。

这些外局，除防卫厅和警察厅以外的各机构，都是承担整个行政府的综合管理职能的机构。这些机构与内阁官房，内阁法制局，人事院，大藏省的主计局、理财局、主税局，或许还包括外务省的条约局，法务省的诉务局，建设省大臣官房官厅修建部等一起构成整个行政府的官房系统组织。它具有相当于美国联邦政府总统府各机构的性质。

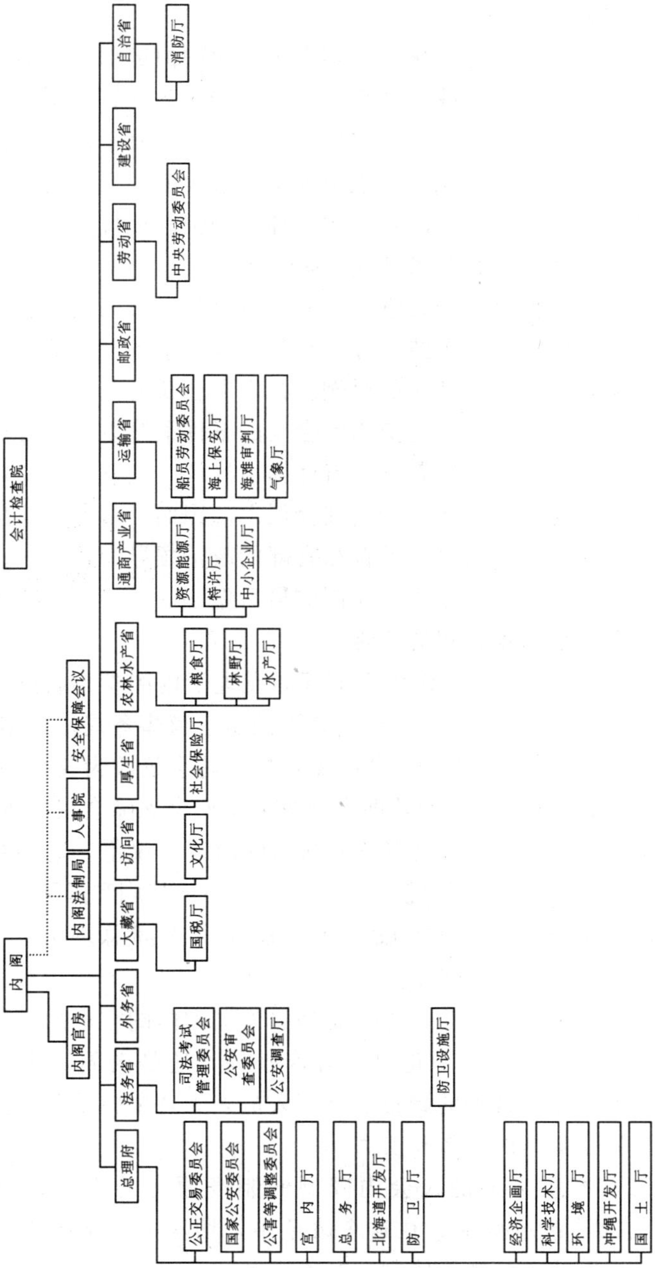

图 7—1　2000 年（平成十二年）以前的中央省厅编制

强化、充实内阁官房

比较新的第二个方案是强化、充实内阁官房的内部部局。战后的内阁官房在官房长官之下，设置政务性官房副长官和事务性官房副长官。作为内阁的总管，主持内阁会议的内阁官房长官通常是从属于内阁总理大臣派系的国会议员中任命的。近年来，也出现了做过大臣的人被安排为政务性官房副长官的例子。这说明内阁官房重要性的增强和地位的上升。

事务性内阁官房副长官和事务次官等会议

与此相反，事务性官房副长官，按照惯例是从做过旧内务省分化出来的各省的事务次官中任命，主持事务次官等会议。事务次官等会议完全没有法律上的根据，而是基于常年的惯例。在内阁会议的前一天举行的事务次官等会议，是与会者对次日提交内阁会议的案件最终以一致赞成方式加以确认的场合。在该会议上，若某些省厅提出异议，其案件需要返回有关省厅进行调解，不能提交到次日的内阁会议上。因而，事务性官房副长官和事务次官等会议，与其说是辅助首相官邸的政治领导力，不如说是保障各省厅发起否决权、保护官僚主导体制的最后堡垒。

第二次临调以后内阁官房的改组

除此之外，在内阁官房，作为内部部局设置了内阁参事官室、内阁审议室、内阁广报室、内阁调查室，还设置了国防会议事务局。根据 1981 年设置的第二次临时行政调查会的改革提案，把国防会议改为安全保障会议，对国防事务及其重大紧急事态的处理措施改为由安全保障会议主管；同时，分割内阁审议室，设置内阁外政审议室和内阁内政审议室。这一系列改组的背景是 20 世纪 70 年代以后经济停滞、经济摩擦的加剧和国际化现象。

最近的改组是 1996 年（平成八年）设立了内阁总理大臣辅佐官，1998 年新设立了内阁危机管理监。

从战后早期就开始的强化、充实总理府外局和内阁官房的政策没有达到预期的目的。这是因为，不论是总理府外局，还是内阁官房的内部部局，多为来自各省厅的官僚的聚集所（其人员多为“杂牌军”），没有打破各自派遣省厅分立割据的愿望和实力。

试图回到原本意义上的议会内阁制的制度原理的尝试，必须等到 1990 年以后的政治改革潮流。在这个改革中，切实追求了确立与以前的官僚主导体制相反的政治主导体制。在本章第 3 节里，将对 20 世纪 90 年代以后的改革进行详细论述。

7.2　省厅制

组织制度和定员制度

如上所述，构成内阁的大多数国务大臣兼任各省大臣或各厅长官，所以议会内阁制和省厅制密不可分。因此，下面把战后日本的省厅制分为组织制度和定员制度进行概述。

省厅机构与定员的决定制度

行政组织的决定制度

在日本，把哪个层次的政治机构在多大范围内决定行政机构省厅的组织编制的问题，称为行政组织的决定制度。

战前，各省厅内部机构的设置、主管的事务不是根据法律，而是由各省“官制通则”以下的命令决定，即省厅的组织编制基本上由内阁和各省厅裁量。在法国、德国等欧洲大陆各国，根据宪法规定，组织编制现在也仍然是授权给政府；在英国，延续了由枢密院令决定的习惯。

与此不同，战后日本各省厅的设置等由法律规定。而且，适应当时扩大“依法行政”原理适用范围的一股热潮，在 1948 年（昭和二十三年）关于国家行政组织法案的国会审议中，对内阁提出的国家行政组织法案加以修改，要求各省厅的课级单位也要由法律规定。

《国家行政组织法》是取代战前的各省官制通则而制定的，具有国家行政机构组织的统一法或标准法的性质。该法规定了关于组织单位的种别和名称、法定事项和可以授权给政令之下的事项（非法律事项）等通则。各省厅的设置、编制、主管事务根据该通则，由各省厅分别规定。

例如，在旧大藏省，法律事项是大藏省设置法，政令事项是大藏省组织令，省令事项是大藏省组织规程，涉及更细节的事项是大藏大臣训令规定的。

放松《国家行政组织法》的制度规制

其后，内阁数次要求缩小《国家行政组织法》规定的法律事项的范围，并向国会提出《国家行政组织法》的修改法案，但没有得到国会的承认。以第二次临调放松国家行政机构的组织法律规制的劝告为契机，国会终于承认修改《国家行政组织法》。1984 年（昭和五十九年）7 月实施的修改后的《国家行政组织法》，只把府、省厅的设置和主管事务作为法律事项，官房、局以下内部组织的设置，地方分支部局（地方派出机构）的设置全部由政令以下的其他规则规定。

这一点在 2001 年（平成十三年）1 月以后新省厅体制下，在各省厅设置法中也基本没有变化。不过，原来各省厅设置法中设有主管事务的条款和主管权限的条款。鉴于主管权限的条款有作为行政指导依据的例子，因此，削除了全部主管权限的条款，统一到主管事务的条款。另外，后面讲到的取代原来的总理府而新设立的内阁府，不适用《国家行政组织法》。

定员的决定制度

各省厅（部委）任用职员的方法，各国不同。既有在组织法令中规定定员的方式，也有依据组织法令之外的个别法令决定定员的方式，或者是通过在预算中确定人事费总额的方式间接地控制职员数量的方法。不论依据哪种方式，法律在多大范围内决定人员编制是组织的决定制度之外的另外一个问题，即定员的决定制度。

在战后日本，定员的决定方法也是不断变化的。1949 年（昭和二十四年）制定的行政机关公务员定员法规定了各省厅的定员，而各省厅内部机构的定员分配由省令规定。该法律 1961 年被废止，此后，改为由各省厅设置法规定各省厅定员的方式。但是，1969 年再次制定了从组织法中独立出来的、现在的《总定员法》（正式名称是《关于行政机关职员的定员的法律》）。此后，分配各省厅职务的常任公务员（除了政治任用职的特别职公务员、自卫官、4 个国营企业职员等）的定员总数的最高限度由该法规定，各省厅的定员由政令规定，各省厅内部机构的定员由省令规定。

省厅的机构与定员的管理制度

机构与定员的管理制度

即使某些内部机构的组织、定员的决定由政令以下的其他规则规定，但这并不意味着各省厅可以随意决定。这是因为，政令事项不用说，省令事项的变更也必须一一交付政府的综合管理机构审查，因而各省厅的裁量权受到极大制约。在日本，各省厅的机构与定员的综合管理机构进行的审查制度叫做行政组织和定员的管理制度。

总务省行政管理局的审查、核定

现在的日本，在每年度规定的时期，各省厅的机构与定员的变更要求和预算的概算要求一起进行。各省厅预算的概算要求由财务省主计局核定，与此同时，各省厅的机构与定员的变更要求由总务省行政管理局审查（参见图 7—2）。

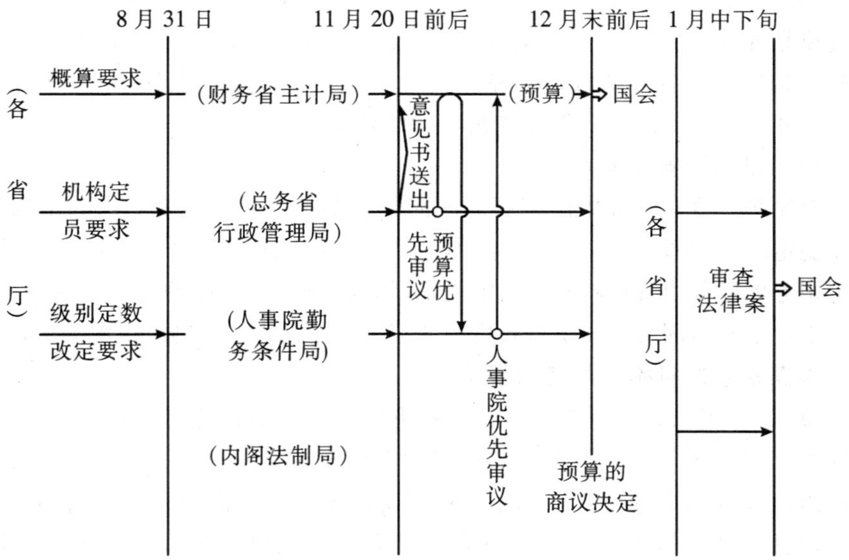

图 7—2 机构与定员的审查、核定过程

虽然缩小了《国家行政组织法》规定的法律事项的范围，但组织的细节依然是政令事项，所以，如果没有通过总务省的审查，不允许各省厅向内阁会议提出组织令的修正案。

因为定员的变更直接与预算联系在一起，所以，定员的变更非常严格。总务省的通知要求省令事项的变更与总务省的事前协议、训令事项的变更要事先联络。

日本省厅制的特征

这里，概括一下战后日本省厅制的特征。

“铁格子”效果

第一，省厅的组织、定员的决定制度和管理制度具有特别严格的“铁格子”效果，这有助于抑制行政机构的膨胀，但反过来难以适应政策课题的变化，进行迅速而灵活的组织变更。

府省的稳定性

第二，府省的稳定性，这也是与国家公务员的各省厅分别录用的任用制度密切相关的。1960 年（昭和三十五年）自治省设立以后，作为主干行政机构的府、省的统合、废除、新增设一个也没有，直到 2001 年（平成十三年）1 月转移到新省厅体制，持续稳定长达 40 年。

内阁结构和省厅编制

其结果，规定国务大臣定额的内阁法长期没有必要变更，内阁结构也高度稳定。日本没有像法国一样的，适应每届内阁国务大臣人数的变动、决定国务大臣分担管理的事务权限的范围，随时进行省厅的统废合的制度。在日本，不是内阁结构决定行政机构的编制，而是省厅编制决定内阁结构。

参谋系统的机构和职务的不统一

第三，《国家行政组织法》规定各省的内部组织，尤其是局、部、课、系这类垂直系统“组织”单位的类别和名称极其统一，但旧总理府外局的内部组织设置不太统一，显示了法律规定在统一性方面的混乱。

而且，被命名为××官的综合整理职（审议官等）和统称为分担职（财务省会计局主计官、总务省行政管理局管理官等）职位的类别和名称几乎没有规范化。

简而言之，也就是说参谋系统的机构及职务的编制没有一定的明确方针。这是证明参谋系统组织缺乏传统，还是应该认为保留了参谋系统设置的灵活性，这一点很难判断。

但是，2001 年 1 月，取代旧总理府新设的内阁府直属于内阁，作为比省厅高一级的机构，《国家行政组织法》不适用于内阁府。而且，内阁府里设置的新机构编制中预定有许多政治任用职。因而，可以说设置内阁府含有明确强调参谋系统机构的组织灵活性的意图。

官房系统组织的定型性

第四，也许在印象上与上述第三点略有矛盾，局级和各省厅层次的官房系统组织非常齐全，且定型化。

首先，从各局级来看，各局的综合管理职能由局的笔头课（第一大课）主管。不论其名称如何，在机能上作为局的总务课，承担着辅佐局长的任务。

其次，从各省厅层次来看，承担财务、人事、文书等综合管理职能的各机构作为“官房三课”集中在大臣官房。这形成一个以官房长为首的金字塔结构的命令系统组织。大臣官房的组织形态和法国作为各省（部委）的、以计划调整职能为中心的大臣官房的组织形态明显不同，而且，也与分为大臣秘书室和大臣官房的德国各省（部委）的组织形态不同。

政务和事务的连接点

不论组织形态如何，各局级的官房组织系统是和各省厅层次的官房系统组织紧密相连的，各省厅层次的官房系统组织形成以内阁官房为顶点与所有政府的各种官房系统组织紧密联系的网络。这是把它称为“系统”组织的缘由。而且，这些官房系统组织形成与执政党的党机构和国会的有关常任委员会之间的紧密网络。在上述意义上，正是这些官房系统组织成为“政务”和“事务”的连接点。

7.3　“桥本行政改革”和“小泽构想”

政治改革的潮流

里库路德事件

1988 年（昭和六十三年）夏，以发现川崎市助役（副市长）取得里库路德·考斯茅斯公司的未公开股票为发端，其后广泛牵连中央政界和官界的一大政治丑闻发展为里库路德事件为契机，政治改革突然成为迫切的政治课题。20 世纪 90 年代是政治改革的时代。

当时讨论的最大争论点集中在修改《政治资金规正法》和改革选举制度，众议院议员的选举制度应该从以前的中选举区制改为小选举区制，还是应该改为比例代表制，当时有很大争论。但是，政治改革不仅仅限于如上的改革，其最终目标是要达到政界重组和改革战后政治的基础结构，这一认识慢慢地并深深地渗透到政界。

自民党一党统治的终结，进入联合政权时代

1992 年（平成四年），日本新党成立，政界发生变化。1993 年 6 月，旧自民党分裂，接着在总选举中失败。长达 38 年的自民党长期一党执政时代结束，日本进入联合政权时代。不久，终于实现了众议院议员的选举制度改为小选举区比例代表并立制和引入政党助成金制度的改革。

政官关系的紧张

在联合政权时代初期的细川护熙内阁和村山富市内阁时期，由于各种各样的原因，罢免了通商产业省产业政策局长、科学技术厅官房长、防卫设施厅长官，大藏省事务次官也被迫提前辞职。并且，从各种审议会等委员中排除原官僚或退休官僚（日本称之为“官僚 OB”）的动向也开始蔓延，政官关系出现不曾有过的紧张。尽管如此，厚生省和大藏省在职官僚的腐败事件后来还是不断被揭露出来，因此，作为防止、抑制官界纲纪紊乱的措施，制定了《国家公务员伦理法》。

改革战后政治的基础结构

进入联合政权时代以后，根据第三次行政改革推进审议会（第三次行政改革审）在 1993 年提出的最终答审建议，开始推进规制缓和与地方分权。而且，制定了《行政程序法》、《信息公开法》、《环境影响评价法》，引入有关规制行政的公众评价（public comment）制度。这些改革都是从不同角度、以不同的方法对战后政治的基础结构“开刀”的（果断）改革。这个战后政治的基础结构是：“护送船队方式”的规制行政为代表的政界、官界、行业界的“铁三角”的相互勾结的结构，以获得公共事业建设的地点指定和补助金等的请愿活动、官员相互吃请为代表的中央集权型行政体制，这是以社会基层的恩顾主义（clientelism）的政治行动模式为支撑的结构。

改革议会内阁制和省后制

但是，把改革的矛头转向规定政官关系基础的议会内阁制和省厅制的是第二次桥本龙太郎内阁时期的“桥本行政改革”，以及在第二次小渊惠三内阁成立之前写进自民党和自由党之间订立的《自自联合的政策协议》、自由党党首小泽一郎所著的《日本改造计划》以来一直提倡的改革构想（小泽构想）。

“桥本行政改革”和“小泽构想”的合流

“桥本行政改革”的潮流

根据政令，在 1996 年 11 月设立的、桥本首相自任会长的行政改革会议于 1997 年 12 月发表了最终报告。该报告中的改革的基本方针，几乎原封不动地反映到 1998 年 6 月通过的《中央省厅等改革基本法》之中。根据《中央省厅等改革基本法》，具体实施改革措施的相关法律，以中央省厅等改革关联 17 项法律的形式，于 1999 年 7 月由第二次小渊内阁制定和公布。

“桥本行政改革”和“小泽构想”合为一体

当时，与上述一系列的内阁提出法案一起，制定、公布了议员立法的《议会审议活性化法》。刚才提到的根据小泽构想设计的改革措施，也被一系列的内阁提出法案和《议会审议活性化法》采纳。这样“桥本行政改革”和“小泽构想”合为一体，同时实现了。其中，小泽构想中废止国会的政府委员制度和引入党首讨论制度等，于同年秋天的国会开始实施。同样，小泽构想中的副大臣、大臣政务官制度的创设，以及中央省厅改组等“桥本行政改革”的一系列改革措施，于 2001 年 1 月 6 日开始实施。

开辟内阁立法

而且，第二次桥本内阁制定的《中央省厅等改革基本法》开辟了新的立法形式。立法的形式有内阁提出法案和议员立法两种形式。内阁提出法案从实际运行上来看，在省厅或者官僚制组织草拟法案这个意义上，可称之为省厅立法或官僚立法；与之相反，《中央省厅等改革基本法》在其实际运行中以内阁或内阁总理大臣为中心提出方案，在这个意义上可称为内阁立法。在内阁立法这一点上，桥本内阁把财政结构改革会议的报告，几乎照原样制定为推进财政结构改革特别措施法的立法方法。

强化内阁官房和创设内阁府

言归正传。“桥本行政改革”的四个支柱之一是强化内阁机能。作为强化内阁机能的一环，通过了增加内阁官房副长官和内阁总理大臣辅佐官的定额，新设内阁官房副长官助理、内阁广报官、内阁情报官，灵活设置内阁总理大臣秘书官等措施，以此调整、充实内阁官房（参见图 7—3）。还有，取代原来的总理府新设了内阁府。在内阁府配备数名特命担当大臣、副大臣、大臣政务官，新设经济财政咨询会议、综合科学技术会议等新的合议制机构（参见图7—4）。这些改革措施，虽然在新设的多数政治任

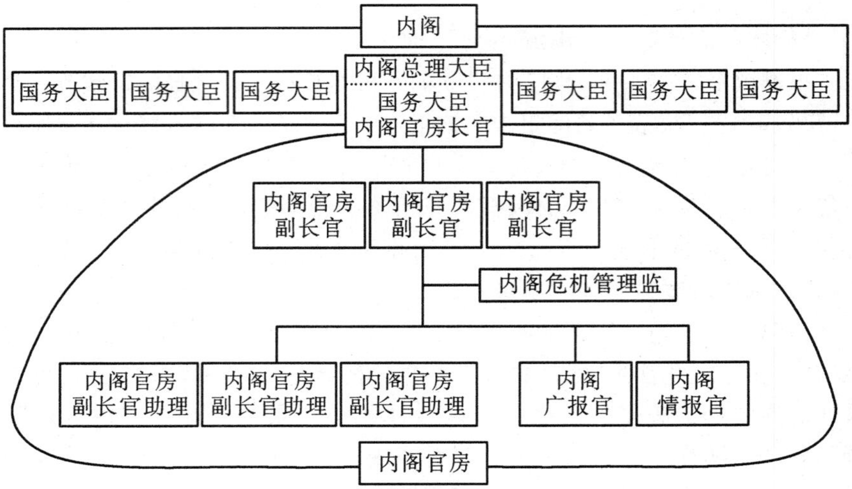

图7—3 内阁官房的位置和组织示意图

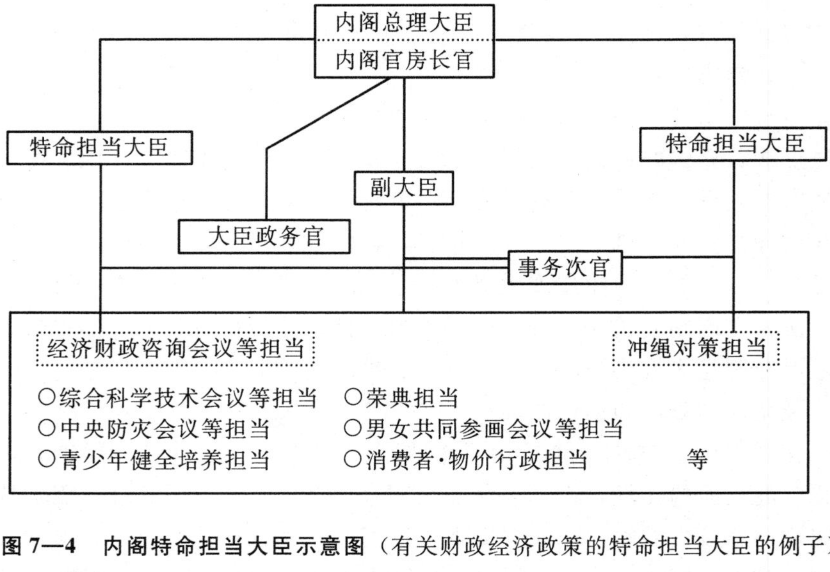

图7—4 内阁特命担当大臣示意图（有关财政经济政策的特命担当大臣的例子）

注：为了简化，不包括外局等。除以上职位外，还设置了审议会等、设施机构等（研究所等）、特殊机构（北方对策本部等）以及地方支分部局。

用职务这点上没有新的改革，但仍然处于在本章第 1 节已经说过的，战后持续下来的传统对策上。

重新确认议会内阁制的理念

“桥本行政改革”强化内阁机能的方案更引人注目的是：第一，修改原有《内阁法》第 1 条和第 2 条，从新宪法的理念上来看，明确记载了主权者（国民）→国家权力的最高机关（国会）→内阁总理大臣（首相）→内阁→各省大臣的、应有的结构（参见图 7—5）。这是明确否认官界广泛共有的把国会和内阁作为对等并立机关的、“三权分立”的思想，重新确认议会内阁制应有理念的措施。

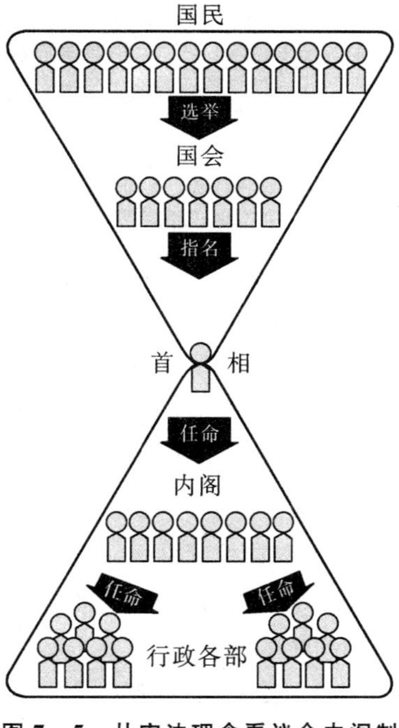

图 7—5　从宪法理念看议会内阁制

明确内阁总理大臣的提案权

第二，修改原来《内阁法》第 4 条第 2 款。第 2 款规定：“内阁总理大臣主持内阁会议。在内阁会议中，内阁总理大臣可以提议关于内阁的重要政策的基本方针和其他议案”，明确了基于内阁总理大臣作为内阁首长的提案权。根据政府的正式见解，“关于内阁的重要政策的基本方针”的具体例子可以是：(1) 对外政策和安全保障政策的基本方针；(2) 行政和财政运营的基本方针；(3) 全盘经济运营和预算编制的基本方针；(4) 行政机构组织及人事的基本方针等。这项改革措施从议会内阁制应有的制度原理来看也是极其自然的。

另外，在行政改革会议的审议过程中，也讨论了《内阁法》第 6 条的规定，即内阁总理大臣对行政各部是“根据内阁会议决定的方针”进行指挥、监督。关于这一点，最终报告只是提到了“灵活运用有关内阁总理大臣对行政各部指挥、监督的内阁法的规定”，没有撤销第 1 节论及的“合议制原则”的制约。但可以说，如果今后内阁总理大臣积极行使上述第 4 条第 2 款中明确规定的提案权，那么，行使对行政各部的指挥监督权将可能随之大幅度扩大。

副大臣、大臣政务官制度的活用方法

根据小泽构想引入的副大臣、大臣政务官制度是以英国议会内阁制的政治惯例为范例的，因此，构成政权的国务大臣、副大臣、大臣政务官等全部政治任用职如果能够基于内阁总理大臣的政治领导选任，这是对实现“内阁主导”可以作出很大贡献的制度。但后来自由党退出联合执政党，推迟研究其灵活运用的方法，不知道今后历代内阁如何灵活运用副大臣、大臣政务官制度。如果以英国副大臣、大臣政务官制度为范例，副大臣应当是处于分担管理各省大臣主管事务的垂直系统的首长位置，但是第二次森喜郎内阁采用的方针是把副大臣置于与大臣政务官一样的、各省大臣的参谋位置。而且，在保留了事务次官等会议的同时，另外设置了副大臣会议，如果是这样，担心副大臣会议和以前的政务次官会议一样，只是一个空架子。

省厅制改革的意义和界限

“桥本行政改革”的第二个支柱是中央省厅的改组和机构精简，第三个支柱是以计划和实施相分离为理念创设的独立行政法人制度。这些都是省厅制改革。首先，中央省厅的改组动摇了 1960 年（昭和三十五年）建立自治省以来长达 40 年的稳定的府省编制，1 府 23 省厅体制减少为 1 府 12 省厅体制的意义不容忽视（参见图 7—6）。而且，省厅官房、局的总数从 128 个削减到 96 个，课、室的总数从大约 1 200 个削减到 1 000 个左右也不无意义。不过，这次的中央省厅改组，把废弃物行政从以前的厚生省转到新设的环境省是唯一的例外，可以说改革是远离当初的意图，结果只不过是把以前的省厅大部化，改革的效果并不大。并且，国土交通省和总务省等巨大省可能会引发新问题（参见图 7—7）。

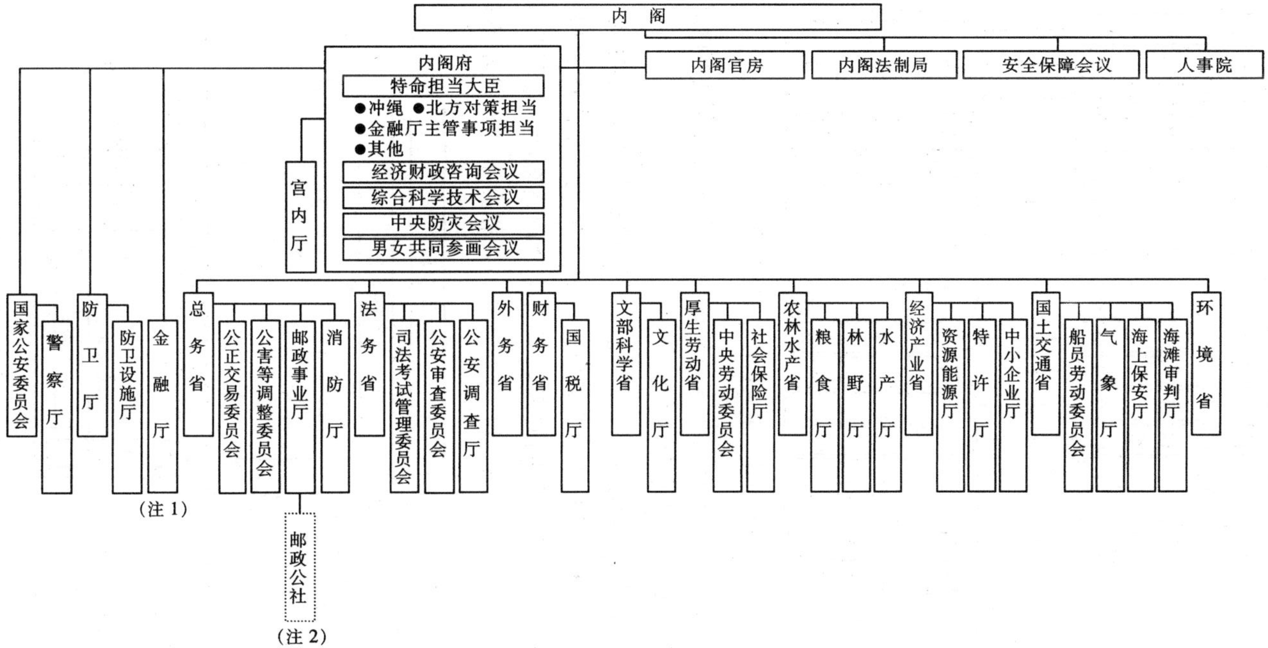

图 7—6　省厅编制示意图

注 1:金融厅在 2000 年 7 月设置,金融再生委员会于 2001 年废除。
注 2:邮政事业厅在设置 2 年后改为邮政公社。

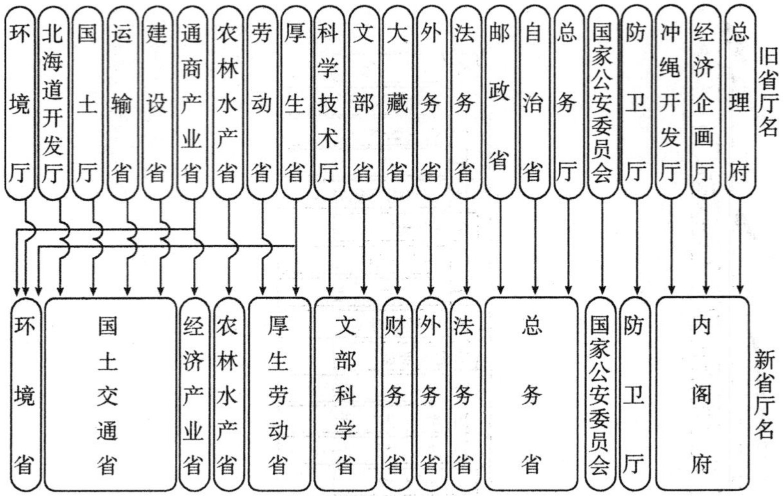

图 7—7 中央省厅体制转移图

其次，就计划和实施相分离而言，新的独立行政法人制度的具体形象还不明确，这个改革应该说非常不彻底。

在向新省厅体制转移的同时，实施以下改革的效果也许更大。即在《国家组织法》中明确规定府省间调整体系，进一步充实了内阁官房和内阁府从更高的立场上对各省府间的政策调整的综合调整功能（参见图 7—8）。而且，各省厅以前总共设置的 211 个审议会中，相当于“审议基本政策的

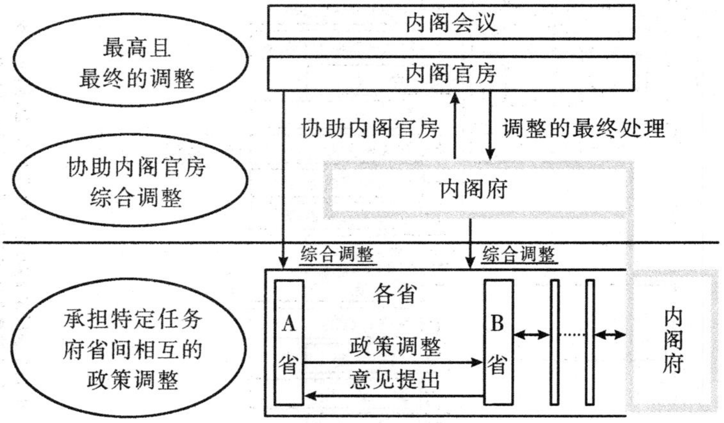

图 7—8 政策调整的结构

审议会”等的总数从以前的 176 个缩减到 29 个，实行了审议会等的大审议会制。

重新构筑议会内阁制和政官关系——今后的课题

在“桥本行政改革”和“小泽构想”中，包含有回到议会内阁制原本意义上的制度原理的企图。但是，为了要回到议会内阁制原本意义上的制度原理、确立“内阁主导”体制，使推进具备系统性和战略性的政策成为可能，重新构筑日本的政官关系，还必须改革许多政治惯例。

政治领导者在任期间的长期化

第一，不论执政党还是在野党，应该在总选举前召开党大会，决定新的政策纲领，同时选出新党首。新党首的任期不应定为两年等，应该直到下次总选举前为止作为任期。总选举后新内阁的内阁总理大臣以及其他国务大臣的任期也基本上与众议院议员的任期相同，应该使他们的任职期限更长，使其发挥政治领导力。

内阁会议的实质化

第二，必须废止以前不在内阁会议上讨论，而在内阁会议后的内阁阁僚恳谈会上讨论的政治惯例，使内阁会议的政策讨论和政策调整有实际内容。

政府和执政党的一元化与废止行政官从事政府和执政党之间的斡旋活动

第三，必须克服政府、执政党的二元体制，把政府、执政党的领导体制统一在内阁之下。没有入阁的执政党议员的意见和要求必须通过入阁的执政党的大臣、副大臣、大臣政务官等政治任用职传达到省厅的官僚制组织；必须废除省厅职业行政官与执政党机构或个别议员直接接触，在政府和执政党之间斡旋的政治惯例。

确立“政治主导”和遵守“分离规范”

第四，关于省厅间的法令协调等府省间的政策协调事项，不应委任于各省厅的官僚制组织，必须改为由构成政权的国务大臣、副大臣、大臣政务官等根据内阁的基本方针，相互之间亲自进行政策协调。为此，一方面，有关政策决定的事项，必须确立职业行政官向各省大臣之下的政治任用职提出报告和听取政治任用职意见的惯例；另一方面，必须确立各省大臣以下的政治任用职不介入许可、认可、公共事业建设的地点指定、缔结承包合同、补助金对象的选定等个别行政决定的惯例。

政党政治家的任务是重新认识、变更现存的政策或者制度规则，把确定的规则适用于个别情况属于职业行政官的专管事项。

确立“政治主导”，不应该允许执政党政治家介入个别的行政决定，必须要与设定政党政治家和职业行政官之间的相互不介入领域的“分离规范”相配合。因此，必须确立各省大臣以下政治任用职应该遵守的伦理规范。

余论——首相公选制

什么是首相公选制

2000年前后，开始出现提倡首相公选制的政治家。但是，“首相公选制”究竟是指怎样的政治制度，并无定论。是一般党员选举党首的预备选举制度（primary election system），还是部分修改议会内阁制的制度原理，抑或虽是“首相”公选，但实际上是试图向总统制转换？

党首的预选

如果首相公选制意味着，各党党首不是由党大会选出或者由代议员选举，而是引入全体党员选举党首的预备选举制度，那么各党自己决定立即可以实现，对此值得充分讨论。但是，如果首相公选意味着部分修改议会内阁制的制度原理，或者向总统制转化，那么，两者都是以宪法的修改为前提的提案。

修改议会内阁制

如果首相公选是部分修改议会内阁制的一些制度原理的话，这可能是试图把总理大臣的选出方法从国会指名选举改为国民直接选举，此时必须明确如何设计与构成议会内阁制的其他制度原理的关系。如果内阁总理大臣是直接公选职，与总统的选举一样，则内阁大臣的所属政党有可能与国会的多数党不一样。另外，在无党派群体（没有固定政党支持的阶层）超过选民一半的日本的现实情况下，无党派候选人当选总理大臣的可能性很大。即使这样，构成内阁一半以上的国务大臣应该从国会议员中任命吗？

国会有不信任内阁的议决权吗？或者内阁有对抗国会而解散众议院的权限吗？

向总统制的转变

如果首相公选试图向总统制转化，首先必须明确：是准备转向法国、德国采用的，以作为元首的总统之下设置的议会内阁制为前提，提倡直接公选作为元首的总统的总统制，还是准备转向美国采用的、总统作为行政府独任首长的总统制。如果是前者，这勉强维持议会内阁制的结构，国会和内阁的关系不会引起本质的变化，那么，这确实能达到首相公选论者试图实现的目的吗？

如果试图向美国式的总统制转变，则国会的性质发生急剧变化。国会变成单纯的立法机构，完全无法保证国会议员被任命为辅助总统的阁僚。而且，如前所述，可能产生总统的所属政党和国会的多数党不一样。特别是无党派的候选人当选总统时，这种扭曲不是政党之间的扭曲，而是无党派群体和现存政党之间的扭曲。即使发生这样的事情，难道对政治运行不会产生严重的障碍吗？若要避免产生这种情况，需要认真考虑应该如何设计选举制和政党制等许多问题。

最后，必须明确的是如果试图转向总统制，会产生作为元首的新总统，那么，总统和象征性的天皇如何分担任务，如何修改天皇处理国家事务行为的范围呢？

对首相公选抬头论的忧虑

可以说，首相公选论抬头的背景是在国民当中广泛蔓延的对政治的严重不信任，目睹议会内阁制机能不全的闭塞感和对政治参与的徒劳感。但是，散布只要首相或者总统公选，就能立即使日本政治耳目一新的幻想是极其危险的。

即使看起来愚笨，回到议会内阁制原本意义上的制度原理，根据这一原理寻求确立实际上由国民选择政权和选择首相的架构，扎实地积累改革不是更关键吗？

阅读资料

空降在敌阵的心情

日本的国家政府形态是议会内阁制，而自治体都道府县和市镇村采用完全不同的称为首长制的政府形态。

首长制是把议会和首长都作为直接公选的独立对等的代表机关而分别设立的，这种制度和美国的总统制相似；另一方面，又赋予议会对首长的不信任决议权，首长对议会的解散权，这是与议会内阁制相衔接的。

议会和首长立足于机关对立主义的制度原理，以为可以期待两者充分发挥相互牵制和合作的机能，但是有人说两者的关系好像是“车之两轮”，“辅车相依、唇亡齿寒”的关系，所以两者应步调一致、共同行动。

但是，既然议会和首长是分别独立的选举，就不能保障首长所属的执政党是议会中的多数。实际上昭和三十年代后半期到昭和四十年代全国各地涌现出许多“革新自治体”，多数情况下只有首长是（左派政党推荐的）革新派。

与少数派执政党的议会相对峙的首长直接诉诸居民，争取舆论支持，以此为背景威胁、牵制议会。除此之外，如果不设法和议会妥协，则连一件事情也不能顺利开展。

首先是副知事或者助理的选任不能得到议会的承认，有可能一开始就受到挫折。那么，取代副知事或者助理的辅助职务能否从外部自由任用呢？决不能。虽然首长制是类似于总统制的政府形态，但总统制常有的辅助官集团的政治任用大门被严严地关闭了。

作为革新市长的横滨市长飞鸟田一雄和东京都知事美浓部亮吉，形容刚当选时的心情是“空降在敌人阵营”，其原因就在于此。

第 8 章

现代公务员制度的构成原理

现代国家行政活动的第二个制度框架是规定承担行政活动的行政人员的任用、工资、分限（身份管理）、服务等规则的公务员制度。本章以战后日本公务员制度为线索，对现代公务员制度的主要构成原理及其多种形态加以概述。

虽统称为公务员，但其种类繁多。大致可分为国家公务员和地方公务员（参见图 6—1）。国家公务员分为适用《国家公务员法》的一般职职员与其他特别职职员（包括自卫官）（参见图 8—1（1））。

本章重点考察的是国家公务员一般职职员中适用《工资法》的那部分公务员制度（参见图 8—1（2））。

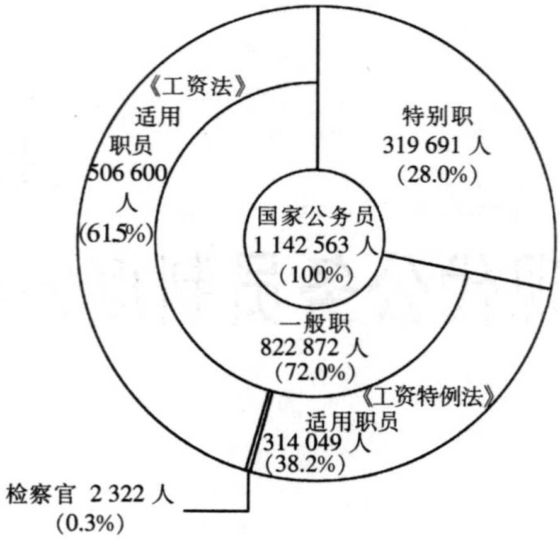

图 8—1（1） 国家公务员的种类和构成比例

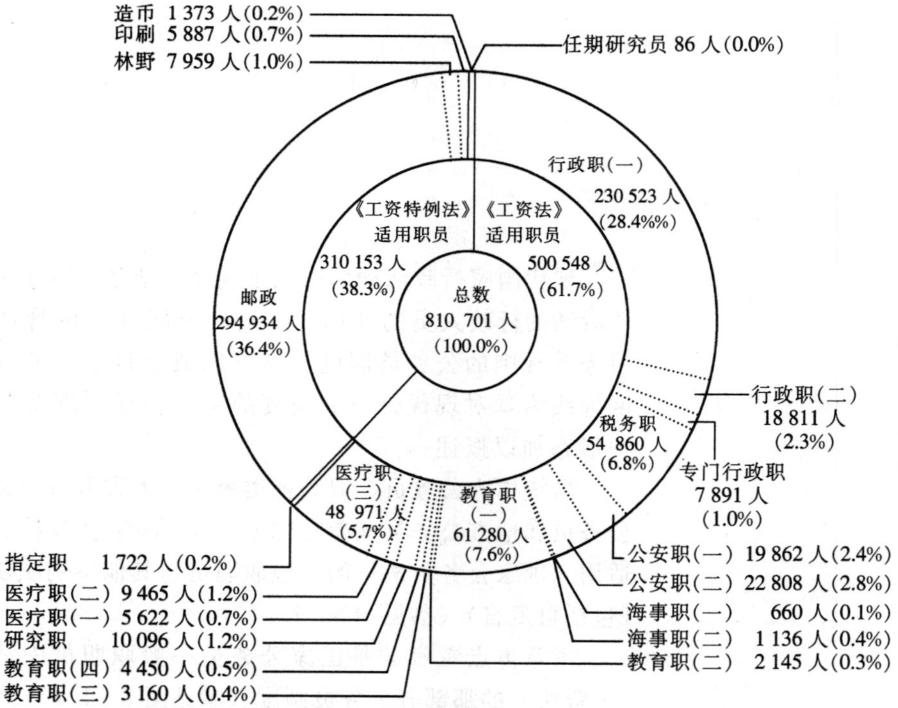

图 8—1（2） 职员按不同薪俸表区别的在职状况（1999 年 3 月 31 日至今）

注：图 8—1（1）的公务员的数字是 1999 年度末的预算定员。
资料来源：人事院：《平成十一年度报告书》，493 页、117 页。

8.1　从战前的官吏制到战后的公务员制度

战前的官吏制

官吏、雇、傭人

战前日本的国家行政人员可分为官吏、雇、傭人三种。与雇、傭人不同，官吏是天皇任命的人员。雇是具有高等小学（旧制，小学之上的学校，多与小学校并设）毕业学历者，作为事务员而被录用的人员；傭人是义务教育结业后，作为从事劳务的员工而被录用的人员。

官吏的薪俸由“俸给令”规定。与 1892 年（明治二十五年）以后的月给制不同，雇、傭人的雇佣关系被看作是民法上的合同关系，其工资是日给制。有关这些人员中官吏的规章制度就是下面论述的官吏制。

官吏制的形成

明治宪法时代的官吏是“天皇的官吏”，官吏制的制定和官吏的任免属于天皇的任官大权。官吏制需要全部经过咨询枢密院，由敕令规定。正如前章所述，战前官吏制的真正形成是从 1887 年制定官吏服务纪律和文官考试试补及见习规则开始，经过 1893 年制定文官任用令、文官考试规则以及 1899 年修改文官任用令之后，大体完成了战前官吏制的框架。

官吏的身份制和录用考试

官吏可以分为天皇亲自任命的敕任官（其中职位特别高的是亲任官）、总理大臣向天皇上奏而任命的奏任官、各省大臣经过总理大臣向天皇上奏而任命的判任官。其中，敕任官和奏任官统称高等官，与判任官（也称为“属”）在待遇上有很大的差别，甚至设立了高等官专用的食堂、洗手间。因此，战前的行政职员形成了高等官、判任官、雇和傭人的身份制。

1893 年文官任用令制定以后，奏任官只能在具有大学毕业学历、通过高等文官考试（高文）合格者中任用，判任官只能在具有旧制中学毕业学历、通过普通文官考试合格者中任用。而且，这些考试是公开竞争考试。但由于高等文官考试的考试科目是以法律为中心，所以大多数参加考试并通过考试的实际上是帝国大学法学部的毕业生。

政治任用的限制

如前章所述，可称为第一个政党内阁的限板内阁对各省次官等官职实行政治任用，其后的第二次山县内阁在1899年修改了文官任用令，规定敕任官必须从奏任官中任用，关闭了自由任用的路子。

但是，实际上政党势力和官僚势力后来不断进行抗争。大正民主主义时期之后，政党内阁逐渐产生。政党内阁灵活运用文官分限令中“必要时依据官厅事务的情况”可以命令停职的停职规定，每届政权更替时反复更迭高级官僚。

因“5·15”事件而继承犬养内阁的斋藤内阁在1932年（昭和七年）修改了文官分限令，设立了文官分限委员会。因官厅事务令官吏停职必须咨询文官分限委员会，这样就进一步加强了官吏的身份保障。此后，几乎和军部同时，官僚势力抬了头。

人事行政机构的分设

战前官吏制的另一个特色是分别设立人事行政机构。即内阁中的法制局主管官吏制的法制、考试委员会主管考试、分限委员会主管分限，而大藏省则主管俸给（工资薪金）。

《国家公务员法》的制定和修改

转向法律规定的公务员制度

根据从天皇主权向国民主权的大转换，新宪法强调“选定和罢免公务员是国民固有的权利”（第15条第1款），否定公务员是“天皇的官吏”的观念。并且，规定“所有的公务员都是全体国民的服务者，而不是一部分的服务者”（第15条第2款），要求公务员保持政治中立。

新宪法还明确规定“按照法律规定的准则，掌管有关官吏的事务”是内阁的一项职务（第73条第4款），公务员制度采取法律主义。

《国家公务员法》的制定

根据新宪法的上述条款，取代原来的官吏制，规定新的公务员制度基本标准的是1947年（昭和二十二年）10月制定的《国家公务员法》。

《国家公务员法》把国家公务员的职位分为一般职和特别职。规定“一般职包括特别职之外的所有国家公务员职位”（第 2 条第 2 款）。废止了原来的官吏、雇、傭人的种别与高等官、判任官、雇、傭人的身份制。

最初的《国家公务员法》是 1946 年 11 月来到日本的“美国对日人事顾问团”制定的纲要，在次年的 6 月向当时的社会党政权片山内阁提出并要求日本制定国家公务员法。接到该纲要的片山内阁在人事顾问团团长 B. 胡佛（B. Hoover）临时归国之际，对顾问团纲要的原案加以修改，汇集成法案，向国会提出并促使其通过、成立。

片山内阁从三个方面对原案进行了修改：新设的中央人事行政机构，即人事委员会的独立性和权能比原案小；各省事务次官的职位可以成为政治任用对象的特别职；取消了禁止一般职公务员争议行为的规定。

《国家公务员法》的修正

再次来到日本的胡佛对片山内阁采取的措施极为不满，立即着手起草修改公务员法的新的法律草案。而且，联合国军最高司令官 D. 麦克阿瑟（D. MacArthur）终止 1947 年“2·1 大罢工”命令以来，盟军总司令部（GHQ）的方针逐渐开始转向抑制日本劳动运动的方向。1948 年 7 月，在限制公务员的劳动基本权的方向上，麦克阿瑟致函芦田首相要求修正《国家公务员法》。忠实服从胡佛制定的修正案的修正法案由吉田内阁向国会提出，1948 年 11 月通过并实施。

改正的要点是以下三点：把中央人事行政机构改为独立性强的人事院，把实施《国家公务员法》必要的命令制定权授权给人事院规则和人事院指令；各省事务次官的职位改为一般职，从政治任用的对象中排除出去；把一般职的公务员从劳动三法［《劳动组合法》（《工会法》）、《劳动关系调整法》、《劳动基准法》］以及《最低工资法》的适用对象中排除，大幅度地限制公务员的劳动基本权。

《地方公务员法》的制定

经过上述修正，战后日本国家公务员制度的大纲确立下来。但是制定相关法律和人事院规则等需要相当长时间，所以，与《国家公务员法》相对应的《地方公务员法》在 1950 年（昭和二十五年）12 月才制定出来。

8.2 公务员的任用

引入职位分类制（职阶制）的计划和挫折

考任制（资格任用制）和职位分类制

现代公务员制度的第一个构成原理是考任制和限制政治任用（排除政党分肥制）。

但是，日本早在明治二十年代就已经基于公开竞争考试确立了考任制，甚至过度地排斥政党内阁的政治任用。因此，就确立资格任用制而言，战后日本的课题仅仅是把考任制扩大、适用到相当于以前的雇、傭人的下级公务员。

因此，和美国的公务员制度改革完全相反，当时在日本讨论的课题是应该把考任制的适用范围缩小到什么程度，政治任用的范围应该扩大、适用到什么程度。

但是，实际上《国家公务员法》要求的并不是单纯地确立考任制。而是引入以美国的职位分类制（position classification system）为基础的考任制，从根本上改变以前的官吏制。由此产生了各种各样的混乱。结果，这项改革遇到了挫折。这是为什么呢？

封闭型任用制和开放型任用制

在欧洲和日本等国形成的官吏制或者公务员制度，可称作是以终身雇佣制为基础的封闭型任用制（closed career system）。与此相反，20 世纪 20 年代在美国确立的公务员制度基于科学的人事行政论，可称作是以职位分类制为基础的开放型任用制（open career system）。

这两种任用制，虽然都是以考任制为基本原理，但是对资格和能力的理解方法不同。因此，两者的制度构成原理完全不同。

这里，首先讲解职位分类制，然后对两种类型的考任制作一比较。

职位分类制的含义

从科学管理方法发展而来的古典组织理论，持“职务在先”的观点。即，组织是指职务和职责的体系，组织的各种职位（position）上要任用具有执行该职位的职务、职责所必要的，有充分的资格和能力的人才。

实行科学、合理的人事管理的先决条件首先是确立完成、执行组织的主管业务所必要的、全部的职务、职责的分类体系（职位分类制）。在确立职位分类体系的基础上，必须设计适合职位分类制的职员的考试、任用、培训、工资等人事管理结构。

根据《国家公务员法》第 29 条制定的职阶法（正式名称是《关于国家公务员职阶制的法律》），定义职阶制为“按照职务种类以及复杂和责任的程度……把官职进行分类整理的计划”（第 2 条第 1 款），该法设想全部官职按照下面的程序进行分类、整理。

首先，从各种官职的职务性质着手，把职务性质类似的官职概括为职种。其次，按各职种的复杂和责任的程度，把类似的官职概括为职级。再次，制作记述表示每个职级特质的职务和责任的职级详细说明书。最后，以职级详细说明书为线索，把所有的官职分成若干职级。

开放型任用制

以这种职位分类制为基础的美国式公务员制，由于职员任用是在各个职位出现空缺的时候进行，未必是以终身雇佣为前提，所以新职员录用并不局限于在中学、高中、大学、研究生院等毕业之际举行的入口录用，因转职而中途录用的也不少。正因为如此，被称为开放型任用制。

因为要求的资格和能力是足以完成其职位的职务和职责的、现成的工作能力，所以任用时要求的资格和能力等要件在各职级里详细规定，对应各职级的详细规定进行选拔录用。这有促进公务员专业分化的倾向。因此，录用后的调配、晋升原则上是在所属职种范围内进行；任用后的研修也是以顺利完成当前的职务和职责，补习必要的知识和技能为目的。

总之，开放型任用制是以官民之间、政府之间、各省（部委）之间有类似的业务为前提，在这些业务之间劳动力容易转移的一种人事制度。

封闭型任用制

与此相反，欧洲诸国、日本等国的公务员制度把公务员的终身雇佣制作为基础，新公务员的录用基本上限定于入口录用。每年度职种的空额作为录用范围，主要是以当年度学校毕业生的申请者作为主要录用对象。即使有中途退职，而中途录用却是例外。各个职位的任用是以对在入口统一录用的终身制人员的人事调动（分配、转职、升任，或者安置变化、调职）的形式进行的。这种人事制度被称为封闭型的原因就在于此。

这里是“职员在先”。要求新录用职员的资格和能力是基本的、潜在的能力，是与学历和职种对应的专门知识。公务员作为通才不论被任命为何种职位，都期待能适应那个职位的职务和职责。公务员掌握各种职务、职责所必要的事务处理能力应该在工作过程中训练和学习领会。因此，特别重视开发潜在能力、使之充分发挥作用的研修。其后的晋升也是根据录用时的学历、职种和录用后的经验年数（年功）以及工作成绩评价来决定的。

总之，封闭型任用制是以每个组织单位的终身雇佣制和年功序列制为基础的，跨越组织壁垒的劳动力转移，尤其是官民间的相互交流是难以做到的。

职阶制（职位分类制）的挫折

开放型任用制和封闭型任用制有很大差别。然而，《国家公务员法》要求引入职阶制，把日本的公务员制度转换成开放型任用制。

于是，人事院接受这项任务，努力制定职阶制。草案经过数次修改，1950年（昭和二十五年）确定了职阶制的根本原则，进而制定了职阶法。但是，因为制定职阶制的工作在技术方面很难，而且反对引入职阶制的意见根深蒂固，因此就连人事院也放弃了拟订工作，这种状况一直持续到现在。

在《国家公务员法》中，以职阶制的官职分类或工资标准为前提的许多规定一直处于休眠状态。

坦率地讲，以职阶制为基础的人事制度，距离当时日本社会的政府和民间的人事惯例太远。并且，职阶制适合定型化的业务，而难以适合非定型的业务。因而，可以说，包含以前官吏制中的高等官的职务、职责在内，把全部官职过早地适用职位分类制，绝不是好对策。

但是，当时刚刚废止了过去的高等官、判任官、雇和傭人的身份制，全部职员都用公务员这样一个平等的概念来表示。因而此时，限定职阶制的适用范围（即适用于一部分职位）有重新复活公务员身份制的意味，对此连构想也是极为困难的。

《工资法》的替代作用

但是，与职阶法同年制定的《工资法》（正式名称是《关于一般职职员的法律》）作为适合职阶制的工资标准制定前的临时措施，将适用职员的薪俸表大体分为行政职、专门行政职、税务职、公安职、海事职、教育职、研究职、医疗职、指定职 9 种（参见图 8—1（2）的在职状况）。该法根据各自的薪俸表设定了职务的级别和号俸（工资等级）。

这样，在人事调动的任免命令中，在任命的工作岗位的局部名之前，记载任用的官职名，同时又记载《工资法》上的等级，即“××职×级××号俸”。《工资法》中职种和等级的规定取代职位分类制的职级，在人事管理上发挥了一定作用。

录用考试和身份制

录用考试制度的消极目的和积极目的

各国公务员制度中最传统的共同课题是限制靠社会关系录用之类的自由任用，扩大考任制的适用范围，尤其是确立了公开竞争的录用考试制度。这是为什么？

消极方面是为了确立“平等对待的原则”，消除不公平或歧视性录用；积极方面是基于能力的考查，尽可能录用有能力的职员。前面已经论述了积极方面关于何为资格和能力的有关问题，在此着重说明前者。

平等对待的原则

《国家公务员法》继承《宪法》第 14 条第 1 款规定的“法律面前人人平等”的条款，第 27 条规定：“全体国民都适用该法，不因人种、信仰、性别、社会身份、门第或者除第 38 条第 5 款规定（第 38 条第 5 款规定：‘日本国宪法实施以后，成立主张用暴力破坏日本国宪法或者根据宪法成立的政府的政党或其他组织，或加入上述组织者’）之外的政治意见或者政治的所属关系而受歧视”。同时还规定：“所有职员的任用都应依据本法及人事院规定，根据本人的考试成绩、工作成绩或者其他能力的实际考核来决定”（第 33 条）。

代表官僚制论和纠正差别的积极对策

“平等对待”指什么？在日本，不因报名者人种等理由而出现不合格或不被录用，只因专业能力决定是否录用。但在很多国家，有的认为上述的消极对策并不充分，合格者或录用者的构成必须公正地反映社会构成。这种观点称为“代表官僚制”（representation bureaucracy）理论。

在美国，实际上采取按比例（quota）适当录用属于社会少数派的人种、民族，以此来纠正现实差距的积极方法（这种方法在美国称 affirmative action，在英国称 positive action）。代表官僚制也开始应用于纠正男女性别方面的差别。

联合国等国际机构在录用国际公务员的时候也考虑国籍和性别的构成。

若将这种想法应用于日本公务员构成的现状，日本的问题是高级公务员录用Ⅰ种考试的报名者、合格者、录用者中大部分是东京大学（而且是东京大学法学部）的毕业生，而且女性的比例较低。

高级公务员（career）和普通公务员（no-career）的身份制

与设计考任制相关联的另一个原则性问题（第二个原理）是，在入口录用时是否在职员里采取录用种别区分的身份制。

既然录用考试制是以中学毕业、高中毕业、大学毕业的学历作为考试资格条件，准备相应层次的考试，那么，公务员录用后的待遇根据学历或者录用考试产生一些区别是难以避免的。采用封闭型任用制的各国公务员制度，一般来说确立了伴随考试而加以区别的身份制。正是在这点上与开放型任用制大相径庭。也就是说，即使同样是大学毕业，若参加录用考试种类不同，那么录用后的人事调动完全不一样，晋升的速度和程度也会产生很大差异。英国的行政阶层（administrative class）和执行阶层（executive class）、法国的高级技术职员和综合类职员，日本战前的高等官和判任官就是这样。

战后日本的公务员制度虽然废除了高等官、判任官、雇、傭人的身份制，但残留了非正式的、不明显的身份制。即国家公务员考试中以前的上级甲种考试、现在的录用Ⅰ种考试合格后，被省厅本部录用者，与其他各局或者各地方派出机构的录用者不同，其人事调动一开始就由官房的人事部门主管（即使以其他形式录用的职员，省厅本部副课长①级别以上的人事调动才会归官房管辖）。这些人俗称为有资格者、干部候补生、高级公务员（career），或者含有谴责或羡慕的意味称之为特权官僚，而其他公

① 在日本，副课长相当于我国的副处长，课长相当于处长。——译者注

务员则俗称为普通公务员（no-career）（参见图 8—2）。

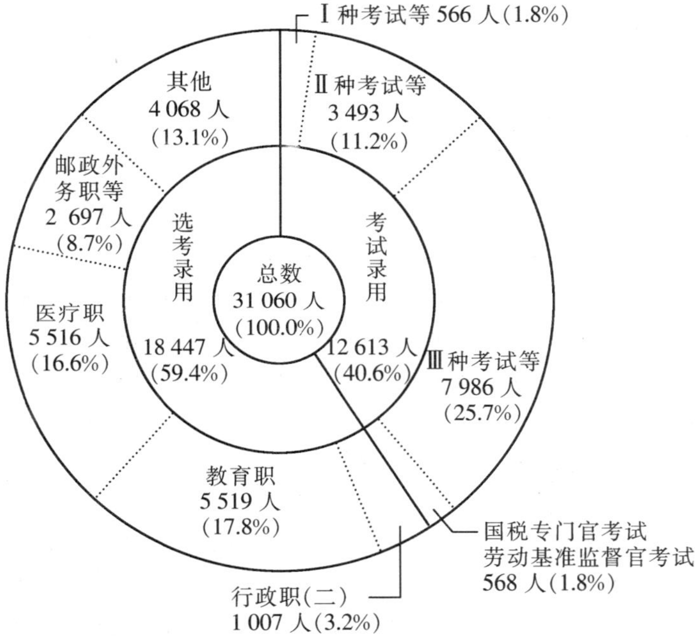

图 8—2　国家公务员的录用状况（1998 年）

资料来源：人事院：《1999 年度报告书》，110 页。

通过录用Ⅲ种考试（高中毕业程度）和录用Ⅱ种考试（大学毕业程度）而被录用的普通公务员，其中也有升迁到省厅本部局长级的高级职位，但这属于例外。普通公务员一般升任到省厅本部的副课长级。人事院事务总长在 1996 年 11 月设置了“思考新时代公务员人事管理研究会”，在审议过程中，提出废除以前的高级公务员和普通公务员的非正式差别的惯例。

公务员制度调查会的基本答审和擢用普通公务员

但是，1997 年设立的公务员制度调查会在 1999 年（平成十一年）3 月公布的基本答审中，继续维持了高级公务员和普通公务员的区别。不过，建议积极擢用普通公务员为省厅本部课长级以上的干部职。这样，政府制定根据录用后大约 10 年的工作成绩评价，在各省厅选拔积极性高、能力强的优秀普通公务员，录用为干部的政策于 1999 年开始付诸实施。

综合职和专门职

设计考任制的第三个原理是应该如何区分综合职和专门职，应该如何组合这两类官职。

日本的事务官和技官

在战后很长一段时期，日本国家公务员录用Ⅰ种考试根据大学里的系（专业）分为法律职、行政职、经济职等28种［根据提到的公务员制度调查会基本答审的建议，2001年（平成十一年）后，法律职、行政职、经济职之外的25种考试减少到10种，现总共13种］。其中通过法律职、行政职、经济职考试合格被录用的公务员称为事务官；通过理工专业的考试和其他种类的考试，被录用的公务员称为技官，将两者分开管理的省厅很多（不过，根本不录用或者很少录用技官的省厅对事务官和技官不加区别，全部按照事务官对待）。其中，原建设省、原运输省、农林水产省等占高级公务员考试合格者技官比重高的省厅，明确区分了事务官就任的职位和技官就任的职位。

日本的大多数技官不是作为专业技术类官职，而是与事务官完全一样作为综合类官职对待，被任命为课长、部长、局长这样的直线命令系统的管理类官职。战后人事运作的惯例确实消除了战前的事务官和技官的待遇差别，有助于维持两者之间待遇的平衡。但是，这种方式是否是提高和有效利用行政机构人员的专业能力的最好方式，值得讨论。

技官升迁的弹性化

关于上述问题，公务员制度调查会的基本答审中建议技官“升迁路径的弹性化”。值得关注的是该项建议今后如何进一步具体化。

录用单位和政治任用

就封闭型任用制而言，虽然是同一类型的公务员制度，但在实际运作上差别很大。这主要是因为：在英国称为行政阶层、在法国称为高级技术职员、在日本称为高级公务员的干部候补公务员被录用后，他们归属的组织单位性质，对高级官僚进行政治任用的范围和程度存在差异。

美国是例外

美国的联邦公务员制度基本上是基于职位分类制的开放型任用制，在这里不能作为比较对象。美国联邦政府采取把总统和联邦议会完全对等的国民代表机构并列的二元代表制，继承了政党分肥制的传统，各部门首长安置政治任用职做长官的部下。但是，大多数政治任用职的官员是从官界以外录用的，从现职的高级官僚中擢升的并不多。

英国的行政阶层

英国的行政阶层由政府统一录用，一生可以就职于数个部委，得以提拔。他们不作为政治任用的对象，而是作为“匿名的黑衣”从事辅助政党政治家大臣、副大臣等政治任用职首长的活动。转到政党政治家的情况极少，一般是作为职业行政官终其一生。

法国的高级技术职员

法国的高级技术职员是大学毕业后进入国家行政学院（ENA）进修，根据毕业成绩被各种官僚团［这个官僚团与各省厅（部委）的组织单位并不一致］录用的。他们归属于各官僚团，常常被派往各省厅（部委）。而且，派往总统府、总理大臣官房、各省厅（部委）官房，被政党政治家大臣（部长）政治任用的情况不少。在这种情况下，他们随大臣轮换而进退，辞去职务。其中，既有等待再次任职的机会而待命停职的，也有不少转为政党政治家的。

战后日本的高级公务员

与此相反，战后日本的高级公务员通过人事院统一实施的录用考试后，由各省厅分别录用。即使偶尔因人事交流调动到其他省厅，原则上一生都归属于原来的录用省厅。升任到局长以上的职位是内阁会议的了解事项，但不能认为这是政治任用。作为职业行政官员升任到的最高职位，即事务次官也是一般职公务员。尽管如此，与英国的高级官僚不同，日本的高级公务员在国会作为政府委员代替大臣答辩，在政府和执政党之间交涉、斡旋，作为“前台的演员”深深参与到政务活动中，辅佐当时的政权。而且，中途退职转为政党政治家的情况也不鲜见。

政治改革和政官关系的改革

但是，在 20 世纪 90 年代以后的政治改革潮流中，战后日本的政官关系（政党政治家和职业行政官，政党和官僚制组织，政党政治家组成的国会、内阁、各省大臣等的政治机构和职业行政官组成的行政机构的关系）成为改革的对象，并且人们一直在摸索着构建新的政官关系。

废止政府委员制度和引入副大臣、大臣政务官制度

从 1999 年第 146 次国会开始，日本废除了国会的政府委员制度。如前章所述，值 2001 年 1 月中央省厅重组之际，在新府省主任大臣之下配备了 22 名副大臣和 26 名大臣政务官。可以说，这是以英国的政官关系为模式进行的改革。

扩大内阁官房、内阁府的政治任用职

另一方面，值 2001 年 1 月中央省厅重组之际，同时强化了内阁官房。在原来设置的内阁官房长官、内阁官房副长官、内阁危机管理监、内阁总理大臣辅佐官、大臣秘书官的基础上，新设了内阁副长官助理、内阁广报官（宣传官）、内阁情报官（信息官）等职位，这些职位与以前的职位一样是特别职，但是这些新设的职位中录用了现职的高级官僚。并且，在新设的内阁府中，设置了经济财政咨询会议、综合科学技术会议等各种新机构。其成员的身份是特别职，一部分可认为是政治任用职。若这些职位的一部分不是从国会议员或者民间人士中录用，而是从现职的高级官僚中录用，那么，现职高级官僚的政治任用范围就越来越扩大了。这种现象应该说都是朝向法国型的政官关系发展。

同时运用英国式和法国式的政官关系

如果贯彻议会内阁制应有的制度原理确立内阁主导体制，那么原来日本官僚主导体制的政官关系将难以维持。政治机构对行政机构必须采取一些方式以强化监督职能。为了实现这一目的，两种极端的方法是英国式的政官关系和法国式的政官关系。日本今后应该走向哪里，这是极难判断的。不过，一般认为目前并不着重运用哪种类型，而是同时推进理念完全相反的英国和法国模式。这种做法如果没有使日本的政官关系陷入混乱，实为庆幸。

各省厅分立割据（部门主义）的弊端

战后日本的官僚主导体制最大的弊端是各省厅非常顽固的部门主义。因为各省厅好似处于各自拥有否决权的状态，所以，很难在各省间斡旋，形成跨省厅一致的政策。好不容易达成一致，这也是因为不断让步、妥协的结果，因此大多成为维持现状的折中政策，难以对政策、制度做大变革。

矫正各省厅各自录用高级公务员的制度

因此，仅仅强化内阁职能（内阁总理大臣在内阁会议上提案权的创立，内阁官房的强化，新设的内阁府等）和引入副大臣、大臣政务官制度，真的可以达到确立内阁主导体制的目的吗？考虑到这个问题，改革的矛头转向各省厅顽固的部门主义的基础，即各省分别录用高级公务员制度。这种议论理论上必然涉及纠正高级公务员退职后的再就职单位也要由录用省厅斡旋的现存架构。

到目前为止，没有看到公务员制度调查会从正面研究政官关系的再构筑、高级公务员录用制度的改革问题。但是，不能认为这就够了。政治改革的潮流将来会推进到对公务员制度进行根本改革的地步。

8.3　服务和保障

作为公务员服务的纪律，现代国家一般都禁止或限制一些行为；另一方面，与限制和禁止相对应，现代国家也采取保障公务员工作的措施。大致可分为禁止、限制谋求私利行为和生活保障，限制政治行为和身份保障，限制基本劳动权和保障工作条件。

禁止、限制追求私利的行为和生活保障

禁止、限制追求私利的行为，是官吏制时代以来非常古典的服务纪律。

服务的根本标准

作为服务的根本标准，《国家公务员法》规定："所有公务员应作为全体国民的公仆为公共利益进行工作，履行公务之际应竭尽全力，专心致志"（第 96 条第 1 款）。要求公务员有义务服从法令和上级命令，专心完成本职工作，禁止受贿以及其他犯罪行为等信用堕落行为。

限制兼职和下凡①

"公务员不得兼任以营利为目的的公司及其他团体的负责人、顾问或评议员职务，不得自办营利性企业。"（第 103 条第 1 款），而且，"职员在离职后两年间，不能承诺或就任离职前 5 年间在职的人事院规则规定的国

① 在日本，下凡意指公务员从事社会兼职或营利性事务。——译者注

家机构或者与特定行政法人有密切关系的营利企业”（同条第 2 款）。但是，“按人事院规则规定，由所辖厅的长官申请，得到人事院承认的情况下，不适用上述第 2 款的规定”（同条第 3 款）。

第 103 条第 2 款的规定俗称为禁止下凡规定。

禁止工作关系的额外收入

既然禁止、限制公务员寻求额外收入和从事副业、兼职，要求他们维护官职的信用和名誉，那么，职员必须有适当的生活保障。现代国家，至少发达国家的公务员制度都规定公务员的定额俸给制（定额工资制）和恩给制（退职金）的原因就在这里。

因为在无工资、低工资或者效益工资等工资制度下，无法阻止公务员强迫顾客提供额外收入的行为。

《国家公务员伦理法》和国家公务员伦理规程的制定

不断出现厚生省官僚和大藏省官僚的腐败事件，市民监察专员也不断揭露出公费宴请的现象。以批判这些现象为背景，1999 年 8 月制定、公布了《国家公务员伦理法》。随即在人事院设置了国家公务员伦理审查会，根据该审查会制定的原案，政府于 2000 年 3 月制定了国家公务员伦理规程的政令，并从同年 4 月开始实施。

有义务提出和公开三种报告书

《国家公务员伦理法》规定，省本部副课长级别以上的公务员，收到事业者赠送的 1 件价值 5 000 日元以上的赠与（金钱、物品、提供其他涉及财产的利益或者宴请）等，有义务每季度汇总上述赠与、提出赠与报告书。省本部审议官级别以上的官员，有义务在每年的 3 月提出记载前一年进行的股票交易等报告书和记载前一年收入的所得等报告书。这三种报告书的复印件由各省厅长官送到国家公务员伦理审查会，接受审查。这些赠与等报告书在各省厅的长官处保存 5 年，任何人都可以请求阅览赠与报告书中记载的每件超过 2 万日元赠与的事项。

禁止行为

伦理规程里非常具体地规定公务员应该遵守的事项，禁止、限制接受与公务员的职务有利害关系者的赠与，防止同与职务有利害关系者的接触，从而招致国民的疑惑和不信任等行为。例如，即使均摊费用，也禁止与利害关系者的会餐（因公出席会议的简朴会餐、午餐时的会餐等除外），高尔夫娱乐，旅行（因公旅行除外）。而且，接受利害关系者的邀请进行有报酬的演讲，必须事先得到各省厅伦理监督官（事务次官或外局的局长）的同意。

对违反者的惩戒处分

违反上述禁止行为与违反报告义务的公务员，要受到告诫、减薪、停职、免职等惩戒处分。

利害关系者

国家公务员伦理规程中对“利害关系者”的定义相当宽泛。公务员作为职务从事的事务，交付补助金事务，现场检查、会计监查或行政监察的事务，不利处分的事务，行政指导的事务，各省厅主管事务中项目工程的发展、改善和调整的事务，有关合同的事务或预算，有关按级别规定人员总额或定员的审定事务等事务相对方的事业者或个人。

伦理法和伦理规程实施以后，宴请国家公务员的宴席锐减，邀请国家公务员做讲座的演讲会也急剧减少。因此，也担心过度限制国家工作人员的信息收集和信息提供的行动，将会导致公务员的萎缩。

政治行为的限制和身份保障

与此相反，限制以下政治行为的规则是历史的新现象。这和限制政治任用（排除政党分肥制）是表里一致的关系，是政党政治家和职业行政官之间，根据分离规范确立一定程度的相互不介入关系的措施（参照第 2、3 章）。

政治行为的限制

《国家公务员法》第 102 条做了如下规定：

（1）职员不得为了特定政党或政治目的谋求接受捐款及其他利益，不得以任何方式参与此类活动。不得做出人事院规则规定的除行使选举权以外的、所禁止的政治行为。

（2）职员不能成为公选公职的候选人。

（3）职员不能成为其他政治团体的负责人、政治顾问或其他具有同样作用的组织成员。

根据以上规定制定的人事院规则，更详细地列举了成为禁止对象的政治行为。

身份保障

与此相对的是身份保障的规定。《国家公务员法》第75条第1款规定："职员除法律或人事院规则规定的原因，不得违反个人意愿处之以降职、停职或免职"。

作为限制政治任用的措施，与限定特别职的范围、限制政治任用同等重要或更重要的是禁止政治性的免职、停职、降职。

限制停职处分

特别是，《国家公务员法》第79条把违反本人意愿停职的理由限制在狭小的范围内，这可能是鉴于战前停职规定被政治任用活用的经验吧。

限制劳动基本权和保障工作条件

限制劳动基本权

《国家公务员法》附则第16条规定，劳动三法不适用一般职公务员，因而禁止一般职公务员罢工等的争议行为，否定和当局的团体协约缔结权。

允许管理人员等之外的一般职员结成以维持、改善工作条件为目的和当局交涉的公务员团体，并在人事院登记。若有必要可成立法人。

否认警察人员、海上保安厅人员、监狱人员和自卫官结成或参加这种人员团体的团结权（《地方公务员法》也有否定警察人员和消防人员团结权之类的规定）。

英国惠特利协议会

限制劳动基本权没有限制政治行为在各国公务员制度中比较普遍，不少国家保障文职官员的劳动基本权。例如，英国常设的惠特利协议会是公务员工会的代表和当局的代表进行工资交涉的机构。

补偿措施

暂且不论劳动基本权的限制是否妥当，一般认为，既然否定一般职公务员的团体协约缔结权和争议权（罢工的权利），那么若不采取代替劳使（职员与用人机构）交涉的一些补偿措施，便无法保障公务员适当的工作条件。

基于这种想法，人事院劝告制度被提出来，即创设作为中央人事机构的、独立性很强的人事院。赋予人事院根据"适应形势的原则"，适当改变一般职公务员的工作条件，有权随时向国会和内阁提出劝告权限的制度。

8.4　人事院和人事院劝告（建议）

人事院的地位

作为统一主管国家公务员中一般职公务员人事管理的中央人事行政机构，1947 年（昭和二十二年）制定的《国家公务员法》规定设立人事委员会。但是，1948 年对《国家公务员法》进行了修改，废除了刚设立一年的人事委员会，创设了人事院。

特殊地位和职能

人事院是其他国家没有的、极具特殊地位和职能的日本独有的机构。

人事院是得到国会两院的同意，由内阁任命的 3 名人事官组成，具有广泛的准立法权和准司法权的机构。它类似于公正交易委员会和中央劳动委员会等行政委员会。

但是，人事院具有与府省外局，即通常的行政委员会完全不同的地位和职能。即，《国家行政组织法》不适用于人事院，人事院的内部机构由人事院自我管理。而且，人事院的预算经费要求书虽提交给内阁，但是如果内阁修改了人事院经费要求书，内阁必须把人事院原来的要求书和内阁修改后的要求书同时向国会提出（称为二重预算制度）。并且，按规定，人事院的报告和劝告应该同时向国会和内阁提出。就此而言，人事院的地位和职能与有宪法规定的独立机构，即同会计检查院很类似。

但是，人事院归根到底是在“内阁的管辖之下”，它不像会计检查院那样“具有独立于内阁的地位”。在宪法解释上，既然《宪法》第 65 条规定“行政权属于内阁”，就不允许设置在任何意义上不属于内阁的行政机构。

为何、从何独立

人事顾问团的胡佛为什么要赋予人事院如此独立的地位呢？胡佛的设想中还有另一个难以理解的地方，即他一方面想把美国式的职位分类制引入日本，另一方面，决不模仿美国，反而要对政治任用加以严格限制。如何理解这一点与胡佛赋予人事院的独立地位的关系呢？因没有确凿的证据而只能推测。

胡佛很可能首先基于如下的判断：第一，如果把运用新《国家公务员法》委托给当时的日本官僚机构，那么，以职位分类制为基础的民主、科学的人事行政则根本无法实现。第二，日本将来的政权是以政党政治的逻辑为基础，胡佛非常警惕改变他精心设计的《国家公务员法》，复活、扩大政治任用。第三，为了顺利发挥关于一般职公务员工资和其他工作条件的人事院劝告制度的作用，人事院必须从劳动者和使用者（公务员与用人机构）双方中独立出来。这样，胡佛可能考虑到从国家公务员的直接使用者即内阁独立出来，是人事院的必要条件。

无论胡佛的真正意图在哪里，不管胡佛最警惕、避讳的对手是谁，简单而言，胡佛所创设的人事院的独立是从当时日本的政党政治家和职业行政官双方的独立沿袭来的。

人事院的考验

人事院是以盟军总司令部（GHQ）的权力为背景而产生并开始活动的。不过，从创立伊始，对人事院的特殊地位和职能的批判声音就很大。进入讲和条约缔结后的所谓“逆流时代”后，对失去权力后盾的人事院的责难更强烈了。废除人事院、在总理府设立人事委员会的法案曾两次向国会提出，但都成为废案，人事院在“逆流时代”终于幸存下来。

人事局的设立

昭和三十年代以后，取代废除人事院的是让其继续存在，同时提出将其一部分权限转移到总理府机构的一系列方案。随后，以 1964 年临时行政调查会（第一次临调）的答审和 1965 年国际劳工组织（ILO）87 号条约的批准为直接契机，于 1965 年（昭和四十年）新设总理府人事局（现在是总务省人事・恩给局）。它主管“职员的工作效率、福利、卫生、服务等事务”，“有必要对各行政机构职员的人事管理方针、计划等进行综合协调，以保证人事行政的统一”。

和《公职选举法》、《政治资金规正法》的制度管理的类似性

人事行政的独立问题，从这个问题与限制政治任用问题密切相关来看，与《公职选举法》、《政治资金规正法》等制度管理问题一样，是把涉及政党政治家既得利益的制度决定、管理委任给哪个机构比较妥当的问题。虽然说除了委任给国会和内阁之外没有其他的办法，但必然留下了这是否就可以解决的疑问。

各独立机构的民主控制

换个角度来看，在一定程度上独立于政权的机构不仅仅是会计检查院、人事院和各种行政委员会。

除此之外，还有自卫队、检察院、警察等强制力（暴力）机构独立的问题。一方面，为了防止强制力机构成为政权的走狗，保障这些机构在某种程度上的独立地位；另一方面，为了防止这些机构随心所欲，最终使其处于政权的民主管理之下。

人事院超越了这种独立程度，向前跨了一步，接近于会计检查院的独立性。因此，必定留下了对人事院的民主监督在现状上是否充分的论点。

独立和孤独

不管怎么说，人事院从三权中获得相当独立的地位和强有力的权能。但是，其独立地位与会计检查院一样，意味着孤立于所有政治势力和政治上的无力。它的强有力的权力也许只是在紧要关头使用，但又不能随便使用的最后绝招。

人事院劝告

下面，研究一下人事院劝告（建议）。人事院劝告的内容涉及一般职公务员全部的工作条件，这里只对其中的工资劝告做一些说明。

工资劝告和修改工资的结构

人事院负责每年进行不同职业种类的民间工资的实际调查，并与国家公务员工资的现状进行比较，其调查结果每年至少同时向国会和内阁报告一次。若认为有必要，有权随时提出修改工资的劝告。

需要增减工资 5%以上，人事院有义务进行劝告；不满 5%的增减，劝告与否由人事院决定。实际上，人事院也考虑政府的财政情况，自我克制提高工资的劝告。

接受劝告的内阁考虑财政状况后，在内阁会议上作出相应方针的决定。完全实施或者部分实施人事院劝告的时候，制定《工资法》的修改方案，并向国会提出。同时，列出提高工资所需经费，编制预算补充方案向国会提出。

但是，内阁尽管接到人事院的劝告，由于财政状况不佳，也曾作出完全搁置工资改善的决定，即所谓人事院劝告冻结决定。

围绕人事院劝告的政治过程

人事院成立之初，官公劳（“日本官公厅劳动组合协议会”的简称）等国家公务员工会的全国联合组织与受到其支援的革新诸政党，在如何应对人事院及其劝告方面态度犹豫不定。他们抨击限制劳动基本权为不当，主张只有通过劳使交涉决定工资的做法正确，要为夺回罢工权而斗争。从这个立场来看，期待人事院依靠人事院劝告提高工资，是本末倒置的做法，这是中了“敌人”圈套的失败。但是，当时在劳动权受到制约的情况下，没有人事院的劝告公务员的工资难以得到改善。

不知是幸运还是不幸，从人事院成立之始到昭和三十年代初，贯彻紧缩财政方针时期，政府没有忠实地实施人事院劝告的情况多有发生。于是，劳动势力和在野党势力猛烈非难、攻击政府的方针，结果政府被迫尊重人事院劝告。人事院好不容易得到了劳动运动和在野党的支持。

在国会，对抗内阁提出的工资法改正法案，要求修改工资法的议员立法经常提出。于是，如何处理工资法案常常成为在国会对策中执政党和在野党之间的交易材料。

池田·太田会谈和春斗方式的确立

人事院值1960年（昭和三十五年）大幅提高基本工资劝告之际，第一次载明修改工资的实施时期，要求溯及到5月1日。劳动势力方面，1964年以来也把运动方针转换到重视和人事院的事前交涉的方向上来。

进而，值1964年春，池田勇人首相和太田薰总评议长举行会谈。在“三公社五现业（国有企业）职员工资改善的民间基准，仲裁裁定追溯到4月实施”问题上，原则上达成一致。此后，关于适用《工资法》职员的工资，不仅是否应该“尊重”人事院工资修改案的劝告，而且是否“完全实施”包含修改工资的追溯实施（追溯到4月）在内的工资劝告问题成为新的争论点。

因此，政府执政党修改原来10月实施修改工资的做法，渐渐地提前了实施时期，1970年终于决定在每年8月的内阁会议上完全实施人事院劝告。每年例行的人事院劝告进入到刚好在那个时候稳定下来（形成惯例）的、全国范围的以春斗方式决定工资的机制里。

完全实施人事院劝告和行政改革

可是，1969 年制定的《总定员法》开始实施国家公务员的定员削减计划。完全实施人事院劝告的结果也增强了推进行政改革、地方公务员工资等公平化的政治压力。

到了石油危机后的财政危机时代，在第二次临调第一次答审要求抑制公务员工资的 1981 年，出现推迟人事院劝告的实施时期的讨论，次年的人事院劝告遭到了多年不遇的冻结。

经济萧条和降低奖金的劝告

并且，近年来，特别是因泡沫经济崩溃引起经济萧条的状况下，人事院也提出过劝告降低公务员奖金。

阅读资料

工资的均衡

日本的公务员总数不到 440 万人。其中国家公务员超过 114 万人，地方公务员超过 325 万人。人事院的工资劝告，只是以国家公务员中适用《工资法》的职员约 50 万人为对象，其直接效果只涉及全部公务员的 11%，但间接地对地方公务员的工资产生很大的影响。这是因为地方公务员的工资应该以国家公务员工资为标准制定。

“均衡原则”与“自治原则”

《地方公务员法》要求“职员的工资必须要考虑生活费、国家和其他地方公共团体的职员、从事民间事业者的工资及其他情况而决定”（第 24 条第 3 款）。根据中央政府的权威解释，既然国家公务员的工资是按照人事院劝告，考虑到生活费和民间工资而确定的，那么地方公务员的工资只要依照国家公务员的工资就应该能够满足上述全部的均衡要件。

另一方面，《地方公务员法》规定："职员的工资、工作时间和其他工作条件，由地方的条例规定"（第 24 条第 6 款）。

这样，"均衡原则"和"自治原则"会有些冲突。

自治体决定工资的结构

在劳动基本权方面，因为地方公务员和国家公务员几乎受到同样的限制，所以，为了保证地方公务员的工作条件，也应该采取一些补偿措施。

但是，都道府县和政令指定都市有法定义务设置人事委员会，人口不满 15 万人的市镇村本来不许设立人事委员会。因此，实际上自治体公务员的工资问题大多是在理事者和职员组合（公务员工会）交涉时协商，理事者根据协商达成的协议，制定工资条例修正案，并提交给地方议会。

在上述交涉工资的现实背后，有地方自治体特有的两种原因。

第一，《地方公务员法》规定："职员团体只要不抵触法令、条例、地方公共团体的规则以及地方公共团体的机构制定的规程，可以和有关地方公共团体当局缔结书面协议"（第 55 条第 9 款），这是《国家公务员法》中没有的独特的规定。

第二，自治体的公务员工会多数是一般公务员和地方公营企业职员同时加入的混合工会。一般公务员的公务员团体没有团体协约缔结权，相反，地方公营企业职员的职员团体和 4 个国有企业的职员团体一样，有团体协约缔结权。但是，这两者结合而成的混合工会和理事者之间进行交涉，达成同意文书的时候，在现实中很难明确区别是同意文书还是团体协约。

是否因为这个原因暂且不论，自治体把一般公务员的工资和企业职员的工资综合在一个工资条例中规定的例子很多。

工资差距和拉斯派勒斯指数

由于各种各样因素的综合作用，实际上各自治体公务员的工资差距较大。大体的情况是，与国家公务员相比，镇村公务员的工资低，都道府县公务员的工资略高一点。市公务员的工资，特别是东京、大阪两大城市圈内的市公务员的工资相当高。

自治省为了把握工资差距的实际状况，从 1975 年（昭和五十年）开始，计算、发布各个自治体公务员工资的拉斯派勒斯指数（Laspeyres index，设定国家公务员的工资水平为 100 时的地方公务员的工资水平）。根据拉斯派勒斯指数指导纠正高额工资。对拉斯派勒斯指数特别高的自治体，作为制裁措施，甚至减少特别地方交付税交付金和不允许该地方政府发行债券。

若国家公务员和地方公务员的工资均衡，则有利于人员交流；在推算人事费需要额方面，地方交付税的制度运用也比较方便。但是，能够强求“均衡原则”遵守到何种程度，“均衡原则”是否和“自治原则”相抵触，这是一个重要的课题。

第 9 章

官僚制分析的视角

至第 8 章为止，本书按照大框架、中框架、小框架的顺序概括性地叙述了形成现代国家行政活动的各种制度。以下各章拟概括性地介绍在这些制度框架内展开的行政活动本身的性质。

但是，在叙述这些内容之前，我们暂时休息一会儿，先解析一下关于官僚制理论的来龙去脉。因为一直到第 8 章，本书在论述中分别使用官僚制、官僚制组织、官吏制等许多似是而非的概念而未作出特别的解释，因此觉得有必要对这些概念的相互关系进行一些阐释。

9.1　官僚制的概念

官僚制的概念

本书之所以要分别使用官僚制、官僚制组织、官吏制等似是而非的概念，正是因为官僚制（bureaucracy）这一概念是一个含义纷繁的概念。

官僚制概念的四种用法

例如，F. M. 马克斯（F. M. Marx）把官僚制概念的用法分为以下四种类型：

（1）指具有特定组织结构的组织而使用的官僚制；

（2）组织的特定病理现象，即大多作为官僚主义（bureaucratism）而加以批判的行动方式而使用的官僚制；

（3）指近代以来有国家特征的政府行政组织而使用的官僚制（行政官僚制）；

（4）近代以来国家应该受到揭露的统治形态，即作为官僚制统治或者说官僚政治而受到责难的政治统治形态而使用的官僚制。

以上四种用法之中，第（3）和第（4）种用法把官僚制的概念限定于政府的行政组织，相反，第（1）和第（2）种用法则扩大适用于政府行政组织以外的组织。

同时，第（1）和第（3）种用法不含价值评价，而第（2）和第（4）种用法则含有批判的意味。

官僚制的概念为什么变得如此含义纷繁呢？本来，官僚制这一概念是对政府的官吏（等于官僚）、对由官吏制支撑的政府行政组织“进行诅咒的用语”。但是，进入 20 世纪，德国学者 R. 米歇尔（R. Michels）和马克斯·韦伯（M. Weber）的官僚制理论出现以后，官僚制一跃变成含义十分丰富的概念。

作为“诅咒用语”的官僚制概念

词汇的诞生与普及

据马丁·阿尔布罗（M. Albrow）所著的普及读物《官僚制》（1970

年）介绍，官僚以及官僚制一词产生于法国，经德国普及于欧洲其他国家。同时，这一词汇首次收入各国词典类书籍的时间，法国是 1798 年，德国是 1813 年，意大利是 1828 年，英国是 1837 年。总之，它是诞生于 18 世纪末，成熟于 19 世纪前半叶的一个词汇。

约翰·格雷斯 德国学者约翰·格雷斯（J. J. von Gorres）在其著作《欧洲与革命》（1821）中，认为官僚制就是建立在军队式的组织原理之上的文官组织；它把本应属于组织内部的行动准则之服从规范推广至组织之外的臣民，并强迫其遵守；它创立了一种定式，评价一个人的价值不是从其本人出发，而是根据其地位加以判断。

卡尔·罕琛 卡尔·罕琛（K. Heinchen）在其著作《普鲁士官僚制》（1821 年）中认为，官僚制与合议制结构的组织相对应，是一种以独任制的官厅为顶端的科层制结构的组织，这种官僚制具有不断追求无限权力的倾向，在那里，傲慢无理与奴颜婢膝的态度浑然一体。

W. 白芝浩 W. 白芝浩（W. Bagehot）在他的古典著作《英国宪政论》中指出，官僚制不是把释放人的能量看成自己的任务，而是把强化官僚的权力、扩大业务、增加人员当成自己的课题，不仅损害政治的质量，同时还有扩大政治数量的倾向。

卡尔·马克思 这样，到卡尔·马克思（K. Marx）时，他在《共产党宣言》（1848 年）及《法兰西内战》（1871 年）等著作中反复强调，官僚制是应该切除的毒瘤，必须通过革命加以破坏。

官僚制概念的变化

米歇尔与韦伯

但是，米歇尔在其重要著作《政党社会学》（1911 年）中，运用官僚制以至官僚制化（bureaucratization）的概念，分析社会主义各政党以及工会等组织内部也存在着党员乃至工会成员阶层的分化，发生了少数领导人统治多数大众的“少数统治多数的铁律”的现象，以至于书记处的书记们拥有很大实权。

接着，韦伯也在其名著《经济与社会》（1922 年）一书的“统治的社会学”中，详细地论述了社会上大规模组织普遍认同的官僚制的发展乃至官僚制化的现象。其结果，官僚制的概念出现了以下变化。

官僚制化现象的普遍性

第一，出现了一种新的观点，即认为官僚制的概念不仅仅限于行政官僚制，它广泛适用于政党、工会、教会以及私人企业的组织，从而着眼于大规模的社会组织普遍出现的官僚制化现象。毋庸讳言，唯有行政官僚制是官僚制之中最具典型的代表这一点没有发生任何变化，因此，官僚制理论总是以行政官僚制为中心而展开。但是，所有的社会组织中，普遍存在着与行政官僚制相类似的东西。

民主主义的扩大深化与官僚制化

第二，提示了一种新的理解，认为民主制与官僚制携手前行。即摆脱从前单纯地视官僚制为民主制对立物的看法，而认为加速并扩大官僚制化的根本原因，正在于组织成员的大众化、决策过程参与者的大众化、服务对象顾客的大众化等民主主义的扩大与深化现象。

社会主义与官僚制

第三，还有这样一种对前途悲观的观点，即通过观察社会主义各种团体的组织形式及组织运营的现状，以及俄国革命后共产党政权下实际出现的事态，认为即便在对近代社会的各种罪恶理应进行了清算的社会主义体制下，官僚制统治不仅没有被消灭，相反得到了进一步强化。因此认为，整个社会组织的官僚制化现象，好恶暂且不论，它是与社会的近代化（modernization）形影相随、不可避免的现象。

官僚制的合理性

这样，我们就不得不面临韦伯提出的一个令人颇感意外的命题：“从纯技术角度看，官僚制非常精致，在某种意义上具有合理性”。官僚制的概念已经发生了变化，它未必是一个“诅咒用语”。

9.2　韦伯的官僚制理论

下面就让我们再来看一看韦伯有关官僚制的理论吧。

近代官僚制的组成要件

与合议制结构的组织进行比较

一般而言，官僚制组织指的是具有呈金字塔形的科层制结构的组织，顶端有一位独任制的长官，其下有很多层层（等级），然后依次向下扩张。正因为如此，人们往往将它与合议制结构的组织进行比较。

但是，如果把具有这种组织结构的组织形式统称为官僚制，那么，官僚制自古埃及以来就超越时空存在于世界的每个角落。

家产官僚制与近代官僚制

于是，韦伯首先明确地把家产官僚制（patrimonial bureaucracy）与近代官僚制加以区分。古埃及王朝以及奥斯曼土耳其帝国等成立的国王、皇帝的官僚制是由奴隶构成，中世纪的官僚制是由与君主处于主从关系的封建家臣团组成。这些官僚制全部由没有身份自由的官吏构成，因此统一命名为家产官僚制。

与此相反，在近代欧洲社会产生的新型近代官僚制，是由具有自由身份的官吏组成的官僚制，官吏根据基于自由意志的契约而加以任命。而且，韦伯认为，只有这种近代官僚制才是纯粹且合理的官僚制。

近代官僚制的构成要件

韦伯在给官僚制下定义时，不仅重视组织的结构形态，而且尤其重视构成组织的人才任用方法。关于这一点，韦伯为了把近代官僚制与以前的家产官僚制区别开来，列举介绍了近代官僚制的构成要件。纵览以下 12 项原则，其区别当一目了然。

按规则办事的原则

（1）业务按照客观规定的规则持续进行。

权限明确原则

（2）处理业务应在规则明确规定的权限范围内进行。而且，这种权限还要规定各部门乃至各个职位所掌控事务的范围，以及执行所掌控事务时可以运用的命令权和制裁权的范围。

明确的科层结构原则

（3）在组织内部，确立了上下指挥命令系统的一元化，上级机关对下级机关的决定拥有复核权和取消权。

经营资产的公私分离原则

（4）官僚制及其成员开展业务活动所必需的设施、设备、用具等资产，全部由职场（工作单位）提供。就是说，经营者以及组织成员的住所应与职场分离，应明确区分组织所有的财产和组织成员的私有财物。

排除官职垄断原则

（5）官僚制的各个官职任何人不得垄断，换句话说，不承认官职的世袭和买卖。

文档原则

（6）无论采取何种措施，抑或发布什么指示，都应以书面形式，最起码对最终决定应以书面的形式表示，并记录、存档。办公室（政府）是由文档和组织成员组成的。

任命制原则

（7）官僚制统治在组织成员任命制原则最为纯粹的地方贯彻得最为彻底。在由通过选举制选举出来的人员组成的等级制结构的组织中，即使它们的组织结构形态十分相似，但其功能与建立在任命制基础上的等级结构的组织决不相同。这是因为，在下级的晋升机会不用依靠上级的判断这种地方，其纪律不可能得到严格遵守。

契约制原则

（8）在近代官僚制中，人格自由的人担任组织中的成员，仅仅在有关由规则规定的职务上服从上司的命令，一旦离开职场、职务，上司和部下之间就不存在身份上的上下级关系。而且，组织中的成员可以自由、随时提前预告解约而辞职。

资格任用制原则

（9）官僚制中录用人员是在具有一定学历和专业知识的有资格者中进行的。而且，更为典型的方式是，对这些有资格的志愿者实行公开的竞争考试，择优录用。任人唯亲自不用说，任人唯情（赡徇制），或者政党分肥制等都与这一原则背道而驰。

货币定额薪俸制原则

（10）组织中的成员以货币的形式且按一定的数额领取薪俸，作为自己付出劳动的等价。很多时候，组织中的成员退休时领取退休金。而且，这种薪俸必须按职务的种类、责任的轻重等加以确定。与这种原则相反的做法有：不支给薪水，而是将履行职务时获得的手续费及其他职务收入冲抵薪水，或者发放薪俸的实物制、分成制等。

专业制原则

组织中的成员必须以其业务为唯一的职业，至少必须以此为主要职业。以兼职、副业的形式工作的人员、非常任人员、名誉性工作人员等都不是典型意义上的官僚制组织成员。

有规律的晋升制原则

职员的晋升根据任职年限或者工作业绩，或者两者兼而有之。

官吏制、官僚制组织、官僚制

官僚制是近代的产物

前面列举的12项原则，对于生活在现代社会的我们来说，或许都是一些不言而喻的内容。但是，韦伯试图把这些原则明确为近代社会所特有。

官吏制的构成原理

另外，这些原则似乎是将一些性质各异的东西杂乱无章地排列在一块。不过，只要我们重新审视一遍就会发现，从第（7）项以下的各项原则其实就是我们在前一章中讨论过的官吏制以及公务员制度构成原理内有关人事制度的各种原则。在当代公务员制度的构成原理中，这里没有列举出来的，可以毫不夸张地说，只有历史极其短暂的政治中立和有关劳动基本权的事项。

官僚制组织的形成原理

至于前半部分的6项原则，与其说是官僚制组织的编制原理，毋宁说是它的形成原理，换言之，是对规定组织内部的决策和信息传达机制原理的归纳和抽象。

正如后文所述，韦伯主要是从行动的可预测性和办事的公正无私这样一种非人格性角度探讨近代官僚制的卓越性。他认为，正是因为确立了前6项原则所显示的官僚制组织的形成原理，才可能确立具备后6项要件的人事制度，同时成为创立可预测性和非人格性方面不可或缺的要件。就行政官僚制而言，这些都成了不可缺少的要件，使得公认的“依法行政”原则能够贯彻于行政组织基层职员的行动之中。

官吏制、官僚制组织、官僚制

因此，韦伯所说的近代官僚制，用我们使用的概念来说，指的就是由官吏制或者公务员制所支撑、或者说由与此相类似的人事制度所支撑的公私官僚制组织。而且，这里所称的官僚制组织，是指拥有以独任制的长官为顶点的金字塔形的科层结构，其行为要受客观规定的规则以及上下级指挥命令关系等非人格性因素规范的组织。

韦伯所谓官僚制统治的意义

所以，韦伯的官僚制概念，与我们的用法不同，它不包含通过行政官僚制实行政治支配的意思。他在使用官僚制统治这一概念时，仅仅意味着官僚制组织内部上级对下级的支配和官僚制组织对顾客的支配，并不意味着官僚制组织对政治的支配。之所以如此，是因为韦伯考察的对象不仅仅局限于政府的官僚制组织，它还广泛地包括了私有企业、一般官僚制组织的官僚制化现象。

韦伯的官僚制化理论

由于韦伯关注一般社会组织的官僚制化、官僚制组织的发展等社会现实问题，因此他对其原因进行了剖析，概要而言，有如下一些论点。

合议制与官僚制

合议制结构的组织会产生意见、利益的摩擦、冲突、对立，其结果是妥协。其业务迟缓，决定缺乏统一性，且缺少稳定性。与此相比，官僚制下的业务不会伴随摩擦，能够得到准确、迅速且慎重的处理，其内容也能保持统一性和稳定性。

官僚制的卓越性

但重要的是，官僚制按照纯事务性的观点进行了彻底的分工。纯事务性的办事方式就意味着不接受对方的溜须拍马，不会实行不公平的待遇，而按照可预测的、客观规定的规则公平处理事务。官僚制越是非人格化，处理事务时就越能排除爱憎及其他一切个人的感情和不可预见的所有非合理性因素。

官僚制的永久性

官僚制很难出现一旦完成就会受到破坏的情形，具有永久性。当官僚制停止活动或者官僚制的活动受到暴力妨害时，产生的仅仅是混乱。因此，当官僚制得到全面发展时，就会从纯技术的角度使通过暴力进行破坏和建设的这种革命变得不可能。结果，使得近代的革命都不能成为真正意义上的革命，而都以政变告终。

反过来说，官僚制对任何一种统治都像是一部御用的、自由的精密机械。正因为如此，即使在战争失败被占领的战败国里，政府的官僚制也只是更换一下首脑部，其余的躯体被原封不动地保存下来，作为占领统治的装置而被继续利用。

官僚制的权力地位

官僚制真的仅仅是作为主人工具的精密机械吗？真的不存在理应是仆人而取代主人的情况吗？对此，韦伯加以谨慎的保留。他说："虽然近代国家的官僚制在所有的地方得到发展，但在近代国家的条件下，官僚制的权力是否在任何地方、任何时候都毫无例外地得到了扩张呢？对此，应避免作出断言。"但是他马上又继续说，得到全面发展的官僚制，其权力地位总是优越于其他，这是一种常态。

信息的垄断与保密

不知为什么，官僚制作为仆人所伺候的主人，不管他是谁，主人及其作为仆人的官僚制组织成员之间的关系，总是等同于业余和专家、外行与内行之间的关系。大概官僚制有一种倾向，通过秘密拥有知识、信息和意图来提高其优越的地位。

官僚制的合理性

因此，全面发达的官僚制与官僚制以外的组织之间的关系，犹如机械化的生产方式和机械化以前的生产方式之间的关系，全面发达的官僚制不得不全面驱除其他组织。

官僚制的成立与发展，就像合理主义在社会的所有领域得到普遍发展一样，产生了革命性影响。这是因为，官僚制从某种意义上说具备合理的性质，与其他组织形态相比，它在纯技术方面具有优越性；由官僚制式的干部实行管理才是合法统治的纯粹形态。

9.3　韦伯以后的官僚制理论

由于韦伯提出了官僚制在某种意义上具备合理性这一命题，因此，韦伯以后的官僚制理论，其主题似乎都围绕着“官僚制是否真是合理的存在”来展开的。这种倾向在美国社会学的官僚制论著中尤其显著。下面拟对此加以简单介绍。

对于韦伯官僚制理论的理解

韦伯的合理主义概念

对于韦伯上述官僚制理论乃至官僚制化的论述应该怎样理解呢？问题的核心在于韦伯所谓的合理性乃至合理主义意味着什么。

但是，这里对于这个提问不能作出准确的解答，唯希望读者参阅以韦伯的所有著作为研究对象的韦伯研究者们的解释。这是因为，韦伯非常复杂地分别使用了目的合理性和价值合理性、形式合理性和实质合理性，或者理论性合理主义和实质性合理主义等各种概念，要准确理解这些概念的意思，必须根据各自的文脉，而这绝不是一件轻而易举的事情。

这里拟简要叙述一两个重要的论述，以便提醒读者注意。

韦伯的事实认识与价值评价

第一，韦伯虽然说过官僚制化现象是合理主义在历史发展中的一环，但并不能因此就认为韦伯希望出现官僚制乃至官僚制化现象，以及认为它是值得欢迎的好事物。相反，韦伯只是指出了这样一个事实，即认为仅仅从物质状况指示的方向性而言，必须承认官僚制的发展乃是不可避免的现象，但在价值评价的层次上，他认为官僚制的发展阻碍人的自律性。关于这一点，韦伯研究者们的看法是一致的。

官僚制的发展不可避免吗?

第二，现代美国社会学关于韦伯的研究中，批评韦伯只注重官僚制的合理性一面，而不愿关心其非合理的一面，这种批评显然是不对的。正如本章前一节所介绍的，韦伯在其关于官僚制化的论述中，也谈到了官僚制的病理现象。

只是韦伯在抽象近代官僚制的构成要件时，确实更偏好于选择官僚制的合理性功能要素。那么，这就给人一个疑问，韦伯为什么不聚焦官僚制的功能障碍（dysfunction）现象加以论述呢？关于这个问题，笔者的答复是：这是因为韦伯把问题的重点放在了官僚制的发展为何不可避免上，因此，特意归纳了官僚制的合理性一面。

因而如何评价韦伯的官僚制理论，其决定性的核心问题是官僚制的发展是否真如韦伯所言是一个不可避免的现象。正如美国社会学中许多官僚制研究所尝试的那样，即使我们指出许多事实，来论证现实中存在的官僚制并没有如韦伯所言的那样合理行动，那也不能仅仅据此就从根本上批判韦伯的官僚制化不可避免的理论。

如果要从根本上推翻这种论点，我们就必须论证：官僚制化由于某种环境条件的变化或者其本身的功能障碍而不能发展到一定限度以上，或者说官僚制化由于不能适应环境或者内部矛盾，从而不久便开始去官僚制化（debureaucratization）。

美国社会学的官僚制理论

官僚制内部人的非合理性行为

但是，韦伯以后出现的官僚制理论，例如 R. 邦迪克斯（R. Bendix）、P. 布劳（P. Blau）、R. 默顿（R. Merton）等人的官僚制理论，都受到在美国十分发达的组织理论尤其是人际关系理论的很大影响，很注重官僚制中人的非合理性行为。

因此，第一，他们很注重这样一个事实，即官僚制中的成员，即便是韦伯所说的“犹如机械的齿轮”，说到底，那也只是“犹如”，而绝不可能变成“齿轮”。

第二，认为官僚制的功能障碍现象发生于非正式组织妨害正式组织的功能性作用之时。因此他们认为，只要善于管理非正式组织，将其与正式组织实行能动的结合，那么，功能性障碍现象就可以得到相当程度的避免。

第三，韦伯的官僚制统治把对顾客的统治也纳入其理论范围，但美国社会学的官僚制研究几乎都把眼光专注集中在官僚制内部的统治关系上。

第四，韦伯探讨官僚制是否合理，而美国社会学则重视官僚制的功能如何，乃至是否有效能。

合理性与功能性、效率性

合理性（rationality）、功能性（functionality）和效率性（efficiency），并非没有重合之处。但是，在韦伯所说的形式合理性的标准中最受重视的，不是非人格性，而是顾客眼中官僚制行动的可预测性。相反，功能性与效率性的标准，仅仅是官僚制方面的标准，它所重视的是官僚制行动在多大程度上为实现其组织的目标作出了多大贡献。我们必须承认，这两个标准之间存在很大的断层。

从上述意义而言，韦伯以后的官僚制理论被高度美国化了。但是，正因为如此，它给我们提供了许多认识框架，为我们解释官僚制组织集体行动的动态作出了有益的贡献。

以下各章中，我们将尽量利用这些认识框架，去考察作为官僚制组织集体行动的行政活动。

阅读资料

革命与官僚制

韦伯曾说过，在官僚制十分发达的国家很难发生真正意义上的革命，因此，工业发达国家的革命都是以政变告终，仅仅出现政府成员的交替，官僚制本身则原封不动地被保留下来。如果破坏官僚制，使其停止活动，那么社会生活就将完全陷入混乱状态，革命政权将因造成这种崩溃的生活危机而被追究责任，从而失去大众的支持，招致反革命。

俄国革命时的情况

确实，城市型社会的市民生活完全依靠于官僚制一天也不能停止的社会管理功能。电气、煤气、供水哪怕仅仅停止一天，几乎所有的活动都将瘫痪。在工业欠发达国家，也许还存在着“先破坏，再建设”这样一种程式的革命。但是，即使在这些欠发达国家，建设新官僚制也不可能不是一项紧急的课题。俄国革命也不可能例外。

据 E. H. 卡尔所著的《布尔什维克革命》一书记载，1917—1920 年，彼得格勒的人口减少了 57.5%，莫斯科的人口减少了 44.5%，因为对城市生活感到不安的群众大量流向了能够自给自足的农村。

托洛茨基的证言

托洛茨基所著的《我的一生》是这样描述革命期间的情况的。“1918 年的春夏是极度困难的时期。人们在这个时候知道了战争的各种结果。人们的感觉是，一切都被打得支离破碎；没有任何东西可以依靠，没有任何地方可以栖身……粮食供给不足，军队亦没有了粮食。铁路完全处于瘫痪状态，国家的事业几乎没有人去组织。”

担任人民委员的托洛茨基在 1918 年 3 月召开的第八次党代表大会上，提议把红军由人民军方式改编成正规军方式，获得通过。当时，党的代表大会决议是这样叙述的：

> 为了把军队建设成为能够对抗用机械化高度装备起来的资产阶级军队，需要用最新的军事技术加以训练，加以武装和组织……为此，必须废除以前的志愿制原则和游击作风，在编制和训练方法上应采用常备军、正规军的办法，因此特别需要经过充分训练的指挥官……

为了调配经过训练的指挥官，托洛茨基把大批帝俄军队的军官调入红军。《我的一生》中对此是这样叙述的：

> 在红军工作的这些人当中，有几千人是过去旧军队里的军官，不久，这一数字就增加到了几万人。据他们自己讲，他们当中的许多人在最近 3 年前，甚至还把稳健的自由主义者看成是极端的革命家，在他们看来，布尔什维克属于第四层次。我当时对反对吸收旧军队军官加入红军的人这样说：“如果我们认为我们不可能带领成千上万的军事专家，那我们就是过低地评价了我们及我们的党，还有我们的理想所具有的精神力量，以及我们的革命品质拥有的牵引力。”

斯大林的呼吁

革命胜利后，紧急需要的还不仅仅是军事专家。人们痛感缺乏所有类型的专家和技术人才。斯大林在 1921 年撰写的文章《党在取得政权以前和以后》中，是这样呼吁的：

> 以前，我们可以不要军事问题的专家和经济问题的专家。因为党的活动主要是从事批判活动，而批判是容易的……但是，今天，党不能没有专家。今天党在利用旧专家的同时，还必须培养属于自己的专家。因为不如此，我们就不能进行建设。

第 10 章

官僚制组织的活动方式

下面将在本章至第 13 章的 4 章中，概要叙述行政活动乃是官僚制组织的集体行动所伴随出现的各种现象。

官僚制组织根据支撑它的不同人事制度有各种各样的类型，这一点已经在第 8 章和第 9 章中做过介绍。本章拟说明，即使表面上的组织构造和人事制度类似的官僚制组织，各自的活动方式也可能是多种多样的，同时本章还拟探讨其原因。

使官僚制组织的活动方式呈现多样化，其主要原因在于各个官僚组织承担的任务、环境及其内部信息传达途径的形成方式不同。

10.1　任务、环境和组织形成的类型

官僚制组织按照其承担的任务性质及其解决任务的行动所面对的不同环境条件而变换着其决策与信息传递的结构。如果我们将军队与行政机关对比，这一点就不言自明。

军队

身份制与等级制

军队代表着官僚制组织的一极。首先，它确立了军官与士兵的严格身份制和根据各自身份的明确等级制，贯彻封闭式的任用制度。仅就以上各点而言，军队与行政机关的差别只存在着程度的不同而已。

对“命令系统一元化”原理的执著

但是，军队是一个为了应付战争这种异常事态而需要经常保持待机状态的组织，因此，它具备各种各样的组织特性，以应付这一任务与环境条件。换句话说，军队视“命令系统一元化”原则为至高无上。指示、命令经常是经由一个途径由上往下传达，来自现场的情况汇报也必须经由这一渠道自下而上传递。极端讨厌信息传递途径上混入别的杂音。这是为了避免出现面临错综复杂的情报而使判断失误的事态。

决策的集权性

同时，所有的情况都汇报、集中到组织的顶点，在这里对整体情况作出判断，制定作战计划。实战部队有义务忠实地执行最高司令部发出的指示、命令。就是说，决策职能被彻底地集权化。而且，军队开展了彻底的教育，必须服从直接长官的指示、命令。这样做，是为了使最高司令部发出的指示、命令能够准确地传达到组织的最基层。同时，长官下达的指示、命令即使参照当时的状况决不能说十分正确，整个部队也必须毫不犹豫地根据这一指示、命令协调一致，采取共同行动。因为人们坚信，在战场上，根据经验，只有这样才能使自己的损失减少到最低程度。

割据性和封闭性

而且，在平时，军队是以军、师、团为单位分散割据在各自的驻扎营

地。同时，士兵呆在营地内的兵营里，这些兵营在物理上与周围的地区社会隔离。士兵们就是在这种环境里作息、训练。兵营形成一个独立、封闭式的社会，与外界的市民生活相隔绝。

军事政变

当发生所谓军事政变时，常常有这样一种现象，某个师或某个团单独成为政变的部队，这是因为军队中日常的组织形式具备了以上所述特性的缘故。表面上看，军队是一种以铁的纪律为自豪的组织，但实际上，连接其命令系统的纽带却令人意想不到的脆弱。

行政机关

复合组织

行政机关的官僚制组织与军队不同，它所承担的任务并非单纯、明确。行政事务分由各个省厅负责管理。不仅如此，各个省厅内部的每个局，各局内的每个课所承担的业务也各不相同。所以，每个司局都有各自独立的政策体系，并按照这一体系开展活动。不论在哪个层次上，这种组织都存在着多个承担不同任务的并列式单位组织的松散联合，从而具有复合组织（complex organization）的性质。

纵横交错的信息传递途径

于是，它的命令系统似乎也设计得与军队一样，呈金字塔形，至少从组织规程或者组织图上看是如此。但实际上，它的活动绝非一元化。

课长不仅仅接受直属上司局长的指挥监督。在处理人事问题时要接受官房（办公厅）人事课的指挥监督，在处理会计事务时要接受官房会计课的指挥监督，在处理文档业务时则要受官房文秘课的指挥监督。有时候，还要接受像人事院、总务省人事局及恩给局、会计检查院、财务省主计局或理财局、内阁法制局、总务省行政管理局或者统计局等外部官房系统之类组织的直接指示。

另外，在处理与自己掌管的业务有关的事务时，还要接受其他科室的直接请求进行协商，或者要对照会事项进行答复等，这些就像是家常便饭。就是说，行政机关的信息传递途径就像一张渔网，纵横交错。

决策的分权性

而且，组织成员在纵向系列也不是只与顶头上司接触。例如，局长、课长、课长助理、系长聚会一堂进行协商的情况亦非鲜见。在这种场合，当直接上司的意见与其上司们的意见存在微妙分歧时，下属们就得小心谨慎，开展活动时格外留意。更重要的是，行政机关的工作计划大多是委托业务的主管科室或承办人去制定，决策功能决不像军队那样集权化。

任务环境与组织形式

既然军队和行政机关是具有同样的组织结构和人事制度的官僚制组织，为什么它们的活动方式又各不相同呢？那是由于它们承担的任务及其解决问题时所面临的环境条件存在差异的缘故。

穿制服的官僚制组织

警察、海上保安、消防等所谓穿制服的各种组织与军队具有类似的组织形式。这表明，采取这种组织形式的官僚制组织，其任务是如何有效地完成比较单纯、明确且比较难以实现的目标，如抑制、制止战争和骚乱，制止和取缔犯罪，搜查和逮捕罪犯，救助人命，灭火等。

而且，完成这些任务的行动要与敌人或者灾害对抗，其行动存在生命的危险，因此，要求进行有秩序的集体行动。

穿西服的官僚制组织

与此相反，一般穿西服的行政机关，一方面从事执行政策的活动，另一方面还要从事制定政策的活动。这就是说，一方面它的任务是如何在既定的法令、计划、预算等限定的范围内，有效地实行既定的各种政策且保持高效率，另一方面它还有一项任务，检查现行政策的执行情况，分析环境条件的变化，制定新的政策、法令、计划、预算方案。行政机关任务的这种两面性，正是使行政机关的官僚制组织摆脱其理想型的根本原因。

因此，当某个行政机关当前的任务基本上仅仅是执行其目标比较单纯、明确的政策时，其组织形式就可能接近、类似于军队等组织形式。但是，与此完全相反，当某个行政机关面临的任务是在探索应该把哪些内容纳入何种目标时，其组织形式就可能与理想型的官僚制组织渐行渐远。

柔性组织与课题组

社会上作为“柔性组织”而提倡并正在试验的各种新组织形态，无一不打算放弃官僚制原则的某些内容。所谓的课题组即是其中之一。在这种组织中，命令系统一元化原则自不用说，等级制原则也被完全抛弃。这种组织方式是集中有关部门的人员组成一个小组，让这些相同层次的人员去共同制定方案，希望他们能够集思广益，摆脱条块分割的组织及其思想和行动方式（参见图 10—1）。

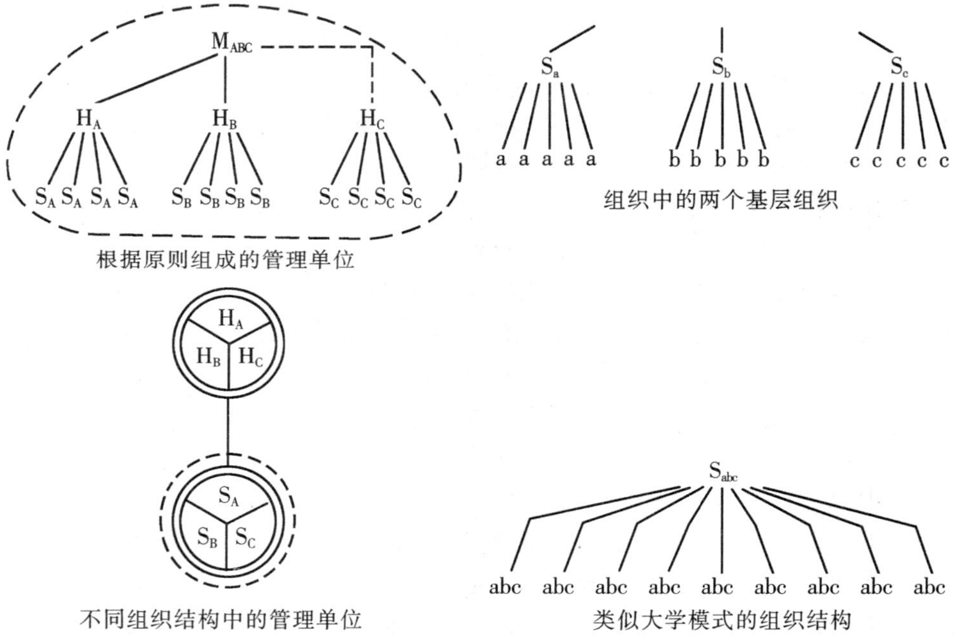

图 10—1　官僚制组织与“弹性组织”形态的例子（Golembiewski 的模型）

资料来源：R. T. Golembiewski，*Organizing Men and Power*，1967，Rand McNally，p. 219，p. 233.

条件依存理论

这样，某一组织采取何种形式，取决于其组织的任务、环境条件，立足于这种假设研究形形色色的组织及其任务、环境条件之间的对应关系，被总称为条件依存理论或权变理论（contingency theory)。

但是，条件依存理论还是一个发展中的理论。很遗憾，它目前还只是停留在提出一些极其笼统的假说，还没有确立起自己的命题，没有确定起使其足以能够成为特定的组织编制和形成的具体指导方针。

分工结构的编制、形成和信息传递途径的形成

那么，官僚制组织相对其任务、环境的差异，改变了组织的什么地方呢？正如前一节军队和行政机关的事例所示，它掌握着分工结构的编制、形成，即应该将决策权赋予组织内的哪个部门，以及如何形成组织内部的信息传递途径。

分工结构的编制、形成

前者的决策分工结构的编制、形成有两个侧面：第一是所掌事务的分担，即水平的横向关系上的分工结构的编制；第二是专责权限的分配，即垂直的纵向关系上的分工结构的形成。

信息传递途径的形成

后者的信息传递途径的形成则有三个侧面：第一，信息传递途径的数量，即信息传递途径的多元达到了多大程度；第二，信息传递的方向性，即信息的主要传递途径是“自上而下”往下传递呢，还是“自下而上”往上传递；第三，信息传递途径的宽窄，即信息是以多大的频度、密度流经信息渠道（参见图 10—2）。

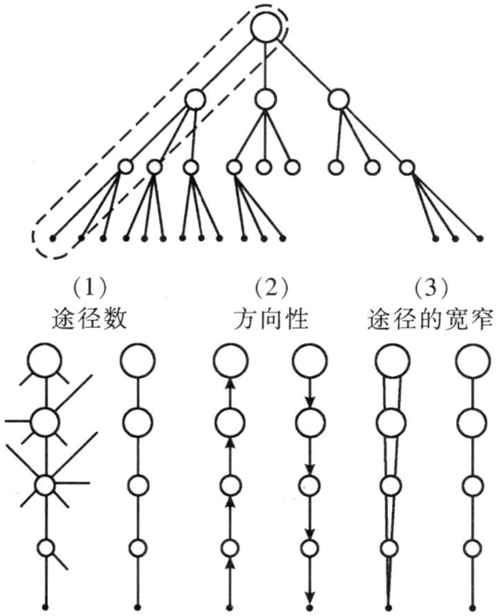

图 10—2 科层制结构的信息传达途径

决策的分工结构之编制、形成与信息传递途径的形成紧密相连。以下拟将其组合在一起加以介绍。

10.2 所掌事务的分管结构与信息传递的途径

组织的基础单位

行政机关的官僚制组织分割为省厅、局、部、课、系等单位组织，由这些单位组织分掌所管事务。

直线系统组织的长官

行政机关的官僚制组织大体上都是以其统辖机关为独任制长官，因此，它以下的单位组织的长官，如局长、部长、课长、系长等平常都只由一人担任。

但是，并非全部如此。长官之下配有次官、次官助理，局长配有次长、审议官。另外，像日本的中央机构，有些地方在课长之下还安排有总括辅佐（常务助理）等课长辅佐（助理）等。在这种情况下，这些次官、次官助理、次长、审议官、课长辅佐是长官的部属，还是下一阶层的直线单位组织的长官，定位不同，其科层制的活动方式就不得不发生变化。

基础单位是个人还是集体

但是，更为重要的是如何编制科层制的基础单位组织（通常以系或班为基层组织）中的内部组织。就是说，当系长以下配置有多个一般公务员时，这个系所掌管的业务是否还要分配给每一个公务员分管。

在这方面，各国的组织惯例并不十分清晰。欧美各国的行政机关中大体上是把业务分配给每一个职位，也就是让每一个职员去管理。相反，日本的行政机关中，组织法令规定了基础单位组织的所掌业务，系内业务的分管则采取由各个职场因时、因事随时变通的办法，具有通融性，是一种系内所掌业务由全体系员负连带责任的体制。而且，日本的行政机关里，系里的系员座位也是根据参加工作时间的先后来排定的。

小房间和大房间办公室

其结果，欧美各国在削减行政机关的人员编制时，必须与缩小、减少所掌业务量相联系，而日本则完全可以在不缩小、减少所掌业务量的情况下削减编制。同时，欧美各国的行政机关办公楼大多分割为职员与秘书的小房间，而日本几乎至少是以课为单位的大房间（大办公室），单人间的办公室仅仅限于官房课长以上的职位。

内设部局间的协调

下一个问题是相同层级的内设部局之间的协调方式。

根据权限调整和通过协商调整

在组建行政机关的部局时，为了尽量避免出现跨部局的共管竞合业务，通常是把同一性质的业务分在一起，组建所谓纵向组织。但是，采用这种组建方式也不可能完全避免出现共管竞合业务。于是，就出现了对于共管竞合业务，有关部局之间就其利害、意见如何进行调整的问题。

官僚制组织的正式组织中，一般都是上级机关根据自身的指挥监督权，通过事前或事后下达的指示进行调整。但实际上，相同层次的部局之间通过协商进行自主调整的也不在少数。而且，当这种非正式的调整方式越来越成为似乎是组织的正常活动方式时，下级机关平常接触的信息源就会因此而多元化。这时，正式组织的命令系统发挥功能的领域就会相应缩小，下级机关的自立性则相应加强。

纵向组织与横向组织之间的调整

但是，纵向组织与横向组织的交叉存在使这种部局间的调整问题变得更为复杂。

本来，横向组织是按照作业方法同质性分工的原理，把本应随其核心业务而分散在各自纵向组织中的共同业务集中在一起而组建起来的一个单元组织。其典型是拥有财务、文书、人事等综合管理功能的部局，以及拥有电子计算、维修、后勤等辅助管理功能的部局等组织。此外，在市政府、镇村政府等层次上也有这样的例子，如综合管理所有办公业务的市民课、一手承办整个政府用地业务的用地部等。

集中于横向组织的共同业务对于纵向组织开展核心业务不可或缺，因此需要日常频繁的联络调整，以使这两种组织之间的关系协调、顺畅。而且，纵向组织间的调整只要做到“步调一致”即可，而纵向组织与横向组织之间的调整则比较微妙，犹如“与舞伴共舞”。

因此，这种横向组织越是多元分立，单元组织的信息传递途径相应就越多元化，使命令系统的一元化原则变得越来越有名无实。各个单元组织的长官对部下的指挥监督权绝不是排他性的支配权，如无特殊规定，这种权限在现实中的理解是可以“推定为较广的权限”。

日本的官房系统组织

但是，正如笔者在第 7 章中指出的，日本的行政机关中，这种横向组织设置得非常严密，它以官房系统组织的形式实现了一元化管理。

因此，日本行政机关的单元组织与其说服从的是上级机关的直接指挥监督，毋宁说它似乎是在服从官房系统组织的严密控制。也就是说，似乎局总务课对课的领导超过了局长，大臣官房各课对局的领导超过了大臣，内阁官房、内阁官房各机关、总务省行政管理局、财务省主计局等政府层次的官房系统组织对省的领导超越了内阁以及内阁总理大臣。

我们应该怎样理解这种现象呢？这虽然是一个很难说清楚的问题，但似乎应该这样理解：在日本，直线系统组织的长官，其职务、职责并没有委任给“自然人”，而是委任给官房系统这样一个“组织”的集体行动。

直线系统组织与参谋

官房系统组织是不是参谋组织

那么，官房系统组织是不是参谋组织呢？

根据古典组织理论，参谋的任务只是向直线系统组织的管理者提出建议、忠告，而绝对无权亲自发布命令，作出决定（参阅第 3 章）。按照这种直线组织、参谋理论的正统含义，官房系统组织行使着各种统制权，因而它不属于参谋组织。

但是，这种正统含义究竟有哪些内容符合现实呢？被当作参谋组织样板的是军队的参谋组织。那么，军队的参谋部是否仅仅停留于提出建议、忠告呢？事实上，无论哪一个国家的参谋部都在对直线系统部队发出指令，要求汇报。关于这一点，也有人解释说，由于参谋部与司令官一心同体，是司令官的分身，因此它可以以司令官的名义，代表司令官亲自发出指令。但是，如果这种说法能够得到认可，那么，官房系统组织也可以说成是以长官的身份开展活动的参谋组织。

直线系统组织、参谋的重新定义

古典组织理论视命令系统一元化原则为金科玉律，因此，不承认参谋有统制权的空间。但是，在现实的官僚制组织中，只有建议、忠告权的参谋组织不能发挥足够的功能，正因如此，具有统制权的综合管理机关才会十分发达，并代行长官的管理功能。

于是，有一种观点要求对参谋的概念重新定义，使其内涵更加广泛。具体地说，这种观点认为，对组织而言，以执行为任务的是直线系统组织，以向直线系统组织提出建议、辅助其工作或者进行统制为任务的就是参谋。这种新定义，不固执于命令系统一元化原则，甚至肯定统制参谋的存在。因此，按照这种定义，官房系统组织才是日本行政机关中十分发达的日本式参谋组织。

10.3　专决权限的配置结构与信息传递的方向性

纵向关系上的分工结构与横向关系上的分工结构相比，其构成要素要复杂得多，所以，组织的设计阶段不可能规定得巨细无遗，而任凭组织去日常运用。换句话说，它是一个组织形成的课题，而不是组织编制的课题。其理由可以列举以下几点。

(1) 专决权限的配置不可能像所掌事务的分掌那样规定出一个明确、排他性的管辖权；

(2) 把官僚制组织的科层制垂直地连接起来的经线，既是自上而下的命令系统，同时又是自下而上的辅助系统，是信息上下双向传递的途径。因此，在考虑决定权配置在纵向系列的什么位置的同时，我们还要考虑到另一个因素，即应该由什么地方提出决定方案。

(3) 官僚制组织中的规范，其结构为两个阶段，即客观制定的规则所形成的规范与个别行使的指挥监督而形成的规范。

专决权限的配置

横向分工与纵向分工

举一个具体事例加以说明。人事院的组织规则规定，人事院工作条件局工资第一课管辖业务之一是开展官民工资现状调查，以此作为人事院关于工资的报告、建议的基础。而且，这项业务具体由该课第二班掌管。因此，人事院的其他局、课、班都不能进行这项调查，横向分工非常明确。

但是，人事院工作条件局工资第一课第二班管辖官民工资现状调查业务，既是第二班承办人主管们以及课长辅佐所掌业务，同时又是工资第一课常务助理和课长的管辖业务，还是工作条件局主管副局长和局长、人事院事务总长以及人事官会议的掌管业务。那么，以上这些有关的主查、主管课长辅佐、常务助理、课长、副局长、局长、事务总长、人事官会议对于官民工资的现状调查都有一些什么样的职务、职责呢？这就是纵向系列的分工问题。

组织法令的空白

不仅人事院的组织规则如此，日本行政机关的组织法令一般只规定管辖业务的分掌结构，对这种纵向系列的分工都不做规定。这是为什么？当然最根本的原因是因为日本与许多国家一样，采用了行政官厅理论，认为有关行政机关管辖业务的权限都属于统辖行政机关的行政官厅，具体而言，就是属于主管大臣以及取而代之的行政委员会，事务次官以下的行政机关都只不过是辅助、辅佐行政官厅行使权限的辅助机关。

不过，实际上，处理管辖业务时，所有的决定事项都不可能由大臣亲自提议和作出决定。甚至连辅助机关提出提案，大臣自己仅做决定都不可能，实际上也无此必要。因此不可避免地需要把大臣与辅助机关进行分工，进而辅助机关内部也需要上下分工。

于是，实行职位分类的官僚制组织尽量把这种纵向系列的分工规定得十分详尽。也就是说，职位分类制是一种根据职位明确规定其职务与职责的制度，其中，所谓明确职责，实际上就是职位在纵向系列上的责任范围。这正是制定职位分类最为困难的地方。

专决规程与专决权

总而言之，日本的组织法令在纵向系列上的分工未作任何规定。但是，作为替代措施，制定有被称为专决规程的内部管理规则。专决规程规定，把行政官厅的一部分专决权限（等于裁决权）作为行政机关的内部措施委托给特定的辅助机关。专决权的下放不同于权限的委任，它没有外部效果，但是，被下放了专决权的事项，其决定过程以专决权者的裁决告终。所以，只要专决规程详尽而彻底地规定清楚专决权的下放，纵向系列的分工构造完全可以因此而明晰。

但是，专决规程规定的专决权下放决不详尽，每一个事项的裁决应由谁进行，很多情况下仍然要依靠组织惯例。而且，专决权的下放对象主要是局长，最多下放至课长为止。因此，翻阅一下专决规程就可知道，系员、系长、主管课长辅佐、课长之间的分工丝毫不明确。

科层制的双向性

科层制的双向性

官僚制组织的科层制是上下双向发挥功能。其命令系统既是由上而下发布指示、命令，或者向下了解情况的途径，同时又是由下向上汇报，提出提案要求裁决，或者提出建议、忠告的途径。

在这里，不能说专决权已下放，专决权者就可以自己提提案，自己做决定。由于上级机关手里有指挥监督权，因此可以对专决权者行使专决权实行控制，而其办法有的是通过事先制定规则，有的是随时下达适当的指示。同时，专决权者也有可能仅仅是等着部下提出要求，而加以裁决。因而即使我们研究专决权下放的构造，也仍然搞不清楚官僚制组织实际上是如何决策的。

“三人一组”理论

英国行政学家安德鲁·党塞尔（A. Dunsire）的“三人一组”理论巧妙地解释了这种机制。他认为，官僚制组织的结构应该看成是由处于上下级关系的三个人员组合为基础单位，多层次重叠而成。也就是说，官僚制组织中的上下级关系的行动方式，集中体现在处于上下级关系三人一组结构中的居中者的作用上。

试举局长、课长、课长辅佐三人一组为例加以说明。局长是课长的上司，经常与执政党的政治家接触，频繁会见有关产业界的干部，拥有的信息量比课长多，其地位使他能够从更为大局的角度判断出现的情况。但是，他对于课内管辖事务的实施方法或实施状况则不尽了然。另一方面，课长辅佐是课长的部下，与社会各界交往的渠道更窄，信息量更为有限，但他对课内管辖业务却了解得更为具体，其知识、信息量超过了课长。

居中者的作用

那么，介于局长和课长辅佐之间的课长又起什么作用呢？第一，局长要向下面了解情况时自不用说，即使局长没有要求下面汇报情况，课长也可以在其认为必要的时候，随时依职责向局长提出建议和忠告，或者提出提案。第二，当接到局长的指示、命令时，如果觉得内容不妥，课长有责任劝阻、促使局长改变主意。如果认为局长的指示、命令恰当，则有责任将其传达给课长辅佐，并需要充实指示、命令的内容，以便使部下能够理解。

第三，当接到课长辅佐提出的提案时，如果认为该提案不妥，则有责任表明自己的意见，命令其重新研讨。如认为提案妥当，要么自己批准，要么上报至局长获得批准，但这时有责任整理出说明要点，以便让局长做出判断。即便是单纯地向上汇报也需要这样做，因为要求课长具有这样一种能力，即能够准确判别哪些是需要向工作繁忙的上司汇报的，哪些是不必要的。

总之，三人一组的居中者既有责任对来自上面的信息进行甄别、分解和翻译，又有责任对来自下面的信息进行甄别、集中和翻译。这种责任的多重交叉便是官僚制组织的行动方式。

指令型和裁决型

官僚制组织就是在这样一种向下传递的信息与向上传递的信息错综交织的状况中进行决策的，因此它可以描绘出两个完全对立、相反的形象。

就是说，一方面，政策乃至行动方针由最高管理者决定，据此作出的指示、命令不断地经由居中管理者向下传达，其间，其内容逐渐被分解和充实，最终以执行命令的形式传达到组织的基层，只有在这里，指示、命令才变成了执行的行动。这就是所谓的指令型决策。

另一方面，某些事务的处理方针由承办的基层人员提出方案，居中管理者依次审查提案并加以适当的修订，最后作为完善的正式方案上报至最高管理者，最高管理者则以被动的姿态对其作出肯定或否定的决定。这就是所谓裁决型决策。

提案与决定

将上述处于两极的理想型决策进行对比后就知道，在论述决策方式的类型时，指出最终决定权的所在固然很重要，但更为重要的是，到底谁是决定案件的提案人，是谁最早推动了决定过程。

因此，只要我们根据从提案到决定这样一个程序、过程的观点去考察行政机关的决策现状，我们就不仅能区分什么是指令型，什么是决策型，而且还可以识别出各种各样的方式，如两者兼而有之型，两者融合型等。这样，就极其方便于我们对各国行政机关的决策方式进行比较，对于行政学来讲，这也是一个极为重要且意义深远的课题，可惜这方面的研究成果极端匮乏。

作为日本行政机关的决策方式而普及、扎根的禀议制，将在本书第16章中加以叙述，本节只是提醒人们注意，这种决策方式之所以发达，是基于纵向系列的分工关系极其不明确的组织结构。

行政规则、裁量与指挥监督

下面，我们拟分析使纵向的分工关系变得复杂的第三个问题，即制定规则和指挥监督的双重结构。

服从法令的义务与服从上司根据职务发布之命令的义务

行政机关的人员负有双重义务，即服从法令和服从上司根据职务发布的命令。

前一个义务来源于"依法行政"的原则，或者说是由此派生出来的义务。因为，所谓法令，是指国会制定的法律和国会以外的各种国家机关制定的命令（如内阁的政令、内阁府令、各省大臣的省令，以及最高裁判所、会计检查院、人事院、各种行政委员会等制定的规则），这里所指的命令都是由国会选任或者获得国会信任的机关制定、公布的具有外部效果的法规。这些法规有的是根据法律的委任而制定的命令（委任命令），有的或者是为执行法律而制定的命令（执行命令）。

后一个义务是官僚制组织内部下级机关服从上级机关的指挥监督。但是，这种“上司根据职务发布的命令”其实可以进而分成两个阶段。就是说，第一个义务是服从行政机关的上级机关为规范下级机关的人员执行公务而制定的行政规则，第二个义务是服从上司随时下达的指示、命令。

法令与行政规则

后者的行政规则名称多种多样，如训令、通知、要纲、要领等，它们都是作为一般的规则形成书面文件的，难免与前述法令混淆。但是，行政规则不是法规，没有约束国民的外部效果，也不能成为审判规范，没有公布的义务。

那么，为什么要制定这些行政规则呢？因为法令的规定存在许多所谓“法律缺陷”，同时还有不少内容难以作出准确解释，因此，即使命令公务员服从法令、执行法令，这些法令也不可能原封不动地作为承办公务员执行公务时的指南，使承办人员的裁量空间过大，从而难以保证公平无私的行政活动。

行政规则与裁量

那么，是否只要给出了法令的解释标准或者应该称作运用标准的行政规则，就不会给承办公务员留下裁量的空间呢？如果真能如此，上级机关对下级机关的监督管理基本上就可以通过制定行政规则的办法来完成，上司开展的日常性指挥监督就只剩下了监视部下是否严格执行了行政规则。不过，行政规则制定后，也会给承办人员多少留下一些裁量的空间，我们可以认为这是一种正常现象。

如此看来，不管规则制定得多么严密，我们不可能做到绝对不留任何裁量的空间。正因为这样，才需要赋予上司以指挥监督权，必须继续履行监督、审查部下执行公务的义务。

规范与裁量

但是，是不是给下级机关、尤其是负责执行的承办人员留有裁量的空间就不好呢？

可以说，朴素的法治原则，其理想是把承办人员开展的业务无限地接近于像机器人或者自动销售机进行的那种机械处理。而且，当这种理想实现时，完全可以肯定用不着错综复杂设置多重监督阶层的官僚制组织。

但是，承办人员所承担的任务，以及他所面临的环境条件，复杂性超出了人们的想象。而且，为了准确应对这种复杂的任务环境，不能没有裁量的空间。

这里，规范与裁量就在现代行政国家中产生了矛盾。不过，承办人员在多大程度上认识到存在的裁量空间，并能够在多大范围内利用这种裁量正确地应对其对象的多样性，就只有依靠他们的职业意识了。

邦迪克斯的至理名言

邦迪克斯说过，伴随着官僚制组织的集体行动而出现的核心问题，是如何保持规范与裁量、服从与自发的最佳平衡，真可以说是至理名言。

阅读资料

大学与医院

在国家机关中，还存在一种组织结构完全不同于官僚制组织的机关，它们被称作专业机构。例如国立大学、国立医院等，它们的组织形态是各省附属设施的一部分。

大学、医院里担任核心业务的教师、医生、护士是专业（professional）或者准专业的人员。教育、研究或者治疗、护理等业务，由每一个担当者根据专业判断和自律行为来进行，通常不像官僚制组织那样，要接受上司的指挥监督。机构运营方针的决定事项、人事任免事项也实行自治，由教授会、医局会议等专家集体组成的会议进行。在这些机关中，只有幕后的事务机关的组织具备了官僚制组织的形态。

也许有人会反驳这种看法。大学里难道不是存在教授、副教授、讲师、助教这种森严的等级吗？医院里不也存在医生、护士这种主从关系吗？护士集团中不也有总护士长、护士长、护士这样的等级吗？但是，请君少安毋躁！教授、副教授、讲师、助教只是职称的高低，其间即使存在师生关系，也不是职务上命令与服从的上下级关系。另外，医院里医生与护士的关系是两个相互独立的自律性职业集团之间的协作、互动关系，护士绝不是医生的部下。

不过，专业组织中也带入了若干类似于官僚制原则的要素，其中的一个例子就是大学里设有校长、系主任，医院里有院长、科长等管理职务。同样，公立中小学校里设有校长、教导主任，乃至于通过引进主任制而新设了年级主任、学科主任。在这种组织中引进类似于官僚制原则，以什么程度为最佳，这是一个非常难以说清楚的问题。

第 11 章

官僚制组织成员的行为方式

上一章第 1 节中叙述了信息传递途径的形成存在三个侧面，作为第三个侧面，笔者指出了信息传递途径的大小，即信息是以多大的频度、密度流经信息途径的。但是，此后没有对其作进一步解释。

为此，本章拟联系这一点，把考察的对象进一步深入到微观的层面，对在官僚制组织的规范下，上司与部下的关系动态地加以说明。所以，本章的主题是有关活生生的个人在官僚制组织中的行为方式，而且关心的重点不是高级行政人员的行动，而是低级行政人员的行动。

而且，有可能使组织内外的文化影响这一新问题浮现在读者面前。

11.1 权威与权限

权威、地位、权限

韦伯提出了三种统治的理念形态。即超凡魅力型统治、传统型统治、合法型统治。

如果借用这一概念，官僚制组织内部的上下级统治也基本上可以与上述三种统治相对应，分别为权威统治、地位统治、权限统治。

权威统治

部下对上司的真知灼见和专业能力，或者对其以丰富的经验为基础的见识而心悦诚服，坚信上司下达的指示和作出的判断正确无误，而加以服从的，是一种依靠权威（或领导能力）进行的统治。这是最为理想的统治形态。但是，在所有的职位上配置能够得到部下认可的此种意义上的权威人才，乃是极其困难的事情。

于是，就出现了资历、非资历这种身份制和年功序列的升任制的做法。前者是通过学历、专业能力，而非通过与职务直接有关的学识、专业能力来赋予权威；后者则是按照连续工作时间的长短，而非按照担任职务的直接经验来赋予权威。

但是，仅仅如此还不够，因此就需要通过地位统治和权限统治来予以加强。

地位统治

无论上司的能力、见识是否优于部下，只要部下承认上一层级职位的权威，那就再好不过了。这就是依靠地位（或者叫威信）进行的统治。

于是，官僚制组织作出了形形色色的努力，让组织成员养成一种习惯，承认职位的上下之间存在差距。例如，在日本的行政机关里，公务员的办公桌从办公室的入口处根据年功序列由外往里排列，靠最里边的管理者的桌子最大，官房课长以上的职位则为其准备单间。对位于上一个层级职位的人要用官职名称来称呼。在采用等级制的穿制服的官僚制组织内，则通过服饰上的饰案来明了其等级。

但是，承认职位本身存在权威的习性，如果不在幼儿期到成人期这样一个长期的社会化过程中从小加以培养，那么在参加工作以后，不论你采取什么手段，也不可能在一朝一夕中养成。因此缘故，地位统治能发挥多大的功效，很大程度上取决于这个社会的文化（culture）。

权限统治

为了确保部下最终服从，一个担保手段就是依靠权限（或者说法令）进行统治。即以法令、规则授权的指挥监督权为根据，换言之，就是借助拥有得到社会承认的正统性的上位权力的权威，要求部下服从。而且，对于胆敢不服从的部下，可以示意发动制裁权。

但是，官僚制组织的中层管理者通常没有被赋予对部下的任免权和制裁权。对组织成员实行惩戒处分的制裁权保留给了拥有组织成员任免权的最高管理者，一般而言，中层管理者只有对部下的工作考核权。因此，即使示意发动制裁权，自然也有其限度。

而且，滥用工作考核权，以此来威胁或诱导部下的监督方法是一种愚蠢的做法，这样做，只会伤害部下的自尊心，使自己的权威日益下降。

巴纳德的权威接受理论

但是，现代组织理论的创始人巴纳德也在其主要著作《经理人员的职能》（1938年）中指出，权威依靠部下的承认而成立，一般来说被称作权限的东西也是这种权威之一，与我们一样，他也是试图通过部下接受权威来解释命令服从关系的一贯性。

不过，这种解释方法、逻辑的运用方法具有相当大的差异，以下拟介绍他的主要观点。

功能权威与地位权威

首先，巴纳德认为权威有“功能权威”与“地位权威”。“功能权威”就是我们所说的权威统治。而且，“地位权威”相当于前文中提到的地位统治，但解释的方法存在很大差距。如果当人们认为指示、命令是可以理解的，服从它并不会伴随出现精神上和肉体上的痛苦，服从它既不违反个人的利益，也不违背组织的目标时，这种指示、命令就属于部下的“无关心圈”（zone of indifference）。于是，部下就会毫不怀疑地去执行这一指示、命令。这种解释与我们的解释不同，巴纳德不认为需要向职位本身承认权威，而是结合职员的利害关系从务实的、合理性角度加以解释，不将其与文化（culture）挂钩。这一点与下文将要谈到的对权限的解释也是相通的。我想，恐怕不仅仅我一个人感到这里存在着日本与美国在文化上的差异吧。

行使权限也要获得部下们的承认

那么，巴纳德又是怎样解释权限统治的呢？所谓权限，乍看上去似乎是一种“超然性权威”（superior authority），不需要来自部下的承认。但是这只局限于已经得到其部下的同事们承认时才可能行使。就此意义而言，这也是需要得到部下们承认方能成立的一种权威。换言之，表面上看似乎是地位在上者的强迫或者制裁的权限，其实也受职场的同事们来自内部的强迫和制裁。

11.2 逃离组织与组织内的反抗

逃离组织

辞职的自由

官僚制组织即便依靠权限进行统治，最终也要强迫组织成员服从。但是这种强迫服从并不能毫无节制。正如韦伯所指出的，因为近代官僚制是由身份自由的人们通过契约而变成组织成员的人所构成的组织，他们保留着随时可以辞职的自由。如果组织成员忍耐不了服从就会抛弃组织，逃离组织。而且，组织成员的相继逃离，换句话说就是离职，对于组织而言是一种威胁，是关系到组织存亡的危机。

巴纳德的组织均衡理论

巴纳德还就组织成员的就职和离职的选择行为作了如下解释。

首先，人为什么竟然会牺牲一部分自由而加入组织呢？这是因为人们认定个人的各种欲望、要求似乎只有通过加入其组织（就职）才能得到有效的满足，从而抱有一种期待。那么，组织成员按照这种动机（motivation）为组织工作，能得到什么呢？对于组织成员的贡献（contribution），组织可以给予各种价值回报：金钱性价值，向其支付工资；人生价值，给予其稳定的社会地位，给予其为社会做有意义工作的喜悦，使其拥有好伙伴；等等。

于是，当组织方面提供的这些诱因（incentive）与职员所做贡献的程度相称，而且充分满足了他们原来的动机时，组织成员就会对组织感到满意，继续留在组织之内。但是，当这些诱因、贡献、动机的均衡关系遭到破坏时，职员就会失去为这个组织工作的积极性，最终决定选择离开这个组织（离职）。

这种思想就叫组织均衡理论（organization equilibrium）。

对辞职自由的制约

如上所述，官僚制组织的成员确实保留有辞职的自由。组织方面在处理组织成员问题时，如果不能经常地意识到这一点就不可能继续确保其所需要的人才。

但实际上，组织成员方面的这种辞职自由受到了形形色色的社会因素的很大制约。家里有充足的财产，可以不依靠工资生活的人，不太喜欢忍耐，稍有不满意便立即辞职，因此这种组织成员对于组织来说是不好对付的。相反，那些没有任何副业、兼职收入，只有依靠工资收入生活的工薪阶层人员，则不会轻易辞职，因此，这些人非常适合官僚制组织而大受欢迎。而且，那些把地位的高低与价值的大小挂钩，有旺盛的升官欲望的人，越来越作为适应官僚制组织的人才而受欢迎。

此外，在人手不足的社会里以及职业中，或者在开放型劳动市场下调换工作比较简单，调换工作也不会遭受损失的社会里或职业中，很难严格地要求从业人员。但是，在劳动力过剩的社会里或职业中，或者像从前日本社会那样实行终身雇佣制与年功序列制的雇佣习惯已经定型，调换工作会遭受很大损失的地方，组织成员除非碰到相当大的麻烦，否则不会辞职，因此，组织纪律就可以相应地严格。

组织内的反抗

怠工、不服从、两面作风

在不容易调换工作的职场，对于组织成员来说，辞职是其最后的选择。对于组织而言，对组织成员实行惩戒处分也是最后的手段。因此，一方面，有些组织成员虽然对组织有强烈的不满不平情绪，但始终不肯离开组织；另一方面，有些组织对这种职员感到愤怒和棘手，却不轻易把他们开除出组织之外。

这种组织成员达到相当数量的组织，其组织内部形形色色的反抗行为就犹如家常便饭。这里所说的部下反抗行为，既有单纯的怠工行为，即虽然接受上司的指示、命令，但无意去执行；也有明显的不服从行为，即拒绝服从上司的指示、命令，根本不行动。不仅如此，还有一种当面一套，背后一套的两面行为，表面上对上司恭恭敬敬，背地里却反抗上司的指示、命令。

“上命下从”与“下意上达”的功能不全

当面一套，背后一套的两面行为是有意堵塞官僚制组织中上下信息传达途径，尤其是管理职务阶层和一般人员阶层，或者说特定的上司与其部下相连接的途径的行为，是破坏信息上下流动的行为。

因此，如果把当面一套、背后一套的两面行为的各种形态进行分类，大体上可以分成两种。一种是阻滞下降方向的信息流，使“上命下从”的关系出现功能不全，另一种是阻滞上升方向的信息流，从而使“下意上达”关系出现功能不全。总之，它们的一个共同点是对“三人一组”理论中主张的居中者对于上司的辅佐、辅助责任之中的某一部分进行了消极抵制。前者是不正当地停止或滥用裁量权的行为，后者是不正当地停止或滥用汇报的行为。

裁量的停止

第一种行为类型是对上司的指示、命令不加以任何补充、完善，而将其原封不动地付诸执行。一般来说，上级机关下达的指示、命令只是提示重要的要点，基本不涉及实施方法的细目。因此，在执行这些指示、命令时，应准确地把握指示、命令的中心思想，在尽可能忠实地执行这些指示、命令的同时，要预测各种事态，制定实施方法，以便使原封不动地执行指示、命令时可能发生的不理想的副作用、反作用控制在最小限度。这就是下级机关的辅助责任之一。这种做法实际上是停止实行这方面的裁量权，或者说是放弃了裁量的义务。结果就是不管产生什么混乱和弊端，都大言不惭地将责任归咎于发出指示的一方，而回避自己的责任。

裁量权的滥用

第二种行为类型是故意歪曲理解指示、命令的中心思想，在制定执行指示、命令的方法时，随意加进自己独自的判断、解释，结果使指示、命令的中心思想受到歪曲，招致出现指示者没有预想到的结果。本应对上司的意图加以确认，却没有这样做，滥用了裁量权。

20 世纪 60 年代，美国曾出现政府设计的政策在行政机关实施过程中发生没有预想到的变形问题。这些问题的出现，使得“官僚制问题”（bureaucracy problem）的讨论不断，成了促进政策执行（policy implementation）研究的一个契机。这个问题虽然是围绕政府与职业行政官员之间关系的问题，比本书讨论的管理职务层与职员层之间的关系层次要高，其机制却是完全相通的。

汇报的停止

第三种行为类型是隐瞒应该向上司汇报的情报，剥夺上司对问题的判断能力。或者是本应预先听取上司的意见然后加以处理的案件，不提前听取意见而独断专行，不给上司发挥指导能力的机会。

汇报的滥用

第四种行为类型与第三种正好相反。本来向上司汇报，应该只挑选上司需要的信息和材料，而这种行为却不加区分地将所有的信息和材料全部一股脑儿地上交，每一件事情都要等着上司的判断和指示。每当部下采取这种行动时，上司的办公桌上就会文件堆积如山，其数量根本不是一个人所能处理得了的，以至于让人们费解部下因何而存在。同时，部下的这种行动，其企图是通过向上司提供大量未经处理的信息，而隐瞒重要的信息之所在。而且，这种行为表面上看是尊重上司，而实际上是一种反抗的姿态。

上述第三种、第四种行为类型之所以很难作为明显的违反工作纪律而加以惩处，完全是因为纵向系列的分工不明确所致。

11.3　忠诚与叛逆

忠诚的对象

正如上一节关于两面行为的行为类型的论述，官僚制组织中下级机关、部下的责任，其内容包括：如果上级机关、上司的指示、命令违法、不正当时，应该进行劝谏，促其重新思考；应提出建设性建议，使上级机关、上司的指示、命令变得妥当；同时还应制定适当的执行方法，使指示、命令更加充实。

于是，当我们注意到这种“自下而上”的活动时，就出现了一个取代命令服从的问题，即下级机关、部下的忠诚与叛逆的问题。

忠诚对象的转移

部下的忠诚心并不仅仅局限于对直接的顶头上司，这种忠诚可以对更上一级的上司。当课长辅佐与局长之间产生直接接触，处于居中位置的课长也有可能从命令系统中游移出来。公务员的忠诚心也可能跳过所有的居中管理者，直接指向有任命权的大臣。如果出现这种忠诚对象的转移，就可能形成对直接顶头上司的叛逆。

对集团、组织的忠诚

忠诚的对象并不限于指向地位比自己高的人。它有可能指向自己所属的“山头”或省厅。这时，要忠实于集团或者组织利益的忠诚心或许有可能促使其对上司的反叛。

对组织的目标、理念的忠诚

进而言之，当忠诚的对象被抽象为组织的终极目标或者理念时，为了维护它，有可能使其决心采取革命性举动，不惜破坏自己所属的集团或者组织。

莎士比亚在其话剧《裘力斯·恺撒》中让参与了暗杀恺撒的布鲁托斯(Brutus)辩解说，“非因吾爱恺撒不深，乃因吾爱罗马太深。”布鲁托斯为不同的忠诚所苦恼，最终决定保卫到底的不是罗马本身，而是罗马的共和制。

公务员的伦理

行政是政治的“侍女”

但是，行政机关的官僚制组织是为受其统辖的内阁、大臣提供服务，为这些主要的政治机关提供辅佐、辅助的从属性机关，不允许容忍和鼓励侍者对他的终极主人公然举起叛旗。

鞑达雷斯报告

被奉为英国公务员伦理圣典的《鞑达雷斯报告》作了如下阐述。担任行政官的人即使认为政府的政策不正确和不恰当，也不应该立即辞职。相反，应该向大臣如实反映自己认为是不正确、不恰当的理由，努力寻找一切机会向行政官员的同事们广为宣传。但是，即便作了上述努力后他的意见仍然没有得到承认时，担任行政官的人还应该牺牲自己，作出最大的努力，把政府决定了的政策付诸实施。作为公务员伦理的一般理论，也许只能如此说。

纽伦堡审判

但是，公务员是否只要留下自己向上级机关陈述自己所坚信的内容并进行劝谏的记录，以后即使根据违法的指示、命令办事，也决不会追究其对结果所负的责任呢？结论是否定的。在审判纳粹德国战犯的纽伦堡审判中，对于向犹太人实行了反人道的残酷行为的人，都作了有罪的判决，他们接受执行上司的指示、命令并不能成为免责事由。

因此，如果服从上司的指示、命令有时不能成为免责事由时，生活在服从命令世界中的公务员，也就存在着决不能侵犯的行为，有时要挺身而出进行抵制和反抗，如抵制不了就应毅然辞职。

11.4　指挥监督的局限及其效果

“第一线公务人员”

指挥监督关系最为薄弱的情形

以上所述都有一个大前提，即下级机关、部下受到上级机关、上司的指挥监督。但是，上级机关、上司能在多大程度上、以多大的频度、是否有效地指挥监督下级机关、部下，受各种各样的条件所左右，有时候甚至根本不可能实行有效的指挥监督。也就是说，联结上下的信息传达途径的管道非常狭窄。

比如部下的职务太过专业和技术性，而上司是一位外行，那他就无法评价部下的工作情况。又比如部下在上司兼顾不过来的地方工作，上司不可能监督部下的工作情况。尤其当部下各自单独在办公室以外的地方活动时情况更是如此。

利普斯基的研究

美国学者迈克尔·利普斯基（M. Lipsky）认为，外勤警察、社会福利专业人士（caseworker）等都是拥有广泛的裁量权，每天的工作都是与其工作对象直接接触的行政人员，因此他把这类行政人员命名为“街头”官僚或“最基层的行政人员”（street-level bureaucrats）。他所指的就是从事这样一些职业的人，他们正是由于上述各种因素综合的结果，可以不受上司严密的指挥监督，而处于半独立的工作状态。

最基层行政人员容易产生的弊端及其抑制方法

但是，利普斯基用以把这些职业与其他职业区分开来的标志，并不是指挥监督的力度不够，归根结底是在第一线负责的公务员拥有广泛的裁量权，以及对其工作对象的权力过大。

对于这些职业的行政职员承担的业务，非常令人担心产生以下弊端：滥用职权导致侵害人权、法律适用的随意性引起办事不公、与工作对象的勾结导致贪污腐败等。因此，为了防止这些弊端，通常的做法是采取一切办法规范和控制公务员的行为，由上级机关下发为数众多的通知，要求他们记录业务处理过程，书写业务日记，频繁地开展培训，或者隔一段时间即调动他们的工作岗位。对于负责生活保护行政的社会福利专业人士下发的有关业务通知，虽比不上税务通知那么详尽，却是各种通知中极其详细的一种。对于警察的教育训练，其频率尤其显著。

尽管如此，这些职业的行政职员所承担的业务仍然不得不留有广泛的裁量权。

“最基层行政人员”的两难处境

精力分配的裁量与法律适用的裁量

“最基层行政人员”广泛的裁量权实际上可以分成两个阶段的裁量。前者是“精力分配的裁量”，后者是通常意义上的“法律适用的裁量”。

“法律适用的裁量”并不一定是“最基层行政人员”仅有的特别现象，负责执行活动的所有第一线职员的业务中或多或少都有这种情况。问题的基本原因在于适用法律的对象具有多样性，每个人的情况都千差万别。

与此相比，“精力分配的裁量”对于“最基层行政人员”来说在相当大的程度上是一种具有象征意义的现象。因为这种行政人员要处理各种性质各异的业务，他们必须把自己有限的工作时间和精力具体适当地分配到这些具有多样性的业务之中。但是，由于他们工作的场所摆脱了上级机关和上司的监督，工作用不着每天接受指示，因此这种分配必须由自己作出判断，同时自己也可以作出这种决定。对他们而言，这种决定既是两难选择，也是裁量的空间。

外勤警察的业务与两难选择

关于这个问题，拟以外勤警察的业务为例做进一步说明。岗亭的“内勤警察”和派出所的“巡警”业务分成以下两群。

第一群业务是在岗亭、派出所待机，对居民以110电话、直通电话、来访等形式通报引起的案件加以接待和处理。如对这些业务进一步分类，则可分为：(1) 提供服务（如引路或指路、处理拾得物、保护迷路儿童和醉酒者、接受家庭或个人纠纷的咨询等）；(2) 维持秩序活动（如调解吵骂打架、费用纠纷以及邻里噪音纠纷等）；(3) 执法活动（如处理交通事故、处理非法停车、带走扒手等）。

第二群业务则是积极地走出岗亭、派出所，在辖区内巡回办公。进一步细分则可以把这些业务分成：(1) 巡回联络（如二战前被称为调查户口的业务，警察到每家每户访问，调查家庭情况及其他，了解信息并加以记录）；(2) 通过现场对犯罪的确认，对犯人进行辅导或者拘留犯人、把犯人带到派出所；(3) 对行人进行盘查。

虽然外勤警察被寄予很大期望，要他们负责如此多样性的业务，但在有限的工作时间和精力范围内，无论哪一种业务都不可能处理得令人非常满意。于是，就不得不面临一个“非此即彼”的“精力分配的两难选择”。这种现象在具体业务承办者的身上也基本相仿。

通过业务记录进行工作考核

对于这种行政职员，上级机关、上司只得通过检查业务记录，把业务记录中记载的处理件数等作为唯一的线索开展工作考核。这时，什么种类的处理件数被采用为评价对象，哪几件会得到相应较高的评价，对于下级机关、部下的行为具有决定性影响。比如，如果外勤警察的工作考核中，发现可疑分子指标得到了特别高的评价，那么就可能导致他们全身心地投入巡逻，对行人随便进行盘查。下级机关、部下以取得较高评价为目的的行为，往往容易伴随着出现对于服务对象的国民而言乃是不受欢迎的副作用。

阅读资料

资料堆积如山的战术

1968年至1969年校园纠纷终于开始降温以后，日本各地又迎来了居民运动热火朝天的时期。报纸版面常设的“校园信息”专栏不知不觉被“社区信息”专栏所取代。居民运动的对象其后也逐渐由企业公害扩展至公共设施公害，自治体（地方政府）开始穷于应付。这是1976年的事情。

专栏报道“居民运动操纵术”

某月刊杂志（杂志名称和期号隐去）是面向地方公务员发行、且有相当发行量的杂志。这份杂志刊载过一篇专栏报道，题目叫做“居民运动操纵术”。这篇报道很快就在国会的委员会质询中被提出来。

质询的某议员对这篇专栏报道感到非常气愤。该专栏报道不仅不认真地倾听与公害作斗争、为保护环境而涌起的居民运动所提出来的问题，将其作为行政方面进行反省的材料，相反以一种瞧不起居民运动的态度，把居民作为官僚操纵的对象传授细枝末节的对付方策。

不过，质询并没有提出是否应该允许这类报道出笼之类直接涉及言论出版自由的问题。质询把矛头瞄准了某中央机关，指出该中央机关的公务员定期向该月刊杂志投稿的事实，质问国家公务员是否应该和这种发表不严肃的专栏报道的杂志合作。

笔者本人作为对居民运动、居民参与等问题一直寄予强烈关心的研究人员，对这篇特别报道也极为不愉快，丝毫没有支持这种论调的想法。虽然如此，笔者还是打算特意把这篇报道的一部分做一些介绍。

之所以这样做，是因为以下将要介绍的居民运动操纵术，与本章叙述的行政公务员当面一套、背后一套这种两面作风的行为方式，尤其是垄断着信息的部下滥用自己的地位陷上司于窘迫境地的手法如出一辙。

操纵术摘要

资料堆积如山的战术　说明会使用的资料自不用说，其余也应制作尽可能多的资料。不管有用没用，总之要多造资料。这些资料应标上小标题每天送到负责人的家中，请其过目，必要时则送到每一位领导小组成员的家中，请他们轮流圈阅。只要每隔一两天把资料送到负责人家里，负责人就没有了闲暇时间，不过一个月，他精神上就受不了了。

盯住夫人　不论多么细小的事情，都应事无巨细地在白天向领导人家里打电话，一天挂两三次。不时地表示要去家里拜访，有事请教。白天领导人一般不在家，大多是夫人出面接待。并请她跟其他领导成员联系，弄得夫人处于忙得不可开交的状态。这样，要不了多久，夫人就会向丈夫开口，让他辞去领导职务。

信息的提供与隐蔽

这里应该再一次强调的是，资料堆积如山的战术根本不是积极提供信息的策略，而更多的是一种隐瞒真正有用的信息、充满恶意的对策。

在地方政府很早就普及了这样一种制度，即为了提前预防因为开发工程而产生的环境破坏，措施之一就是让开发商承担一种义务，事先进行环境影响评估，并公布其调查结果。2000 年起国家对此也实现了法制化，这本身是件好事。

但是，现实中提出并公布的环境影响评估报告，大多只是罗列了大量数据，外行人不想看，即便硬着头皮看了，报告里的数据表示的意思大部分不可能准确地加以理解。因此，如果居民运动想利用这份报告，就必须请这方面的专家帮忙，请他们来解读。

官僚制组织把垄断信息当作其权力的源泉，如果以他们为敌，与其进行对等的对抗，由专家来进行辩护（advocacy）就不可或缺。

第 12 章

第一线公务人员和目标群体的相互作用

在前面两章中，笔者关注了官僚组织内部的运行模式和公务人员的行为模式。可是，行政机关的任务毕竟是公共政策的决策和实施。由于公共政策意在影响民间社会，所以，行政活动不会终结于官僚组织内部。行政活动总是作用于组织外目标群体的执行活动。而承担这样的执行活动特别是取缔活动的通常是被配置在官僚制组织的末端、直面目标群体的第一线公务人员。

作为组织外的自律性存在的目标群体，不会对行政机关的作为唯命是从，他们会想方设法进行周旋，反作用于第一线公务人员的执行活动。

基于此，笔者选择属于行政固有领域的行政规制活动作为个案，解说规制法令的规划、制定、执行的相互关联，同时，对执行活动中的第一线公务人员和目标群体相互作用的各种情况加以概说。

12.1　行政规制活动的结构

行政规制活动

公共物品与公共资源的共用关系的利益调整

行政规制活动是指调节在公共物品（public goods）与公共资源（common resources）共用上产生的利益纠纷的活动。或言之，为了实现公共利益，号令国民施行某种行为，禁止或许可某种行为的活动正是属于行政活动的固有领域，而这样的行政活动叫行政规制活动。

规制措施的宣传和接受

为了有效地实现行政规制活动的预期目标，必须让更多的民众了解其命令、禁止、许可的规制措施，说明其理由，使民众理解其必要性。因为民众对于不了解的规制、意义不十分清楚或者难以信服其必要性的规制是不会主动服从的。

如果规制措施不能得到多数民众自愿主动的遵从，那么即便政府掌握强制性权力，也不能完全强制推行。因为行政规制活动以多数民众的理解和支持为前提，只有在取缔极少数例外的不理解者行为即可的情形下，才能有效实现其目标。

因此，行政规制活动始于规制法令的制定公布活动。

规制法令的制定公布活动

规制政策的构成要素及规制法令

规制法令的制定和公布是将相关规制措施的一般性规则定为成文法律并公布之，使民众完整了解该规制活动。

在上述规制法令中，要规定为了实现怎样的目标，谁（政府主管部门）对谁（规制目标群体），如何（适用程序）命令、禁止、许可什么（规制的目标行为），以及对于违反命令、禁止和许可规定条件者，可以课以怎样的制裁措施的完备程序，即在此法令成文规定该规制政策的大多数组成要素。

上述规制法令（操作法令或作用法令的一种）中没有规定的重要的政策要素也是有的。例如，政府主管部门辅助机关的构成和其主管事务的分担（由组织法令规定）、承担该规制政策执行活动的公务人员数量（由定员法令规定）、分配的预算额（由年度预算规定）等事项，在规制法令中没有规定。

规制的预测可能性

在规制法令制定公布之际，对规制目标群体和规制目标行为的范围规定得越详明，就越能减少有关规制对象的无知违法行为者和误解违法行为者。正因为如此，这对政府主管部门有好处。目标群体更希望如此。这是因为在规制法令中有关规制对象的规定越详明，就越能正确地预测有关主管政府部门会许可什么合法行为或取缔什么违法行为。

规制措施和应对策略

规制法令规定具有暧昧度的缘由

虽说规制法令规定得越详明越好，但也不尽然。规制法令规定常常是暧昧的，经常给主管政府部门的执行活动留下广泛的裁量余地。这是为什么呢？因为从整体上看，在目标群体中确实存在反过来试图恶意利用规制措施的明确规定的极少数者。

行政规制活动因公共利益而发生。但是，因为它是带有课责民众义务、限制民众权利这种性质的措施，所以指望所有的民众都欢迎这些规制几乎是不可能的。所谓“总体赞成，个别反对”的情形很普遍。对限制自己以外者的权利没有异议，当限制加诸自身则会反抗，出现激烈的偏私反应的情况屡见不鲜。

利己行为者的应对策略

在目标群体中，有些人往往认为没有比顺从政府的法令更愚蠢的事，所以针对政府的规制措施采取应对策略的人尽管是少数但必定是存在的。有些人绞尽脑汁琢磨逃避监视，继续实施违法行为；有的人以提出虚假的申请、申告、报告、申报文书等违法形式，尝试逃避规制的法网；如果处罚降临，还有些人会摆出任你惩罚的架势，破罐子破摔，公然反抗；而且，还有一些人用尽歪脑筋专门深入研究规制的法律条文，研究如何钻空子，想出打擦边球的奇招，使政府主管部门为其所用。于是，行政规制活动成为规制部门与目标群体的智慧较量。

主管政府部门在编制规制法令之际，必须事先考虑到凡此种种利己行为者想出的应对策略，设计出尽可能封堵他们的策略的规制措施，可是这种事前的防范工作是有局限的。因而，主管政府部门为了避免依赖事先防范产生漏洞，必须留有随机应变以及根据对手出牌而相机抉择的余地。

12.2　规制措施的执行可能性和执行水平

规制措施的执行可能性

规制措施的设计

行政规制活动必然伴有违法行为，根除违法行为无论如何是不可能的，也是不必要的。相反，如果将根除违法行为作为政策目标，就会带来超越政策效果的弊害，随之而来的危险是无以名状的。欲根绝犯罪行为，则必须雇用数量巨大的警察配备在各个街区，将全体民众的日常生活的方方面面尽置于日常的监控之下。可以想见这样的警察国家必然伴随着无法忍受的人权侵害。

尽管如此，如果太多的人面无愧色地违反法令，对此的揭发和处罚阙如旁置，执法则如同儿戏，正直的人将蒙受损害。如此的规制政策最终会完全失败。因此，在设计规制法令时，务必设计出将违法行为有效控制在一定程度水平以下的抑制和取缔的架构。

影响执行可能性的诸要因

影响以上意义上的执行可能性的要因有很多，举其要者有以下五点：

（1）划定规制对象范围的概念、标准明晰到什么程度。或言之，关于行为的合法或违法的判断在何种程度上做起来容易的问题。法令是由语言表达的，由于各个不同言语的定义并不是明晰的，所以，留下了必须解释法律用语的余地。如果法律用语的意义过于暧昧，规制的执行则变得很难。

（2）目标群体是否像编制居民情况原始记录、纳税记录等文书那样，是能够毫无遗漏地掌握的对象群体。

（3）如果不及时申报户籍或进行居民登记就不能享受税金的赡养扣除，以及不能取得加入国民健康保险资格。规制措施的架构是否可以设计成这些事例那样，使违法者蒙受多重不利。

（4）如果在某地设定关口，蹲守监视就能够有效地取缔违法行为。规制是否有相当于这种“关口”的诀窍达到该规制取缔的目的。或者说能否人工设定这种取缔方策。

（5）能否像侦查犯罪时，目击违法行为的第三人主动将相关事实向规制主管部门报告那样，期待社会上的一般人的广泛合作。

取缔活动体制的完善

无论怎样在理论上巧妙设计规制措施的架构，是否可以将违法行为的发生限定在一定限度以内，必须通过实证检验违法行为是否被揭发、违规者是否被严厉制裁。规制执行活动的关键在于取缔活动，而决定取缔活动成败最关键的是承担规制任务部门的公务人员数量。

目标取向的标准和费用取向的标准

既然不能将根除违法行为作为政策目标，那么，决定取缔活动体制设计的标准该如何确定呢？在此，由大处着眼，可以有两个标准（参见表 12—1)：第一，以达到或维持一定水平以上的守法状态（或一定水平以下的违法状态）为目标，不管付出多大的代价（cost）也要准备为达到该目标所必要的取缔活动体制（人员、经费），这是目标取向标准。第二，以在取缔活动付出的代价不超过获致的收益（benefit＝换算成货币的数目）的限度内，完善取缔活动体制，这是费用取向标准。

表 12—1　　取缔活动体制的完善

	目标取向的标准	费用取向的标准
低↑执行活动水平↓高	以达到或维持一定水平以内的守法状态为目标完善取缔活动体制	将完善取缔活动体制的费用水平设计到相当于由揭发和处罚违法者获得的直接收益的程度
		将完善取缔活动体制的费用水平设计到相当于由揭发和处罚违法者获得的直接收益，以及与此相伴的抑制效果的间接收益这两项合计收益的程度

对于前者而言，守法水平才是选择的标准，费用水平由这个选择结果决定；对于后者而言，费用水平是选择的标准，守法水平由这个选择结果决定。

公务人员数量和预算额

当然，不只是规制执行活动，所有的行政活动都要在有限的公务人员数量和预算额的范围内实施。对费用水平加以考虑，只是设计理想政策、完善最佳的实施体制，这种奢侈的自由是没有的。

但是，这里述及的公务人员的数量和预算额不是由规制法令确定并固定下来的。因为在每年的预算编制过程中可以要求增加人员或增加预算额度，规制承担部门通常都重视目标，以此要求扩充取缔活动体制。与此不同，负责有限的行政资源适当分配的审批部门通常重视费用，以此严格地评价政策效果。

直接效果和间接效果

取缔活动的效果有：由揭发违法行为和处罚违法者获得的直接效果，以及由直接效果达成的有效警告从而抑制其他人的违法行为，所谓杀一儆百的间接效果。

因此，前面的费用取向的标准可以进一步划分为对应这两种政策效果的两个标准（参见表 12—1），即一个是将代价与由违法行为的揭发和处罚直接产生的收益对比，另一个与代价比较的收益不仅有由揭发违法行为产生的直接收益，而且，还要推定因这样的取缔活动而被抑制（倘若取缔活动没有推进到如此的程度而产生的效果）的违法行为的规模，将该抑制效果相伴的间接收益算入收益。

与审批部门的交涉

在这两个标准中，选择后者则可正当地要求更多的公务人员数量和更大的预算额，依此扩充取缔活动体制。为此，规制的承担部门通常会强调间接的抑制效果何其大。可是，严格追究行政活动的低效率的人们则轻视乃至无视这些不确切（正确地推定比较困难）的抑制效果，只着眼于基于前者标准的确切的直接收益，从而谋求抑制行政活动的膨胀和精简运行。

取缔活动的完善水平，在现实中取决于承担规制的政府部门与审批部门的斡旋。承担规制的政府部门必须在这样的前提下，在这个框架内处理与目标群体的相互作用。

12.3 目标群体与第一线公务人员的相互作用

违法者的类型

规制执行活动的要旨在于揭发违法行为并处罚违法者。对于从事取缔活动的第一线人员而言，面临的最大问题莫过于有各种各样的违法者，而依据违法者的不同类型立即启动处罚未必是最佳的执行策略。

违法者的类型大致可以分为以下四种：

善意的违法者

第一种类型是不知道相应的规制措施正在实施的人，或即便知道规制的实施也不缺乏守法意识，而在彼时偶然因为患病、肢体障碍或者遭遇到紧急不能预料的情况等原因，无法遵守规则的人，诸如此类为善意违法者。

恶意的违法者

第二种类型是计算规制措施及于自身的损益，想方设法巧妙地逃避规制，从而回避规制和制裁措施的形形色色的、追求利己行为的违法者。

提出异议者

第三种类型是在确信相关规制和制裁措施的违法、不具有正当性的前提下，故意违规与承担规制的政府部门争辩，由此提出异议者。

反抗者

第四种类型是在对规制当局的存在和权威持反感和否定态度，因而不管当局的措施为何，决意反抗规制，公然故意违法、同当局抗争的反抗者。

规制执行策略的类型

基于对违法者类型的认识，承担规制执行活动的第一线公务人员的执行策略有几种选择呢？可以有以下四种有益的选择。

宣传策略

第一种类型是宣传策略。即就规制措施的目的、宗旨、规制目标群体和行为范围、规制的实施期间和实施方法、遵行者可以期待的利益、违法者遭受的损失，或者对违法者加诸的制裁措施，尽快进行反复的事前宣传以便做到广而告之的策略，或者是对违法者进行个别说明和劝解以便争取他们以后合作的策略等。

制止策略

第二种类型是制止策略。即设置物理设施制止违法行为的发生，从而诱导人们相当自然地趋向于守法行为的策略。例如，在禁止进入的道路上设置障碍物，在车站的检票口设置自动检票装置，在飞机场设置乘客必须通过的出入境管理，海关、检疫的关口等均可归入制止策略。

这种策略的优点在于行为被制约一方并不存在受他人束缚强制的感觉，假如有人反感这样的制止、诱导设施，因为其反感所向的规制人员不在面前，情绪化的怒气不会变成相互对骂。但是，这种策略的缺陷在于规制使用的机械设施只能按部就班地进行机械应对，没有通融的余地，采用这些设备也只限于这些设备被研制出来以后。

制裁策略

第三种类型是属于取缔活动本来面目的制裁策略。即设计对不履行必需的提交、报告、申告手续的人，事前设计好使他们利益受损的制度，进而通过对违法者进行现场检查等监视活动以便发现、探查、揭发违法活动并实施处罚。

适应策略

第四种类型是适应策略。这一策略是在认定违法行为具有合理性、违法者的主张确有其道理或者出现违法确系规制法令未能预见到的新情况，在这些确信行政机关单方机械地执行规制不恰当时采用的策略。默认、放置违规行为而不去使用制裁措施，或将某种行为作例外处理，排除在规制对象以外，或者通过修改规制措施使某种行为从今以后转为合法化，这类方法为适应策略。

相互作用的各种状况

对于上述四种类型的违法者，承担规制的政府部门第一线公务人员怎样选择上述四种类型的执行策略为最好呢？其概要总结在下面的矩阵中(参见表 12—2)。由此可以看出，第一线公务人员需要相机抉择。

表 12—2　　违法者的类型和行政机关、公务人员执行策略的类型

		行政机关、公务人员的执行策略			
		弹性应对	刚性应对		弹性应对
		宣传策略	制止策略	制裁策略	适应策略
违法者的类型	善意违法者	有效果	有效果	无直接效果	无效果
	恶意违法者	无效果	有效果	有效果	或有反效果
	提出异议者	无效果	或有反效果	或有反效果	有效果
	反抗者	无效果	有效果	或有反效果	行政方屈服

下面，对这个矩阵的意义进行若干补充说明。

制裁策略的选择使用与杀一儆百

取缔活动的本意在于对恶意违法者课以制裁。行政规制活动的原始目的在于规制人们的利己行为，对于放纵利己行为的恶意违法者除了课以制裁没有更有效的对策。如果对恶意违法者不加诸有效的制裁，即便当下人们服从规制措施，但能够保证任何时候规制措施都被忠实地遵守吗？恐怕有使相当多的见风使舵的机会主义者转向恶意违法者的可能，所以，对恶意违法者加诸有效的制裁是毫不奇怪的。

但是，收押和取得证据揭发违法者并对其加以处罚实在是耗费时间和精力，而且，通常并不是许多案件能够同时处理的。承担规制的政府部门人手不足的时候，更不待言。因此，虽说都是恶意违法者，对情节轻微者进行警告，对情节严重者重点处罚，只能借此期待获得以儆效尤的间接效果。

过多的规制与过少的制裁

尽管如此，将规制执行活动直接视同取缔活动是不恰当的。因为在违法者中包括许多善意违法者。如果对这些善意违法者施以与恶意违法者同样的刚性政策，会招致不必要的反感。因此，对这类违法者要施以宣传对策，在执行活动中补充一些本当在规制法令的制定和公布过程中应该做的宣传工作。

这样一来，不直接课以制裁的事件就会增多。其结果，行政规制活动就会发生屡屡被指责的现象，即在法令上准备了过多的规制措施，而实际上只进行了过少的制裁。

如果对因为不知道规制措施而违法的行为者总是宽大为怀，该事实传出后，恶意违法者为了免于被制裁，会伪称不知道或进行伪装。因此，第一线的公务人员为了明确区分恶意违法者和善意违法者，常常会满怀疑心去询问。这样会深深地伤害心怀善意的人，使他们怒不可遏。

第一线公务人员的自由裁量行为

无论是控制制裁策略的启动，还是仅仅选择宣传策略，这些都是第一线公务人员的自由裁量行为。不过，对于第一线公务人员来说，最重要最困难的自由裁量行为莫过于何时针对何种情况以选择适应策略进行应对。

适应策略的意义

对于所有的行政规制活动，不管是规制法令，还是作为其解释运用的指南形成的行政规则，作为应对千差万别的规制对象的方针绝不是百密而无一疏。因而直面提出异议者是行政机关反思自身活动的绝好机会。对于这类规制目标，有时选择适应策略绝非第一线公务人员的不当自由裁量行为，反倒应该作为来自第一线的宝贵的反馈信息而灵活运用。

第一线公务人员的判断是否恰当

实际上，必须以适应策略进行弹性应对时，第一线公务人员往往不顾及法令的本来目的，固执于只不过是标准的执行规范的通知，机械性地以制裁策略应对了事的事例很多。此时会被指责为小官僚劣根性、不会变通。

通过以上的考察我们能够看出，给官僚制组织的末端人员留有自由裁量的余地是没有办法的事情，而且，那未必是坏事。反而，自由裁量在执行活动中按具体的状况进行适当判断是不可缺少的。

不过，无法保证第一线公务人员总能有效地运用自由裁量权，这也是事实。现代国家的行政活动的合法性、恰当性，连同其有效性，说到底，在很大程度上依赖于最末端的第一线公务人员的明智判断。

阅读资料

强权压迫的循环

约翰·格雷斯（J. J. von Gorres）对官僚制作出了这样的评价：官僚们将原属组织内部的应遵守的规范强行向组织外的臣民推及，养成了不是从人本身出发，而是从人们的地位出发评价人的价值态度（参照第9章）。

官僚制组织末端的第一线人员与行政活动的目标群体的相互作用关系，与官僚制组织内部的命令服从关系是迥然不同的。但是，官僚制组织的成员常常对甚至是组织外的人持有对待组织内的部下相同的态度，要求他们无条件地顺从。

在谈到官僚制统治时，不能对官僚组织的上下支配和官僚组织对民众的支配进行明确区分，这类事非常多也并不是没有缘由。辻清明提醒我们注意这两种支配关系的互动，追究贯穿在日本官僚制统治结构中的特权性质。在这样的意义上，他引用福泽谕吉的“痛切而巧妙的揭露”的语句，描述这种被称作“强权压迫的循环”的官僚制现象［参见辻清明：《日本官僚制与“对民众官纪”》，见《新版日本官僚制的研究》（新版）］：

> 政府之吏人逞威于平民方显权势。此吏人于政府受上级之压抑尤甚于平民受吏人之压抑。譬如，地方官府之衙役呼村官议事之时，其傲慢跋扈可想而知。倘若该衙役为长官接见亦如村官苦笑不迭、狼狈不堪。村官为衙役无理斥责何其可怜，彼回村无理斥责村民何等可恶。甲强迫乙，乙强迫丙，高压抑制之循环无尽期。此亦可称为今古奇观。（福泽谕吉：《日本文明之由来》中的一节，见《文明论之概略》，第五卷）

第 13 章

官僚制批判的系谱

从第 9 章起，本书连续考察了作为行政活动主体的政府官僚制组织。本章则拟概要介绍作为官僚制的病理现象或者说是功能障碍现象而受到指责和批评的各种问题，以此作为官僚制论述的总结。

13.1 批判的系谱

本来，官僚制一词是作为对政府官僚制的“咒语”而出现的。因此，说政府官僚制坏话的当然就不胜枚举。而且，其内容多种多样，相互紧密联系。但是，如果硬性地将其区分开来，则可以分成以下三组。

第一组是批判官僚制组织对政治的支配，即官僚政治；第二组是批判官僚制组织行动方式的非效率性；第三组则是批判官僚制组织成员的行为方式所表现出来的官僚主义（bureaucratism）。

对官僚政治的批判

以下犯上现象

这里所说的官僚政治是指官僚制组织本身已成长为一个强大的政治权力集团，侵蚀由议会、内阁、大臣等民主性代表构成的政治机关的权能，甚至取而代之从而在实际上掌握着政治实权的倾向。这是出现在政治、行政主从关系中的以下犯上现象。

在当代公务员制度已经确立的今天，具备了专业性、永续性、中立性等基本属性的官僚制组织已经膨胀、发展成前所未有的规模。正因如此，正如已在第 3 章及第 7 章中叙述过的那样，社会上总是不断地出现这样一种议论，担心庞大的官僚制组织是否会忘记它的另一个基本属性，即从属性，从而不恰当地行使政治影响力。

合作的规范

当我们论述政治、行政在当代民主制度下应有的关系时，有必要对第 2 章中已经叙述过的统制规范（优越、从属的政治、行政关系）和分离规范（政治、行政互不介入关系）补充另一个新的合作（互动）规范（指导、辅佐型政治、行政关系）加以考察。

现代国家开始步入福利国家时，评价政治的好坏，最主要的根据是行政服务的好坏。在这里，政治的主要任务是继续搞好作为从前决策的结果而积累下来的庞大业务，同时又要根据情况的变化，修正、转变过去的政策，并出台新的政策。但是推动这些工作需要相当的素养和对业务的熟练。而且，无论是修正、转变过去的政策，还是出台新的政策，都需要对与现在实施的业务之间的关联进行梳理。这样，政治机关就不得不依靠行政机关去制定政策。合作的规范于是就成为规范政治、行政关系的第三规范。

合作规范意图使内阁、大臣（或执政党）等政治机关与行政机关在制定政策过程中形成一对指导、辅佐型关系。关于这对关系有人做了如下解释，即行政机关把政治机关提议、指示的设想具体化；政治机关设定目标，行政机关制定其合理的落实手段；或者把政治机关提示的价值前提与行政机关提供的事实前提合成，从中引导出一个决定。

政策制定过程的现状

那么，现代民主制度下政策制定过程的现状又是怎么样的呢？制定政策未必一定要等待政治机关的提议、指示，行政机关也可以根据其独自的判断开始其进程。准确地说，内阁提出的法案半数以上其实都是经过这样一个政策制定过程出台的。但是，即使是行政机关亲自提议的政策，要想把它作为法案提交给议会，必须经过大臣、内阁的裁决、决定。因此，只要政治机关在此阶段上的裁决、决定能够作为取舍选择的关口而发挥正常、恰当的功能，人们就没有必要批判行政机关因此而摆脱了其辅佐性功能。

但是，如果政治机关方面没有准备独自的判断标准来评价行政机关制定的政策，因而使来自行政机关的这种提案几乎全部原封不动地获得批准，那问题则另当别论。那样，政治机关不仅丝毫不能发挥指导功能，而且还将导致行政机关事实上篡夺、掏空本应为政治机关保留的政策决定权。

政治、行政的对抗关系

那么，当政治机关方面作出提议、指示时，行政机关方面是否总是忠实地发挥了其辅佐功能呢？现实是否定的。对于政治机关的提议、指示，行政机关总会找出各种各样的借口加以反对，不予协助，有时还进行反抗，诸如与现行法令相抵触、不可能获得预算、业务上不能执行等。就此而言，政治机关与行政机关的关系，不仅不是合作关系，甚至是对抗关系。

对行政财政改革的抵抗

第一种抵抗出现在开展行政财政改革等场合。当政治机关意图推进的政策被认为将会大幅度地改变各中央机关迄今为止的业务状况时，尤其是该机构的既得权益将受到侵害，其权限被缩小时就会出现这种抵抗。

这种做法通常会受到批判，认为这是官僚政治的弊端，起因于行政机关的官僚制组织拥有过度的自律性，变成了独立的政治权力集团，只追求自身的利害关系。事实上，无论是从统制规范、分离规范，还是合作规范的角度，都难以为官僚制组织的这种不合作、抵抗、反抗行为辩护。

对旨在谋取一党之私政策的不合作

第二种抵抗出现在改革选举制度等场合。例如政治机关提议的政策，其意图旨在为执政党谋利，是一种露骨的、低层次的政党谋略，在此意义上，当人们认为太过分强调党派利益时会出现这种抵抗。

在这种情况下，行政机关的官僚制组织为了维护业务的公平性、非人格性，保持其中立性，会立足于分离规范，对政治家集团提出的恣意性政策采取不合作的姿态。这种态度有些是可以支持的。

官僚制组织是国家统一、稳定、连续的体现者吗?

第三种抵抗会出现在民族政策、宗教政策、劳动政策、治安对策等场合。例如政治机关提议的政策会激化执政党和在野党的对立，招致全国舆论分裂，并进而危及国民社会的政治统一，从此意义上说，这种政策的党派色彩过于浓烈。

对于这种情况的评价比较微妙。政党政治反映着社会阶层之间的利害对立关系。在这种体制下，政党内阁必然要去追求实现其党派的政策，因此，自古至今都有一种呼声，希望官僚制组织能够抑制其过度的做法。黑格尔就曾希望，相对于议会代表市民社会的特殊利益，由官僚制组织代表普遍利益。另据辻清明的解释，劳伦茨·冯·石泰因也主张在确立“宪政与行政对立”关系的同时，应该确立“行政与宪政对立”的另一种关系，希望官僚制组织拥有同种抑制功能。在官吏制具有超越党派传统的国家，社会上有一种强烈倾向，希望与政党政治反映社会的分裂、转变、断绝的现实相对应，官僚制组织应体现国家的统一、稳定、连续。

但是，允许民主制度下的官僚制组织拥有这种抑制功能，意味着希望官僚制组织采取反党派或者脱党派性行动，这大概是不应该允许的吧。

对效率低下的批判

与通过市场机制分配资源的高效率对比

官僚制组织行动方式低效之所以受到批评，是因为人们看到，通过市场机制分配资源能够取得高效率，而这种机制建立在每一个消费者的自由喜好基础之上。进一步具体言之，这些批判首先是针对：第一，通过政治机制进行的行政服务的生产、供应很多处于垄断状态，竞争原理不发生作用，也不用担心倒闭的风险，因此，经营用不着为实现“节约与效率”而努力。在日本，被当作“铁饭碗”思想加以批判所指的就是这个方面。

扩大膨胀指向

第二，官僚制组织的行动原理自身内含着扩大所管业务范围、争预算、扩充机构的机制。19 世纪德国财政学家安道夫·瓦格纳（A. Wagner）曾说过，公共部门的财政支出以超过经济增长率的速度膨胀。另外，“帕金森定律”（C. N. Parkinson，1957）之所以众人皆知，是因为他指出了行政机关的职员人数按一定比率增加，而与其业务量的增减无关。同时，“彼得定律”（L. J. Peter，1969）认为在金字塔形的组织中，职员晋升的结果，往往是升级至超过自身能力的地位。这种命题的提示虽然不绝于耳，但都没有经过科学认证。

公共选择学派的理论假设

现在，公共选择（public choice）学派的学者们，正在集中精力研究上述意义上的低效问题，尝试着构建种种更为精炼的理论假设。其中，很多人都试图论证：这种官僚制组织特有的低效是与官僚制组织或者政治机制密切相关的个人或集团，试图争取各自效用的最大化而行动时出现的必然归宿。

对官僚主义（bureaucratism）的批判

所谓对官僚主义的批判，是指对于官僚制组织成员特有的行为方式进行责难的总称，通常总是以下列语言加以表达：冷漠、自大傲慢、摆官架子，以及脑子不转弯的形式主义、繁文缛节、法规万能、本位主义、权威主义、特权意识等。

默顿的系统考察

对于这种意义上的官僚主义，美国社会学家默顿（R. Merton）曾经做过系统考察。据他研究，官僚制组织为了使自身的行为健全，采取了许多不可缺少的原则。当组织成员掌握了这些原则并把他们变成自身的一部分时，他们就不可能准确地把握时间、场所、场合，毫无顾忌地表露出已经形成的精神风貌、态度。官僚主义据说就是从这里产生出来的。

训练出来的无能

这也是一种应该称作“训练出来的无能”现象。如果设想某种标准状况，制定适合这种状况的精神风貌和态度，并让人接受彻底的训练，那么接受过这种训练的人就可能丧失灵活应对的能力，当碰到与设想的状况不同的情形时，仍然按照接受训练时学过的精神风貌、态度去应对。训练的彻底性反过来成为绊脚石，结果导致没有应变的能力。

关于这个问题，下一节将结合官僚制组织构成要件的各项原则作进一步的具体介绍。

13.2 官僚主义的各种现象

用规则来规范→法规万能主义

在第 9 章中，我们根据韦伯的观点指出了近代官僚制的构成要件，认为为了使官僚制组织的行动具有可预测性，应确立根据客观制定的规则进行规范的原则，以取代人的恣意性统治。

但是，一旦严格要求遵守法令，职员很可能就随之认为法令乃至其解释、运用基准的行政规则都是绝对的东西。法令的规定是为了实现某种目标而制定的，有的人却忘记了法令的解释、运用应该与实现其目标联动，错误地以为忠实地执行法令以至行政规则内规定的条文本身就是目的。

手段本身变成了目标。这种现象一般称为“目标的转移”。当遵守法令的要求出现了“目标转移”时，就会发生被称作脑子不拐弯的形式主义、法规万能主义等功能性障碍现象。

法规万能主义与依法主义

与法令相比，日本行政职员更过分拘泥、依靠行政规则、内部管理规则（内规），伊藤大一把这种态度特意取名为依法主义。的确，把法规万能主义和依法主义区分开来非常有意义。这是因为，如果是忠实于法律条文的法规万能主义，其态度还是真挚的，意图遵守“依据法律行政”的原则、维护国民的权利，因此尚有可取成分，值得为之辩护。但是，依法主义则是不正当地拘泥于没有法规那种外部效果的行政规则、内规，因此完全不能将其正当化，丝毫不应为其辩护。

用规则来规范与文牍主义→繁文缛节

而且，用规则来规范的原则与文牍主义结合在一起时出现的功能性障碍现象被当作繁文缛节而受到责难。换句话说是这样一种现象：流于形式的规则、礼节制定得相当烦琐，在进行申请、申告、备案、报告等手续时，需要提交的文件数量之多令人怀疑其必要性（在英语中，称作 red tape）。

非人格性→不和蔼、自大傲慢的待人方式

用规则来规范的原则又是保证办事公平无私、非人格的要件。人们强烈要求，不管是谁负责接待，对不同顾客应实行同样的接待，也不管来办公室办事的是什么人，对同种事务应该实行同样的对待。比如，如果由于负责的税务官员不同而引起缴纳的税款额不同，或者由于社会福利专业人士的变动而使人有时能得到生活保护，有时又得不到生活保护，那就不能叫做法治主义。

于是，如果对职员实行彻底的非人格式办事训练，负责窗口业务的人员就有可能为了免受他人诸如歧视、照顾人情、厚此薄彼等批评，接待任何一个顾客都不表露个人的情感。

同时，行政人员在对每一个对象事例适用法令时需要知道的，唯有对判断区分该事例属于法令上的哪一个范畴的有价值信息，因此，他们仅仅关心这一点。但是，来办公室办事的顾客却并不精通法令规定的要件、范畴等，因此总是试图详细解释自己比较特殊的情况。这时职员对顾客的诉说不认真听取，对所述事实既不表示关心又不表示任何同情，这种态度被批评为不和蔼、冷漠、自大傲慢。

在作为顾客的国民一方看来，行政人员本应是为我们国民服务的公仆，可是他们常常感到自己的待遇动辄受行政人员当时的心情所左右。这种观念和现实之间的差距让国民感到坐立不安。默顿曾经记录过在失业介绍所扎堆的失业者们的怒吓："要不是有我们这些没有工作干的人，这些无情无义的家伙，哪来他们的工作！别看他们趾高气扬的，还不是因为我们失业了。"

权限明确原则→宗派主义

权限明确原则包含着所管业务的分工原则。为了提高行政人员的专业性、熟练性，提高办事效率需要这项原则，为了减少单位组织之间的共管竞合事务，减轻调整的负担也需要这项原则。

但是，当这项分工原则彻底实行时，就会产生通常称之为宗派主义（分立割据性）的功能性障碍现象。所谓宗派（部门）主义，就是每个机关思考问题经常以本单位所管事务为中心，从不努力与其他部门进行协调，让所谓的"部门的哲学"滋生、扩散。

本位主义的两面性

宗派主义通常不会就此打住，往往进一步发展为本位主义。而且，这种本位主义还具有两面性，既有门罗主义式的封闭主义，又兼帝国主义式的膨胀主义。就是说，一方面，对于那些麻烦的、棘手的、没有油水的工作尽量解释成不是本单位管辖的业务，抱着一种回避责任的态度（这里会出现所谓的“踢皮球”）。另一方面，对于那些有干头、有油水的工作，与其他部门争抢，极力揽进本单位的管辖业务范围。

明确的科层制原则→权威主义

明确的科层制原则，是使命令系统一元化、为维护上下信息流动渠道秩序所需要的原则。

但是，这项原则会在公务员内部制造地位高低。在存在着军官与士兵、上级公务员与下级公务员等身份制的情况下，地位的高低还要加上身份的上下。而且，当科层结构与身份制结合时，就可能容易出现过清明指出过的“强权压制的循环”现象。换句话说，下级公务员因受上级公务员的高压抑制而郁积一种不愉快、不满意的情绪。更有甚者，他们要发泄这种受压抑的情绪，从而加倍地向部下泄愤。而受此泄愤的基层公务员则把自己的发泄口对准了国民。

这种现象作为权威主义式的官僚制组织中的易发现象，已为众多学者所指出，并非日本官僚制组织所仅有的现象。而且一般认为，这种高压抑制在下级公务员中的年纪大者中，军队内则在下士官阶的人群中最容易出现。对于这种现象的解释，认为它与每一个公务员的人格无关，完全是因为在官僚制组织内部所处相对地位引起的行为方式。

身份保障原则→特权意识

对于行政人员的身份保障原则，正如第 8 章第 3 节中所述，是对种种行为受限制、禁止的补偿措施。尤其是在现代公务员制度下，这项原则对于确保行政人员的政治中立，使他们免于为了明哲保身而必须小心谨慎所需要的措施。

不过，这种稳定的身份和作为集团的自律性，反过来又哺育了他们强烈的伙伴意识以及对外的特权意识，增加了官僚制组织可能对政治实行支配的基础。

有如以上所述，在一般被统称为官僚主义的官僚制组织成员的行为方式中所常见的功能性障碍现象，与官僚制组织进行健全正常的行动时所必不可少的各项原则乃是一种互为表里的关系。因此，我们可以抑制其发生、减少其弊端，但几乎不可能根绝它。

13.3 官僚制组织的惰性和创新

惰性与创新

前一节没有介绍的内容中有一个被称为惰性（inertia）的通病。人们批评官僚制组织具有保守性，往往容易因循守旧、墨守成规，不能敏锐地应对环境的变化，不思破旧创新（innovation）。

但这个问题说起来略显复杂。首先，这是对官僚制组织行为方式的低效进行的批评，同时又是对官僚制组织成员的行为方式中的官僚主义进行的批评。其次，什么为惰性、保守？因为不断有人怀疑，是否能断定官僚制组织总体上是保守的。

政策的扩充与创新

我们在前面已经指出，专制君主制时代以来，官僚是打破封建体制、推动“自上而下近代化”的先锋。就是在现代，内阁提出的大部分法案都是行政机关的官僚制组织起草，每个财政年度编制预算时，又是行政机关的官僚制组织一个接一个地提出为落实新政策所需的概算要求，为扩充管辖业务而日夜奔忙。从这些侧面来看，官僚制组织不仅没有委身于惰性之中，相反似乎是以不间断的创新为使命。

但是，关于这一点，存在着很多的反对意见。反对者认为，官僚制组织起草的新政策，其动机几乎都是为了扩充其管辖的权限、组织、编制和预算，换言之，就是为了维护、加强官僚制组织的自私自利的集团利益，因此它只不过是原来政策延长线上的保守政策。官僚制组织自己首先承认原来政策的缺陷，并加以废除、转变、创新的事例则属于凤毛麟角。

因循守旧与创新

但是，社会上一般的人把它作为因循守旧、墨守成规加以批判的并不是这种政策的扩充或创新等层次上的保守，而是像先前提到的脑子不会拐弯的形式主义、繁文缛节、法规万能主义等一样，通常是下级公务员按照行政规则、内规办事等常规工作中所反映出来的沿袭先例主义。如果此说成立，那么指出下级公务员法律适用方面的惰性、保守性与前述法令、行政规则被频繁修改的事实之间，就需要有一种具有某些整合性的解释。

规则革新派与规则维护派的对立关系

关于这一点，伊藤大一的解释可供参考。就是说，上层公务员属于规则革新派，认为修改、废除行政规则、内规才是他们的真正使命，不厌其烦地致力于修改行政规则、内规，甚至达到了朝令夕改的地步。与此相反，下层公务员则属于规则维护派，对他们来说，行政规则、内规的继续是支持他们积累业务经验以及提高熟练程度的前提条件，因此他们总体上是反对频繁修改、废除行政规则、内规的。

高级公务员与一般公务员

根据上述考察，我们注意到，不能把官僚制组织看成是铁板一块。要是我们不能认清管理职务阶层和非管理职务阶层分化所具有的意义，并进而准确地把握将来的管理职务阶层包含的高级公务员和除此以外的一般公务员分化所具有的意义，就不可能理解官僚制组织的行为动态。

日本官僚研究会编写的《干部操纵术》（1971 年日本经济新闻社出版），是一本“得到政府机关的公务员们合作而写成”的读物，该书对日本中央机构的高级公务员和一般公务员的特性作了以下概括。

高级公务员的特性

高级公务员的特性是，第一，具有不同于一般公务员的精英意识；第二，高级公务员内部的伙伴意识；第三，各中央机构的一家意识。他们早在作为高级公务员任职之初，就对将保障自己的身份与未来的强大组织及其强大的力量有认同感。

因此，他们极其忠实于官僚机构和国家权力，不顾牺牲个人利益，工作几乎是不计时间。而且，他们不知不觉中把自己的权益以及将来的升迁作为一种既定的东西沉淀在潜意识内，有意识地使自己成为一个纯粹的爱国者、爱省（部委）精神的体现者。

高级公务员们工作起来十分狂热，这恐怕是任何企业里的工作狂都不能比拟的。一般的工作人员下午 5 点就早早回家了，而高级公务员们每天晚上要工作到 10 点或者 11 点，这种现象在中央机构集中的霞之关极为普遍。其中很多人认为一个月加班 100 个小时和星期天上班极为正常。这与以权力为依靠过着无所事事、打发时光的一般工作人员的形象迥然不同。

仅就这一点而言，或许可以说是理想的日本公务员。但问题在于它会变调，不是比看谁工作的质量好，而是比谁作出的牺牲大。几乎所有的高级公务员都会把自己工作到深夜、牺牲自己的家庭生活、甚至累坏了身体作为其骄傲的本钱。

一般公务员的特性

一般公务员的工作虽然不能对国家政策产生多大影响，但一般工商业者到政府机关来审批的行政许可业务都由他们负责处理。而且，高级公务员总是频繁地变换工作岗位，相比之下，一般公务员在同一个司局工作最少四五年，长的有时达到 10～15 年。

一般公务员由于没能当上高级公务员，心里总是觉得很遗憾，所以这些人有一种怪癖，总是担心自己因为不是高级公务员而被人看不起。而且，作为这种感情的反动，一般公务员们喜欢吹嘘自己经验丰富、学识渊博。他们有一种自尊心，认为与高级公务员的上司相比，“在这个问题上自己知道的更详细”，因此动辄引经据典，或者搬出先例。

一般来说，公务员都有一种怪癖，不管碰到什么事情，首先出现的是否定和拒绝。这种怪癖在一般公务员身上表现得更强烈。尤其在工作时间长的老练的一般公务员阶层，换言之，在那些读完大学但没考上高级公务员的中年人，从岗位上说则是中央机构的系长至课长辅佐、地方局或者县厅内相当于课长级的 40 岁以上人群中，这种怪癖特别明显。

高级公务员和一般公务员之间相互依存的分工关系

据《干部操纵术》一书介绍，高级公务员和一般公务员之间，并非总是处于前述规则革新派和规则维护派的对立关系，另一方面还是一种相互依存的分工关系。就是说，高级公务员与政治家接触比较多，政治家对其印象的好坏影响自己的升迁，因此，他们对于来自政治家的压力比较迁就。但是，一般公务员则不惧怕政治家。不过，由于一般公务员平常与企业界人士接触比较多，因而搞不好有可能被这些人的请客送礼所打倒，而被追究受贿罪，但不能说一般公务员对于企业界就应该卑躬屈膝。

据说，于是高级公务员就借口一般公务员不同意而躲避政治家的压力，一般公务员则以得不到高级公务员的批准为挡箭牌而拒绝企业界的诱惑，以此勉强维持官僚制组织的自律性。

公务员工会的两难处境

图海纳关于阶级关系的理论

法国社会学家 A. 图海纳（A. Touraine）在论述社会的阶级关系和历史形成行为系统的关系时，把上层与人民的阶级关系分成为四种类型：(1) 统治、防卫关系；(2) 指导、防卫关系；(3) 统治、申诉关系；(4) 指导、申诉关系。他认为，这种阶级关系的理论同样适用于政治家集团和行政官僚集团的关系、官僚制组织内部的管理职务阶层和非管理职务阶层的关系乃至高级公务员和一般公务员之间的关系。

当局与公务员工会

而且，管理职务层和非管理职务层的关系以及高级公务员和一般公务员的关系在相当大的程度上与当局和公务员工会之间的关系重合。这种上下两层的阶级关系如果成了指导、申诉关系，就会向着促进历史进步的方向发挥作用，而如果它成了统治、防卫关系，就会朝着使历史停滞的方向起作用。因此，虽然不能断言行政机关的官僚制组织总体上总是保守的，但不得不说它发挥革新性功能的必然性极小。

对公务员工会的期待

在日本战后初期，也有不少人寄希望于刚刚诞生不久的公务员工会发挥作用，从内部使官僚制民主化。辻清明即是其中的一位。他在《日本官僚制与"对民众官纪"》的末尾这样写道："最后的一个课题是由谁来承担确立'对民众官纪'的主体……我虽然并不犹豫把这种承担的主体寄希望于在要求实现划时代的官僚制民主化方面已经觉醒了的广大的民众以及政治的代言人国会身上，但我更寄希望于刚刚成立的官厅工会，他们将发挥有力的推动作用。因为，他们一方面在处于接触关系的民众眼睛里被看成是具有特权地位的官僚集团的成员，另一方面同时又作为下级官吏承受着官僚制本身特权统治的重轭……正是他们占据了可以扬弃自己的统治地位和被统治地位的绝好位置。"

公务员工会的两难处境

但是，公务员工会的会员们既是具有特权地位的官僚集团的成员，又是官僚制组织内受到特权统治的对象，因此可以说他们位于“最困难的位置”。当开展行政财政改革，要精简行政机构，裁减编制时，受影响最大的莫过于一般公务员们。代表他们利益的公务员工会被迫处于防卫的地位。当他们一方面代表公务员工会成员的利益，另一方面发挥申诉的功能时，他们能采取什么路线呢？这正是公务员工会面临的最为深刻的两难境地。

阅读资料

末弘严太郎的官场三准则

官僚主义的滑稽剧

下面介绍一篇文章。这篇文章作为讽刺高级官吏行为方式的官僚主义，要求官场反省的滑稽剧，曾经为日本大众所耳熟能详。

这篇文章的题目叫做“官场三准则”，是民法、劳动法大家末弘严太郎于 1931 年在杂志《改造》8 月号上发表的。

这篇文章以给大学即将毕业、已经决定进国家机关工作的学生写信的形式，首先祝贺学生已经决定就职，然后教导弟子要记住官吏升迁的诀窍。把特别需要记住的事项归纳成三条，每一条都作了详细的注释。

以下摘要叙述的即是其归纳的三条和注释。

官场三准则

第一条　大凡准备升官，就必须努力做到任何事情都尽可能有广泛且浅显的了解，不应对狭隘、特别的事情表示特殊的兴趣，不能把注意力集中在一点上。

注释说：“假如对特殊的事情感兴趣，成为这方面的专家，那么自然在其他方面就没有通融性，从而很难升上去。这样，由于要从别处调人，没有专业知识的干部走马灯似的成为你的上司，因此，除非你断绝出人头地的妄念，准备遁入空门，否则你就不可能成为特殊的行政专家。”

第二条 大凡准备升官，就必须掌握以法规为后盾，讲官话、套话的技术。

注释说："不管对手说得如何符合条理，也不要轻易服输。必须不顾条理，只讲法规，让对手服服帖帖。应该让人知道那家伙只会讲大道理，根本不懂人情世故。否则，你就不可能升官出人头地……是不是给人添了麻烦，根本不要去考虑。就像军队那样，鞋子和衣服就做成大中小三个型号，让人去选穿其中一种。如果碰到三个型号都不能穿的高个子或小个子，就不让他们入伍好了。总之，尽可能造一些简单的概念形式，让对手说的内容套入其中的一个，如果套不进去就彻底排除。"

第三条 大凡准备升官，平常就要积累本位主义、山头主义的涵养。

注释说："所有的政府机关都利用一切机会努力扩张自己的地盘。因此，现在的政府机关总是积极或消极地争夺权力。为了扩张或维护自己的地盘，他们认为必要时，别说国民利益，就是国家利益也可以不惜牺牲。当某个机关开始一种什么新工作时，其他机关肯定要从其主管事务的角度作出各种刁难，试图通过这种办法得到什么好处。"

期盼现代版滑稽剧的出现

末弘在第一条、第二条里用的是"役人"一词，第三条里用的是"官吏"一词。如果是有意识地分开使用，那他到底是指什么呢？我们虽然不清楚这里的"役人"是否还包括地方的吏员，抑或是指国家的所有"役人"，但是有一点似乎可以说"官吏"大概是指高等官吏。

上述三准则之中，有些内容至今仍然适用。大概很多人对于第三条本位主义的解释恐怕仍然首肯吧。事情如果属实，那原因是什么呢？这又是令人感兴趣的问题。

日本政府机关的气氛也好，公务员的氛围也罢，与1931年当时的情况相比，应该说有了非常大的改变。因此，如果现在有人写符合现状的公务员官场三准则，恐怕要与上述内容有相当的差异吧。笔者期待着实际体验过公务员生活的人，能创作并发表出更加准确反映现状的优秀滑稽剧来。

第 14 章 政策形成与政策制定

从第 9 章开始到本章的前面五章，笔者考察了作为行政活动主体的官僚制组织的运转模式与公务人员的行为模式。特别是在其中的第 11 章和第 12 章，主要考察了政策的实施活动、法规的执行活动以及指示、命令的实施活动等方面。从本章开始则变换一下主题，将考察的焦点转向行政活动的另一个方面，即政策的规划活动、法律的起草活动以及预算的编制活动。

因为政治机构保有最终的决定权，有关政策、法律、预算等的规划活动的考察必然要追问政治机制的运行模式与行政活动的关联。

不仅如此，因为政策、法律、预算等是回应环境的需求而力图对此进行某种作用的事项，考察政策制定活动意味着将我们关心的对象从官僚组织内部的“动态”转向官僚制组织与问题环境对应关系的“力学”。

14.1 政策的循环与行政活动

政策

政策和实施活动

所谓行政活动可以称作制定政策、实施政府政策（公共政策）的活动。那么，公共政策（public policy）是什么？严密地定义它是很难的，在此为了分析方便，将公共政策总称为政府的方针、策略、构想、计划等，也就是“政府在试图改变各种环境条件或其目标群体的行为的情形下，为了达到这些目标而进行工作活动的方案”。

这个定义之所以将政策作为活动方案而不是作为活动本身，为的是区别政策及其实施活动。不过，将止于何处的活动看作决策活动，将何时开始的活动视为实施活动，很难一概而论。在这一点上，因观察者立场和观点的不同必然有不同的看法。但是，为了分析方便，这里按照常识性的社会观念，将政治机构决定的行动方案看作政策，将委托行政机关裁决事项的决策活动看作政策实施活动的一部分。

政策和立法形式

所谓由政治机构决定的活动方案就是体现为国会、内阁、大臣制定的法律、预算案、计划、行政规则等立法形式的事项吗？这也未必就是这样。

首先，应该注意的是，某个政策的构成要素通常被分散在多个立法形式的情况很多。即其构成一部分是法律（其中还可划分为一部分是机构人员编制法，另一部分为操作法或作用法），一部分是计划，一部分是预算，然后剩下的是行政规则。在这样的意义上，有必要将政策区别于个别的立法形式。

其次，应该注意的是，以国会和内阁会议决定的事项、首相在国会的施政方针（表明执政理念的演说）、外务大臣的外交演说、财务大臣的财政演说等为代表的，首相、大臣在议会的答辩以及会见记者的发言等表明的政府活动方针之类也可能是政策的一部分。政策的表现形式不只限于各种立法形式。

政策和实施计划、业务

那么，如果问政府的所有活动方案都称为政策是否妥当，回答是倒也不一定。比如在英语圈，看场合分别使用政策（policy）、实施项目（program）、事业（project）这三个概念，一般的用词法是将政府的活动方案中的特定部分称为政策。

行政机关承担的事务大半是过去延续下来的业务，在实施、延续以往所有政权决定的政策的意义上，这些事务的确是政策的实施活动。但是，这些延续下来的政策与新政权刚刚着手实施的政策或者新政权将要实施的政策，在性质上是不同的。只要现政权不在原有政策意向上作任何新的改变，常常也不会意识到那是政策，既定的实施计划就会持续运作下去。

在预算编制之际，要区分权利性支出和义务性支出、政策支出和事务支出、资本性支出和经常性支出。政策的概念在此至少可以限定在政策性支出的范畴内，将其他的政府活动称作实施项目、事业比较实际。

政策循环与政治机制

政策的循环路径

将上述意义上的政策理解为政治系统向环境的输出（output），图 14—1 显示了政治系统接受环境输入转化为政策输出的循环反馈的政治机制。

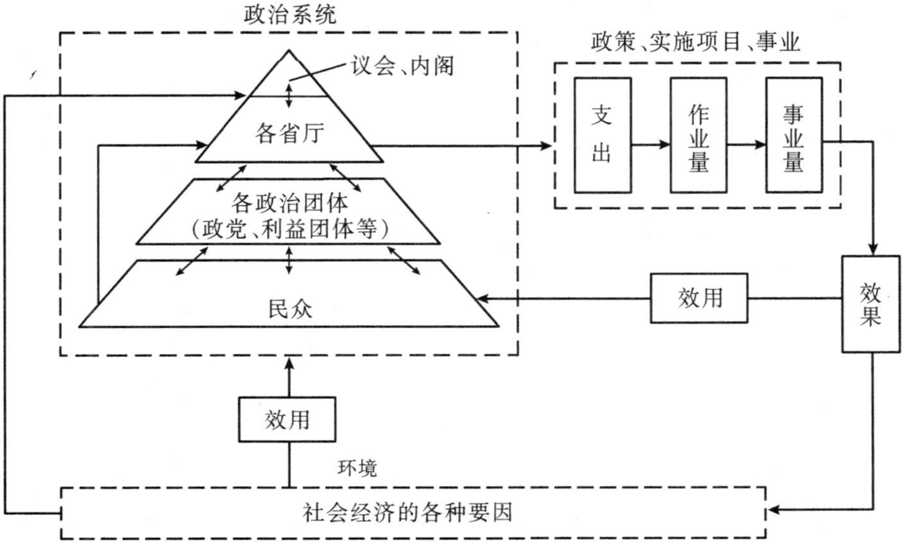

图 14—1　政策的循环回路

当政治系统感受到社会经济环境的各种条件的变化，从中产生（或能够产生）新的政治课题时，政治系统就会向政府提出对现有的政策进行修改、转换、废止乃至制定新的政策的要求。

新政策由政府制定并付诸实施，其政策的最终效果（result）表现为使社会经济环境的各种条件乃至人们的社会生活发生一些客观的变化（impact）。当人们将这些变化作为政策带来的效果进行主观认知时，政策的效用（utility）就产生了。如果人们满足于这种效用，相应的政治课题就得到了即时解决。但是，如果人们不满足于那样的效用，就会对政府提出进一步的要求。

政治系统的构成

从政治系统内部看，存在着作为民众与政府之间媒介的行为主体，根据舆论的导向感受政治课题并对此进行汇总，并将之传达给政府的非官方的各种政治团体，其核心为政党。再加上经济界、劳工界、农业界以及各行各业的利益集团（interest groups），还有各种意见集团（attitude groups）和大众传媒。政府在由这些政治集团展开的政治过程的漩涡中制定并实施政策。

从正式政策输出机构即政府的内部考察，可以区分为担当决策任务的议会、内阁、大臣这样的政治机构，以及辅佐、协助它们，担当政策制定和实施任务的行政机关（各省厅）。

政策的生命周期和行政活动

政策的生命周期

如果考察围绕各政治团体与政府、政治机构与行政机构的决策分工关系，将每个政策分解为一路发展而来的各个阶段比较方便。即为以下各个阶段：确定政策议程（agenda setting）、政策规划（policy making）、政策决定（policy decision）、政策实施（policy implementation）、政策评估（policy evaluation）。

并非随着社会经济环境的各种条件的变化，新产生的所有社会问题都会成为政府应该回应的政治课题。因此，需要从各种各样的社会问题中选择应该处理的政治课题，这就是第一阶段的确定政策议程；在对政策问题认识的基础上，将对应方案具体化即为第二阶段的政策规划；将编制的对应方案交由在制度规定上有执掌权限的机关审查、审议并通过即为第三阶段的政策决定；将通过的政策付诸实施即为第四阶段的政策实施；将实施的政策进行效果评估，要求政府根据需要作出延续、修改、转换、废止的决定，即是第五阶段的政策评估，再次反馈到第一阶段政策问题确定。

决策的分工关系

在政策的生命周期中，将问题提起到政治舞台的政策问题确定功能，不仅由正式的政府机构，也由大众传媒等非官方政治团体广泛地分担。也有政策议题由外部压力即从国际机构或外国政府提起的情形。政策决定的主要部分属于议会、内阁、大臣代表的政治机构的权限范围。进行最后的政策评估是承担决策后果责任的政治机构的任务，但非官方政治团体也会在行政服务的消费者的立场上作出政策评估。

行政活动是政策的规划和实施

与上面相区别，政策的制定大致由政党和行政机构垄断，是这两者互动的领域。在野党对内阁提出的法案抛出修正案进行对抗，其修正案通过议员立法成为法律的情况时有发生。但只要是内阁提出的法案，几乎全部是由行政机关着手规划的，并且政策实施的功能等于由行政机构垄断。正是在这样的意义上，行政活动是政策的规划和实施。

从管制（government）到治理（governance）

在行政活动引入新公共管理的思想和手段以后，尤其是随着放松规制、民间委托、民营化、执行部门的行政法人化等举措的推进，以往由行政机构直接经营的企事业所生产和提供的行政服务为企业、非营利组织（non-profit organization）等生产、提供的公共服务所代替的倾向表现得比较显著。换言之，由行政机构提供的行政服务只不过是公共服务的一个组成部分，公共服务的生产、供给的主体愈发多元化了。

这样的新动向表现为从管制向治理的转变。行政机关的政策实施功能不仅限于生产和提供公共服务，而且，要为确保政策目标的达成而形成公共服务网络，并进行适当的维持和管理。

14.2 政策形成的分析方法

政策制定和政策形成

政策规划和政策决定

政策规划与政策决定的界限实在是非常暧昧。当政策方案可以包括原始方案、修正方案、最终方案这几个阶段时，可以将达到最终方案为止的全过程当作是政策规划的阶段。也可以将每个阶段看作有暂定决策行为的过程。

特别是在日本中央政府省厅进行的立法工作的标准程序中，各省厅的主管课起草的原始方案首先经由各省间沟通，然后得到与执政党有关机构的理解，始得呈送内阁会议讨论。内阁会议通过后，才能将法案提交议会，故而此时将面临与在野党的博弈。在履行上述程序时，其中的各省厅间的博弈以及政府与政党间的博弈过程即可称为政策规划的过程，也可称为政策决定的过程。

政策规划和政策形成

政策的规划、决定的过程通常是从原始方案的审议开始的，因而必然有原始方案的起草者存在。在这个意义上，政策总是由某个人来规划的。

但是，也许政策的原始方案并不是起草者本人认为有必要积极提议起草的，也许是接受上司的指示、命令不得不起草的，也许只是哪一位对许多有关人士协商达成一致事项的文字记载。

还有，当初的原始方案在其后的各部委间的博弈以及政府与政党的博弈过程中有可能进行较大修改，也许最终的方案与原始方案既相似又不相似。因而，从参与过政策规划过程者的立场看，也许最终的方案远未达到理想境地。

如此看来，可以说政策通常像物理学中的力的合成一样，不过是相关者之间妥协形成的产物（而不是规划的）。

政策分析和政策研究

政策是规划出来的，也是（妥协）形成的，总是这样。因此，在对政策的规划、决定过程的研究中就产生两种研究方法。即站在政策规划者的立场上，从谋求政策规划（policy making）活动合理化的观点出发进行研究的政策分析（policy analysis）方法，以及站在观察者立场上，对政策形成（policy formation）过程的权力关系进行解析的政策研究（policy study）方法。

基于此，本节准备首先从后者的政策形成分析视角进行概括说明。

政策形成的分析方法

环境条件与政策的相关分析

首先应该特别提到的是托马斯·戴伊（T. Dye）和艾拉·夏坎斯基（I. Sharkansky）等人尝试以宏观层次的政策分析视角进行的环境条件与政策的相关分析。这就是在美国曾经风行的政策产出分析（policy outcome analysis）。

上述研究是使用相关分析的统计解析方法，对各国、各州或各自治体进行比较分析。通过分析作为比较对象的政府政策产出显示的统计指标与显示社会经济环境条件的指标的相关关系，考察政府政策产出的变动与社会经济的环境条件的变动如何相关。研究结果确认了各类政府的政策形态与工业化、城市化、收入水平、受教育水平等有很高的相关性。

这种研究暗示了社会经济的各种环境条件对政策产出有很强的规定性。对于将政府的政策构成形态区分为发达国型和落后国型或都市型和农村型等极其有效。但是，这样一来，容易给人一个印象：政府所在的政治系统的运转模式的不同对政策产出的不同没什么影响。

政治系统与政策的相关分析

因为上面的原因，出现了考察政治系统内部的某种特性与政策产出的相关性的分析方法。例如，考察在议会中代表城市区域利益的代表数量过少这一议员名额分配不均衡状态是否会制造政策产出差异；研究直接税与间接税的比率这一各国不同的税收政策结构的不同是否会与相应的社会中反征税乃至反福利的态势具有相关性。从谈判的妥协结果的变易推定谈判当事者间权力平衡的变动等研究也属于这一类。

进行政治系统与政策相关分析的统计解析方法绝不是容易的分析方法，特别是在灵活运用统计指标和分析结果的推论时要特别慎重。但是，它最有希望成为政策科学（policy science）研究使用的方法。我们期待它今后更加完善。

政治交换与政治均衡的假设模型

相关分析的统计解析方法，通常将政治系统内部的行为主体的意见、利益和动机等都投入“黑箱”悬搁起来。针对此，研究者尝试使用相关分析的统计解析方法做了一些构筑支撑政治系统基底的公民的意见、利益、动机与政策因果关系的理论假说的努力。

伊斯顿的模型

例如，戴维·伊斯顿（D. Easton）的政治系统模型作了公民对政治系统输入政策要求（demand）和政治支持（political support），政治系统对此进行回应从而产出政策的假说。

换言之，在这个模型中，假定政治系统是对政策要求的回应和政策支持的筹措进行衡量，与公民进行政治交换（political exchange）的架构。其实质是组成政治系统的政党政治家们以获得和维持政权为目标，为争取必要的政治支持，进而在可能的情况下回应政策要求的假说。于是，政策就成了在政策要求与政治支持的均衡点上的产出。

唐斯的模型

那么，公民一方是根据什么考虑行动的呢？对此安东尼·唐斯（A. Downs）构建了公民衡量政策收益（benefit）与课税付出代价（cost）之间的利害关系，在两者之间寻求最佳均衡点的假说模型。

唐斯认为政治机制与市场机制是不同的。因为在信息极端不完全的状态下运行，公民的考量过多地意识到付出代价之大，就会倾向于要求降低付出代价，其结果导致民主国家的预算规模比在信息完全的状态下形成的要小。虽然验证他的推论是否正确事实上不可能，但是他的推论的反论，推断公民的考虑倾向于收益的扩大倒是完全可能的。

不管是伊斯顿还是唐斯关于政治交换与政治均衡的假说模型，都试图以市场机制的引申来解释政治机制，其解释不能不说有很大的局限。

个案研究的功罪

针对以上问题，着眼于组成政治系统的各政治团体的相互作用的现实政治过程，对政治系统的实际运行状态进行实证研究的是个案研究（case study）的方法。即对有关当事者以面对面的调查为佐证，细致入微地追踪调查某个政策是由谁提议，谁编制原始方案，谁支持，谁反对，以及相关团体间的妥协怎样才能达成的研究方法。

这个研究方法的长处在于可以逼真地描述政策形成的现实过程。

但是，这样的描述也有“盲人摸象”和“只见树木不见森林”的可能。姑且将这样的担心放在一边，也要直面这样的问题：从极其有限的个案研究得出的知识和见识果真能够获得放之四海而皆准的真理？再有，这种研究方法，不适于解析不作为政策形成过程中的议题提出的“非决策”（indecision）现象。

渐进主义与多元相互调节理论

林德布洛姆的渐进主义理论

基于预算编制过程以上一个年度预算为背景，仅对新的增量（increments）严格审查的观察结果，进行构建政策形成过程的一般模式的努力的理论中有查尔斯·林德布洛姆（C. E. Lindblom）的 incrementalism，可译作渐进主义、渐增主义、渐变主义等。

依渐进主义理论，政策制定者通常遵从下列行为模式：

（1）开始进行政策规划不是为了接近理想目标，而是为了消除迫在眉睫的弊害；

（2）在政策方案的编制中，以所属机构和目标群体的利益为出发点，而不顾及除此之外的其他团体的利益；

（3）不严格区分目的和手段，从一开始就将二者融为一体编制政策方案；

（4）摸索政策方案的工作只从对现行政策的实施方法作微调的政策方案开始；

（5）摸索政策方案的工作止于找出的被认为有可能实现的两三个方案，在这个范围内选择最好的即可；

（6）不指望一下子解决面临的所有问题，而是力主一边反复进行政策修改、变更，一边渐进地解决问题。

即便这个渐进主义的一般模式是忠实地摹写了在众多政策制定者中都可观察到的实际决策规划行为的描述模式，但常识判断告诉我们，这种行为模式是应该要纠正和克服的，毕竟不能作为示范的行为方式而进行推广的规范模式。

林德布洛姆的多元相互调节理论

不过，林德布洛姆认为，政策制定者分别立足于在各自的利己主义和现实主义立场上一起行动时，代表这些多元的利益集团的人们基于多元价值规范相互调节的结果形成政策。这样的政策恰好与市场自发调节作用带来的预想调和一样，应该是合乎公共利益的合理产物。此为与渐进主义理论互为映衬的多元相互调节（partisan mutual-adjustment）理论。

针对这一理论，可以有以下的驳论：因为存在尚未组织化的团体利益，因为在现实的政治过程中所有的团体利益并不是均等地被代表的，所以，听任现有的各个政治团体的相互调节，势必不能达成公共利益。

不过，像阿伦·维尔达夫斯基（A. Wildavsky）一样，拥护林德布洛姆的渐进主义理论的人们，再度进行了如下的反驳。正是因为如此，就像为了维护工人利益而保障劳动基本权、使劳资谈判制度化一样，维护消费者利益和环境保护等方面也可以创立相应的维护该利益的制度，应该努力植入这种“恢复平衡装置”于政治过程中。重要的是，如此一来，政治过程愈发多元化，多元相互调节的结果愈趋于合理。这不是由政府取而代之基于一元价值标准调节各种利益的方法，他们认为由政府基于一元价值标准的调节既不民主也不合理。

各政治集团的互动运作

且不说是否赞成多元相互调节理论，林德布洛姆关于各政治团体间的互动模式的论述，有助于提炼现实政治过程中的政策协调方法，尤其是有助于整理政策制定阶段各部委间的协调方法。为此，介绍一下其要旨。

在此，以秉承不同价值观的独立平等的当事人关系为前提，所以没有基于权威、权限协调的余地。故而互动的方法有差别较大的三种：(1) 交涉；(2) 操作；(3) 先发制人。

交涉——商讨、交易、借贷

所谓交涉，是A根据事前协议要求B作出所期待行为的方法。在这样的双向信息传递过程中，B也同样地影响A，互动运作可以是对称的。如果将这样的交涉再进一步的细分，可以分为商讨、交易和借贷。

所谓商讨，是 A 通过与 B 的协商改变 B 的状况乃至效应的认识，即通过使 B 认识到 A 期待 B 的行为即便按 B 的标准也有利可图，从而诱发出期待的行为。

所谓交易，是指 A 和 B 在商议过程中，A 表示如果 B 依 A 的期待行动时，A 将向 B 提供好处，对 B 有利，假使 B 反其道而行之则受损的意思，希望诱发出 B 的行为。与前面的商讨不同，交易不光改变对方的认识，而且也改变对方的对效用的期待。

借贷是交易的变形。交易时明示交易条件、交换同时发生。与交易不同，借贷是指 A 在某个时候请求 B 做无偿的协助，作为回报，B 将来也可以向 A 请求做无偿的协助。在双方对借贷关系的理解达成一致时，借贷的行为互动才会按预期的那样运作。在这个意义上，借贷运作可能不落到实处，借贷可能呈现其缺点——显著的不等价等。反过来，因为能够依据信用暂时筹措协助，所以实际的借贷的优点在于交换不会是肆无忌惮的。

上述意义上的交涉是互动运作行为，同时也有政策制定者先确定对方行为的操纵可能性的含义。根据对方的承诺与否乃至对方的反向操纵，修改或放弃政策方案。

操作——说服、诱导、胁迫、补偿

操作是指政策制定完成后为实现它而实施的试图操纵对方行为的单方面行动。在事先与对方谈判不可能，或者对对方的反应有把握、没有准备、没必要事先对对手的反应进行确认的情况下，于事后施展的方法。如果将其再细分，可以分为说服、诱导、胁迫、补偿等。与所有前面提到的商讨、交易、借贷等相比，操作的行为运作是单方面发生的。

先发制人

所谓先发制人，是指虽然知道 A 和 B 调整双方的政策对双方有利，但即便事先协议也不能取得一致，或者认为即使没有得到对方的合作到时也能混过去，先发制人是在有这样判断的时候使用的方法。比如 A 不与 B 事先商议就公布自己的政策方案，造成难以修改政策方案的事实，迫使 B 只能修改自己的政策以适应 A 的政策。但是，这个方法违反信义会引发对方的兴师问罪，是遭到报复的可能性较高的危险方法，因而不能频繁使用。

上述的政策形成过程的个例研究是试图追踪有关当事者的如上所解说的行为逻辑的方法，但捕捉类似借贷和先发制人等行为运筹的确切事实，对于外部观察者来说非常难。

14.3 政策规划分析的视角

接下来，本节将对从无数的社会问题中识别应该提炼出的政治课题，在政治系统内提出有必要制定政策并进行政策规划的政策制定者的分析视角进行概说。政策制定者不限于行政机关，但以下就行政机关提出和起草政策方案进行论述。

政策制定的必要性

政策制定的规范研究和实证研究

关于政策制定的研究是以开发制定最佳政策方案的技法，或言之，规划能构想的所有政策方案，并从中选择最合理的政策方案的技法为目的。有过分集中于规范研究之嫌，对政策制定的技法或过程的实证研究的积累却是比较缺乏。前面林德布洛姆的渐进理论就包含对以往的规范研究批判的成分。这里，笔者首先从考察促使政策方案的提议和起草的原始契机开始讨论。

政策方案的提出和制定的契机

只有认为有必要，行政机构才会着手政策方案的编制。那么，在什么场合下才认识到制定新政策的必要性呢？这或许是政府应该做出某种回应的新课题环境产生时，或许是对政策目标的实现水平的评价标准发生变化，政府认为有必要提高实现水平时，理由是两者之一。

关于课题环境条件的变动的认知问题将在下一章（第 15 章）详细展开讨论，在此对政策目标实现水平的评价标准的变动问题进行考察。

政策目标的实现水平的评价标准有三个：(1) 临界值标准；(2) 满意值标准；(3) 期待值标准。

临界值标准

首先，所谓临界值是指必须绝对避免陷入该值以下的最低限度目标值。在现实的行政活动中，与此契合的是力图避免被法院、审计署或者行使监督职权的机构判定为违法不当案件，或避免被大众传媒猛烈抨击事态发生的行为准则。还包括在行政活动的实绩每况愈下，只为力图绝对避免发展到甚至议论行政机构存废事态发生的行为准则。

在规制行政活动中，当大的灾害、事故发生时，由政府进行的日常规制监督活动的不足会遭到严厉责问，以此为契机，制定新的政策的个案有很多。当违法行为频繁发生急剧增多，任其放任自流而致使规制措施形同虚设时，政策转换多有发生。在提供服务活动中，因为行政活动的实绩低下，或者政策效果显著下降，预算将被大幅度削减，如此一来，在该事业只能缩减的情形下，特别是上述情况发生涉及行政机构的存在理由轻易地被责问时，务必要尝试进行某种政策转换。

满意值标准

接下来的满意值标准是指达到实现政策目标的水平程度暂可满足的指标。在现实的政治活动中，与此契合的是国家各部委的公共事业建设计划乃至自治体的基本规划等规定的各年度计划指标，以及类似团体的目标实现水平。

即便政策目标的实现水平尚未达到满意值标准，一般也不会因此立即进行政策的修改、转换和制定新的政策。相反，满意值标准经常作为促进以业务量的扩大来实现水平提高的标准而发挥作用。

期待值标准

接下来的期待值标准是指在可能情况下追求的理想目标值。在现实的行政活动中，与此契合的是由专门学会科学地设定的各种安全标准，以及发达国家的实现水平。对于地方政府来说，有时国家各部的计划指标也属于期待值。例如，确保人均 7.2m^2 以上的都市公园面积的规划指标对于大部分自治地方来说是当前不能实现的期待值标准。

基于这种期待值启动的新政策制定大致都限于从长计议的政策，一般意义上的新政策几乎没有基于此制定的。

随着政策目标实现水平的提高，人们的希望水平也会提高，临界值、满意值渐渐地提高其水平。此时，它们与期待值的差距缩小了，不久，期待值自身也会重新设定在更高的水平上。无论何时，期待值永远作为长期目标持续下去。

对于政策目标实现水平的满意度

以上对三个评价标准进行了说明，但是，如果将问题的环境条件对照这些标准进行评价，对政策实现水平的满意度则不同，对政策应对必要性的认识程度也各异。

如果依照临界值评价，行政活动被视为整体良好，也许不认为有做什么改善的必要；而依照期待值标准评价，理应得出应该改善的问题堆积如山的认识。加之，各个标准随时代发展而提高，曾经的辉煌也会显得落伍。

不管怎样，诚如林德布洛姆所指出的，政策方案的提议和制定通常以力图消解这些标准值以下的状态为开始。

政策应对的层次

政策制定成本与政策转换成本

虽说新的政策应对的探索开始了，但在现有的政策的修改、转换与新政策的制定方面，政策制定者承载的负担是全然不同的。新的政策应对与现行事业的实施方法的差异越小，政策制定也就越容易，而且，伴随的政策转换风险也就越小。但是，制定新政策的应对与现行事业的实施方法的异质性越大，其政策的制定就要求越高的能力，确切地预测其实效性也就越难，随之而来的政策转换的风险也就越大。因而行政机构要尽量从分析简单的应对方法开始政策应对，只有在弄清楚这样做不充分时，才决定探索更复杂的应对方法。

为此，将这样的新政策的探索层次以政策制定成本的大小与政策转换成本大小相组合进行分类。如表 14—1 所示，可分为现行事业的实施方法的微调和转用，以及新政策的模仿和研究开发这四种类型。

表 14—1　　政策应对的层次

		政策转换的成本	
		小 （现行事业的实施方法）	大 （新政策）
政策制定的成本	小	微调	模仿
	大	转用	研究开发

微调

所谓微调是指通过修改现行事业的实施方法中的一小部分来应对课题环境条件的变动。

通知送达等行政规则的修改，或者公务人员定额的增加乃至减少，或者通过预算的增加和减少来应对的政策变更大概属于这一类型。

转用

所谓转用是指对构成现行事业的实施方法的各个要素逐一加以必要的修改，将其转而使用到与以往不同目标群体的事业上。

例如，将需求减退的老人院转换为需求增大的特别老人院，类似地将学校教育设施转换为终身学习设施，将以母子保健、防治结核病为主组建的保健设施和人力转换为以防治高血压、脑血栓这些成人病为主要目的的设施，或者将针对住宅用地的开发、分别出售的行政指导方法应用于针对公寓开发、分别出售的行政指导上，将土地规划调整事业的征地处理方法应用于城市街区土地重新开发事业的立体征地处理上。

无论何种情况，公务人员已熟练掌握事业的实施方法，并对其实效性能够进行准确预测，伴随这些政策转换发生不能预料结果的风险小。但是，在进行事业的实施方法转用之际，有必要对所有的构成要素进行没有遗漏的必要修正，因而政策制定的代价决不会小。

模仿

假设不能应用现行事业的实施方法，只能选择全新的政策。但在此有一个极其简单的第三种方法。模仿导入在其他国家或自治地方已经实施的，成效经过实践证明的政策的方法。但是，因为这个方法对于该政府来说终究还是新政策的选择，伴随政策转换的种种代价难以避免。只是政策规划的代价小。

研究开发

独自进行新政策的开发研究，政策制定的代价和政策转换的代价都很大，所以，对于政策制定者来说，研究开发通常是最后选择的方法。

政策方案的可行性

政策方案的可行性

政策应对的层次就像上面考察的那样，对政策制定者来说不光是从成本的角度选择的。在对不同的政策方案进行选择摸索之际，政策制定者们认真分析的是政策方案的可行性（feasibility）。这个政策的可行性可以分为三个方面：(1) 政治上的实现可能性；(2) 行政资源的调配可能性；(3) 业务上的执行可能性。不管哪一种都是对相应的政策方案有关人士的反应行为进行的预测。

政治上的实现可能性

政治上的实现可能性是指政策原始方案编制后能否在各部委间的博弈中胜出，能否得到执政党的理解，能否通过议会审议而成立。在自治体制定政策的情形下，除了上述的政治过程之外，能否与公务员工会达成一致常常是一个重要的考虑事项。

行政资源的调配可能性

所谓行政资源的调配可能性是指为确保政策实效性能否筹措不可缺乏的权限、组织、人员定额、财源。因为这些行政资源的调配在很多情况下要得到执政党的支持，要在议会表决通过，所以，在这一点上，首先也许应该将其看作与政治上的实现可能性同质的问题。就这些行政资源的调配而言，在日本，来自内阁法制局的法令审查，来自总务省行政管理局的机构及定编审查，来自财务省主计局的预算审核，这些关口一一存在，在能否得到这些行政系统内综合管理部门的认可成为先决条件这一点上，与先前的政治上的实现可能性有许多不同。

业务上的执行可能性

所谓业务上的执行可能性，属于行政机构与目标群体相互作用状况的问题，如规制行政能否有效取缔目标群体的违法行为，建设管理行政能否取得用地，设施运营行政能否确保人力资源等问题。

政策方案的消隐

就以上三个方面的可行性进行事先预测，此时被判定缺乏可行性的政策方案则从进一步缜密分析的对象中被清理出去。或者在政策方案的轮廓形成阶段探查相关者的意向，根据反应结果然后从拒绝反应最强的方案开始顺次清理出去。

这样一来，许多政策方案在政策方案的轮廓形成阶段就因出于政策制定和政策转换代价乃至可行性的考虑而被放弃，在方案形成以前销声匿迹了。在最终方案形成之前，向决策者提交的方案往往浓缩为唯一的方案，即便方案不是唯一的，也不过两三个。

政策方案的合理性

“理性选择”的规范模式

如上所述，一旦将政策制定的任务交到政策制定者手中，他们将考虑政策制定、政策转换的代价，倾向于尽可能与现行事业的实施方法差距小的政策方案，而且，重视政策方案的可行性，无论如何力图制定容易协调达成有关者一致的保守方案。由此可见，期待他们认真地摸索、探求真正合理且崭新的政策方案绝非易事。

但是，就政策方案从开始研讨就归结于唯一的一个方案而言，决策之际的决策者的作为只能是决定是否选择这个方案。即便提交了复数的选择方案，如果其中不含真正合理的崭新的方案，无论决策者怎样从其中选择最佳方案，其决定也不能说真正是合理的。

因此，解说获得“理性选择”（rational choice）程序的各种各样的规范模型开始被提倡，使用它们的种种评价方法被开发出来。

效用最大化模型

各种规范模型一般都主张政策制定者应该遵循以下步骤：

第一，识别应该解决政策问题的手段，即规定政策方案选择的价值，从而形成一元的价值体系；第二，将实现以上价值的政策方案毫无遗漏地陈列出来；第三，逐一考察这些政策方案的结果以及能够实现的预期价值；第四，从这些政策方案中，必须选出认为能获得预期价值最大值的政策方案。

西蒙（H. A. Simon）将这种追求完全性、综合性、最大化的规范模式命名为最优模型（maximizing model）。林德布洛姆称之为总揽式决策模型（synoptic model）。

统计决策理论更进一步用准确测定手段和结果的因果关系的方法来克服不确定性（uncertainty）问题；博弈理论试图将调查对方和当局的方法组合，将对方的效用引进预测。还有成本—效度分析（cost-effectiveness）和成本—效益分析（cost-benefit）等价值评价方法，谋求通过将价值分解为正值和负值进行总值计量。

除上述理论和方法，还可以有其他变形方式。但不管怎样，理性规范模型的基本前提未变。即一如字面的含义，对于政策制定者来说，要求他们掌握与决策状况相关的所有信息，具备处理这些信息的最大限度的认识能力并致力于获得最大的效用。

林德布洛姆的批判

但是，人的认识能力是有限的。无论对于自然事务和社会事务，人类获得的信息具有显著的不完全性。即使假定限定为具有收集可能范围的信息，收集并分析这些信息需要付出巨大的时间、人力、资金等成本。而且，形成一元的价值体系，所有的价值以单一尺度衡量大体上是不可能的。既然是纯粹的理性模型，它脱离现实，在理论上没有什么不可以。但是如果理论对人提出了不可企及的要求，根本谈不到具有规范性。以上为林德布洛姆对理性决策模式批判的要点。

西蒙的满意模型

因此，有尝试将规范的理性决策模型修改为对人来说有使用可能这一层次的规范模型或者尝试趋近于关于现实的人的行为的描述模型。

西蒙以人类的认识能力为前提，提出了不是追求效应最优，而是满足人的愿望水平（aspiration level）达到满意的满意模型（satisfying model）。这个模型在将现实的政策制定者的认识能力和愿望水平付诸主观认知时具有很浓的描述模型的特点。如果将认识能力和愿望水平设定为主观认知以上的层次，那这个模型将具有很浓的要求政策制定者致力于效用最大化的理性规范决策模型的特点。

认识能力和愿望水平的设定不是极端地脱离现实的经验层次，如果是常识意义上的可期待目标，这个满意模型就可以大幅度修改最大化模型的缺陷。因为政策制定者通常只审查当前面对的政策方案。如果最初讨论的政策方案达到愿望水平，为选择进行的分析就此打住。此时，政策结果的分析也没有必要一直追踪相关间接影响效果，如此的综合分析就没有必要。

埃兹奥尼的混合扫描模型

再有，阿米塔·埃兹奥尼（A. Etzioni）提倡混合扫描模型（mixed scanning model）。组织资源有限，为了有效率地灵活使用资源，只针对影响力较大的政策以扫描法选择几个可能性高的极其有限的方案进行细致分析，其他政策方案的制定则使用渐进主义的方法。混合扫描模型是一种折中的方法。

但是，西蒙的满意模型也好，埃兹奥尼的混合扫描决策模型也好，一旦从规范决策模型中去掉完全性、综合性、最优化要素，其模型的规范性就大打折扣。因为收集何种程度的信息，重新构想何种程度的创新手段，进行何种程度的严密结果分析，纳入何种程度的价值等事项的标准在模型中消失了。

政策的构成要素和表示文件

在以上考察中所论述的政策方案乃至政策好像是一个文件。但正像本章第一节叙述的那样，政策和立法形式是不同的。

因此，最后，就政策的构成要素与其表示文件的关系进行补充说明。

政策的构成要素

所谓政策是下面一系列要素构成的体系。即：(1) 目标；(2) 实施机构、实施权限；(3) 目标群体、目标现象；(4) 行使权限、执行业务的标准；(5) 行使权限、执行业务的程序；(6) 使用的财力、人力。

政策的表示文件

在以上要素中，一般规定为操作法令的只有与目标、目标群体、目标现象、行使权限、完成业务的标准、完成业务的程序有关的事项。这些要素的细则通常由补充法令的行政传达（通知）等行政规则来规定。

而实施机构、实施权限则由各部委组织法以下的组织法令规定。

以上诸要素中，一旦法令得到实施，在一定期间政策要素是稳定连续的，而使用的财力、人力是在预算、人员编制法令中规定的，每年变化余地较大的因素。预算经费的用途、条件等细目通常在对预算有补充作用的要纲等行政规则中规定。

如补助可分为具有法律根据的补助和只具有预算根据的预算补助一样，法律中设有财源规定条款的情况并不是没有。但是，即便是这样的场合，也仅有支出负担的原则、补助率或转移支付（补助金）等的计算标准，而总额等具体金额则不会以法律的形式明文规定。

规制行政与服务行政

政策的构成要素与表示文件的关系因政策领域的不同而大相径庭。

对人们设定义务、限制权利的规制行政，因为将规制权限作为最重要的行政资源，所以，在很大程度上依存于法律。它并不太受预算左右。因为处理许可申请、审查提交的报告，间或进行现场检查等监督指导，取缔无许可、无登记营业等只要有必要的人员和经费就足够了。

资金支付行政、建设管理行政、设施运营行政等服务行政的基本框架在《道路法》、《国家教育法》、《社会福利事业法》等法律中有规定。但是，因为这些服务行政属于没有事业经费什么事也不能做的政策领域，所以，除了法令，它们在很大程度上更依存于计划和预算。说到计划，在此有多种存在方式。道路建设五年计划及下水道建设五年计划等公共事业建设计划事前确定了公共事业的规模和发展速度。

法令和预算

法令和预算是政治机构制驭行政机构的两个最基本手段。法令主要是确定行政活动应该遵守的程序和标准，而控制行政活动的规模和数量的主要是预算。

阅读资料

古巴导弹危机的分析

在本章的叙述中我们已经看到以下内容：把什么作为政策，将政策和实施活动的界限设定在何处恰当取决于观察什么，想说明什么。另外，政策可看成是由谁在规划和决定的产物，也可以看成政治过程中各政治集团博弈结果的产物。

将 1962 年古巴导弹危机时的美苏两国采取的一系列决策行为选作分析对象，对此进行从各种观点出发的多角度分析，为我们展示了良好分析案例的深入研究见于格雷厄姆·阿利森（G. Allison）的《决策的本质》（1971 年）。

阿利森的三个模式

阿利森在这项研究中推导出解释政策与基于此行为的以下三种模式，即解释政府基于战略目的，选择最优政策方案行为结果的理性决策模式；解释行政机构的官僚制组织通过信息分析而认识问题，动员积累的政策储备和业务方法进行应对之过程的组织过程模式；解释在居于不同的地位、权力、立场上待机而动的相关者间错综复杂的博弈漩涡中形成政策的官僚政治模式。

用这三个理论模式所进行的分析，可以说仅是视角不同，只是对同一事物的不同侧面的描述吗？或者看来是观察同一对象，但实际上是把它的不同的现象作为分析对象的吗？

行为描述的抽象程度

关于以上问题，给予重要启发的有大河原伸夫的短论《政府行为和政策——以行为方针的抽象程度为中心》（《创文》，1991 年 7 月，第 323 期）。大河原认为阿利森书中描述的政府行为的抽象程度与解释行为的方法密切相关。其要点如下：

例如，苏联在古巴的“导弹安装”是从苏联的战略目标或政府内政治来解释的。但是，“按不等边四边形模式进行地对空导弹基地建设”、“装甲车及反装甲车导弹的运输”、“长久兵营的建设”等将导弹安装具体化的工作是不能用苏联的战略目标或其政府内政治来说明的，只能从承担安装导弹的组织的标准作业程序来说明。

当政府行为仅仅描述为“按不等边四边形模式进行地对空导弹基地建设”等的时候，就可以用组织过程模式来解释。提高抽象程度描述“导弹安装”的时候，就有必要用理性决策模式或官僚政治模式来解释。

同样，美国对古巴进行“海上封锁”可以用美国政府内的政治过程解释。但是，将“海上封锁”具体到“在古巴海域 500 英里内设定封锁线”的时候，只能用海军标准作业程序进行解释。

政府行为在“海上封锁”和“在古巴海域 500 英里内设定封锁线”的描述上，可以分别使用官僚政治模式和组织过程模式来理解。

阿利森自己注重政府行为的解释方法的多样性，并没有将描述政府行为抽象度作为关注焦点。尽管如此，阿利森的分析显示了只要将解释政府行为的方法当作问题，描述行为的抽象程度的不同是极其重要的。

总之，政策与官僚制组织金字塔结构的决策层次问题是完全独立的。要看在何种程度的抽象度上把握政策和基于政策的行为，在这个意义上对政策形成原因的解说也不得不发生变化。大河原促使我们对此方面进行关注。

个案研究的教训

本章在叙述“盲人摸象”或者“只见树木不见森林”的个案研究等是如何发生的方面虽然只是蜻蜓点水，但各位读者也能有所体会吧。

第 15 章

环境变化与政策制定

从上一章开始，笔者将考察的主题转向政策制定活动，首先就政策制定与政策形成的关系进行了概说，然后以政策制定分析为主要视角列举了政策的必要性、可行性、合理性，并就此进行了概说。

政策制定最重要的契机是环境条件的变化，不过，在前一章省略了对以环境条件认识变化为出发点判断政策应对必要性的考察。

故而本章从考察政策制定最重要的环境变化因素开始，讨论行政需求如何转化为政策，最后围绕预测和计划的若干问题进行概说。

15.1 环境要因群与政策领域

虽说要对行政活动与问题环境条件的对应关系进行考察，但对政府要求适当的政策应对、左右政策实施效果的环境要因有无限多。将这些环境要因一一找出，讨论发现、认识其变动的方法的工作是无止境的。

分类体系的阙如

如果能建立将这些无数的环境要因划分为几个要因群的分类体系，就会很方便，但时至今日，这样的体系尚未建立。那么，与此相对应的政策领域也尚未建立这样的体系分类方法。

虽然是相当缺乏体系的方法，但能够选出几个共同认可的主要的环境要因群，并在此尝试将它们与各种政策领域的对应关系进行极其粗略的描述。

国际政治经济体制的变化

经济主管部门的行政活动

在日本的中央政府省厅中，以主管国际关系的外务省、防卫厅为首，与贸易收支紧密相关的经济产业省、与国际金融等贸易收支紧密相关的财务省、金融厅，还有主管海运、航空这些国际运输的国土交通省等经济主管部门（或产业行政主管部门）的行政活动，首当其冲地受制于国际政治经济体制的变化。

苏联、东欧诸国的体制变革，欧洲一体化进程的加快，日美贸易摩擦的延续，中国的改革开放，韩国、中国台湾、中国香港、新加坡等国家和地区的新兴工业化经济（newly industrializing economies，NIEs）的兴起，以及朝鲜半岛上的南北对话等，今后将持续地给予相关的政策领域以极大影响。

国际标准的约束

受到国际化影响不限于上述省厅，目前几乎所有的行政活动都受到国际机构设定的国际标准的约束。例如，国际劳工组织（ILO）、世界卫生组织（WHO）与厚生劳动省，万国邮联（UPU）、国际电信联盟（ITU）与总务省，国际刑警组织（INTERPOL）与警察厅，这些例子足以说明问题。

经济增长与生活水平

经济增长率

经济的增长、与此相伴的国民收入水平的提高，以及作为其结果的高学历化、生活水平和生活方式的变化、生活意识的变易等因素是给予所有的政策领域极大影响的最基础的环境要因群。经济增长率的变化决定国民的收入水平，直接影响国家及地方自治体的税收和养老金财政，左右着人事院的工薪建议和最低生活保障标准的确定。

收入水平

伴随收入水平提高的高学历化倾向提高了对教育行政的行政需求，生活方式的变化促进了住宅政策、废弃物处理政策、旅游政策的调整，生活意识的变化改变了犯罪的发生动向，给警察行政提出了新课题。

经济预测

基于以上认识，日本内阁府每年所做的经济预测，作为最基础的环境变化预测，为所有的政策领域提供参照，作为制定政策的指针被有效地运用。

人口结构的变化

像厚生劳动省主管的厚生行政、文部科学省主管的教育行政一样，对国民各阶层提供服务的行政活动在很大程度上受人口的年龄结构和性别结构的变化的制约。国立社会保障、人口问题研究所附属于厚生劳动省的理由也在于此。

年轻人口的减少

最近的研究表明：所谓合计特殊出生率逐年减少（与维持人口必要的比例 2.08 相比，1999 年这个比例下降到 1.34），未满 15 岁的人口减少的倾向还在继续，保育院、幼儿园、小学、初中、高中受教育对象人口减少已经很显著，这种影响将波及短期大学、大学，各种设施和人员将出现过剩，具体情况参见图 15—1 及图 15—2。

老龄化社会和老龄社会

另一方面，老年人口（65 岁以上人口）的绝对数在增加，其相对比率持续上升。所谓老龄化社会是指老年人口超过总人口比例 7%并持续增加的社会，这个比例超过 14%的社会则被称为老龄社会。日本 1970 年步入老龄化社会。此后 24 年的 1994 年达到了第二个老龄社会阶段。日本老龄化的最大特征是其发展速度不同寻常的快，具体情况参见图 15—3 及表 15—1。

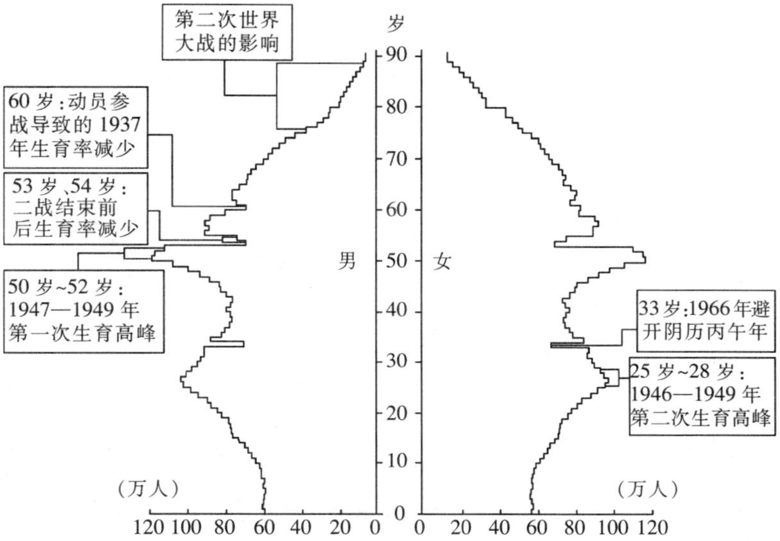

图 15—1 日本的人口金字塔(1999 年 10 月 1 日)

资料来源:总务厅(当时)统计局 1999 年 10 月 1 日的人口推算。

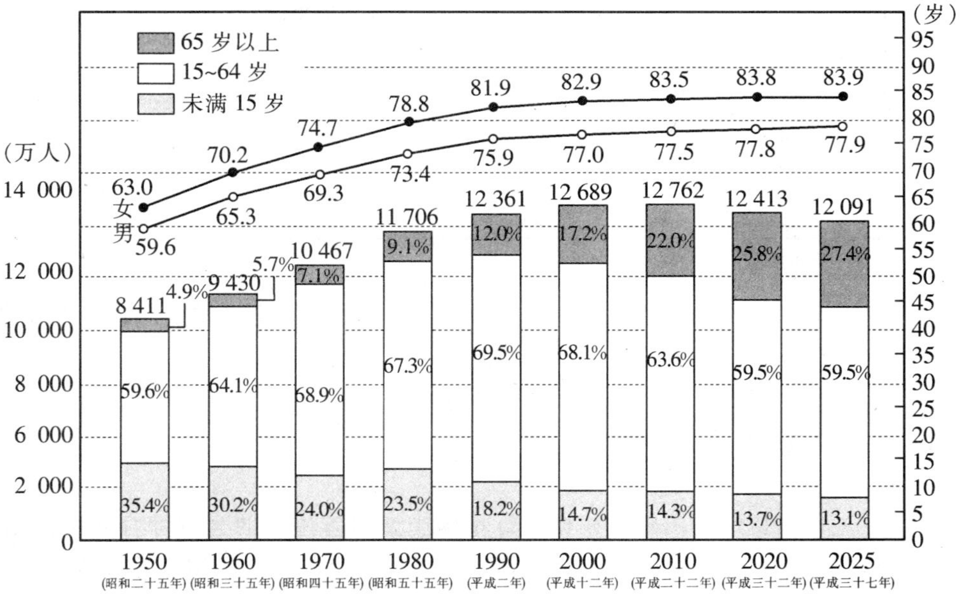

图 15—2 人口构成及平均寿命的推移及未来推测

资料来源:《厚生白皮书》,344 页、346 页,2000。

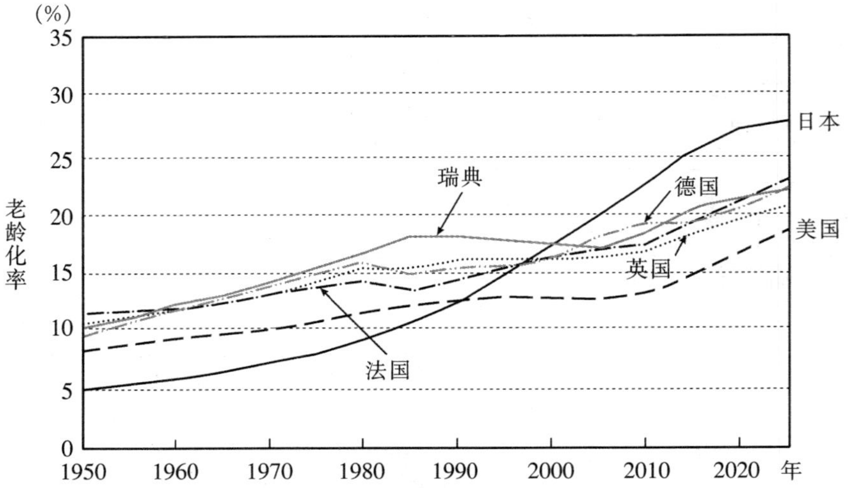

图 15—3 欧美发达国家与日本的老龄化率——推移和预测

资料来源：《老龄化社会白皮书》，33 页，1999。

表 15—1　　　人口老龄化速度的国际比较

国家	65 岁以上人口达到比例的年份		需要的年数
	7%	14%	
日本	1970	1994	24
美国	1945	2014	69
英国	1930	1976	46
德国	1930	1972	42
法国	1865	1979	114
瑞典	1890	1972	82

资料来源：《老龄化社会白皮书》，33 页，1999。

其中，特别是后期老年人口（75 岁以上）的比例增加，预计与退休金、医疗、护理保险有关的经费会急剧增大。

人口分布的变化

与人口结构的变化相比，日本国土交通省主管的全国综合开发计划，道路、下水道、公园、港湾、铁道、机场等公共事业，纳入总务省管理的地方自治制度、地方交付税制度等是不受其年龄、性别结构的影响，而受人口的地区分布强势左右的政策领域。

东京一极集中等

在此，所谓人口向东京一极集中和不同的地方区域人口向大城市集中的倾向如何变化，是左右相关政策领域今后应对的最大要因，具体情况参见图 15—4。

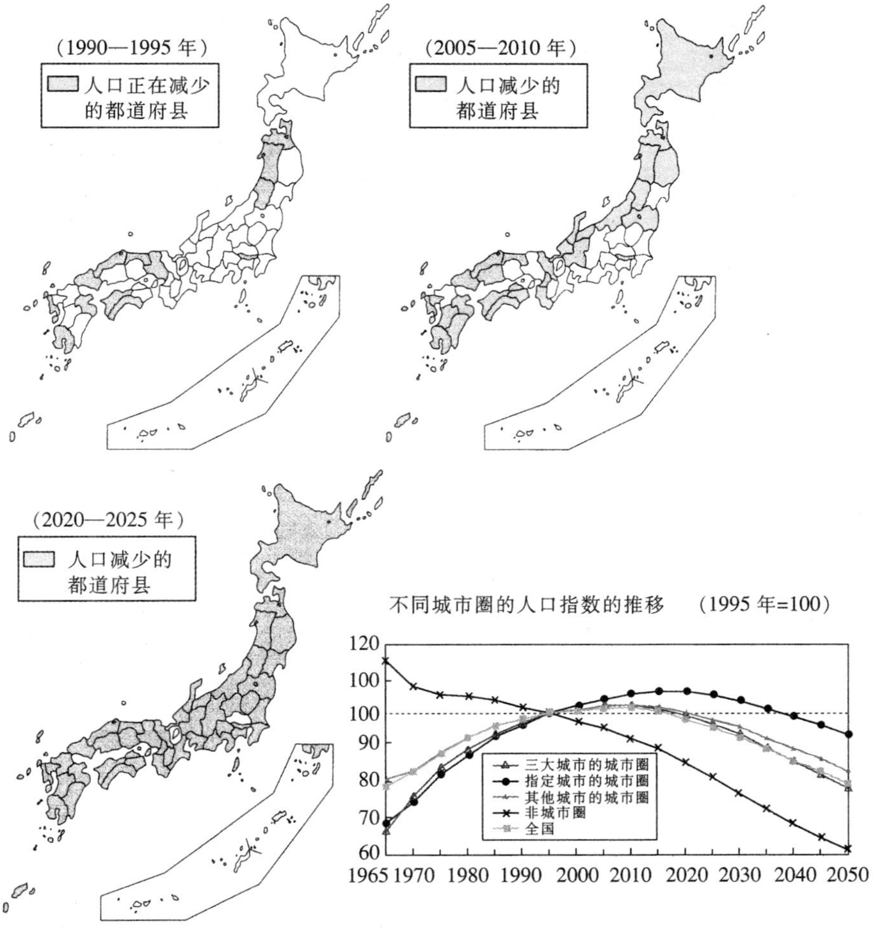

图 15—4　人口分布变化的推移和预测：人口减少的都道府县在增加

注释：有代表性的城市圈的人口高峰期

三大城市圈合计（2010 年）：东京城市圈（2010 年），大阪城市圈（2000 年），中部城市圈（2010 年）

指定城市圈合计（2015 年）：札幌城市圈（2025 年），仙台城市圈（2025 年），广岛城市圈（2010 年），福冈城市圈（2045 年）

其他城市的城市圈合计（2010 年）

资料来源：《建设白皮书》，24 页，1999。

科学技术的发展

科学技术的进步是给予文部科学省主管的研究开发行政，经济产业省、国土交通省等主管的产业行政以及总务省主管的电信行政、传媒行政，厚生劳动省主管的医疗行政等广泛的政策领域以极大影响的又一个环境要因群。

与新物质、新材料、新产品之战

环境省主管的环境保护行政以及废弃物处理行政等还是不得不与源于科学技术进步的新物质、新材料、新产品不断博弈的政策领域。

气候变化、自然灾害

最后，农林水产省主管的农林渔业的产业行政，国土交通省、气象厅、消防厅主管的防灾行政，国土交通省主管的河川行政、港湾行政、运输行政、海上安全行政等是受气候变化、自然变异这些自然条件环境要因群强烈影响的政策领域。

测量、观测

发现以上这些环境条件变化的方法有测量和观测。国土交通省的国土地理院进行的国土测量和国标地图的绘制，气象厅进行的气象观测和气象预报以及地震、地磁、地层的观测，水产厅和海上保安厅进行的海洋观测以及环境省、国土交通省、自治地方进行的公害日常监视等就是典型的例子。

15.2 环境变化与统计调查

调查统计和工作统计

相对于测量和观测，发现环境条件的变化，预测其未来趋势发展起来（的）方法是统计调查。

调查统计与工作统计

国家和自治体有效使用的统计数据主要有来自以发现社会现象变化为

目的的统计调查，以及从国家或地方的业务记录中得到的工作统计。

指定统计、认可统计和提交统计

在日本，前面的调查统计中最重要的是依据《统计法》，由内阁大臣指定、认可或提交给内阁大臣的几种，分别称为指定统计、认可统计和提交统计。就其中最重要的指定统计而言，法律明确规定其调查目的、调查事项、统计方法、公布形式。对于国民来说，有正确汇报情况的义务，政府有关人员则有严格保守个人秘密的义务。

全民普查和抽样调查

在指定统计中，有对所有调查对象进行调查的全民普查，以及从全民调查的样本中抽出一定数量的对象（样本），只对这个样本就全民普查时段的变化态势进行小规模调查的抽样调查。前者的例子就是日本每五年进行一次的国情调查和事务所（企业）统计调查。就国情调查中抽出样本进行每月调查，即所谓抽样调查的例子是家庭收支调查和劳动力调查。从事务所统计调查中抽出样本进行每月调查的样本调查的例子是每月进行的劳动统计调查。

统计调查业务的委托和实施

这些指定的统计调查业务大多数是国家委托地方自治体实施的。但是，与农林有关的统计是一个例外，有关农林的统计主要是由农林水产省的地方派出机构——统计信息事务所在国家直接管辖下进行的。这个统计信息事务所的前身是农作物报告事务所，农作物报告事务所是在第二次世界大战以后的粮食紧张时期，为获得保障大米公平地供应和配给所需的可信统计而创设的机构。当时在全国大约有 20 000 名职员供职于这个统计调查业务。

统计信息的有效使用方法

工作统计信息的有效使用方法

西蒙将业务（工作）统计信息在组织管理中的有效使用方法划分为三类：（1）业绩评价信息（score-card information）；（2）唤起注意的信息（attention-directing information）；（3）解决问题的信息（problem-solving information）。这样的类型区分也可以应用于所有统计信息的使用。

业绩评价信息

（1）业绩评价信息是指为检查和确认业务是否适当地进行的信息。业务统计多半本身是为这样的目的而进行记录和整理的信息，也可以作为唤起人们注意的信息而用。

唤起注意的信息

（2）唤起注意的信息是指为发现应该引起注意问题的信息。统计调查多一开始就是为这样的目的进行调查和收集的，然后也作为确认评价政策和实施的效果而被使用。

解决问题的信息

（3）解决问题的信息是指详细分析面临问题的样态和其背景、原因，摸索解决方法而使用的信息。无论是业务统计信息，还是调查统计信息，光以恒常的记录和调查作为解决问题的信息是不充分的，通常要为解决问题随时进行独立的调查研究，收集追加的新信息。

统计信息的解读

为了将统计信息作为业绩评价信息或唤起注意信息有效使用，就要解读统计信息，就要从中发现一定的、适当的意义，并对此进行评价。为此而最频繁使用的简单方法有下列三个：（1）确认目标与实绩的偏离程度，评价目标实现率和其提高比率的方法；（2）确认时间序列的变化趋势，评价事态是向改善的方向发展还是向恶化的方向发展的方法；（3）进行国际比较或地方自治体比较，评价相对实现水平的方法。

白皮书

日本中央政府的各省厅通常将上述分析评价的结果以白皮书的形式进行总结性解说。为追踪各省厅对政策问题、政策环境状况认识的发展变化轨迹，将白皮书记载的内容进行逐年分析是最简单的方法。

调查研究和咨询

调查费和研究会

从统计信息中发现需要进行一定或适当应对的新课题时，各省厅为了收集解决问题的信息，在经费安排上要设定调查费，用以委托民间智囊或外围组织的调查研究机构进行调查研究。接受这种调查研究的机构，组织有学问见识者（多数是大学的研究人员和官界的已退休的前辈）的研究会，就调查研究的方法和其结果的解释方法听取他们的意见。委托省厅的主管行政官员亲自出席研究会，非正式地参加讨论是惯例。

向审议会等的询问

当积累了关于新课题的解决问题信息，相关省厅对此课题的认识和对应方针开始成形时，对此课题的策略将交给由有关组织的代表组成的正规的法定审议会进行审议。在这样的审议会上，根据审议会事务当局提出的各种资料交换意见，其后以事务当局准备的草案为基础，起草审议会的建议报告。

由于上述原因，审议会是事务当局使的障眼法，不过是为事务当局贴金，类似的批评不绝于耳。但是，审议会在了解有关各界的反应，形成多数意见方面发挥了一定的作用。

一旦审议会的建议报告形成，法令草案、概算要求草案等具体的政策规划作业就可开始。

15.3　行政需求转化为实施项目

对于基于环境变化的认识设计新的应对政策而言，其抽象度、明细度有无限个层次。在将表明应对基本方针的、抽象度较高的政策（policy）分解为设计行政服务的生产、供给架构的实施项目（program），再将实施的项目确定为个别的行政服务内容达到具体化的项目（project）之际，必须推测应该应对的问题量（目标群体、目标物的数量以及应该提供相应服务的数量）。

特别是在由法令的制定转向为执行法令编制和决定预算之际，对应该应对的问题进行计量把握是不可缺少的必要条件。在此，行政需求的概念有了用武之地。

需求概念的类推适用

市场需求和行政服务的需求

行政需求的概念是在 1962 年（昭和三十七年）设置的临时行政调查会（第一次临调）上使用的一个关键词汇，其后得到普及。其意义未必是明确的，是将市场机制的需求、供给概念类推于政治机制的产物。

因为对行政服务的需求不能像市场上的产品和服务一样，以货币为媒介通过价格和效用的等价交换自动地呈现出来，不能期待其供给和需求具有自动调节的性质。所以，这样的类推适用伴有很大的局限。但是，将个别企业经营层次的需求预测概念和方法类推适用于政府的行政服务预测，在某种程度上是可能的，也是有效的。

企业经营中的需求预测

为了把握市场状态，在企业经营的需求预测中，使用了市场力、购买力和贩卖力的概念。

所谓市场力，来自市场的饱和性，是指浸透市场的程度，即消费相关产品、服务的市场规模。因此，市场力需要从有关家庭、个人的人口学属性结构，作为需求源泉的收入状况，产生其他需求的状况等指标来认识。

购买力是来自市场普及度的概念，分为新需求购买力、换新（弃旧购新）需求购买力、增加购买（再买一件等）需求购买力。根据新需求购买力、换新需求购买力、增加购买需求购买力的内容不同，它们的需求函数各异。最一般的倾向是：新需求购买力受产品、服务的功能以及贩卖政策等左右，换新需求购买力和增加购买需求购买力很大程度上分别受价格因素和收入因素的影响。

上述市场力和购买力是把握市场总需求的概念。与此不同，贩卖力是来自于市场的占有度的概念，即是把握具有竞争关系的供给主体间的市场占有率的概念。

以上简单说明显示，需求预测以把握市场的变化为基本。但是，因为贩卖战略影响需求结构，所以，需求预测和贩卖战略难以分开，是紧紧联结在一起的。

行政服务的需求预测

对于行政需求，要考察它的规模，必须进行有关人口属性的结构分析。还有，如果要进行行政服务的互替互补分析，就要如分析购买力一样，必须进行有关需求产生结构的分析。或者就行政服务而言，存在与其质量、提供方法、费用等使偏好曲线发生变动的情况。更进一步说，就行政服务而言，就像在公共服务中议论公共部门与私营部门的功能分担一样，必须进行与购买力分析类似的有关公共服务供给主体的复合结构分析。

如果这样考虑，将人们对行政服务的要求乃至愿望称作对政府的行政“需求”，是有一定意义的。

行政服务的计量化

行政需求和行政需要

政府行政服务的概念类推适用并非简单。市场需求以商品的质量和价格为前提呈现出来，与此相比，对政府的行政服务需求是不定型的。

因此，将需求概念类推适用于行政服务之际，必须首先明确区分行政需求和行政需要的概念，然后明确区分行政需要的认定和实施项目乃至事业目标值的设定。

所谓行政需求，是人们期待政府满足其愿望的效用，所谓行政需要，则可定义为政府认定的、依行政服务应对的课题。

行政需求的不定型和流动性

行政需求归根结底是人们对政策抱有期待，涉及的阶层、团体、个人多种多样，而且，他们经常是矛盾对立的，因而行政需求经常是不定型的。

例如，不管人们希望回到没有公害的街区居住的愿望多么强烈，人们期待使用什么方法将公害防治到怎样的程度，是否具有为了防治公害甘愿接受怎样程度的规制措施的准备，这些意向往往是不明确的。

而且，行政需求是具有流动性的，其强度在不断地变化。

显在的行政需求与潜在的行政需求

行政需求有人们的期待、对政府的要求在政治过程中表现出的显在的行政需求，以及因多种理由在政治过程中不表现出来的潜在的行政需求。即便是显在的行政需求，由于政府不认定为应该解决的课题、缺乏应对的技术、行政资源有限无法应对等原因，还不能将其认定为行政需要。

反过来，即便是潜在的行政需求，政府可以通过需求调查来挖掘，或者根据统计信息推测其存在，从而也将其认定为行政需要。

目标值的设定和事业量的计算

行政需求和行政需要是难以计量的。就像上述定义表明的那样，行政需要的认定未必能明确定型化。假如对于某个课题的解决，法律规定政府应负责任，即使在这种情形下，政府努力的义务应该达到怎样范围的怎样程度，通常是不明确的。课题量的计量在项目实施乃至事业目标的确定阶段才会变得可能。

合乎逻辑的程序应该是：认定行政需要之后，为满足行政需要设计实施项目，在此基础上设计实现实施目的的事业，设定事业目标。但是，如果观察现实的程序就会看出，行政需要的认定和作为其证明的初期实施项目的试行是同时进行的。而且，实施项目依照试行结果在逐渐修改扩充中转为稳定的行政服务。在这个过程中，实施目标与事业目标的自觉设定是交替推进的。

行政需求的测定

这样，实施项目乃至事业的目标值设定后，才开始有可能推测实现目标水平的必要事业量。

严格地说，世上所谓的“行政需求的测定”，既非行政需求的测定，也非（政府认定的）行政需要的测定，而是设定目标值的作业或是预估事业量的作业。

换言之，“行政需求的测定”多半发生在持续推进的业务已经在某种程度上成为固定的行政服务的场合。围绕新政策制定的主要争议，在于能否将行政需求认定为行政需要。

供给主体的复合结构

在议论行政需求之际，有必要考察产品、服务供给主体的复合结构。

行政需求一般是要求复合应对的期待。例如，高龄者希望在经济稳定的健康状态中，在温暖的人际关系中自立地生活，因此，期待政府调整可能获得这种生活的各种条件。

以上这些恐怕是综合性的行政需求。对于这些行政需求，政府必须在老年年金制度的充实、老人医疗制度的完善、护理保险制度的创设等方面，由各种机构采取多种多样的项目加以应对。在这些实施项目中，既有相互替代关系的，也有相互补充关系的。

供给主体的组合

满足这种综合的行政需求的所有产品和服务，不一定全部由政府亲自供给。有以家庭内的相互扶助、社区内的志愿者活动进行较好应对的情形，有应该期待以工作单位的互助联合制度和福利厚生事业进行应对的情形，也有有效地利用非营利组织的社会福利法人经营的老人院事业的余地，也许还有委托给以老人为对象的各种产业的较为恰当的情形。

能否将某个行政需求认定为政府应该应对的行政需要，是与满足这些行政需求的各种产品、服务由谁提供为最佳，如何组合产品、服务的供给主体才恰当的判断相关的。这恰是在公私作用的分担、民间活力的有效使用或向民间委托所讨论的问题。

行政需求的控制

行政需求的满足和控制

行政需求的增大通常要求以行政服务的供给量的增大来应对。在此，与如此满足行政需求的观点完全不同，有必要考虑控制行政需求的必要。

控制行政需求大体上有三种方法：(1) 指导、规制的预防方法；(2) 通过扶植、振兴激发民间活力的方法；(3) 操纵价格减少供给量的方法。

指导、规制的预防方法

例如，规制骑自行车上学，减少校园内停车场建设需求的发生量；进行彻底的健康诊断和保健指导，指望个人进行健康管理，减少医疗服务需求的发生量；在工作单位强制推广育儿休假制度，奖励双亲亲自育儿，从而减少幼儿保育需求的发生量。以上办法是找到需求的发生源头，对此施加指导和规制，寄希望于自力更生解决问题，预防对公共服务的需求表面化的策略。

通过扶植、振兴激发民间活力的方法

例如，扶植和振兴私立学校、医院和福利设施，由民间的非营利组织增加教育、医疗、福利服务的供给量，将国立、公立的新增必要的学校、医院、福利服务设施控制在最小限度内。以上办法是扶植和振兴政府以外的事业主体促使其服务量增大，通过将人们的公共服务需求转向政府以外的事业主体，减轻针对政府的行政服务的需求压力的策略。

操纵价格减少供给量的方法

例如，提高自来水使用费希望达到节水的效果；对老人医疗收费控制高龄者看医生的次数。以上办法，是通过实行行政服务付费制并操纵其价格，抑制消费者的消费倾向，从而使行政服务的消费量减少的策略。

生活垃圾的产生结构和减少策略

废弃物处理行政中，这样的行政需求的控制策略已经被广泛地研究并采用，大致情况参见图 15—5。对于除此以外的行政服务，积累有关这种

行政需求发生结构的分析是十分重要的。

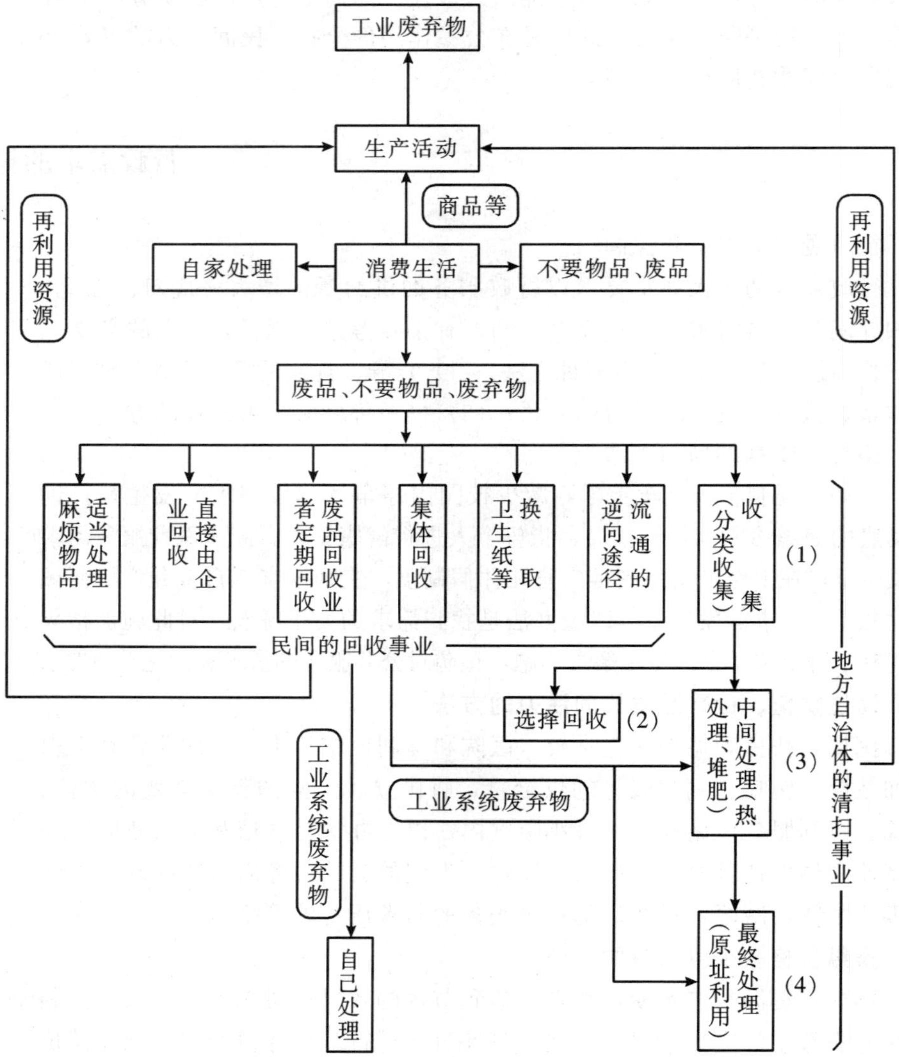

图 15—5　垃圾处理以及再利用的综合模型系统

注：(1) ～ (4) 的自治体的清扫业务含政府委托给企业的部分业务。

资料来源：寄本胜美：《垃圾问题与都市行政》，见思考人类环境协会编：《由日常观察的都市问题》，行政出版社，1982。

15.4　预测和计划

与环境变化的认识和行政服务的计量化紧密关联的，是预测和计划的行政活动。本章在最后讨论这个问题，从而结束本章的考察。

计划行政的发展

计划行政的起源

各国政府开始广泛采用称作计划的立法形式乃至政策表现形式是第一次世界大战以后的事。也就是说，在第一次世界大战中开始制定战时计划，在大萧条时期表现为经济复兴计划，在第二次世界大战中制定战时总动员计划。在危机时代体验了计划行政的各国，战后也延续了制定经济复兴计划和国家复兴计划的行政方法。

计划这种形式的有效使用在日本表现显著是在 1955 年（昭和三十年）以后的事。战后首次正式由政府制定的经济计划是鸠山一郎内阁的《自立经济六年计划》，接下来的是岸信介内阁的《新长期经济计划》，然后在 1960 年池田内阁的《国民所得倍增计划》制定出来。

国民所得倍增计划

这个《国民所得倍增计划》不仅起到象征由岸信介内阁时代的以治安政策为中心的高姿态转为以经济政策为中心的低姿态的政治口号的巨大作用，而且是技术上更加成熟的经济计划，发挥了促进民间企业设备投资的作用。它采取积极的财政方针，不仅把作为工业基础的社会资本的充实作为投资的重点，而且使企业的设备投资呈现积极的态势，将人们的消费水平提高到新的层次，形成所谓“GNP 信仰”的起点。

全国综合开发计划

1962 年导入《国民所得倍增计划》，此前还有战后初期的《全国综合开发计划》被制定出来，在这类计划中，《新工业城市建设促进法》也被制定出来。在如此的由国家一方启动和此后地方掀起的区域经济发展热潮中，在中央和地方有无数的“计划”出现了。

计划行政与民主政治

在美国的计划论争

政府计划（government planning）的制定、行政活动的计划取向是现代国家的普遍现象。但是，在笃信自由主义经济体制和民主政治体制，没有因战争而使国家受到疲敝侵扰的美国，接受政府计划可不是一件容易的事。将政府计划的制定理解为与计划经济的导入同义，理解为接受了与社会主义含义相同的东西，因此，引起了人们的戒备。正是因为如此，在美国1939—1940年展开的计划论争，尖锐地捕捉到了计划行政内在的本质问题。

围绕政府计划导入的是非论争是以市场机制和政治机制的优劣，计划行政和民主政治是否可能调和为中心展开的。前者的论点已经在各处论及，在此，仅就后者的论点进行稍微详细的介绍。

计划行政与民主

计划行政是否与民主政治有调和的可能的论点，是以以下四个担忧为背景展开议论的。

第一，因为计划屡屡以导入新的规制措施为前提来制定，所以，政府计划的普及推进有加大制约人们的行动自由的危险；

第二，计划的制定要求将权力向计划制定机构集中，因而有改变政府间或政府各机构间权力关系的危险；

第三，计划行政意味着将调整、整合社会利益的功能委托少数计划专家之手，因而有与多数统治的民主政治原理相违背的危险；

第四，计划是以一定期间的持续性为前提制定的，因而有对作为政治家生命的随机应变的应对行为加以不当约束的危险。

虽说都是政府计划，但有各种各样的计划，不能说所有的政府计划总有上述担忧。但是，与上述几种危险几乎无缘的计划行政也比较少见。

尽管如此，现代国家制定各种各样的政府计划，唯愿计划或多或少地在促使行政活动的理性化上发挥作用，但计划活动（planning）的合理性是有限的。

预测和计划

计划的定义和要素

所谓计划活动，是就未来的人的行为而言提出关联性很高的一组行动方案的活动。换言之，计划（plan）一般有三个共同要素：（1）与未来的现象相关；（2）一连串行为的提案；（3）考虑中的一群行为相互关联性较高。这其中，（2）与所有的政策相同，如果说计划的固有特质，当推（1）的未来性和（3）的相互关联性。

现在以“计划”命名的政策多半是在设定几年的计划期间。同时，未来的目标或者以数据、结构设计图、地图等，能够客观地测定目标与实际差距的形式来表示，或者是对一群行为的相互关联性详细地进行规定的形式。

计划和预测

计划是未来的人的行为的提案，是以对未来状况的一定预测为前提的。在这里首先着眼于预测这一点，来说明计划活动的合理性及其局限。

预测值的固定

伴随预测的第一个问题是，对未来的社会现象进行正确的预测是非常困难的事情，其困难度随计划期间的增长而递增。因此，长期预测只是使用将几个极少数重要的变量的过去趋势向未来投射的方法来推定未来值，在此，预测值是有一定幅度的。但是，如果预测值留下的幅度较大，则不能确定其他计划层次的数值，因而必须将预测值规定在预测幅度内的一点上。

例如，制定《国民所得倍增计划》之际，今后十年间的经济增长率推断为从 6.5%到 8.0%的范围内，从这个幅度中任意选择 7.2%这一数据固定下来，以 7.2%的增长率计算十年间的国民收入的倍增。作为政治宣传口号，没有比这更合适的了。而且，预测值一旦定下来，预测数据本身不胫而走，成为判断预测恰当与否的基础。

预测和目标

伴随预测的第二个问题是预测和由计划带来的控制的关系。预测未来状况之际，如果能区分计划主体对作为对象的社会现象未进行任何影响的情形下发生的未来状态的预测，以及计划主体对作为对象的社会现象实施一定作用的情形下发生的未来状态的预测，从而就能够比较和对照不干预的放任场合与以计划进行控制场合的效果。不过，因为在现实的预测中，严密地区别这两个场合是困难的，所以，这一点尚嫌暧昧。

《国民所得倍增计划》制定之际，有关于“经济增长率的预测综合考虑各经济主体部门的均衡，是以政策为前提的预测”的说明，但增长率的预测一旦成为“以政策为前提的预测”，这个预测究竟是预测还是目标就很难判断分明。因此，其后达成的经济增长，难以严密地判断其是自然增长使然，还是计划控制使然。

预测公布的效果

伴随预测的第三个问题是预测的公布对人的行为的影响，预测可以是自我实现的预言，也可以是自我否定的预言。

对于《国民所得倍增计划》，有评说认为，因为它预测了强势的经济增长，经济增长得到了政府的保障，预测促进了企业的设备投资。其结果达到了超越预测值的经济增长。

显示政府经济展望的预测值，作为经济指针在每一个国家都会广泛参照，因此，欲发表预测结果，必须预先对其带来的效果进行慎重的计算。但是，这样就愈来愈将预测当作可操纵的东西了。

设定可测定的目标即为目标的单纯化

下面，我们将注意力转向计划的另一个特征，即可测定的目标，并考察与此相关的问题。

以可测定的方式表示目标的计划，比较容易判断手段行为是否合乎目的，行为后果是否适合计划，以及计划成败的程度。但是，这件事从别的观点看，意味着计划的目的性乃至判断标准的极度单纯化。在计划中明示的目标，只是测量其背后多种目的的实现程度的代替指标。

例如，举一个从现在起几年间增设可以接收名额为几万人的托儿所的计划的例子。这个计划具体化的过程，表面上是必须决定公立和私立的分担比例、设施的建筑费用、职员的配置标准、保育收费的水准等事务。而且，实质上还要理应就以下几点做出判断：托儿所计划中，提供保育服务是以保障母亲的就业机会为目的吗？是以给母亲更多自由时间为目的吗？是为了给缺乏保育的幼儿提供养育吗？是为了促进幼儿的社会化吗？

于是，在评价以上计划成果时，光是确认托儿所增设了多少是不充分的，必须评价其背后的各种目标是否适当地得到了实现。但是，事实上，计划的成果仅仅从收容幼儿的名额的角度，根据其实现率进行评价。

所有的行政服务包含许多同时应该达到的目的，或者提供这样的行政服务之际不能侵害的价值因素有很多。但是，设定可测量的一元目标就将这些价值因素全部隐藏到背后，将替代目标的实现转变为目标本身。

但是，如果为了避免这种计划目标的单纯化带来的弊害，将多种目的带入计划中，这样一来，设定有测量可能的目标就变得困难，判断手段是否适合的难度就会加大。

计划的效能和局限

将命运托于权宜的临时应付不是好事，如果我们的行为或多或少需要有合理性的话，只好尽可能准确地预测未来，预先确定计划然后采取行动。

但是，与社会现象的复杂程度相比，人的环境认识能力和控制能力是极其不完全的。因此，计划就只能是将复杂的社会现象简化为可能掌控形式的作业。所谓计划，是假定其他的因素一成不变，只以特定的因素预测未来，并以此为前提只控制特定的对象，从而将整体状况引导向理想状态的活动。换言之，只有勇敢地舍弃许多应该考虑的因素，计划才能成立。

于是，批评计划不完全、缺乏综合性的事情经常发生。但是，这是对所有计划恒常恰当的批判。

问题在于，计划中纳入多种因素，将这些因素加工为更复杂、更综合的东西如何可能？是将多种因素纳入计划得到所期待的结果为好，还是把没有纳入计划中的要素和问题在计划的框架外处理的方法更明智呢？

综合计划的构成要件

经济计划、国土规划、预算

越是包括多个组织单位行动的综合计划，其制定作业就理应越难。尽管如此，许多国家为什么制定经济计划、国土规划、预算方案？这种综合计划的制定何以可能？

对上述三种综合计划进行分析就会发现，在其中可以说有综合计划的共同构成要件（共四点），而三种计划满足这些构成要件的方式各有不同。

利用有限资源的分配计划

第一，所有的计划都以特定的有限资源为线索，即经济计划、国土规划、预算方案分别以国民经济中的资本和劳动力、土地和水、政府的财源为对象，计划它们的利用分配。

其中，最可视的、最明了地感觉到的资源的有限性是在财源上。也许认为土地和水等天然资源的有限性是更显而易见的，但是，这里讨论的是可能利用的土地和水的量，其有限性并不是那么显而易见。

竞争关系的综合性

第二，许多行政活动在这些有限资源的利用和分配上具有竞争关系，因此，以特定资源为对象制定的计划就自然可以成为广泛地把握行政活动的综合计划。

尽管不能以资金的支出来把握行政活动的所有方面，但是，完全不需要资金支出的行政活动几乎不存在。因此，关乎财源的利用和分配计划的预算对于行政活动是最具囊括性的计划。资本、劳动力、土地、水等资源的竞争不仅仅是公共部门，也为民间部门广泛有效地利用，而且，争夺这些资源的行政活动或者对这些资源分配有重大影响的行政活动的范围是有限的。

因而，经济计划和国土规划在综合地把握行政活动这个意义上要逊于预算。

利用和分配的控制手段

第三，在有限资源的利用和分配上，有一定的控制手段。

政府以国库的统一管理为背景，绝对地执掌预算编制权。经济计划的控制手段与预算相比，虽说非常不充分，但是，政府具有各种景气调整手段，以此为前提制定经济计划。而国土规划成功与否，取决于政府在怎样的程度上依靠强制力执掌详尽的土地利用规制权。

计划的科学性

第四，充分收集计划对象的有限资源利用信息，从中发现经验科学的法则并以此为计划依据。如果能够满足计划的科学性构成因素，计划就可以立足于这些法则、控制计划对象。因此，增强计划的合理性色彩，就能增强其说服力和抵抗力。

经济计划力图有效利用高度完善的调查统计资料，并基于经济学理论模型控制经济走向。因此，经济计划最具计划的形态。与此相比，作为国土规划基础的土地利用现状的调查统计的收集是很不充分的，而且关于土地利用的理论模式的积累并不充分。因而，国土计划与其说是以科学为基础的计划，不如说想象的特点较突出。另外，预算是在不存在引导财源分配的合理法则的情况下，完全根据权力核查编制的。这正是预算缺乏计划性的缘由，也是将预算当作计划的最大弱点。不过，预算的特点在于每个年度的编制具有绝对的时间限制，这一点使预算有计划地制定成为可能。

综合计划的综合性局限

总之，所谓综合计划不过是力图从一些特定的战略要因入手，对众多的行政活动从特定方面进行的综合把握。综合计划绝不是漫天撒网涉及行政活动的所有方面。

因此，经济计划被指责偏重经济指标而怠慢社会指标；国土规划被指责注重设施规划而罔顾社会规划。预算也受到以下的批判：重视伴随资金支出事业的成本收益分析而轻视无法用货币衡量的价值分析。

阅读资料

国情调查的起源

《圣经》中的人口调查

人口调查的历史悠久。据《旧约全书》记载：对从埃及逃出，聚在西奈旷野中的摩西等以色列人，神耶和华晓谕："尔等要按以色列全会众的宗族，家室，计算所有男丁的人名和数目。"(《民数记》第一章)

此时的人口调查是为征兵而进行，逐渐地以征税为目的的户籍调查产生了。据《新约全书》记载，因为罗马皇帝下令所有的人都要在出生地接受户籍调查，约瑟和马利亚在回故乡的旅途上，于是在过往行人混杂的伯利恒，耶稣基督诞生了。(《路加福音》第二章)

美利坚合众国的国情调查

最早确立近代国情调查制度的国家是美利坚合众国。美国建国以后，《宪法》第一条第二款第三项规定：人口的统计在合众国国会第一次会议后三年内和此后每十年内，依法律规定的方式进行。这主要是为了将美国联邦众议院的议席数按各地区的人口比例公平地分配。人口调查的内容几经反复，逐渐变得详细起来。特别是1850年第七次国情调查以后，超出了人口调查的框架，发展成为广泛收集有关国家的社会经济状况各种统计的调查。

国情调查尤其在美国得到大发展，与该国是移民国家关系很大。每逢有人认为犯罪、贫困、疾病等种种社会问题与移民的大量流入有关，就会发生阻止移民流入运动，或者开展促进移民同化运动。不管从怎样的角度看问题，非常关心移民问题的人们都要求政府把握移民的现状，这可以说从而丰富了国情调查的内容。

美国在国情调查中得到的统计数据，为当时复杂的社会问题提供了简单清晰的证据，屡屡为政治目的而使用。

例如，为奴隶解放运动撰写的出版物《南部的危机》最大限度地使用了1850年国情调查的统计数据。例如其中甚至写有："北部的废奴各州有图书馆14 911座，其藏书达3 888 234册；而南部蓄奴的各州只有图书馆695座和藏书649 577册。"共和党在拥立林肯参与选战之际，据说买了10万本该书分发传播。

还有1907年的移民问题委员会的报告书，它有效使用了所有的统计数据，将社会问题全部与移民挂钩进行讨论，作为表现当时对移民的社会偏见的文件而著名。终于在1912年《移民法》诞生，确立了作为限制移民标准的不同民族配额比例（quota）制度。

国情统计的生产和流通

美利坚合众国的宪法不可比拟是它不仅规定国情统计的生产，而且规定统计信息的流通。即《宪法》第二条第三款规定："总统应该经常向国会报告联邦情况，并向国会提出他认为必要和适当的政策措施，供其审议"。这是现在大家周知的美国总统的国情咨文的制度，这原本不是施政方针的说明和法案审议的请求，而是对议会报告国情的制度。

在国家建设的伊始，就如此注重关于政治的信息功能，确立保障信息公开这种制度的国家非美国莫属。

有关美国历代总统的国情咨文内容分析的一项研究发现，在19世纪前半叶的国情咨文中出现的数量指标不过是每份国情咨文平均3个，而二次大战以降，数量指标变为11个。1961年肯尼迪总统实际使用的指标为28个。

第 16 章

日本中央省厅的决策方式

法令、行政规则的决策方式

政策的表现形式并不限于法令、预算、计划、行政规则等立法形式，这已经在第 14 章的第一部分中阐述了。但是，政策至少要具体化为实施计划、项目，只要是已经持续展开业务的政策，其主要构成要素几乎都是分散在法令、预算、计划、行政规则等立法形式中表现出来的。

本章在政策的立法形式中首先选取法令和有类似特点的行政规则，打算就这些政策方案在日本中央省厅内部从提案到决定的框架进行概说。

常规事项与重要事项

关于日本中央省厅内部的政策制定架构，以往是与日本独特的决策方式禀议制相关联进行讨论的。因为这个禀议制被理解为通用于从常规事项的决策到相关于法令草案制定的决策，所以，过去的观点认为没有讨论区分日常的例行公事的决策方式与法案制定方式的必要。

但是，因为上述理解有悖于日本的中央省厅决策方式的实际情况，所以，以下的解说遵从最新的见解，将日常的常规事项决策方式和法令制定等的重要事项的决策方式区别开来讨论。

原则和例外

第 14 章开始的叙述已经转到了政策制定活动，如果能区分上述两个决策方式的不同，可以说在此只要解说与法令的制定等重要事项有关的决策方式即可。

但是，正像后面描述的那样，因为在日本的中央省厅的文书管理规则中，适用于常规事项的典型禀议制才是处理文书的原则形式，而适用于法令制定的变形禀议制归根结底是例外的方式，所以，首先从解说典型的禀议制开始，在此基础上，顺理成章地转向变形禀议制的解说。这样还可以显示以往对禀议制理论的理解与本章解说的异同。

16.1 以往的禀议制和决策方式的类型区分

以往的禀议制理论

禀议制是研究经营学的小野丰明、山城章，研究行政学的辻清明以及研究文化人类学的中根千枝等提出的，认为这是日本公私官僚制组织共通的独特决策方式。它被广泛介绍到国外并引起反响，特别是国外的日本研究者对此抱有浓厚的兴趣。

禀议、禀议书、禀议制

禀议、禀申、禀请（现在与禀的简化字组成的词汇很多）都是具有向身居尊崇地位的人请示意见的古老词汇。曾经将敬请大臣等裁决而提交的起草文书（请示书）叫做禀议书。从禀议书的起草到裁决的一系列文书处理方式称作禀议制。

禀议、禀议书这些古语，除了现在日本银行的贷款审查部等极少数部门外，已经几乎不再使用。因为草案文书的起草、传阅、裁决等处理方式照昔日的方式进行，所以，将这种文书处理方式的名称沿用为禀议制。

禀议制的定义

所谓禀议制，指下列文书处理方式：担当某个事项的组织末端公务人员首先起草记载处理该事项的方针，然后将起草的文书交上一级官员逐次审阅并接受其修改意见，在得到所有这些中间上级认可时，再将改定的方案提交管辖该事项的最终决策者，请求裁决，在得到最终决策者的裁决后，该事项的处理方针始得确定。

因为中间上级的认可和最终决策者的裁决意见是在起草文书的固定栏中盖章表示的，所以也有带批评意蕴的印章行政的俗称。

辻清明的禀议制理论

最初对日本的行政机关的禀议制的实际状况进行系统介绍和评论的是辻清明的论文《日本的决策过程——与禀议制相关联》。在该论文中阐明的关于禀议制的理解成了关于行政机构禀议制的通说。

这篇论文将日本的官僚制组织所有的决策似乎都描述成通过禀议制运作的。而且，论文指出，在禀议制中，组织末端公务员起草的文书几乎在绝大多数情况下都原封不动地获得同意通过裁决。由此，解释成好像实际决定事项处理方针的是组织末端的公务员。辻清明还分析了依赖禀议制起草的文书从办公桌到办公桌顺次传阅个别审议，原则上不需要相关者召开会议讨论审议。因此，给人的印象似乎是在日本行政机构的决策中，会议不发挥主要作用。

如果说这样的禀议制论正确地描述了日本行政机构的决策实际，那么，甚至法案编制等这类的重要事项，其原案是由组织末端负责的公务员起草，好像会原封不动地被采纳。果真如此，这也太令人吃惊了。这至少与欧美各国的行政机构的决策方式大相径庭，因而海外的日本研究者对禀议制感到惊诧，对此给予超乎寻常的注意。

井上诚一的批判

但是，辻清明在下面几点上有较大的事实认识偏差。首先应该指出的是，依照上述典型禀议制方式决策的仅仅涉及例行公事式的事项的处理，而起草法案等重要事项的实质决策反倒是在相关者召开的会议上进行的。明确指出这些特征，详细分析日本中央省厅决策方式的实态的是井上诚一的论文《关于禀议制批判论的考察——我国行政机构决策过程的实态》。

井上有高级公务员的任职经历，曾在某省担任综合补佐，后来中途辞职。他是基于丰富的实务经验写作他的论文的。以下至第 4 节的阐述将全面依据井上的著作。

决策方式的类型

在此首先看一下日本的中央省厅现在主要使用的决策类型。现整理如表 16—1 所示。

表 16—1　日本中央省厅决策的各种类型

类型区分			具体事例
禀议书型	顺次传阅裁决型		决定法规裁量型的行政处分
	巡回裁决型		决定法律草案、要则 决定自由裁量型的行政处分
非禀议书型	文书型	处理方式特定型	决定预算的概算要求 制作国会答辩材料
		处理方式非特定型	大米收购价的政府估价决定
	口头型		有关是否参加会议的决定

资料来源：井上诚一：《关于禀议制批判论的考察——我国行政机构决策过程的实态》，财团法人行政管理研究中心，1981。

禀议书型和非禀议书型

从表 16—1 中可以看出，首先，并非所有的决策都是以禀议书的形式进行的，可以称作非禀议书型的决策是存在的。而且应该指出，决定预算的概算要求和制作国会答辩材料都是最重要事项的决策，这些是属于非禀议书型的决策。

将制作国会答辩材料作为行政机构的一个决策事项列举出来也许不合适。但是，在国会委员会的审议中，对于议员的质询以大臣为代表的政府一方所做的答辩，不光是省厅就质询事项的认识，而且常常是正式表明与此相关的法律等的解释、运用的方针，因而国会答辩材料正是广义的政策表示。

在向国会提交与法律的制定、修改、废除有关的议案时，事先做好详细的预想问答材料是通行的做法。在国会批准这个法案后出版的逐条解说新法的书籍，也可以说是基于预想问答材料写成的。

顺次传阅型和巡回型

其次，应该注意到禀议书型决策分为顺次传阅型和巡回型两种。考察各省厅的文书管理规则可知，规则要求决策原则上全部由顺次传阅的文书处理方式处理，以另一种即巡回型方式处理文书时，要求事先得到官房文书课的同意。

但是，法律草案、送达（通知）文书、要纲草案的制定以及决定财团法人认可之类的裁量领域比较大的自由裁量型的许可、认可处分等重要事项的决策，在文书管理规则上，实际上几乎总是以例外的文书处理方式即巡回型来处理的。其结果，作为原则上的顺次传阅文书处理方式，实际的有效利用只限于裁量领域窄的法规裁量（有限裁量）型的许可、认可处分等，即决定以日常常规事项方式处理的简便事项。

总之，文书管理规则中的基本方针与运用的实际情况有很大的不同。以往的禀议制理论没有发现这一点，因而以为重要事项和普通事项的决策都是同样地以顺次传阅型来处理的。

16.2　顺次传阅型的裁决方式

裁决事项的种类和相关者的范围

那么，作为文书管理规则中规范文书处理方式的顺次传阅型裁决方式是怎样的方式呢？其典型的流程图参见图 16—1。

就像前面叙述的那样，因为采用这个方式处理比较容易的事务，所以，裁决权下放给局长，专管的最终决策者是局长的情况很多。还有，出于同样的理由对于这种事项的处理，不存在有必要进行事前调整的有关课也是很普遍的。因此，起草的文书的传阅，只在负责相应事项的主管课内部和该课所属局的总务课内部进行是惯例。

起草文书经由总务课的理由是因为，在日本的行政机构中局的总务课是作为局层次的官房系统组织辅佐局长的机构，上报局长的文书全部经过总务课审查的惯例已经确立。审议官可以说是局长的参谋，在设有审议官这一职务时，文书的传阅也经过审议官审议。

在中央政府普通课中，因为系长之下没有职员的情况也很多。加上综合补佐兼任法律补佐（副课长）的情况也很多，所以在这种情况下，文书传阅到相关者的人数比图 16—1 表示的要少些。

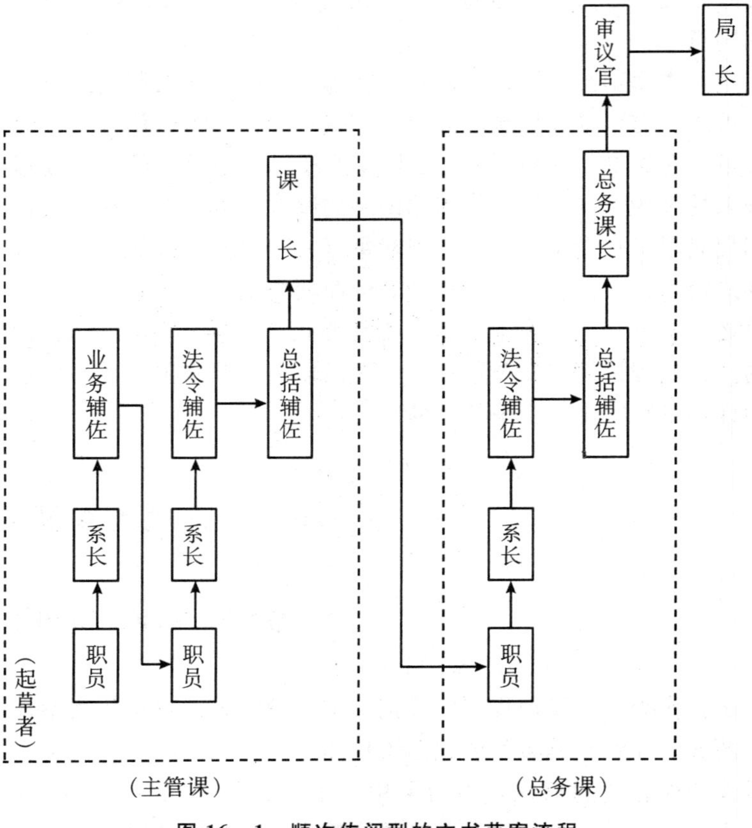

图 16—1　顺次传阅型的文书草案流程

资料来源：井上诚一：《关于禀议制批判论的考察——我国行政机构决策过程的实态》，财团法人行政管理研究中心，1981。

起草、传阅、裁决

起草

以顺次传阅型处理法规裁量型的许可事项时，因为申请书提交给主管课的负责公务员，所以其他公务员并不知道提交申请书的事实。于是，对这个事项最初采取行动的只能是负责的该公务员。如果事项属于例行公事性质的，其处理方法通常有预先安排好的程序，由负责的该公务员参照预定程序决定这一事项的处理方针，进而起草草案文书。

传阅

其后，上述草案文书按照图16—1的流程，从相关者的办公桌到办公桌顺次传阅。在此过程中，原则上，草案接受所有相关者的个别审阅。但实际上，一般对文书的内容进行逐一检查的充其量是该负责公务员的直属上司、系长和其上的主管业务的课长辅佐，其余的人丝毫不审议，而是只看一下题目就马上盖上同意的印章，然后将文书转给后面的人传阅。这是因为他们信任负责的公务员的处理事务能力。

裁决或代替裁决

当草案文书传到总务课长时，如果在此判断没有必要交局长传阅，则由总务课长亲自代替专管决策者做出决定、裁决的情况也不稀奇。

所谓代替裁决，是指在相关决策者应该做同意、裁决的签章处由其级别最近的下属亲自盖章，并加书代替裁决，以此表示已获得相关决策者同意和裁决的方便做法。这一代替裁决制度本来只是本人不在的情况下容许的方便做法，实际上，即使本人在，也频繁地有效使用。

平时的形式化

如此一来，顺次传阅型的传阅、裁决行为就显著地形式化了，但是平常一般认为这种形式无大碍。但发现腐败等不良事件产生以后，或者是相关者是新人不习惯时，在流程图上的更多人便进行实质性的审阅。传阅、裁决的实质是根据事态发展相机抉择的。

顺次传阅的特征

总结顺次传阅的特征有以下几点：

（1）裁决的事项较容易，所以裁决权下放，相关者的范围也小，从起草人到主管裁决人的时空距离则比较短。

（2）草案文书原则上应该由所有的相关者个别审议，但是实际上多有省略，因而裁决并不那么耗费时间。一般按照草案原封不动地同意裁决。

（3）在这种处理方式中，实质性地决定事项处理方针的是组织末端的负责公务员。但是，草案文书的起草要遵从预先由上司规定的处理规则和方法。

16.3 巡回型的裁决方式

裁决事项的种类和相关者的范围

对于重要事项，日本的中央省厅采用巡回型的裁决方式。此时，决策权不能下放，一般大臣自己是最终决策者。而且，将草案文书向官房长以上的大员呈报时，务必经过官房文书课审查，这是已经确立的通行规矩。

另外，越是重要的政策事项，通常需要通过事先协商或事后报告来取得同意的有关课的数量就越多。这样的相关课不限于一个省厅内部，涉及其他省厅的情况也时有发生。

对于裁决这种事项采用的巡回型裁决方式，在草案文书最终处理完毕的形式决策过程阶段的草案文书规范流程可见图 16—2。在这个流程图中，为了简化，只列举了各课的课长以上的流程。各课课长审议之前，总括辅佐以下的审议流程与前面图 16—1 相同，请求同意草案文书的相关者的总数达到相当的数量。

尽管如此，从草案文书的起草到裁决的过程并不像想象的那样耗费很多时间。其理由阐述如下。

实质决策和形式决策

决策的两阶段结构

巡回型裁决方式的第一个特征是其决策过程分两个阶段。即在文书草案的原始方案大纲相关者达成一致的实质决策过程阶段，以及对达成一致的大纲加以事务性的技术分析，推敲文章表达形成成熟方案，将其按草案文书的形式起草并提交相关者请求批准的形式决策过程阶段。

实质决策过程

在第一段的实质决策过程中，不管是谁最初提出裁决事项的分析作业，管理该事项的主管课在确认局的总务课长、审议官、局长乃至官房的有关课的课长、官房长、事务次官意向的基础上，在课内起草第一次原始方案。

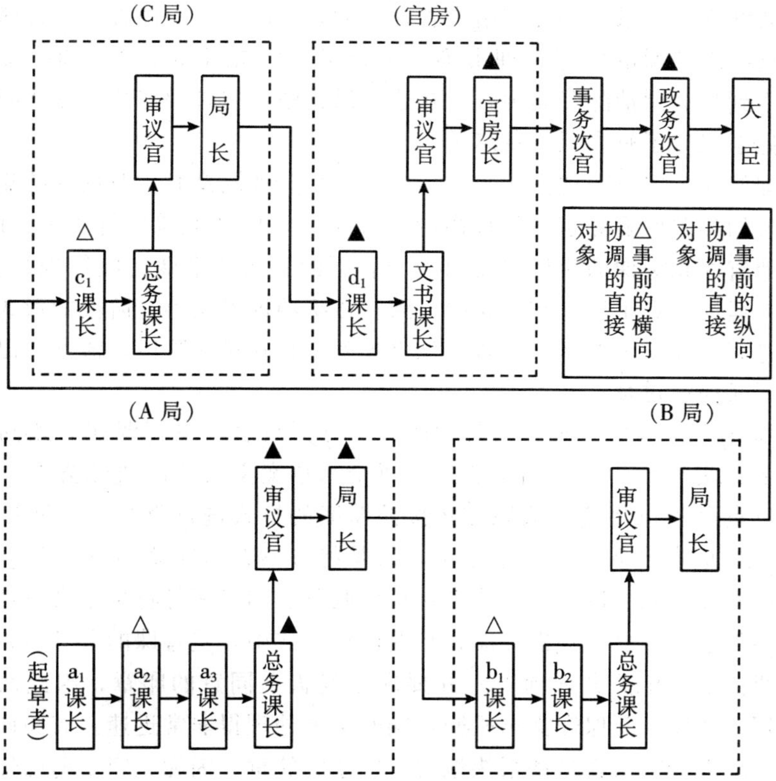

图 16—2　巡回型文书草案流程

注释：2001 年（平成十三年）以降，各省大臣之下设置了代替以往政务次官的复数的副大臣和大臣政务官，因此，从事务次官到大臣之间，副大臣和大臣政务官具有了发挥作用的可能，这一点取决于副大臣和大臣政务官制度如何运用。

资料来源：井上诚一：《关于禀议制批判论的考察——我国行政机构决策过程的实态》，财团法人行政管理研究中心，1981。

然后，主管课与局的总务课和官房的文书课协商，确定与该事项有或大或小关系的课的范围，从中将具有重大利害关系的有关课作为事先的政策协商对象选出。之所以这样限定水平协调的对象，是因为需要协调的对象越多，协调作业的困难度就越大。

一旦需要事先政策协调的对象确定下来，就要召集有关者开会，说明上述第一次原始方案的旨趣。在会议中可以当场进行答疑，相关课的官员将相关资料带回各自的课，在课内进行分析并对第一次原始方案的疑问和意见总结为备忘录，将此交给主管课作为第一次方案的回答。主管课回应来自这些有关课的反应整理出第二次方案，再次召集立会。如此反复进行，直到相关课消除疑问为止。在这个过程中，主管课与相关课之间经常交换记录双方了解事项的备忘录。

即便几度重复上述方法，也不能得到相关课同意时，对局内的相关课和局外的相关课要分别请求局内的总务课和官房文书课进行协调。而且，与其他省厅相关课的协调要交由两个省厅的官房文书课的同行进行协商。如果幸运地达到了所有相关课的一致，该事项即可向第二阶段的形式决策过程过渡；如果没有达成一致，该事项就中止在第一阶段，流产、出局。

形式决策过程

垂直的、水平的所有相关者达成意见一致后，主管课在一致同意的大纲上充实细目，推敲文章表达，凝结为草案文书式的成熟方案。主管课的负责公务员将这个成熟方案按照草案的格式进行誊写。巡回型裁决方式中的负责公务员的文案起草，仅是将方案誊写在草案格式上。

在前面的顺次传阅型方式中，草案起草后的传阅是将草案文书从相关者的办公桌到办公桌顺次传阅；在巡回型方式中，主管课的公务员将草案文书亲自带到相关者面前，一并要求当场盖上同意的印章，因此而称为“巡回”。这样，既保守文书机密，同时文书处理得非常迅速。有关课的公务员们没怎么审议就当场很快地盖了同意的签章，因为大家事前已经熟悉并同意了文案的内容。

不过，在第二阶段的形式决策过程中，也带有事前传达有关决策信息的意味，超越事前的该事项协调对象的范围，对更大范围的有关课进行文书传阅也是常见的做法。因此，在此阶段才开始听到相关事项说明的有关课，对未得到事前的意见协调发泄不满，延缓进行同意签章的可能性很大。

巡回的方便做法

在巡回的传阅中，以事前意见协调已经完成为理由，传阅顺序的变更、代替裁决、事后造访等方便做法在很宽的范围内被允许灵活使用，因而处理文书所需时间又缩短了不少。

所谓传阅顺序的变更，不是按图 16—2 列举的流程进行传阅，而是经常从方便考虑，将 $a_1 \rightarrow a_2 \rightarrow a_3$ 的顺序变更为 $a_1 \rightarrow a_3 \rightarrow a_2$ 的顺序，或者将 A→B→C 的顺序变更为 A→C→B。但是，在获得局内所有相关课同意之前，不得送交总务课，在获得省厅内所有有关局同意之前，不得送交官房。

所谓事后造访，是指有关者不在之时，将获取该有关者同意的情况推后，先获得该有关者上级认可，对推后的有关者原则上要事后造访获取同意，实际上经常省略这一环节。

巡回型的特征

总结巡回型方式的特征有以下几个方面：

（1）在起草草案文书之前，就其大纲进行纵向的和横向的意见协调；

（2）在事先协调意见过程中，要率先听取位于最终决策者之下辅佐决策者的人员，即图 16—1 列举的事务次官、官房长、主管局长的意见，按照这些官员的意向作成原始方案，这些官员才是事项和方案的实质决策者；

（3）协调相关者意见的工作以会议为基本形式进行；

（4）主管课的负责职员的文案起草，不过是将相关者达成一致意见后产生的成熟方案按照草案的格式进行誊写，并不意味着实质性的决策行为；

（5）草案文书形成以后的文书处理，依照巡回型方式和各种允许的方便做法，并不像以往的禀议制理论所说的那样耗费很长时间。

16.4　日本中央省厅的决策方式

决策方式的特点

如果从上述禀议书型的决策方式的实际运用找出日本中央省厅的决策方式的特点，那么这里暂且可以指出以下几点。当然，在何种程度上说这些特点是日本独特的，这很难。因为对于应该进行比较分析的外国行政机构内部的决策方式，我们还没有积累足够的研究成果。

法制和运用的背离

第一，存在着法制原则和运用实态的大幅度背离。

首先，尽管各省厅法制上的权限全部归属大臣，可是在内部裁决权下放给局长、课长的情况很多。而且，将专门决策者应该进行的裁决交由直接下属代替裁决的情况也时有发生。可以称为实质决策权的职员是比代替决策者再低一级的官员的情况也普遍存在，即产生法制上的最终决策者→专门决策者→代替决策者→实质决策者这样的背离。

法制和运用的背离表现在：尽管在文书管理规则以顺次传阅为原则，但应急处理的案件、秘密处理的案件、应该发挥上级领导力的案件等越是重要的案件，就越灵活运用属于例外的巡回型方式。另外，无论是顺次传阅型的场合，还是巡回型的场合，在日常工作中，起草文书传阅已经形式化了。

集体决策和部门主义

第二，对于重要的决策，无论是纵向协调意见，还是横向协调意见，全都通过会议集体进行。

而且，不管是在大办公室（大房间）的课长面前随时召开的会议，还是在局长室召开的主管课与总务课、审议官、局长的会议，科层制结构上级别各异的官员汇聚一堂。在这样的会议上，无论地位高下均可发言。只要是有说服力的恰当意见，即使是下级的意见也会被采纳。

这种会议的现场，正是封闭型任用制下公务员的工作研修［岗位培训(on the job training，OJT)］的场所，下级官员也被给予参与重要事项的机会。

但是，反过来，这种集体决策方式也起到了助长部门主义的作用。在这种方式下，首先要汇总课级单位的意见，然后汇总局级单位、省厅级单位的意见。这样一来，由于一旦集体汇总形成的组织单位的意见难以简单修改，与其他课、其他局的意见协调随之就变得很难，因而需要总务课和官房文书课介入。部门内坚固的团结关系增强了对其他部门的排他意识。尤其是与其他省厅的联合议事也与国际间的外交谈判类似，犹如独立的对等者之间的博弈，妥协、协调不容易达成。局长与局长、大臣与大臣这些首脑很少发生直接的交涉，原因何在？这是一个值得研究的问题。

如果说日本中央省厅的政策应对不够迅速，有错失良机之嫌，其主要原因在于省厅间的政策协调过多地耗费了人力和时间。

官房系统组织的干预

第三，官房系统组织干预所有的决策，扮演着重要的作用。

总务课是接近局长的必经机构，官房文书课是接近大臣的必经关口。不仅如此，各个层次的官房系统组织向主管课指示政策协调的对象，进行部门内部协调，同时对于部门外代表本部门承担对外交涉的作用。总务课和官房分别是局长和大臣权限的辅佐、代行机构。

对科层秩序的尊重

第四，应该指出的是，只要不是口头型决策，不管事项的实质决策以什么方式进行，最终必定进行禀议书形式的文书处理。在处理草案文书之际，要求从下到上正确地经过组织内的科层结构。

在巡回型中，作为方便做法变更传阅的顺序时，这个顺序的变更只限于同级组织之间。在这个意义上，文书管理规则的原则得到维持，可以说日本中央省厅的决策都是以禀议制进行的。

禀议制的文书处理方式，作为修复法制上的原则和运用中的实态背离的架构，而且作为对公务人员天天重复、重新确认原则上的决策权限和地位上的上下级关系的架构发挥着重要作用。

禀议制的组织基础

为什么在日本形成这样的禀议制，时至今日仍然可以维持延续下去呢？换句话说，就日本的中央省厅的决策而言，制度原则与操作实态之间为何产生这样的背离。关于这一点，有各种可能的解释。笔者认为不是将它直接与日本社会的文化联系起来论之，而是应该指出该特征与日本的官僚制组织的形成方式的紧密关联。

高级公务员和一般公务员的身份制

第一，战前官吏制度有高等官、判任官、雇、傭人的身份制，战后国家公务员制度中有高级公务员和一般公务员的身份制，禀议制与这种身份制有着紧密的联系。

明治维新以来，日本的上级官僚维持了旧士族的同质性。文官考试制度建立以来，这种同质性为出身于帝国大学的同质性代替。不久，大臣也从高级官僚中提拔。从大臣到高级官僚的高度同质性，正是推动裁决权的下放、代替裁决的许可，以及将政策制定工作委托给以高级官僚为核心的组织集体决策的主要因素。

另外，上述高级公务员和一般公务员的二重结构造成制定送达（通知）、通报等行政规则和内部规则的需要。这些业务指南的完善，使得将例行公事的处理委托给组织末端的负责公务员成为可能。

专管决策权限的分配结构

第二，正如第10章指出的那样，在日本官僚制组织中，组织单位的横向分掌（分工）结构比较明确。与此相反，上下的纵向系列分工结构即专管裁决权限的分配结构未清楚地界定，至于不同事项应该请示的专管裁决者是谁，在制度上还有很多不明晰的地方。因此，每个事项应该请示到何等层次是个问题，可以说，禀议制正好将各种事项因事制宜地作出了分工。

正是因为那不过是通过实际运用来补充法令的空白的习惯性做法，所以，就像在某大臣的时候请求大臣自己裁决的事项、在别的大臣的时候委托局长裁决一样，能够经常根据上下级人际关系有弹性地作出变更。

官房系统组织的健全

第三，通过监督有弹性而微妙的决策方式的运用，作为辅佐课长、局长、大臣的组织而发展起来的正是日本独特的官房系统组织中的文书、法令系统组织。也就是，这包括从各课的法律助理（副课长）、常务助理经过局的总务课，官房的文书课，一直到内阁官房、内阁法制局为止，联成一体的官房系统组织。

政治主导的强化改变了禀议制吗?

以上解说的日本中央省厅的决策方式，可以说是到目前为止的官僚主导体制下几乎定型的决策方式。

副大臣、大臣政务官制度的导入

但是，1990年以后的政治改革潮流中，强化政治主导的种种尝试逐渐地多了起来（参照第7章）。作为改革潮流之一，就像图16—2下面注释的那样，2001年（平成十三年）的中央省厅重组时，在各省大臣之下，设置了复数的副大臣和大臣政务官，以此来代替以前的政务次官。这个新的副大臣、大臣政务官制度能否作为政治主导的制度、在何种程度上有效利用，现在不观察制度运作的经过，还无法下结论。但是，如果能作为政治主导的制度发挥作用，大臣、副大臣、大臣政务官在上述巡回型的决策方式的前一段，即实质决策过程中就有可能作为实质性的决策者登场。

副大臣是参谋还是直线系统

如果复数的副大臣作为分管各局的直线主管、辅佐大臣的机制，那么，各省厅间的协调不是大臣官房与大臣官房间的博弈，或许可成为各省厅的主管副大臣之间的协调。

至于后一段的形式决策过程，如果副大臣、大臣政务官和以前的政务次官一样，停留在各省大臣的参谋的地位，那么，图 16—2 中的文书流程图几乎不会发生变化。但是，如果复数的副大臣作为分管各局的直线主管有效地发挥作用，那么，在局长文书裁决结束后，该文书在送交大臣官房前，也许要接受主管副大臣的裁决。诚如是，图 16—2 表示的文书流程就要发生相当大的变化。

副大臣、大臣政务官制度的导入，或者说政治主导的强化能否迫使官僚主导体制下的惯例，或者大臣官房的作用和机能发生怎样程度的改变呢？会不会变呢？这是值得研究的问题。

阅读资料

国会答辩材料的制作

井上诚一称日本国会答辩资料的决策方式，是与顺次传阅型和巡回型都不同的特殊禀议制。

“质询通报”和“领取质询”

国会和国会各委员会对政府提出质询时，在质询日之前要向有关省厅的官房总务课等、各省厅负责国会事务的课通报预定质询者和质询事项。

接到该“质询通报”以后，负责国会事务的课的职员马上谋划与预定质询议员接触，从其本人或秘书处打听到详细的预定质询事项，以及每一件质询事项所要求的答辩人。

在上述“领取质询”时，要求质询人删除难以答辩的事项，或改为容易答辩的问题，或将大臣答辩的要求转变为局长答辩，这项工作是负责国会事务的职员大显身手之处。

答辩材料的实质决策

领取质询工作完毕后，负责国会事务的课对质询事项进行整理，区分大臣答辩和局长答辩的事项，将其整理传达给有关局的总务课。这项工作，通常在答辩前一天的傍晚进行。在总务课，以综合课长辅佐为中心，将相关事项传达给有关各课，指示各课制作答辩材料（答辩文本和参考资料），同时，将质询的信息报告给局长、审议官，先听取其意见，再将其意见传达给有关各课。

各课答辩材料的制作，通常由负责相关事项的系长或课长助理在日常的公务用纸上写作原始方案，将它提交总括辅佐，然后课长审阅，接受其修改润色。各课制作完成的答辩材料方案，要由该课的职员按顺序巡回提交到局的总务课的法律系长、总务课长助理、总务课长、审议官、局长，供这些官员审阅，并接受其修改润色。不过，时间紧迫之时，也会直接送交局长接受其修改润色。在国会答辩材料制作过程中，局长亲自进行大幅度修改的情况是很常见的。

经过局长的审阅和润色修改的答辩材料方案，不用誊清就直送官房的负责国会事务的课。在官房的负责国会事务的课，先是课长审阅并进行修改润色，最后呈交官房长审阅，一旦得到官房长同意，大臣答辩的内容就可以确定下来。

预定质询事项传达给有关各课之后，制作答辩材料的工作优先于所有业务。因为得到迅速处理，答辩材料的方案到官房长审阅为止所需时间，据说最多 3 小时左右。

答辩资料形式的制成

经过官房长确定的大臣答辩材料，由制作原始方案的课的职员誊写在特殊格式的公文纸上。誊写后交付印刷，然后将一定份数提交局的总务课。此时，抽取其中一份，特别用心地确认是否有装订错误，是否有印刷不清晰之处等。确认后，盖上负责此答辩事务的课长的印章。这一份材料是为大臣专用。

这样，有关各课提交的答辩材料汇总到局的总务课后，再提交官房的负责国会事务的课。在官房的负责国会事务的课，按预定质询者分类整理答辩材料，在当天上交大臣秘书官。此时往往已是深夜。第二天早上，有关局长就答辩内容对大臣进行解释说明，这称为“大臣讲解”。

与此不同，如果是局长等政府委员答辩的事项，其答辩材料无需官房负责国会事务的课长和官房长审阅，也无需誊写在特殊格式的公文纸上。正因为大臣答辩和局长答辩的答辩材料制作所需人力和时间迥然不同，区分是否为大臣答辩是具体事务部门最关心的事。

政府委员制度的废除

根据 1999 年（平成十一年）的《国会法》的修正，各省厅局长等在国会委员会审议中作为政府委员答辩的制度被废除。其后，变为大臣答辩或综合政务次官答辩。2001 年（平成十三年）以后，变为大臣答辩或副大臣答辩。可以说，过去的局长答辩材料制作的简略程序将不复存在。

第 17 章

预算编制过程与审计

在前一章中，我们就与法令性质相近的行政规则进行了探讨，对其在中央政府部门内部如何被提出、决定的机制进行了概述。

在本章中，我们探讨政策的另一种基本表现形式——预算，概述预算的编制过程和审计，即：作为行政资源之一的财政资源的计划是如何被政府部门提出，如何被审核的；预算执行的结果是如何被确认，如何被审计和监督的。

17.1　预算循环

财政与预算

财政三功能

为政府行政活动的开展提供财源保障的政府财政具

有三种政策功能：资源配置功能、收入再分配功能、经济稳定功能。

资源配置功能是指政府提供市场机制所不能足够供给的公共物品（public goods）、市场机制所不能有效供给的准公共物品（quasi-public goods）或混合公共物品（mixed goods）的功能。调整国民经济中私人产品（private goods）与公共产品间的资源配置，以及调整各种公共产品间的资源配置，使其社会效用最大化，这才是财政原本具有的功能。

收入再分配功能，则是保障生存权成为政府职责之后被追加的功能，如对低收入者免征税、对高收入者累进征税、社会保障相关费用的支出等。这是一种通过各种财政措施，在社会阶层间进行收入分配的功能。

还有经济稳定功能，这是在 20 世纪 30 年代，作为克服慢性经济萧条的对策，政府利用发行国债的收入而积极扩大政府支出之后追加的最新功能。

财政民主主义

现代国家也被称作税收国家，这是因为现代国家的财政基础是政府单方强制征收的税收收入。

因此，在现代国家的形成过程中，围绕税收课征的是非问题，经常引发国家与社会间的尖锐对立。所以，为了破除这一僵局，开始采用召集纳税人代表协商的方式来解决，这就是今天议会制度的原型。

而且，政府的财政应该完全基于议会的议决来处理，这已经成为现代民主政治的一项基本原则。这在财政学中，被称为财政民主主义。实现财政民主主义的基本制度，就是税收法律主义，以及与预决算相关的议会的决议制度。

税收法律主义与预决算制度

税收法律主义，即使是日本，从旧宪法时代就已经开始确立。但关于预算制度，旧宪法允许在内阁责任之下，可以预算超支和预算外支出；而且在紧急事态发生时，可以不经过议会议决，根据敕令就能够处理财政；另外，为了防止因为预算案得不到议会通过而出现的不测，容许在这种情况下实施前一年度的预算。对此，新宪法第七章财政的条款，完全排除了这些缺漏，彻底贯彻了财政民主主义的原则。

预算的意义

所谓预算，是指对下一个会计年度（一般为一年）内实施内容的计划，是对原则上有履行义务的经费支出（岁出）和应当充当这一经费支出的收入（岁入）的预测所进行的有体系的总括。

同时，预算是应该在议会议决的一种立法形式，又是政府应该忠实地遵守的、负有法律义务的行为规范，因此预算在形式上也可以被看作法律的一种。不过，预算不同于其他法律，它不能作为审判的规范而被使用。

预算的监督功能

议会议决的预算，是纳税人的代表机关议会监督政府部门活动的规范。

岁出权限的赋予

第一，岁出预算意味着向政府部门赋予岁出的权限。反过来说，如果是没有依据岁出预算的支出、超出预算的支出，可以看作是被禁止的、违法的。

岁入计划的承认

第二，岁入计划相对于上面谈到的被赋予的岁出权限，是保障其得以实现的岁入计划，这不单单是岁入的估算，还意味着政府的征税或者是财政资金的借入得到了议会的承认。

各项税收的征收，需要依据相关税法的规定，就意味着如果为了保证与岁出预算一致的岁入而需要采取增税或者减税措施时，需要根据情况对税制进行修正。

财政政策公约

第三，因为预算是一个会计年度的财政计划，它理所当然地是表现资源配置、收入分配、经济稳定发展的有关政府政策的文件。同时，政府预算与企业预算不同，是政府对国民的公约。

特别是岁出预算，是政府向纳税人承诺如何使用税收，而政府部门负有忠实履行岁出预算的义务。而且，剩余的预算经费，如果不是对用于行政事务和公共事业的经费的合理节约，没有实实在在地完成行政事务和公共事业，那么将被视为没有履行义务，而应该受到谴责。

预算循环

预算是在：（1）预算编制过程；（2）预算执行过程；（3）决算过程中周而复始地运转，我们把它称为预算循环（budget cycle）。以下，我们参照日本中央部委的情况，说明一下预算循环。

预算编制过程

第一是预算编制过程，主要包含两方面的内容：（1）在政府内部进行的关于下一年度预算的编制过程；（2）政府编制的预算（为了区别于国会议决的预算，有时还把它称为政府预算或政府预算案）被提交到国会，由国会审议、修正、议决的过程。

预算编制过程，原则上必须在新的会计（财政）年度开始之前完成。日本的会计年度始于每年的 4 月，翌年的 3 月结束，因此预算必须在上一年度结束的 3 月末之前得到国会的决议（批准）。如果这时预算不能通过，其结果是：在新的年度，政府各部门无权支出一分钱，甚至不能支付公务员的工资。

于是，根据国会的预算审议情况，如果预算在这个时段仍然无法通过，为了避免政府部门的行政活动出现中断，就需要编制临时预算，并提交到国会，请求审议。但是，这一临时预算所包含的内容，只限于年度开始之初的用于事务性经常开支的经费。因此，新的年度开始时用临时预算打开局面，就意味着政府会推迟政策性行政事务和公共事业的开展，不是理想的状态。

预算执行过程

第二是预算执行过程，在这个过程中，需要制定预算的年度拨款计划，政府各部门的预算要根据这个计划而被分割、配置。于是，政府各部门根据这个拨款计划，签订建设工程的承包、物资购买的合同，着手实施行政事务和公共事业，并由此产生经费的支出。

不过，在此需要铭记的是：往往是在预算被国会承认之后，才开始为执行预算而进行法令、法规、规章等的修改工作，也可以说，此类立法作业与预算的执行同时进行。总之，凡是必须有预算作为根据的公共政策，政府部门的政策制定都是首先从争取预算开始的。

决算过程

第三是决算过程，开始于下一个年度。决算过程包含三方面内容：(1) 政府部门整理账簿、终结会计、编制决算报告的过程；(2) 与此并行，会计检查院进行审计的过程；(3) 政府部门的决算报告和会计检查院的审计报告提交给国会，被审议、承认的过程。这样，决算报告在国会被通过，就意味着政府部门预算责任被解除，一轮预算的循环告终。

但一般来说，由于决算过程需要长达一年半左右的时间，因此预算的循环过程算起来则需要三年半左右的时间。所以，就某一会计年度来看，政府各部门在执行该年度的预算的同时，也在准备下一个年度预算的概算，与此同时还在继续上一个年度的决算工作。而且此时，国会关于上上个年度的预算的决算审核可能还没有结束。其实，这三项程序就是这样同时进行的。

而根据有关预算的规范原则，关于上个年度的会计检查院的审计报告，或者是上上个年度预算的国会决算审议结果，应该直接反映到第二个年度的预算工作中去。也就是说，只有这样循环预算才能形成反馈路径。

议会的事前监督和事后监督

国会，首先由预算委员会来审议或修正政府编制的预算案，对政府部门的活动进行事前的控制，然后是通过决算委员会对决算报告和审计报告的审议，来对政府部门的活动加以事后监督。但是，日本的国会很少对预算加以修正，否决决算的情况也很少见到，而且修正和否决只是针对预算或决算中的部分事项而已。

我们在以下的探讨中，主要对于预算循环中政府预算的编制过程和审计工作进行详解。

17.2 预算编制过程中的决策方式

预算的宏观编制与微观编制

宏观与微观的预算编制

预算编制，分为宏观编制与微观编制两个方面。决定岁出预算总额的大体结构，相应编制岁入预算，决定修改税制和是否需要发行公债及公债的规模，这是宏观的预算编制；而对政府部门提出的每项预算要求进行严格的核定，决定各项岁出细目的预算结构，则是微观的预算编制。

财政所具有的政策性功能中的经济稳定功能和收入再分配功能的框架，受到预算的宏观编制结果的左右，而资源配置功能和收入再分配功能的具体细目，则是建立在各项预算的微观编制基础之上的。而且，提出预算概算要求的政府各部门所关心的是后者，即预算的微观编制；而对政府预算编制负最终责任的原大藏省主计局，最关心的是在前者的预算宏观编制中，自己提出的财政路线（财政政策、租税政策、公债政策）如何贯彻的问题。

宏观编制

于是，原大藏省主计局就与经济企划厅和通商产业省竞争，提出自己的经济预测，对政府关于“经济预测和经济运行的基调”的定调发挥自己的影响力。而且，主计局在参考原大藏省主税局提出的税收预测的同时，提出自己的税收预测，还加入关于税收外政府收入的估算，建立关于岁入预算的估算。关于税制的改革，要与原大藏省主税局进行协商，而关于财政投融资计划和发行公债，则与原大藏省理财局进行不断的协商。这样，主计局就在内部渐渐形成了自己的财政方针，将其主要内容表现在预算的概算要求基准上，在预算核定的最后阶段将其作为预算编制的方针，由内阁会议作出决定。而且微观的预算编制的汇总要控制在宏观的预算编制范围内。

经济财政咨询会议设立后的变化

但在 2001 年 1 月的中央省厅重组之后，原来的经济企划厅被废除，在新设立的内阁府中建立了专门审议经济整体运行和预算编制基本方针的经济财政咨询会议。它的建立是作为强化内阁功能的众多改革措施中的一项而被提出的，所以如果经济财政咨询会议能够如期发挥作用，那么我们在这里概括介绍过的预算的宏观编制，今后应该是在内阁主导之下，由经济财政咨询会议来实行。不过，在这种情况下，以往的经济计划的制定方法将如何变化，预算的宏观编制和微观编制如何整合，取代原通商产业省的新的经济产业省，取代原大藏省的新的财务省主计局、主税局、理财局等部门间的协调或者对抗的关系如何变化，现在还很难预测。

预算编制的程序和时间表

微观的预算编制程序

另外，微观的预算编制过程由以下四个阶段构成。而且，这一预算的编制程序，今后也可能基本不变。

第一阶段，是各省厅中的各课编制自己的预算要求原案，并将其送交到各局中的总务课的阶段。如果有下设地方派出机构或者附属机构，各课将先从这些机构的预算相关部门那里获得它们的预算原案，从中选择取舍哪些应该是本省厅的主管课应该要求的预算。这一选择取舍的过程，从地方派出机构或者附属机构的角度来看，就相当于在接受预算的第一次核定。不过，当事者对第一阶段的选择取舍往往不认为是在接受核定，而且关于选择取舍的结果甚至不正式通告给这些提出预算要求的机构。

第二阶段，是就第一阶段各课提出的预算要求原案，由各局的总务课来具体核定，编制各局的预算要求计划，然后将其提交给各省厅官房中的负责预算编制的课（大多数省厅是会计课）的过程。

第三阶段，是就第二个阶段各局提交的预算要求计划，由官房负责预算编制的课来进行核定，汇总为省厅正式的概算要求计划，并将其提交到财务省主计局的阶段。

第四阶段，是就各省厅提交的概算要求计划，由财务省主计局进行核定，将其最终审核结果报告给内阁会议，决定政府预算的阶段。

预算编制时间表

因为预算一般要在上一个年度末通过国会的议决，所以预算编制过程中的每个阶段都被设定严格的期限。

因为第一阶段必须在每年的 5 月末或 6 月初完成，所以地方派出机构及附属机构负责预算的部门，在刚刚进入新的年度时就早早地开始研究如何制定下个年度的预算要求原案。

第二阶段必须在 6 月末或者 7 月初完成，而第三阶段必须在 8 月末或者 9 月初完成。

在最后阶段的第四阶段，财务省编制的预算计划原案，一般在 12 月

20 日之后被内部传达，由此各部委开始急急忙忙与财务省协商要求恢复未被核定的预算要求。于是，经过协商谈判得出的最终结果，被报告给年末政府本年度工作就要结束时举行的关于预算问题的内阁会议。新年伊始，这次会议追认的政府预算方案被印刷好后，提交到 1 月下旬召开的国会，提请审议。

预算编制过程中的决策类型

非禀议书型的决策类型

我们在前一章图 16—1 中看到的预算编制过程中的决策方式，属于非禀议书型的决策类型。

之所以将其分类为文书型中的处理方式的特定类型，是因为预算要求的文书是财务省指定的被称作三段表的具有一定格式的表格，需要填写后并附上相关说明的参考资料。而且，对预算要求的核定，实际上是在提出预算要求的部门同意预算核定部门的内部意见时成立，所以将其归类为非禀议书型的决策类型。

实际上，在第二阶段以及第三阶段的工作完成后，也要分别起草禀议书，并对其裁决。只是这个禀议书是事后的文书处理工作，完全是形式化的过程。由于这个缘故，如果把预算决策过程中的决策类型看作禀议书类型，其实是对决策方式的实际运作形态的一种误解。

局一级的预算编制过程

那么，预算编制过程中的决策方式是怎样的呢？图 17—1 描述了从前述第一阶段到第二阶段的局级预算编制过程的具体流程。

各局中的总务课，根据各课送交的预算要求原案，就每项预算要求的理由、估算的根据等听取各课的详细说明，问询应答较为热烈。我们将其称为总务课听证。

在这个听证会上，各课课长到系长的相关人员全部参加，总务课中的总务课长、总括辅佐和预算担当辅佐发挥着重要的核心作用。

听证会的中心议题是政策性预算，关于劳务费、办公物材费用等事务性预算，完全委托预算担当辅佐处理，由该辅佐来核定。关于政策性预算中的最为重要的事项的核定，留给之后的局长核定去处理，其他的事项中

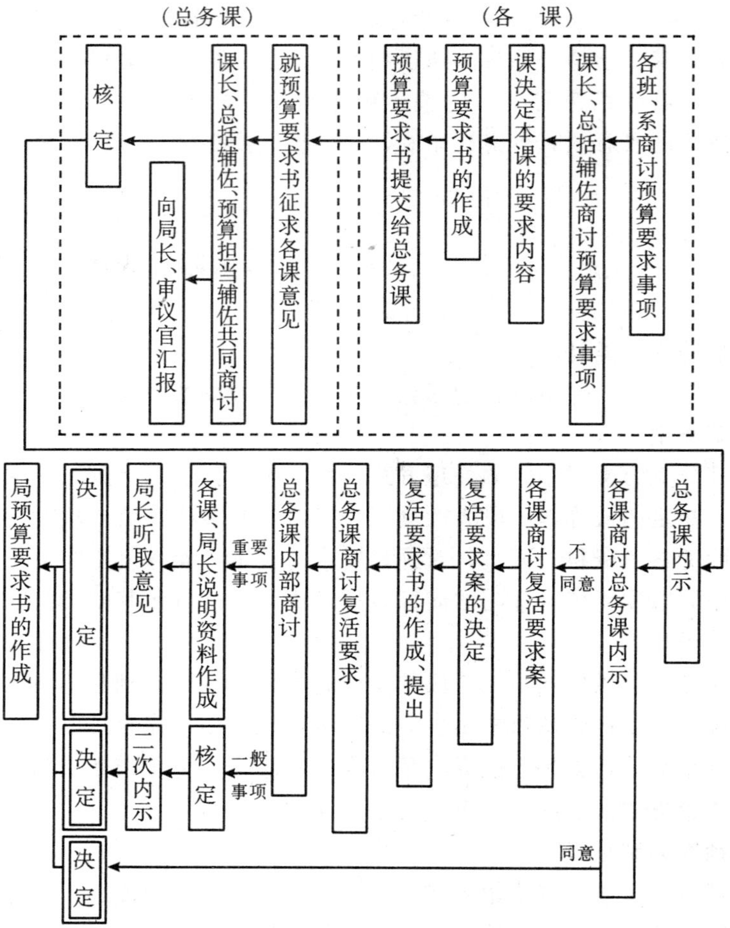

图 17—1　局级预算要求原案的决定过程

资料来源：井上诚一：《关于禀议制批判论的考察——我国行政机构决策过程的实态》，财团法人行政管理研究中心，1981。

较为重要的事项由课长核定，除此之外的事项由总括辅佐核定，而且核定结果内部传达给提出预算要求的课。这被称为第一次内示。第一次内示所显示的核定方案，如果是提出预算要求的各课也同意核定结果的话，就可以原原本本地作为局的预算要求事项而被确定。

第一次内示被删除或减额的事项中，就各课不能同意的预算核定可以提出恢复原案（复活）的要求。但是，在这个阶段如果提出要完全恢复到最初的预算原案的状态的话，就有可能损害预算核定方的威信，则不是上策。所以，所谓复活要求的提出，实际上是对当初预算要求多少加以修正后进行的。

就各课提出的预算复活要求，再次进行听证后，然后第二次内部宣布核定的结果，有关最重要的事项则需要转入局长听证的程序。经过几个反复确定下来的各课的预算要求计划，由总务课预算担当系（科）汇编成一册，作为局的预算要求计划提交给官房专门负责预算工作的课。

省厅一级的预算编制过程

第三阶段省厅一级预算编制过程的程序，也基本与此相同。只是在这一阶段，核定部门改为官房中的专门负责预算的课，各局的总务课所担当的角色也改为提出预算要求的一方，与各课步调一致起来。

而且在这个阶段，相当于前述局长听证的官房长、事务次官听证好像不进行。同时，需要前述局长听证来决策的局的重点预算计划，完全交由总务课与官房中专门负责预算工作的课之间的协商交涉而定。

政府的预算编制过程

第四阶段的政府的预算编制过程，其基本程序也大体相同。只是这个阶段的预算核定部门是财务省主计局，各省厅官房中负责预算工作的课则开始站在预算要求一方的立场上行动。

主计官与主查

第二个特点表现在：由于政府层面的预算核定事务庞大，所以主计局设有三名次长（司长级），下面还有 11 名主计官（课长级），其中的 9 位主计官分别负责各省厅的预算，而且各位主计官之下还配置多位主查（课长辅佐级），这些主查分别负责不同省厅或者局的预算核定。而且各位主计官、主查的预算审核的方针，要在局长会议上协调决定。而在这个会议上，主计官、主查往往站在为预算要求方的各省厅辩护的立场上提出意见，而局长、次长、常务主计官则站在预算核定一方的立场上听取意见，对整体工作进行协调。

恢复原案（复活）协商

第三个特点是，12 月下旬财务省的预算原案进行内部传达（第一次内示）之后，会出现几个阶段的关于未核准预算的恢复原案（复活）协商，而且在每个阶段，协商协调的当事者都是不同的。首先，各局的总务课长与主查进行协商（总务课长协商），在这里就第二次内示的内容达成共识的同时，还要为接下来的局长与主计官的协商（局长协商）作准备，打前哨战。经过局长协商，就第三次内示的内容顺利达成共识之后，就要为接下来的事务次官与主计次长的协商（次官协商）作准备。这样，次官协商的结果是第五次内示的出台，在大臣与主计局长的协商中确定第五次内示。另外在过去，有关政治色彩浓厚的预算事项，最后要拿到执政党三巨头或四巨头与大藏大臣之间进行的政治协商中加以协调。但近年来，这类政治协商并没有出现，最后是由各省厅大臣与大藏大臣协商后最终决定的。

预算编制过程中的决策方式的特点

在此，就上述预算编制过程中的决策方式所存在的为人们所认知的几个特点进行梳理和概括。

时间限制

首先需要指出的是，预算决策受到严格的时间上的制约。

新年度开始之前预算必须在国会通过。在这种绝对的前提要求之下，需要倒计时设定预算编制各个阶段的期限。所以，即便预算要求方和核定方之间存在激烈的意见对立，但必须在期限到来之前作出某种抉择。如果不作出任何抉择，那么这个预算要求在这个年度的核定就是零核定，需要推到下一个年度之后的协商中处理。

对立者间的协调连锁结构

预算编制过程中所体现的决策方式，与前章中我们所探讨的禀议书型的决策方式不同，不是相关者互相协调为达成共识而努力，而是呈现出角色对立的两个当事者间协调协商的结构。

无论是在哪一个阶段，想尽量获取多一点预算的一方，与试图使预算控制在可能的范围内、以对预算要求进行严格审核为已任的预算审核的一方之间，都会有激烈的攻防战。

而且，各个阶段中的预算核定者，进入到下一个阶段之后，就开始为提出预算要求的一方进行辩护，在最后的阶段还会作为其代表而展开行动。真所谓今天的敌人，就是明天的朋友。于是，提出预算要求的一方决不会与预算核定方出现决定性的决裂，而只能是执著地请求核定方给予理解而已。

实际决定权的分散结构

前述禀议制决策方式，是说获得拥有最终裁决权者的裁决，才第一次有了一个决定，为此无数个相关者的决策都不过是在辅助这个最终决策者的裁决而已。与此相反，在预算编制过程中，无数个决策由多人分工负责，其结果是关于每一个预算事项的决策事实上都是根据负责该事项的担当者一个人的判断而决定的，绝不是集体决策。

也就是说，在第二阶段，就已经根据预算事项的重要程度将核定权分别下放给了总务课的预算担当辅佐、总括辅佐、课长还有局长。关于各省厅预算的核定，权力不仅仅分别掌握在主查和主计官手中，而且根据事项的重要程度，进行最后核定的负责人是不同的。

这是由于预算编制工作过于复杂庞大，无论是谁都不能仅靠一个人的力量将所有的预算审查完。

部分决策的累积结构

另一个特征是无论在哪一个阶段，如第一次内示所确定的事项、第二次内示确定的事项、之后的更高层次听证确定的事项、或者是一直保留到复活协商阶段为止的重要事项等，实际上是部分的决策反复被确定，而渐渐累积的过程。这是因为一直到最后的预算核定结束为止，如果将一切都定位为暂时决定的状态的话，有可能又要出现争论，永远得不出结论。

这也不过是为了在短暂的时间里，进行复杂而庞大的决策而采用的方便做法而已。

财政投融资计划与机构、人员编制

以往与预算有着非常密切关联的是财政投融资计划和行政机关的机构、人员编制。因此预算编制的同时，进行的还有财政投融资计划的制定，以及机构变更的审查和人员编制改定的审查。财源与人力资源这两种行政资源的筹措是联动的。

财政投融资计划的制定

所谓财政投融资（经常被简称为财投），是指政府将邮政储蓄、邮政年金、简易保险、厚生年金、国民年金等作为基金而由政府拥有的资金，以及通过政府信用而筹措到的资金等的政府资金，用于政策目标实现的政府行为。而财政投融资计划就是将财政投融资以会计（预算）年度为单位进行分配的计划，它具有应叫做“第二种预算”的特点（参见图 17—2）。

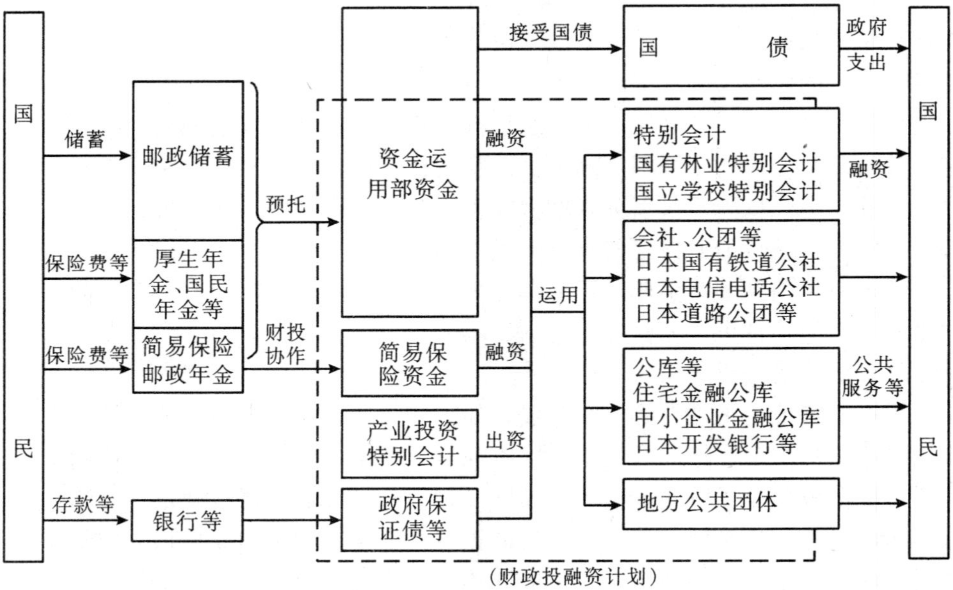

图 17—2　财政投融资的流动

注：此图是邮政储蓄和年金累积金转移给资金运用部的委托寄存制度被废止前的资金流程图，而且表示的是国有企业民营化之前的资金流动。虚线内为当时基于投融资计划而进行的资金运作。

资料来源：公文宏等编著：《图说财政投融资》，3 页，1983。

各省厅管理那些使用财政投融资资金的特别会计、特殊法人、地方公共团体的主管课，通常在提出预算要求的同时，也向原大藏省理财局提交计划，请求向其管理下的机构提供投融资政府基金。这时，主计局和理财局就会对预算和财政投融资计划如何协调问题进行协商。

财政投融资改革后的变化

不过，这种财政投融资机制也被大幅度改革。由于邮政储蓄、年金基金等委托给资金运用部管理的制度被废止，改为各自自主运用，因此原来作为财政投融资使用的资金大幅度减少。为了填补这一资金空缺，就通过发行财政投融资债（简称财投债）和财政投融资机关债（简称财投机关债）筹措资金。

财投债是国家依据自身的信用来综合筹措资金的债券；财投机关债是各类公库、公团等的特殊法人等各自独立发行的进行资金筹措的债券。但靠后者的财投机关债的发行来筹措资金，其可能性有多大人们还存有顾虑。

不管怎样，财政投融资制度本身已经发生了较大的变化，今后财政投融资计划的决策机制也很有可能会发生更大的变动。

机构、人员编制的核定

预算要求的计划，简而言之就是要求扩充、转换以往的政策措施，或者是请求制定全新的政策。所以，为了使其顺利实施，一般而言需要对管辖这些政策措施的行政机关和附属机构的机构编制（包括职位）进行重组、新设，以及增加这些机构的人员编制。而且，机构的增加经常伴随着设施管理费用、机关设备费用的需求增大，而且人员编制的扩大也必然伴随着劳务开支的增大。

所以，各课将关于组织机构的变更和人员编制的改定的请求，与事务事业经费的预算请求放在一起，一同写入预算请求计划书中。

不过，有关组织机构变更是否恰当的审查和人员编制的改定是否必要的核定，有些不同于关于政府部门事务事业经费的核定。前者的审查和核定先于财务省主计局进行的预算核定，由总务省行政管理局负责。而且正像在第 7 章图 7—2 中显示的那样，它是与预算核定互相联动的。

另外，总务省行政管理局中，设有相当于财务省主计局主计官、主查那样分管具体对象部门的管理官和副管理官，其核定的程序也与主计局基本相同。

不过，自民党内关于行政改革的讨论过程中，提出了人员编制应该控制在劳务费的预算总额内，可以灵活改变公务员职数限额的方案。如果这一制度设计被采纳，以往的人员编制核定和预算审查相联动的管理机制将会产生变化。

17.3 会计检查（审计监察）

行政活动的监察

评价与监察

行政管理理论告诉我们，对应于政策的设计、决定、实施、评价的不同阶段，行政活动也应该有计划（plan）、决定（decide）、实施（do）、评价（see）的不同过程。而日本的行政活动往往具有“偏重计划”的倾向，也就是说人们对评价行政活动结果的必要性认识比较薄弱。

主要对行政活动进行评价的是被称为监察、监查、检查等的活动。在议会内阁制的政治结构之下，对照法令、预算来指挥监督各行政性部门不出现违法不当行为，这是分工管理国政事务的各省大臣应负有的最基本的对议会的责任（accountability）。所以，也正因为如此，各省厅中的对所掌管事务的监察事务通常是作为官房掌管事务的一部分的。

但是，像国税厅、邮政事业厅（将变更为邮政公社）等省厅，由于其业务多与金钱出纳相关，因此它们一般设有专门负责监察事务的单独的机构。另外还有一些较罕见的专门机构，如专门监察生活·保护行政的厚生省社会援护局监察指导课。

内部监察与外部监察

内部监察是指各省厅就自身事务自己开展的监查、监察活动。相对而言，外部监察是指独立于监察对象的省厅的机关，从外部进行的监查、监察活动。

这种意义上的外部监察，主要有财务省进行的财务监察和总务省开展的行政监察。前者是对各省厅预算的执行状况进行实地监察，是《会计法》授权给财务大臣，监督各省厅预算执行的一项权力，但实际上没有很好地运用起来。后者的监察内容不限于财务会计适当与否，是广泛对所有的行政活动的开展进行监察，由总务省行政评价局负责，活动开展得较为活跃。

这两者都是在内阁的责任之下实施的政府内部的监查和监察，所以其目的并不是为了发现过去的违法不当行为以及追究相关责任，这些外部监察活动的主要目标被设定为如何使预算执行和政府部门的行政活动今后更加完善。所以，根据行政监察的结果提出的劝告可以公之于众，但对成为劝告依据的个别具体的不良行政案例则不能公开。

与此形成鲜明对照的是以下我们要探讨的审计（audit），它是由独立的机关会计检查院实施的完全的外部监察。正因为如此，会计检查院依靠具有强制力的调查权进行审计，并可以将审计结果写入审计报告中，还与人事院的劝告方式不同，审计报告虽然经由内阁，但是要向国会报告的。

会计检查院与审计

会计检查院

《宪法》第 90 条是会计检查院的明文依据，《会计检查院法》还规定它“对内阁拥有独立地位”。

会计检查院是由内阁经国会众参两院的同意任命的检查官所构成的合议制的检查官会议及其事务总局构成的。另外，它拥有可以制定与政令同等规格的法规制定权，受到双重预算制度保护。像我们在第 8 章中所叙述的那样，人事院创设的时候，就是参照了这个制度模式。

审计与审计报告

会计检查院的工作任务是：检查和确认中央政府收入支出的决算；通过经常性审计，监督会计财务工作，保证其适当准确和完善；审计《会计检查院法》规定的中央政府之外的各机关的会计财务；将审计结果写入审计报告，向国会报告。

会计检查院经过审计，当发现不当会计财务问题时，可以指出问题，并要求改正；审计发现因故意或重大过失而导致国家利益受到严重损害时，有权提出惩戒处分相关会计人员的要求；还可以审理出纳人员、物资管理人员是否因工作疏忽等而给国家带来损失，有权审定是否应该承担赔偿责任等。另外，会计检查院所指出的问题、提出的处分要求以及对责任的审定等，都要明确载入提交给国会的审计报告中。

指正问题的类别

审计报告中作为不当会计财务问题而被指正的事项，大体可以划分为三种情况：其一，“违反法律、政令或预算，或者被认为不当的事项”（《会计检查院法》第 29 条第 3 款适用事项）；其二，“违反会计财务相关法律，或者被认为不当的事项”（该法律第 34 条适用事项），是会计检查院有权表明意见或者要求改正的事项；其三，“关于法令、制度或者行政运营，有必要完善的事项”（该法律第 36 条适用事项），也是会计检查院有权表明意见或者要求加以完善改正的事项。

从以往审计报告的内容分类来看，指正个别会计财务的违法不当问题，并追究其责任的事项，是作为第一种类型被处理的；指出个别会计财务问题背后存在的制度性原因，并要求改正完善，预防类似问题发生的审计报告所记载的事项，其中问题不大的轻微问题的处理属于第二种类型，问题较大的重要事项的处理则属于第三种类型。不过，其种类如何明确区分，也就是说，每个法律条款如何区分适用的基本标准还不是非常明确。

审计的标准

关于独立的审计机关所开展的审计工作，在审计的对象机关和对象事物的范围、审计的标准、审计的手法、审计报告的方法等问题上存在很多争论，我们在这里只就审计标准问题进行讨论。

合法性标准

在审计工作中，对会计财务适当与否进行判定的时候所使用的最传统的基本标准就是合法性（legality）或合规则性（regularity）。即每项会计财务的处理，对照法令、预算、会计规则和财会管理的常规，看它是否违法不当的审计标准。

3E 标准

但现在很多国家的审计部门，在合法性审计标准之上又加入了经济（economy）、效率性（efficiency）、有效性（effectiveness）三个标准。表示这三个标准的英文单词的字头都是 E，所以从事审计工作的人士就将其称为 3E 标准。

审计工作者认为：所谓第一个经济标准，看是否有能用最小的费用获得同样成果的方法的标准；第二个效率性标准，看是否有用同样的费用而获得更大成果的方法的标准；另外，第三个有效性标准，看政策措施或公共事业所预期的目标是否充分实现的标准。

日本会计检查（审计）的变化

日本的会计检查院通过审计所指出的问题，从昭和 20 年代到昭和 30 年代，主要是对照合法性标准，集中在违法不当问题的审计上。这些问题属于前述第一种类型，即是作为适用《会计检查院法》第 29 条第 3 款规定而做出的处理。但在这之后，会计检查院就这一类型的问题提出意见开始变少。

与此不同的是，从昭和四十年代中期开始，前述第二种类型和第三种类型的相关事项却增多了。即是第 34 条及第 36 条的适用事项，其中很多是适用新的 3E 标准审计而提出的问题。

3E 标准中，尤其是关于有效性标准是否妥当的问题引发了争论。这是因为，如果通过审计指出某一政策措施或公共事业缺乏有效性的话，那么会计检查院不就是介入到国会或者内阁的责任领域了吗？人们对此存在一些疑问。所以，会计检查院对此也持慎重态度，对认为是缺乏有效性的事项，一般不要求作出改善处置，而是仅仅表明意见，就如何采取对策加以完善，则完全将责任交给了主管省厅。

特记（特别记载）事项

其中，如关于原国有铁路的旅客运输经营恶化、核燃料船“MU-TUS”的研发问题、国有林业的经营问题等，都被认为是需要进行根本性的政策转变的问题。关于这一类问题，会计检查院是可以作为“其他认为必要的事项”而写入审计报告中的。这是对《会计检查院法施行规则》第 15 条之规定的灵活运用，即采取了在审计报告中通过记载“认为有必要特别记叙的事项”（特记，或特别记载事项），而促使相关者关注讨论的方法。

可以说，会计检查院通过解释和运用战后制定的《会计检查院法》所规定的权限，去应对财务会计出现的变化，使审计工作的重心发生了变化。

阅读资料

预算的审查权神圣不可侵犯吗?

主计局主导的预算编制

日本中央政府的预算，几乎百分之百是由大藏省主计局编制的。

政府预算草案在国会上被修正的情况，可以说基本上没有。即使在政府预算的编制过程中，不但内阁总理大臣不会介入其中，甚至在内阁会议上也不会有实质性的讨论。

各省厅就预算的概算要求向族议员作出说明，请求支持。在预算复活协商的最后阶段，要进行大臣协商，有时还会把这些问题带到执政党首脑与大藏大臣之间的协商中来。不过，一直到最后都在应对预算协商的是大藏大臣以及大藏省。

同时，主计局进行的预算核定，99%的工作是完全由主计局次长之下的官员负责的。而主计局长或者大藏大臣的判断或指示能够发挥影响作用的空间非常小。原来的主计局官僚们之所以口头上常说“神圣不可侵犯的审查权”，就是出于这个原因。

日本模式的特殊性

但是，这好像是日本特有的现象。

美国联邦政府虽然是将总统府行政管理与预算局编制的政府预算(budget)作为预算报告提交给议会，但这不过是议会在进行岁出权限法(appropriation acts)的立法时的参考资料而已。预算实际上是由议会编制的。

相反，在实行议会内阁制的法国、英国、德国，同日本一样，预算是由与各政府部门同级的财政部门编制的（法国在1978年将预算部从经济与财政部中分离独立出来，但1983年之后，经济与财政部长开始兼任预算部长）。但是，无论是哪个国家的政府预算的编制或者是实际上作为预算编制前期工作的公共支出计划的制定，在这些工作的最后阶段都要提交到总统、首相或者是内阁会议，作出政治决断。

日本以往的方法是将预算编制权几乎完全授予给了大藏省主计局，这是昭和初期以来延续下来的传统。始于 1936 年的广田内阁时期，政府各部门激烈反对井上内阁大藏大臣提出的紧缩财政的方针，使得预算协商难以进行，所以当时出现了要将主计局的职能转移到内阁直属机关的行政改革方案。而且在战争时期，军部也提出了同样的方案。不过，无论是在哪个时期，改革方案都没能实现。在 1962 年开始的临时行政调查会（第一次临调）的审议过程中，也讨论了同样的改革问题，但是没有被采纳进答询（建议）报告。

真正重要的问题是什么？

关于预算编制权的所属，至今为止反复议论多次的问题是：编制权交给各部门同级的大藏省是否妥当，是否应该将权力转移到行政组织中比各省高出一级的内阁或者是内阁总理大臣的直属机关。但是，真正应该成为问题的不是这些。

的确，原大藏省在形式上是与各省同级的行政机关，但是关于主计局，人们承认习惯上它是比各省厅中的各个局实际高出一个级别到两个级别的机关。关于这个问题，只要看一看预算复活协调过程中是谁与谁在谈判，就很清楚了。

而且，将主计局从财务省转移到内阁府的话，可能会给主计局与主税局、理财局的关系带来一些变化，但是这个问题并不是那么重要的问题。

真正重要的问题，并不是预算核定机关在组织架构上的定位，而是阁僚等政治家多大程度上实际介入预算编制过程的问题。实际上，各省厅在汇总概算要求计划的时候，大臣并没有发挥非常积极的作用。主计局主导下的预算编制体制，是建立在各省厅的官僚主导预算要求体制之上的，与此同时，反过来又起到了维护它们的防波堤作用。

能实现内阁主导吗？

2001 年之后，内阁府设立了经济财政咨询会议，在各省中又增设了多个副大臣、大臣政务官。这能否给以往的主计局主导的预算编制体制带来变化，非常值得关注。

第 18 章

行政活动的效率

在第 17 章第三节中，我们就各国政府审计活动中都在运用的合法性、节约、效率性、有效性的审计标准进行了简单介绍。在本章中，我们在此基础之上，就行政活动的效率问题作更为详细的讨论。

美国行政学的核心概念

效率，曾经是美国行政学的核心概念。而且即使是现在，在评价公共政策或行政活动的理论研究和实践活动中，效率概念总是经常出现。

行政评价的多种价值标准

当然，效率并不是评价政策或行政活动好坏的唯一的、最高的价值标准。像在第 4 章中我们所谈到的那样，观察现代国家行政活动的视角及其评价它的价值标准，实际上是多种多样的。也就是说，如果我们将行政活动的过程的民主性、程序的公正性作为视角观察问题的话，就要根据正统性、合法性、公平性等价值标准进行价值判断；如果担心行政活动具有自我扩张倾向，并试图遏制这种趋势的话，就要严格验证行政活动是否具有必要性、节约和效率性；如果关注公共政策的社会整合功能的话，重要的是需要追问政策或者行政活动是否具有必要性、有效性和适应性。

民主性与效率性、效率性与有效性

虽说如此，不过多样化的价值标准实际上是相互密切关联的，而且并不能明确区分。回顾美国行政学的效率概念的发展，我们可以发现：效率最初是与民主比较而言的，后来又是与有效性相关联而言的。

什么是效率？令人意想不到的是，这是一个非常复杂的问题。

18.1　效率概念的发展

早期的美国行政学，为了分离出政党政治不应介入行政的固有领域，确立这个领域的合理规则，学习了科学管理理论，从中摄取了诸多管理原则，发展出了行政管理理论。正因为如此，美国行政学给予效率概念特别高的价值定位。不过，关于效率概念的确定定义，直到今天还是众说纷纭。

在这里，首先将效率一词的主要用法分为以下三种类型来进行诠释，以便开始我们的讨论。

效率＝官僚制原理

首先是第一种用法，是将效率作为与民主原理对立的概念。而且，其起源可以追溯到威尔逊的经典论文《行政之研究》(1887)。

政治体制的效率、低效率

威尔逊在这篇文章中，认为行政活动的扩大及其有效性支撑政治合法性的时代已经到来。他从这一认识出发，指出即使是在民主制国家也不能只是像过去那样专心用复杂的控制制衡机制监督政府，而是要想办法使政府具有活力，必须建立由会工作、有能力、专业的行政人员所组成的公务员队伍。他在这篇文章中讲述的所谓“效率政府”，不过是把官僚制原理嫁接到民主制原理的政府而已。

劳威尔（A. L. Lowell）也在他的论文《民主政府的专业行政官》中，把美国政治与欧洲国家作了比较，认为前者是外行管理的无效率的政治，后者的特点是专家辅助之下的效率政治。

到了第一次世界大战后，芬威克（C. G. Fenwick）在他的论文《民主政府与效率政府——大战的教训》（1920 年）中认为：民主政府的特点是权力分散、摩擦和倾轧，难以满意的妥协、决定迟缓等；而效率政府的特点是权力集中、建立在一元化指挥命令系统基础上的有条不紊的秩序、决定迅速、专家决策等。

无论哪种诠释，效率一词都是形容以官僚制原理为基础的、有能力的政府所具有的一些概括性的特点，没有更进一步对效率的内涵做具体的定义。

总之，所谓的效率，基本上与有能力、善于工作、工作迅速等是同义的。

民主而有效率的行政

这种用法也见于盟军总司令部（GHQ）影响下制定的战后日本的法律中。如《国家公务员法》第一条规定：“本法确立适用于作为国家公务员的职员的各种管理标准，为了使职员在履行职务时能够最大限度地发挥效率，规定用民主的方法进行选择和指导，目的是保障公务能够为国民民主且有效率地办理”。《地方自治法》第一条规定：“本法，根据地方自治的宗旨……以确保地方公共团体民主而且效率的行政，以及保证地方公共团体的健全发展为目的。”

在这里之所以用公务“民主且有效率地办理”、“民主而且效率的行政”的词汇来表达，也不过是要调和民主制原理和官僚制原理。

效率＝投入·产出的比率

第二种用法，是把效率作为评价每个活动的效能的概念，将投入到某一活动中的努力与从活动中产出的成果之间的对比称为效率。

以最小的努力得到最大的成果

也就是说，以最小的努力获得最大成果的方法是最有效率的方法。要比较可替代选择的多个备案的效率，就必须首先测定每个备案的效率，然后找出相互间的序数关系。一般运用的计算效率的方法是除法，即用产出量除以投入量，比较二者比率的高低的方法。有时还运用减法，即从产出量中减去投入量，比较二者差的大小的方法。

纽约市政调查会与西蒙

在美国行政学发展过程中，使效率的这一用法得以普及的是非常热心于借鉴科学管理理论的纽约市政调查会的研究人员。对其进行潜心研究，明确定义出效率概念的是青年西蒙。因此在今天，这可以说是最为正统的效率概念。关于这个问题，我们在下节中再作详细讨论，在此我们就行政活动中的投入产出比率的含义进行说明。

经费、作业量、生产量、效果

将这个效率概念用于行政活动的时候，首先碰到的问题就是应该把什么看作投入（input），又把什么看作产出（output）。

为了解决这个问题，我们认为有必要将行政活动分为经费→作业量→生产量→效果四个阶段。在此，我们借用家庭垃圾的回收利用这一活动为例加以说明。首先，将劳务费和设备费用等“经费”列入清扫部门的预算中，这样才可以雇用一定的从事清扫作业的人员，以及购进一定台数的垃圾回收运输车辆等。那么，这些人员的实际劳动时间和垃圾回收运输车辆的运行距离等，就是将这一经费作为投入而产出的“作业量”。而这些作业量的成果，是垃圾的回收量或者是一个星期中的回收次数等结果。这就是投入作业量后而产出的“生产量”。那么，这些工作实绩所产出的“效果”是什么呢？就是，由于清扫工作的实施，街上的垃圾不再堆积、环境变得整洁，保持了卫生的状态，而且每个家庭的垃圾处理费用和劳力大幅度减小等。

投入产出比率

将行政活动作为这种多层次的四阶段来把握的话，从理论上讲，行政活动的效率应该有以下六种。首先是将经费作为投入，作业量、生产量、效果分别为产出时的三种效率；其次是将作业量作为投入，生产量、效果分别为产出时的两种效率；最后是将生产量作为投入，效果为产出时的一种效率。

效率的类别

作为审计的标准经常使用的节约和效率性，都是将经费作为投入时的一种效率。

作为政策分析方法被广泛使用的费用效果分析或成本效益分析，都是将经费作为投入，将效果作为产出，试图由此来测定政策实施的效率。

与此不同的是，我们一般计算的生产率（productivity），是将作业量（劳动时间）作为投入，而将生产量（生产量）作为产出时的效率。

效率＝对组织活动的满足度

效率概念的第三种用法，是将参加组织活动的人对组织活动的满足程度看作是判断效率高低的终极标准。

狄莫克的社会效率理论

美国行政学家马歇尔·狄莫克（M. Dimock）批判将投入产出比率作为效率，认为这是非常机械的效率观，而真正的效率是社会效率，它取决于组织中的人员的劳动热情（道德情操）和组织提供的产品、服务的消费者的满足感。

巴纳德的效率理论

现代组织理论的创始人巴纳德，也提出了与此类似的效率概念。他首先区别了组织活动的有效性（effectiveness）与效率性（efficiency）的不同，在此基础之上，他提出有效性是指组织目标的达成程度，相对而言，效率性是组织中的成员，以及凡是为组织活动作出贡献的人们所感受到的满足程度。

人际关系理论的影响

实际上，他们是在假设：如果贡献于某一组织活动的人的满足程度高的话，那么他们对组织的贡献热情会越来越高涨，如果贡献欲望高的话，组织活动也会自然而然不断扩展，二者间因果关系成立。可见，这一理论假设明显受到了人际关系理论的强烈影响。换言之，这些观点实际上是对科学管理理论以来的效率至上主义提出的质疑，认为组织活动效率的产生可以追溯到这些因果连锁关系之根源——活生生的个人的满足感，并试图通过满足程度的测定，把人的心理要素导入到效率概念之中。

但是，这个第三种效率概念同前述第一种效率概念一样，虽然可以作为对行政活动的好坏进行总体评价的概念，却不能评估每个组织活动的具体内容的好坏。而且，相关者满足程度高的组织活动、组织成员劳动热情高的组织活动，也不能保证其组织目标总是能够有效达成。

所以说，这种话语环境之下的效率概念，是不能直接同每个具体的政策、措施、事业（项目）的实施活动的好坏联系在一起的。

18.2　投入产出比率的意义与局限

有效性与效率性

概念的界定

为了使作为投入产出比率的效率概念更为精确，那么明确区分有效性（effectiveness）概念和效率性（efficiency）概念则是其必要的前提条件。不过，如何区分使用这两个概念，时至今日仍然没有确定。

我们在这里可以将有效性定义为：对照预期的目标水准，依据目标水准的完成程度来评价某一活动实绩的标准；将效率性定义为：根据投入产出的比率，评价某一活动实绩的标准。

有效性标准的意义

由此将这些定义适用于行政活动的时候，有效性则可以说是直接评价政策、措施、项目的实施效果好坏的标准。评价的对象既有政策等实施活动的经费、作业量、生产量层面的内容，也有效果层面的内容。而且，评价时使用的标准，有可能是比照政府自身的计划目标的达成程度，也有可能是对照评价方的期待水准的达成程度。但是，无论是哪一种，都是评价行政服务水平好坏的标准。

而且，这也包含了普通市民在日常生活中所进行的比较单纯的对政府活动的评价，但这是评价行政活动的最为基本的价值标准。当然，客观测定行政活动的效果层面的成绩绝非易事，但是至少可以说，要测定生产量以下的行政活动的实绩的话，通过查找预算计划和业务统计是容易做到的。

有效性标准的局限

但是，如果仅仅使用这种有效性标准来测定行政活动的好坏，则过于片面。之所以这么说是因为行政活动的有效性是对照目标水准或期待水准来评价其达成的程度，评价的高低与目标或期待值设定的高低有关。这样，无论行政服务的水平怎么提高，也满足不了人们的预期，总是要求投入更多的经费和人员，有效性评价的结论总是说行政服务应该进一步扩充。而且，有效性的评价由于没有考虑到行政资源的有限性问题，所以就不去考虑评价对象的成果究竟是投入多少资源的结果，有没有用同等资源获取更大成果的方法等问题。

另外，有效性标准虽然在要求政府更加努力上能够发挥一定作用，但如何对预算、人员编制在给定条件下的政策实施活动的好坏进行评价则作用不大。正因为如此，在此之上又加入了一个将投入产出比率作为问题探讨的效率性标准。

测定效率的障碍

不过，在现实中我们遇到的困境是：关于效率性的评价要比有效性评价困难得多。其原因主要有以下几点：

相对比较

评价行政活动的有效性的时候，不必一定去对多个活动方法的有效性进行比较对照。因为有效性评价是对照目标水平或者期待水准而进行的评价，所以，针对每一个行政活动就能够评价出其有效性的程度。

与有效性评价相反，效率性评价总是需要相对比较。如果只是测定某一行政活动投入产出的比率，仅此则没有任何意义。就数个活动方法，测定其投入产出的比率，并确定它们之间的效率的高低，此时的效率性的测定才能具有实践意义。

条件因素的控制

能够成为相对比较的对象的，是同一种行政活动。即在一个政府中，完全相同的多个行政活动同时开展的条件下，通过对这些行政活动的方法之间的效率进行比较，才能发现效率较高的活动方法。但是，如果这种条件不存在，那么就必须另寻比较对象。在这种情况下，通常采用的方法主要有三种：过去实施过的活动方法与现在正在实施的活动方法进行比较的时间系列比较方法；现在的活动方法与构想中的活动方法进行比较的政策分析方法；如果还不行的话，就与类似的组织等其他政府实施的活动方法进行比较，即组织间比较。

无论是哪一种情况，被选定的比较对象所处的环境条件在不同程度上都存在差异。因此，像科学实验那样，其他各项条件均为一定的假定是不能成立的。而且，行政活动的成果的表现方式，也由于这些条件或干扰因素的影响而难免出现不同。

例如，在比较 A 市和 B 市的消防工作的效率的时候，即便这两个市投入了完全等量的经费和人员，即便消防管理体制相同，也会由于两个市的干燥程度、风力大小、木制房屋密集度等条件因素的差异，活动成效的表现方式也不同。

在这种条件下，如果对这两个市的消防效率进行比较的话，就必须舍去由于消防活动以外的条件因素所发挥的作用，而只是提取因消防活动方法的差异所带来的结果的不同。不过，要控制好这些条件因素产生的作用，即便是能很好地运用统计解析方法也非易事。

各种价值的换算

另外，人们对用计量方法测定效率还存有疑问。这是因为，无论是什么样的行政活动，使用唯一一种指标评价其成果是不合适的。

如，仅用借出图书册数的多少来评价图书馆行政的好坏是不合适的，应该根据藏书数量、每年新购入图书数量、进馆人数、借出图书册数等多项指标来评价。同样，消防行政的好坏不应该仅用损失总额的多少来衡量，应该使用火灾发生次数、火灾蔓延烧毁的住户数、受灾人数、死伤人数、损失总额等多项指标进行多角度评价。

如果这样的话，为了使基于这些多项指标的综合评价的结果能够相互比较，就只能根据一定的换算率，将不同指标中所包含的性质不同的价值换算为单一的价值尺度，然后计算出价值量的总和。如，成本效益分析中所说的效益（benefit），就是将所有的效益换算为货币价值。也就是说，成本效益分析是通过用货币价值表示投入量和产出量，而使比率的计算简单化了的分析手法。

但是，在表示行政活动成果的价值中，还有诸如时间、生命、健康、审美等难以换算成货币价值的各种价值。而且这么多的价值，我们多大程度上可以全部换算为单一的价值尺度呢？而且即便能够这么去换算，这么做难道就一定有意义吗？

折扣率的采用

不过，行政活动的成效很多是在经历了一定时期后，在未来的某一时段才表现出来。这样，就有必要将未来与现在不同时段发生的价值，换算成同一的尺度。在这种情况下，为了把未来的价值置换为现在的价值，一般需要使用折扣率（discount rate）来解决。

不过作为折扣率的数值，应该使用什么样的数值则是大问题。因为根据折扣率选择方法的不同，活动方法的效益总量会非常敏感地变动，效率高低的排序也会因此常常发生变化。

投入产出比率的三个比较评价标准

最后剩下的难题是，我们利用上述计量方法测定的投入产出的比率，应该用什么样的标准评价它呢？为了便于说明，我们在这里所举的例子中设定投入产出比率的分母投入量是经费，以此来探讨问题的所在。

第一个标准

首先是第一个标准：适用于投入产出比率的分子产出量（成果）相同，而只是分母投入量（经费）有大小差异的情况。在这种条件下，只有分母经费的大小是比较对象，分母经费最小的方法就是最有效率的方法。也就是说，使用这一标准进行比较评价，则效率的提高就意味着节约经费，效率与节约（economy）同义。

第二个标准

其次是第二个标准：适用于投入产出比率的分母经费相同，而只是分子成果有大小差异的情况。在这种条件下，只有分子成果的大小才成为比较对象，分子成果最大化的方法是最有效率的方法。也就是说，使用这一标准进行比较评价，则效率的提高就意味着有效性的提高，效率与有效性同义。

无论上述哪种情况，效率都可以被还原为节约或有效，这样效率就有可能失去自己独立存在的意义。不过在现实中，分子或者是分母完全相同的事态几乎不存在。在现实生活中对多个投入产出比率进行的比较评价，一般是对分子、分母都不相同的比率进行的比较评价。

第三个标准

适用于这种分子、分母都不相同的情况是第三个标准。也就是说，在这种条件下，我们需要关注的是比率的大小，选择比率最大的方法就可以了。不过，这样就没有任何问题吗?

例如，我们假设现在这里有投入 100 万日元后得到 100 个单位成果的方法 A，还有投入 150 万日元后得到 120 个单位成果的方法 B。这种条件下，方法 A 的效率为 1.0，方法 B 的效率为 0.8，这样方法 A 的效率是高的。不过，如果比较评价有效性的话，则方法 B 是高的。

在这种情况下，是否也要一定选择方法 A 呢? 如果是这样的话，那么这种选择的正当化的合理根据又是什么呢?

西蒙引进机会成本概念

西蒙探讨过这个问题，并提出了以下建议。他提出，要使效率的比较评价在现实中成为可能，则需要引进机会成本的概念（opportunity cost)，人为地对可控制的投入量进行调控，使得分母为一定量，在此基础之上再进行分子的比较对照。换言之，这就是建议应该将第三个标准置换为上述第二个标准后再进行比较对照。

总之，如果按照上面的例子来说的话，因为方法 B 比方法 A 多投入了 50 万日元，所以采用方法 A 时候，一定会有余下的 50 万日元用于别处，产生出了其他效果。所以，应该把方法 A 的分母统一为 150 万日元，另外在分子上加入相当于 50 万日元的价值单位，在此基础之上比较二者分子的大小。

与审计标准的关系

在这里补充说明一下以上探讨的有效性、效率性标准与前章中我们探讨的审计标准之间的关系问题。

节约、效率性是“效率性”的次级概念

审计工作中运用的节约和效率标准，都是我们在这里所说的效率性的一种。也就是说，它们都是将经费作为投入量而计算的投入产出比率。而且，节约标准，表现在作为分子的成果可以被认为基本相同的比较简单的事例中，因此适用于上面谈到的第一个标准。而效率性标准，表现在作为分母的经费可看作是基本相同的比较单纯的事例中，因此适用于上面谈到的第二个标准。

相反，审计中的有效性标准到底说的是什么，并不是非常明确。不过，我们可以说会计审计中的有效性，与我们在这里探讨的有效性是基本同义的，但是还没有真正做到如上所说的效率性评价。

如果真是如此的话，在审计活动中，有可能还没有运用投入产出比率的方法，去评价那些不得不适用第三个标准的复杂事例。

效率性标准的局限

由此可见，效率性标准在评价行政活动的好坏时，特别是在规定的经费和人员的范围内，评价那些使成果最大化的政策实施活动的好坏时，是必需的价值标准。但是，实际量化测定行政活动的效率性并进行比较评价本身，其难度之大远远超出了人们的想象。

特别需要说明的是，不是在作业量、生产量层面，而是在最终效果（效益）层面上用量化的方法测定政策、措施、事业成果的效率，是非常艰难的工作。其中缘由主要有以下两个。

关于效果的调查统计信息不足

一个原因是，同政策、措施、事业的作业量、生产量层面的成果的各种业务统计记录相比，关于效果（效益）层面的成果，则没有很好地收集到非常有把握的调查统计信息。

关于评价方法没有形成共识

另一个原因是，要使得效率的比较评价结果具有说服力，则需要人们计量测定成果时所使用的指标选择方法，对于如何决定换算率、折扣率等形成基本的共识。但是实际上，越是对高层次的政策进行评价，则越是在这些重要的问题上争论不休。

PPBS 与成本效益分析

虽然如此，还是有费用效果分析或成本效益分析等政策分析的方法，对这一最为困难的效果层面的效率展开了比较评价，进行了挑战。

而且，在 20 世纪 60 年代后期的约翰逊政权下，美国联邦政府尝试着将这个成本效益分析的方法广泛运用到了每年的预算编制过程中。这就是人们常说的计划—规划—预算制度（planning，programming，and budgeting system，PPBS）。这里所使用的成本效益分析，不是要比较评价已经实施的政策成果的效率，而是针对今后要选择的政策方案，事前比较评价可预测的政策成果的效率。

上述 PPBS 的尝试，最终还是失败了。关于失败的原因，人们有很多解释，但至少可以说：其中的一个原因就在于对效果层面的成果进行效率评价本身是一个艰难的课题。

18.3　有效性、效率性评价的活用方法

对政策实施活动进行有效性、效率性评价，总是难以达到尽善尽美的程度。而且，关于评价的方法总是存有引发争论的空间。

但是，有效性、效率性评价存在的真正问题，并不是它是否完美、是否准确，而是评价的结果如何灵活运用的问题。

与此相关联，我们首先需要解决的问题是：这种分析评价是为谁而进行的——是为决策者（decision maker）呢，还是为普通国民？

决策者与普通国民需要的信息

为决策者进行的政策分析

以往作为政策分析手法的研究基本上都是为那些处于决策中心的人所用。所以，从事政策分析的专家们都是从决策者的价值尺度出发进行分析的。

但是，需要政策分析信息的不限于决策者，也不仅仅是以政策设计和分析为己任的行政官员们，普通国民也有获取这些信息的需求。

对国民大众有用的行政诊断手法

只是，政治家和行政官员需要的信息同国民大众需要的信息是不同的。对于参与政治、享受行政活动成果的普通国民来说真正有用的信息，与其说是那些有利于解决问题的、非常详细的信息，倒不如说是那些能够显示问题的所在、唤起人们对政治的关注，同时又是非常简明的信息。因

而有必要开发出与帮助决策者决策的政策分析手法不同的、对普通国民有用的诊断行政问题的手法。

认证与排位

近年来，日本的地方政府中开始流行接受国际标准化机构（ISO）的环境管理系统的国际标准（ISO14001）的认证。另外，对各个地方政府的财务状况、居民服务状况、人居适宜度等进行评估，并对评价结果以地方政府的公开排位（rating）的形式公布出来的也多起来。这些民间专业评估机构进行的认证和排位，对普通国民来说是有益的评价信息，我们希望将来更多地开发出这样的评估信息。

有助于管理监督的评价和自我完善的评价

还有一个问题：政策分析的手法，是为负责筹措分配行政资源的综合管理部门的管理监督活动所用呢，还是为各部门检查改善自身的政策设计和政策实施活动而用？

用于管理监督及其弊端

像在 PPBS 中，成本效益分析用在了预算编制过程上那样，政策分析的手法在用于那些担负预算核定、人员机构编制的审定、法规审查、行政监察、审计等责任的管理监督机关的工作时，会经常出现这些管理监督部门所意想不到的弊端，这一点必须引起高度注意。

各部门为了获得这些监督机关的好感，会在提高监督评价机关的正面评价指标值、降低其负面评价指标值上，表现得过于关心，这相反也有可能扭曲政策的设计和执行。

例如，如果图书馆行政的好坏仅以图书借出册数的多少来评价的话，各图书馆就会只是努力增加图书的借出册数，有可能重复购入时下流行的畅销书。还有，如果审计部门一味地严查援助生活贫困者的生活保护行政中的补贴不正当领取问题，那么各福利事务所就会只注意乱发补贴问题，而有可能不努力发现漏发的问题。

总之，虽然监督部门不过是用来唤起人们注意而使用的评估信息，但被监督的各部门把它当作对其政绩进行评估的信息，这可以说是对管理监督工作过于敏感的表现。

用于自查、自我改善

在 PPBS 失败之后，各国政府鼓励将这类政策分析的手法用于政策实施机关的自查和自我完善的活动中去，从而避免急于将其作为监督的手段来使用。

政策评估的新潮流

市民宪章与政府绩效法

不过进入 20 世纪 90 年代之后，再次出现了世界规模的对政府政策、措施、项目进行评价的新潮流。例如，在英国，梅杰政府制定了《市民宪章》(Citizen's Charter)，而美国制定了《政府绩效法》(GPRA)。虽然不同国家的情况相异，但是作为一大潮流，这都是与新公共管理思潮及其手法的引入以及“从管制到治理”的转变有着密切的关系。

实施管理的手法?

随着公共服务生产、供给主体的多样化，关于有效维持管理这一公共服务网络的方法，也由对公共服务的生产、供给的方法和程序进行严格的合法性、适当性的事前监督，向评估公共服务实绩的事后综合监督方向发生了重心转移。换言之，新的评价手法，既不是综合管理部门进行管理监督的手段，也不是政策实施机关一方为了自我完善的手段，而是作为管理政策实施的机关对实施机构行政执行局（agency）和 NPO 等进行综合的实施管理的新手段，而不断地被开发研究出来的。

中央政府的政策评价和地方政府的事务项目评价体系

这一世界性潮流的余波也波及到了日本。2001 年（平成十三年）1 月，日本配合中央省厅机构重组改革的实施，还规定中央政府的所有省厅都有义务实施政策评估。还有，在地方政府层面，如三重县的事务事业（项目）评价系统、北海道在“与时俱进评估”基础上发展起来的政策评估以及静冈县的目标指向型措施评估系统等，以这些改革活动作为先导，日本地方政府引进新的评估系统的作用显著。

但是，日本引进的评估体系，要么多是想通过实施评价来推进政策、措施、事业的完善或废止，其目的在于如何削减岁出；要么是想将顾客导向、结果导向的意识根植于各部门人员的头脑中，其目的在于进行意识改革。而似乎很少是基于新的目标意识，为了应对新公共管理（NPM）、治理（governance）而开展的。

评价的运用方法

那么，如何正确运用政策分析的手法呢？简而言之，就是不要去费力追求不必要的高精度的分析评价。同时，关于分析评价的结果，不使其具有高出分析评价精度的意义。

阅读资料

书写信封的工作效率

我们假设某市政府要给居民邮寄几千封信，为了书写信封雇了小时工。我们在这里假设要测定他们的作业效率，对效率进行评估。

这种情况下的作业效率，就是将经费作为分母，将作业成果作为分子，计算投入产出比率。分母经费是定额的计时工资，所有小时工都是相同的。那么，我们规定表示分子作业成果的指标，如果统计每个小时工的指标值就可以评价效率了。

作业效率的测定指标

那么，书写信封的作业成果以什么为指标进行测定好呢？

最重要的指标，可能是作业的速度。作业速度慢的话，完成一定量的信封的书写就需要很多时间。那样，就会使得应该支付的工资增多。那么，我们就用相同的指标值表示出每个小时工平均每小时书写几个信封的作业速度。

但是，并不是说作业的速度越快越好，书写信封还要求书写正确。如果写错了地址，重要的信件就不能到达收信人手中，还会因“收信人不详”而被退回来。那么，我们就要把完成工作的准确性作为第二个指标，将书写完毕的信封与名单进行检查对照，用相同的数值表示出每个小时工每小时误写几次的错误发生频度。

那么，书写信封的作业成果，用这两个指标进行效率评价就足够了吗？不，还是不够的。如果书写得过于草乱，还会给收信人带来不快，所以笔迹的美观和书写认真就成为评价的第三个指标。只是这个指标不适合于进行计量评价，所以只能将笔迹的美观和书写的认真程度用 A、B、C 三个等级来排序。

根据测定指标进行综合评价

这样，我们规定用速度、准确性、笔迹的美观和书写的认真程度为评价信封书写的三个指标的话，每个小时工的指标值和排序就能够确定了。不过在这里，我们还应该决定综合这三项指标的评价方法。首先，笔迹的问题难以用分数量化方法进行评价，这个问题需要探讨。关于这个问题，对被定为 C 等级的小时工没必要测评而不列入继续评价的范围，对剩下的 A、B 等级的小时工，我们只是根据速度和准确程度这两项标准进行综合评价就可以了。同时，评价速度 90 分为满分，评价准确程度 10 分为满分，综合评价的分数 100 分为满分。这样，就把每个小时工的指标值换算成分数了。

而问题是，这种效率测定的方法和比较评价的结果是否能让所有相关者都能够接受。所以还有很多需要讨论的空间。

虽说是临时雇用的小时工，但因为他们要多日占用机关的一个角落，又在机关人员身旁作业，所以人们希望使用那些性格开朗的人，而不愿意雇用给周围带来不愉快的性格低沉的人，因此有人会提出效率评价中应该加入人物个性的指标。

还会引出更多争论的是：不去测评笔迹不认真的 C 等级小时工是否合理，评价速度要 90 分、评价准确性要 10 分的权重分配是否合理等问题。

效率的规范性与客观性

美国行政学大师德怀特·沃尔多在他的主要著作《行政国家》中提出，效率具有规范性和客观性特征。那么，用什么样的指标评价书写信封的作业成果，对每项指标重视的程度应该多高，这些都属于效率的规范性问题。根据这些规范测定指标值，并换算为分数则是效率的客观性问题。对效率进行评价，只有在人们对这一规范性问题达成共识的基础上，才能主张其客观性。

就连像书写信封这样极其单纯的作业的效率也存在确立规范的问题，关于这个问题还有继续讨论的余地，这一点大家可能已经理解了吧。

如果从效果的层面把握行政活动的成果，比较评价其效率则是更为艰难的工作。不过，问题的结构是一样的。

第 19 章

行政管理与行政改革

在本章和下一章中，我们再次回到展望行政活动全貌的视角上，结束这本教科书的结尾部分。

首先，在本章中，我们从管理学的角度尝试重新把握行政活动的全貌，在此基础之上，对它与政策学以及制度学视角如何结合的问题进行概述。

19.1 社会管理与组织管理

社会管理与组织管理

组织管理活动

在这本教科书中，我们多是与政策相关联，将行政活动分为政策设计活动与政策实施活动展开论述的。

但是，如果我们回到第4章所叙述的定义上的话，所谓的行政活动就包括了行政官僚制的所有活动，当然其中也包含了纯粹的组织内部的管理活动。不仅如此，在现代国家的行政活动中，倒是这种组织管理活动的比重得到了显著提高。

对内活动与对外活动

如果从管理学的角度重新审视行政活动的话，我们可以说行政活动包含两方面的内容，即：为实现社会管理这一政府本来目标而进行的对外活动，以及为顺利有效完成对外活动，而对承载对外活动的官僚制组织进行有效管理维持的对内活动。

与社会管理相关的对外活动和与组织管理相关的对内活动，两者互为表里。图19—1就是根据我们在前面也谈到过的规划、决策、实施、评估的循环图式对这两者的关系所进行的概念化描述。

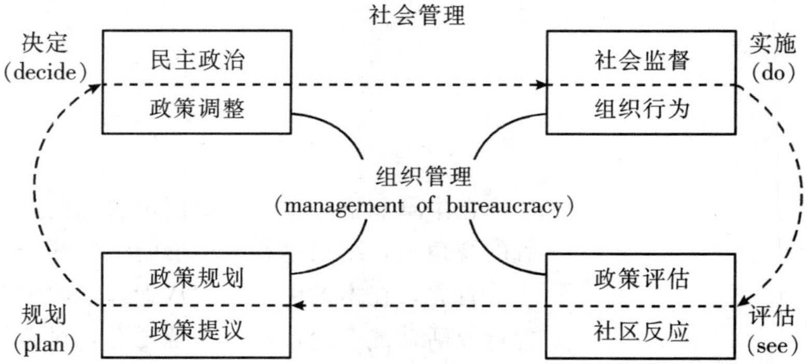

图19—1 社会管理与组织管理

管理技术的发展

行政技术与管理技术

在这里，我们暂且将与官僚制组织的对外活动——社会管理——相关的技术称为行政技术，将与对内活动的组织活动相关的技术称为管理技术，来探讨二者间的关系。

行政技术，因为是同官僚制组织与其环境相互作用相关的技术，所以它既是由行政官运用的技术，同时还是对官僚制组织的行为作出反应、并对其施加影响的国民大众以及政治家们运用的技术。与此相反，管理技术只是官僚制组织内部所运用的技术。

对行政技术关注甚微

如果从根本上说，行政学作为关于行政技术的学问诞生于世则可能是顺理成章的。但是，以美国行政学为起源的现代行政学，却是发端于关于管理技术的学问。当然，在后来，随着管理（management）概念的扩大，行政学的学问领域也逐渐被扩大了。但是即便如此，一直到前几年，行政学对行政技术的关注程度仍然不得不说是非常低的。这也与行政学至今还没有构建出以个别领域的行政活动为对象的专业分科研究有关。

管理概念的发展

所谓管理，最初只是意味着为了政策实施阶段的组织行为有效地进行，维持和发展官僚制组织的组织管理技术。但在今天，管理却涉及政策规划、政策协调、组织行为、政策评估的所有层面，被看作是提高官僚制组织的应对能力，甚至管理其运行的技术。

科学管理理论始于作业管理的科学，并逐渐应用到文书事务、会计财务等的标准化层面，构筑了发展现代数据自动化处理（ADP）以及管理信息系统（MIS）的基础。早期的管理概念，以确定的目标活动为前提条件，管理只是追求手段意义上的组织行为“节约和效率”的技术。

到了行政管理论时期，人们开始探求与目标活动相关联的组织编制技术，而且随着政府预算技术的确立，综合管理职能及其机构得到了充实发展。由此，管理概念不仅在组织行为的层面，而且扩张到了政策协调的层面，并开始准备向下一个层面跳跃。

对管理主义的信仰和怀疑

到了政治行政融合论时期，人们开始关注关于政策规划、制定计划、预算编制、立法审查的技术，管理的概念超越了组织行为、政策协调的层面，开始广泛包含政策设计、政策评估的层面。也就是说，管理职能从（以一定的目标为前提）保证官僚制组织的维持发展，扩展到了完善目标活动的方面。这样，管理技术就能够实现行政活动的科学化，这种管理主义（managialism）的信仰越发强烈。

具有象征意义的事例就是20世纪60年代后期的PPBS的尝试。不过就是在这个时期，也开始了新的市民参与、居民参与、社区参与的大胆的社会试验。这可能还意味着：人们对管理主义有效性的怀疑，也在这个时期开始萌发了。

行政管理的思维转变

管理主义经受考验

管理主义受到严峻考验，行政管理的思维经受巨大转变是在20世纪70年代石油危机之后。面临财政危机的发达国家，虽然竭力严格地审定预算和人员编制，遏制行政活动的膨胀，但是依靠这种以往常用的行政管理手法进行精简管理具有很大的局限性。这是因为，这种办法虽然能够控制每年的新增量（increments），但是难以削减既定的人员和经费。这样，各国政府就不得不着手进行包括更为根本性制度改革在内的行政改革。

灵活运用市场机制

可以说20世纪80年代行政改革所具有的最显著的特点就是，通过国营企业的民营化、放松或缓和政府规制、委托民间处理公共事务等方式，推进实施了灵活运用市场机制的诸多改革对策。

新公共管理（NPM）

但是与此同时，也推动了地方自治制度和财政分配制度的改革，公务员薪酬制度的改革，以及扩大纳税人、消费者参与，强化与社区的连带关系等一系列相关对策的实施。从中我们可以发现将臃肿的行政活动尽量分割为管理可能的规模，并将其置于纳税人、消费者监督控制之下的、新的思维取向。新公共管理（NPM）实际上就是对这一趋势的集中表现。

与这一行政改革的动向和节拍相呼应，学术界推进了关于政策实施过程的研究，讨论起了行政活动局限性问题。而且指出政治机制所具有的缺陷，提出活用市场机制的公共选择学派的研究呈现出了盛况。

从管制（government）向治理（governance）转变

人们对行政活动的关注，与其说是关心同对内活动相关的管理技术层面，倒不如说是这一关心更多的是指向官僚制组织与组织环境相互作用相关的行政技术层面。象征这种变化的是“从管制向治理的转变”。

上述变化意味着管理主义遭遇到挫折了呢，还是意味着管理主义的复兴呢？关于这个问题，现在还很难下定论。不过近二十年来的行政改革讨论已经对重构行政学提出了要求。

经常性的行政管理与非经常性的行政改革

关于这个问题，我们暂且不论。那么，由综合管理机关进行的经常性的行政管理与非经常性的行政改革之间，到底是什么关系呢？我们结合日本的实际，探讨一下这个问题。

19.2　行政资源的综合管理

综合管理与行政改革

综合管理职能的特点

像我们在第 3 章中介绍的那样，在美国行政学中，辅助执政机关进行组织综合管理的机关应当承担的职能是被简称为 POSDCORB 的七项职能。日本的官房系统组织实际承担的各项职能基本上与此是一致的。

行政资源的集中管理

但是，日本的官房系统组织承担的最主要的职能就是资源管理职能。所谓的官房三课，在法令上的权限、财政资源、人员、信息这四个主要行政资源中，至少关于权限、财政资源、人员这三项行政资源是由它们从上级官房系统组织那里筹措过来，然后分配给部门内的各个司局。这是日本官房系统组织所承担的职能。

行政资源集中管理，包含两方面的作用。第一是通过对各个司局都具有的相同的事务性工作进行一元化处理，来节省各个职能部门的劳力和时间，即辅助、服务的功能；第二是通过对各职能部门提出的资源分割要求进行审查、核定，来调控各司局的政策选择和资源分配，即是指挥监督、协调的功能。

预算核定及人员核定的特点

不过，官房三课管辖的上述三种行政资源中，在性质上，法令权限与财政资源、人员还是很不相同的。

一般而言，法令是不附带时限的。也不是每个年度必须要定期地重新审核或修正。而且法令权限一旦被授予，在相当的时间内就不被变更，具有连续性。

财政资源和人员则与此不同，需要在每个年度的预算核定和人员核定的时候重新审核。而且，关于人员的编制，其管理机制是仅针对新调整、新增员的部分作为核定对象的；而与此不同，财政资源原则上则是在每个年度编制预算的时候，要对包括既定经费在内的所有的整年经费进行核定。

即使是构成政策的一些要素，法令上规定的各项要素成为了该项政策的稳定框架，相比而言，充当财政资源和人力资源这两项要素，特别是前者每年都有可能变动。换言之，官房系统组织就是通过对这些财政资源和人员分配的操控，才能够对各职能部门的政策实施活动的质与量加以微妙的变更。

在这个意义上，预算审核与人员分配既是决策活动的一部分，同时也是具体管理既定政策的实施活动的行为。

行政管理与行政改革

通过以上探讨，我们可以暂就经常性的行政管理与非经常性的行政改革之不同，作出以下结论：所谓经常性的行政管理，是以与政府结构框架相关的各项制度和法令上的权限为前提，在这一框架内，综合管理机关通过核定预算和人员编制对新增量进行的控制；所谓的非经常性的行政改革，则是涉及这一框架范围之外的改革。对此，下文还要进行详细探讨。

制度改革与精简管理

不同层面的制度结构

决定各省厅行政活动的各项制度，从其制度框架的大小和由此而伴生的稳定性、连续性角度来看，可以分为以下几个不同的层面。

第一，形成的最为安定的外围制度框架的当然是《宪法》、《公职选举法》、《国会法》、《内阁法》、《法院法》、《地方自治法》等确定的宪法结构。

第二，是《国家行政组织法》、《国家公务员法》、《财政法》、《会计法》等确定的基本行政财政结构。

第三，是各省厅设置法等行政组织法令所确定的关于各省厅职能的分工结构。日本，特别是这个分工结构高度稳定。1960 年（昭和三十五年）之后的 40 年间，府省层面的机构安排完全没有发生过变化。2001 年（平成十三年）1 月开始的中央省厅等的重组，才对此进行了大规模的改革。而且，有关官房系统组织掌管的法令审查、文书审查、预算核定、人员机构编制核定等，基本上都是依据这些行政组织法令的规定，作为其法定职责而实施的。

第四，各省厅负责管理的、各种专项法令确定的，并与具体事务、事业相关的框架结构。

第五，每个年度预算所确定的该年度预算、人员编制以及为执行该预算而附带进行的法令和行政规则的修正。这些法令、行政规则的修正，因为是审定预算、人员编制时得到认可的一些事项，所以一般是同核定机关协商进行的。

第六，最后是关于其他行政规则规定的具体事务、事项的实施细则，这些是在各省厅的裁量之下，同相关省厅共同商议制定或者修正废止的。

以上不同层面的制度种类中，第一层面到第三层面的内容多称为“制度”。

行政机构改革与行政整顿

在日本，过去认为以下两种类型的活动为行政改革：

第一，过去多把涉及属于上述第一层面到第三层面的“制度”改革称为行政机构改革。

第二，多把扩大强化上述第五层面的经常性行政管理中的资源管理职能，变更既定财政经费和人员，并对其精简称为行政整顿。与经常性的行政管理不同的是，行政整顿附带进行属于第四层面的相关法令的调整，同时废止那些不紧急、不必要的事务和项目，而且进一步触及第三层面，修正组织法令和对行政机构进行合并或撤销。

不过在 1962 年，日本建立临时行政调查会（第一次临调）之后，人们对行政改革的认识发生了一些变化。关于这个问题，我们在后面再做叙述。

严格审查新增量

在日本，20世纪60年代中期之后，通过各种行政管理方式的确立，使得原本属于行政改革范畴的活动，在经常性的行政管理的框架中而得以成功实现。这就是称为严格审查新增量的方式。

增减相辅方式

其一是日本在1968年实施了一个省厅削减一个局的措施之后而确立的增减相辅方式或撤建方式（scrap and build principle），适用于各省厅内部机构的新增。即，提出新增局、部、课等要求的省厅，其前提条件是必须提出同等数量、同等层级的机构合并削减方案，使各省厅内部机构的设置保持在现有总额数量内，从而遏制政府机构净增的管理方式。

关于新增特殊法人也是采用了同样的方法，要求撤销合并同等数量的法人。

定员编制削减计划

其二是随着1969年（昭和四十四年）《总定员法》的制定，日本开始实行了定员编制削减计划的管理机制。

《总定员法》中只规定中央政府省厅的所有人员编制的总数，而每个省厅的人员编制总数则由政令来规定。而且，如果人员编制也适用增减相辅方式的话，是能够避免人数的净增的。但是，人员编制没有像机构那样管理。例如，如果需要新增国立大学的系、专业以及国立医院，那么不管怎样都必须配置相应的人员编制，要求相关省厅削减与新增数量相当的人员编制实际上是不可能的。

这时想出来的管理方法是定员削减计划。这就是要求所有省厅，比如在今后的5年中，一律进行5%的削减人员编制的计划。根据原总务厅［总务厅在2001年（平成十三年）1月之后，成为总务省的一部分］的解释是：各省厅通过合理和有效地推动自身事务、事业的开展，以此来努力削减那些必要性小、紧迫性低下的部门中的人员编制，应该以这种管理方式实现削减人员的目标。不过，将某个特定的部门认定为必要性小、紧迫性低下的部门，即使在省厅内部也不是件容易的事情。所以在实际运作中，多是针对所有内设机构，命令它们都平等地一律按照统一标准进行削减。

被强制要求实现一定比率的人员削减目标的各部门，在计划期间内，就采取对因退休、死亡、患病、调动等原因出现的缺员进行不填补的方法，将缺额的人员编制返还给编制管理部门。在日本用这种方式削减人员之所以成为可能，是因为课里的系（科）所分管的事务完全采取所有成员连带负责的机制。

原总务厅将各省厅交上来的人员编制进行统筹管理，对前面提到的大学和医院等不得不核准新增编制的部门，通过在统筹管理的范围内进行人员编制的分配，来遏制政府整体人员编制总数的净增。

这实际上不过又是一种增减相辅方式或撤建方式，只不过这不是以省厅为单位实行的。

概算要求的上限方式

其三是对各省厅向大藏省提出的概算要求总额设定上限（ceiling）的方式。这种方式从1961度预算编制开始就已经实行了。不过，最初的上限为前年度预算的150%，后来这个比率逐渐被降低，在日本重建财政的时期还出现过零增长和负增长。

不过，概算要求额度，即便完全不要求新增部分，一般也会超过前一年度的预算额。这是因为，比如提高工资会使劳务费增加，如果普通劳动者家庭的消费支出上升，支付给生活困难家庭的最低生活补贴也必须相应提高等。也就是有支出义务的经费会上涨。对那些预算中义务性经费所占比率较高的省厅来说，设定统一的上限对其制约性是非常大的。对所有省厅都采取同样的上限管理，这实质上不是很公平的措施。不过上限在原则上（虽有例外）是针对所有省厅的。所有省厅都接受了规定的上限。

对各省厅来说，上限压得越低就越要整顿缩小既定的事务、项目，或者削减既定的经费，或者通过降低中央政府的财政补贴率来把这部分财政负担转嫁给地方政府。不这么做，各省厅就没有要求新增量的余地。正因为如此，这个管理方式中，至少也包含了增减相辅方式的部分要素。

法令的日落审查方式

以上的三种方式是关于机构审定、人员编制核定、预算核定的管理。

那么，法令审查的管理中难道就没有与此相当的方法吗？

美国的《日落法》是将新制定的法律作为时限法，每当到了时限，就严格审查该法律是否有必要延续，以此遏制法令的增加。

各省厅的整体均等主义

不过上述类型的增减相辅方式好像是日本特有的管理方法。那么，为什么这种方式在日常的行政管理的框架内能够成为可能呢？其奥秘可能就在于它采取了所有省厅一律适用的原则。这是由于在稳定的省厅间分工结构和各省独立录用人员的制度条件下，日本形成了如果是所有省厅均等承担义务就能够接受这种增减相辅方式的组织文化。

19.3 行政改革面面观

第一次临调和第二次临调

第一次临调

第五次行政审议会在1960年的答询（建议）中，作为对公共行政进行具有划时代意义的根本变革的策略，提出要以美国的胡佛委员会为范例，在日本建立具有独立调查能力、权威性的临时行政诊断机构。接受这一建议后，于1962年设立的就是临时行政调查会（第一次临调）。

国会在制定临时行政调查会设置法时通过了附带决议，即调查会的表决要全体委员一致赞同，调查会不提出减员建议等。而且调查会委员之一的太田薰来自日本劳动工会总评议会。调查会有7名委员、16名专门委员，还有众多调查员，是一个规模较大的调查审议机构。还有一点较为特殊，就是调查会的议事记录等是公开的。

适应新的行政需求的对策建议

调查会的答询报告从有效应对新的行政需求的角度，提出了与水资源开发、首都圈建设、消费者保护等具体领域相关的政策建议。这些建议的提出主要是由于当时经济高速增长时期面临种种困境，如何应付这一困境成为当时日本的主要课题。但是，在人们的印象中，这种类型的政策建议也与以往的行政整顿、行政机构改革等相去甚远。

从这个时候开始，关于行政改革的、新的另一种形象就形成了。那就是内阁直接设立第三方咨询机构，站在超越各省厅壁垒的、综合性的高度，重新审视整个政府的政策与运作，并推进改革。而且，这种改革并不涉及行政活动的某个方面、按照什么方向改革的问题。

第二次临调

1981 年建立的第二次临时行政调查会（土光敏夫任会长），就像该会的名称所表现的那样，是以第一次临调为范本的。调查会的 9 名委员中，2 名是来自日本劳动工会总评议会系统和全国劳动工会同盟系统的工会组织代表，调查会中还聘请了众多参事、专门委员、调查员。

介入政策事项

但是，在财政危机背景下建立的第二次临调，它的活动方式和提出的改革建议，同过去的第一次临调相比，在性质上是完全不同的。调查会设立当初就定下了“不增税前提下的财政重建”这一基本方针，而且很快就提出紧急政策建议，这给当时大藏省的预算编制工作戴上了箍环。在这之后，调查会也一贯坚持“小政府”的改革目标，提出了三公社（国有企业）民营化等诸项方案。

正因为如此，第二次临调的行政改革被批评为是财界主导的改革。而且，关于一些重要政策事项，好像是在临调首脑与政府执政党首脑首肯的前提下，在密室中被一个接一个地决定的。所以，一些政评人士将这种政治叫做咨询机关型政治，对其危险性和弊端敲起了警钟。

而且，第二次临调的活动和政策建议深深地介入到了具体的政策事项中，对其后的政治变动起到了决定性的引导作用。由此，人们不免提出疑问：临调的改革，与其说是行政改革，不如说它变成了一场政治改革。

行政改革与政治

对第二次临调的活动方式和政策建议如何评价，可以把这个问题交给后世的历史学家来处理，这里就行政改革与政治的关系问题进行若干的补充。

政治逻辑与行政逻辑的交错

行政改革原本是政治逻辑与行政逻辑交错衍生的课题。它一般多出现在革命、战争结束、经济变动、政权交替等政治变动的时期。行政改革由于是当时的政权担当者作为政治路线变更的象征设计的，在这一点上行政改革难免会带有政治色彩。

而且，行政改革很容易遭遇到在旧有行政财政结构中拥有既得权益的行政官僚、政界、经济界的激烈抵抗，而为此必须有能够排除这些阻力而推进改革的强有力的政治领导。这一点也表明，行政改革是完完全全的政治运作。

因为这些原因，当行政改革刚刚完成的时候，权力结构就会产生不小的变动。

行政改革与政策论争

问题是在行政改革名下进行的改革，是不是应该与党派的政策论争保持距离，将改革的范围限定在纯粹用行政逻辑可以讨论的问题中。

但是，这个问题决定于对以下问题如何判断：在行政逻辑中可以探讨的范围有多大？将现有政策体系都作为前提条件，在此基础上进行的“节约和效率”的改革能够在多大程度上实现行政改革？坚持行政逻辑，能够多大程度上提高改革在政治上的可行性？

行政改革与政治改革合流

临调行政改革模式的继续

第二次临调虽于1983年3月解散，但行政改革的课题在这之后又传承到第一次临时行政改革推进审议会（简称第一次行政改革审）→第二次行政改革审→第三次行政改革审→行政改革委员会→规制缓和（放松）委员会，行政改革在日本不断地持续推进。

《行政程序法》与《情报公开法》的制定

作为上述行政改革的一环，1993年11月日本制定了《行政程序法》，并于1994年10月开始实施。而且在1999年5月日本制定了《情报公开法》，并在2001年正式实施。

政治改革的当前课题与终极课题

在日本的政界，以20世纪80年代末的利库路特事件为契机，推进政治改革就成为了90年代的新的政治课题。当时的改革课题是要实现少花费的选举、以政策论争为中心的选举，为此提出要进行选举制度改革和政治资金制度的改革。但是人们认识到，政治改革的终极课题应该是对诸如以产业行政的“护送船队方式”为代表的政界、官界、企业界的相互勾结的结构，国会议员为了给地方选区带来利益而奔走斡旋的中央地方结构等，在“1955年体制”之下形成的日本政治体制的结构性改革和政界的重组。

推进地方分权改革的众参两院决议

这样政界开始出现了流动化。1992年，以细川护熙为党首的日本新党在其建党宣言中提出：“只要不除掉根植于明治以来集权国家体制及其核心的中央官僚制的巨大结构性壁垒，日本就不可能实现生活优先型社会的建设目标，也不能解决为国际协调和国际贡献而改善日本经济状况的课题”。日本新党进入政界也鼓舞了其他政党，当时的社会党、民社党、公明党相继提出了推进地方分权的构想。1993年6月，包括自民党和共产党在内的超党派，通过了推进地方分权改革的众参两院决议。

从自民党一党统治体制到联合执政时代

在这之后的国会中，围绕如何处理政治改革方案问题，通过了对宫泽内阁的不信任案，众议院被解散，并于同年7月进行了大选。就在这时，原来的自民党分裂为自民党、新生党和新党先驱。此次大选，自民党没有获得众议院的过半数议席，这样长达38年的自民党一党统治体制的时代被画上了句号，作为非自民党的多党大联合内阁——细川内阁诞生了。

选举制度改革与政党资助制度的创立

在这之后，各届内阁以及组成内阁的不同政党不断地变化、重组。一直到2001年初，除了桥本内阁末期和小渊内阁初期非常短暂的时期之外，日本是联合执政的时代。并且在这期间的1994年，通过了四部政治改革相关法律，众议院议员选举制度由中选举区制改为小选举区比例代表并立制，并创设了政党资助制度。

《地方分权一揽子法》的制定

根据1995通过的《地方分权推进法》的规定，日本建立了地方分权推进委员会。而且根据该委员会提出的几次劝告，在1999年制定并颁布了以全面废除机关委任事务等为核心内容的《地方分权一揽子法》。新的地方自治制度从2000年开始实施。

桥本行政改革与自自联合政权的政策共识

另外，桥本内阁设立了行政改革会议，桥本首相亲任会长，以此为舞台开始了“桥本行政改革”的审议，其核心内容包括：强化内阁功能，中央省厅由 1 府 22 省厅体制重组为 1 府 12 省厅体制，邮政省的邮政事业重组为邮政公社，创设独立行政法人制度，引进行政评价（评估）制度等。根据该会议提交的最终报告，1998 年制定了《中央省厅等改革基本法》。再有，1999 年 1 月自民党与自由党的联合政权在政策协议中，就废除国会的政府委员制度，引进党魁辩论制度，机构重组后中央省厅引进副大臣和大臣政务官制度等问题达成了共识。于是在同年 7 月，为将“桥本行政改革”成果和自自联合政权的政策协议法制化，而对《国会法》、《内阁法》、《国家行政组织法》等进行了修改，其中关于废除政府委员制度和引入党魁辩论制度等，立即在同年秋季召开的国会上实行。另外新的 1 府 12 省厅体制以及副大臣、大臣政务官制度等也在 2001 年 1 月付诸实施。

行政改革与政治改革合流

总之，20 世纪 90 年代的行政改革，受到第二次临调以来的行政改革潮流的影响，又与 90 年代之后的政治改革潮流相合流，其中包含了旨在强化“政治主导”、对以往的官僚主导体制进行修正的另一个意图（参见第 6、7 章）。

阅读资料

胡佛委员会的政治环境

临时行政调查会与胡佛委员会

第一次临调是模仿美国的胡佛委员会建立的。而且，胡佛委员会在日本被广泛认为是一个由超党派的成员构成的组织，回避了那些可能成为党派政治争论的政策事项，将讨论的内容限定在纯粹的行政事项上，并在此基础上提出建议。而且正因为这个原因，委员会的建议能够得到议会的尊重，从而使得行政改革获得成功。

正因为人们存在上述的理解，所以有一些人对日本第二次临调的活动方式和改革建议是否脱离了行政改革应有的进程而抱有怀疑。但是，对胡佛委员会的这种理解，实际上很多是与史实不符的。关于这一点就此进行解说，来解开这一误解。

胡佛委员会实际上有两个，即1949年建立的第一次委员会和1953年建立的第二次委员会，现将这两个委员会区分开来解说。

第一次委员会的政治环境和建议

第一次委员会是根据议会的提议建立的，目的是研究如何将第二次世界大战中形成的战时行政体制恢复到正常状态，特别是要解决累积国债造成的高额财政赤字问题，而尽早实现均衡财政。

而在这个时期，杜鲁门政权之下处于在野党地位的共和党已经在联邦议会获得了多数议席，而且预测第二年的总统选举中，共和党候选人杜威可能会当选。

于是，议会多数派的共和党议员热情高涨，认为应该利用这个绝好的机会，不仅要对战时行政体制进行修正，还要从根本上变革民主党罗斯福政权和杜鲁门政权下实施的新政。

不过，在委员会的委员构成上表现得非常谨慎，即联邦议会上下两院出身的委员各半，从各院选出的委员也要共和、民主两党各半。委员会的委员构成是超党派的，这是为了提高委员会咨询报告在政治上实现的可能性。

就这样，第一次委员会在共和党的深思熟虑下建立起来，前总统胡佛就任委员会主席。委员会建立之初胡佛提出：“委员会的任务不限于提出像改善政府效率、业绩那样的管理或机构变革的劝告，我们还要从政府的事务项目的经费，其有用性、局限性以及缩小和废止的角度，划定政府活动的范围”。这实际上说明，该委员会要深深地介入到有关政策的选择取舍问题中。

但是，在第二年进行的总统选举中出现了与大多数人的预想完全不同的结果，现任总统连任了。于是，胡佛发表声明，表示对干预政策事项的问题持谨慎态度，方针发生了转变。胡佛说：“委员会的任务，就是要提高政府现在推行的行政活动的效率”。这样，委员会的建议也确实很少干预政策事项。而且是不是由于这个原因，我们暂且另当别论，议会确实回应了委员会的答询，对委员会提出的很多政策建议进行了立法。

第二次委员会的政治状况和劝告

在这之后，政权从杜鲁门手中传给了共和党的艾森豪威尔。第二次胡佛委员会在新一届共和党政权下建立起来，要进行第一次委员会未能着手的改革。

理所当然，第二次委员会一开始就预定要介入到政策事项中，而且非常想“废除那些与民间事务形成相互竞争的、不是非要不可的政府行政事务和项目”。于是第二次委员会在答询建议中，就各类政府直接经营的公共事业如何民营化的问题等，提出了多项广泛、深入地干预政策问题的劝告。不过，第二次委员会答询建议的内容，很难说确确实实地被实施了。

第 20 章

行政监督与行政责任

本书的焦点是探讨承担现代国家行政活动的官僚制组织在怎样的制度框架下，根据怎样的运行原理而开展活动的。

但是，“国政，基于国民郑重的委托实行，其权威来自于国民，其权力由国民的代表者行使，其福利国民享受之”（日本国宪法序文）。而且，国民一方对官僚制组织期待的越多，就越必须想办法对其监督。

那么，我们在本章中提出这个问题，为此首先复习一下制约政府活动的宪法结构问题。不过，这属于宪法学、行政法学的主题，关于这个问题我们只是进行简单的概述。我们把解说的重点放在作为对这些传统制度加以补充而产生的各项现代制度上。

在本章的最后，我们把话题再返回到官僚制组织上来，就行政官、行政人员个人的行政责任进行讨论，以此结束本书的叙述。

20.1 行政监督的宪法结构

行政监督与行政参与

传统的监督制度

现代民主制继承了近代民主制以来的间接民主制和权力分立制的宪法原理。在这里，对行政活动的监督（行政监督）是以直接代表国民的国会进行的监督、直接或间接代表国民的执政机关进行的监督以及法院进行的监督为基本内容的。这些监督都是作为宪法结构而确立，对于不服从则可以行使制裁手段的制度性监督。另外，由于它是存在于行政机关外部的机关进行的监督，所以可将其称为制度性的外部监督。

行政机关被置于执政机关的日常指挥监督之下。执政机关对行政机关的指挥监督，是通过上司的职务命令而确实地落实到组织的末端，被编入命令系统一元化的科层制组织结构之中。而且，对这一执行管理系统加以补充的是官房系统组织的管理控制机制。这些监督职能还被规定在公务员法与各类组织法令之中，是保有惩戒制裁手段前提下的制度性监督。不过由于它是行政机关内部的上级机关（上司）对下级机关（部下）的监督，所以可以将其称为制度性的内部监督。

行政机关与目标群体的相互作用

但是，现代民主制度之下开展的行政活动，除了以上那些监督之外，还会受到其他各种各样的现实的种种约束。

出现这种情况的根本原因是：现代国家行政活动对国民中的各种群体进行利益分配的功能被强化，与此相伴，围绕着行政活动的利益分配功能而出现的所谓“社会集团涌现”现象。

因为行政服务既是在向特定的群体分配利益，又会使特定的群体受到利益损害，这样，一方面会产生要求继续或扩大行政服务的压力集团，同时还会产生要求修正或废除行政服务的抵抗集团。无论是哪一方，行政机关在日常行政活动的开展中都要与应该称为行政客体、行政活动目标群体、行政服务利害相关者的国民中的各种集团保持频繁接触，行政机关同这些集团或个人之间是相互紧密作用的关系。

行政机关一方作用于预设的政策目标群体，而目标群体一方则作用于实现该集团利益的行政机关。它们之间的相互关系是要求、期望相互传递的过程，如果完全无视对方的要求或期望的话，就不能形成良性关系。

这样，行政活动事实上就会受制于目标群体或利害相关者所作出的反应。

行政参与的制度化

将这种事实上存在的约束力称为监督，可能人们会对此持有异议。但是，在现代国家的行政活动中，为了使行政机关与对象集团或利害相关者之间保持良性关系，就要求对象集团或利害相关者参与到政策的规划、决策、实施、评价过程中，或者说人们已经思考出容许这种状态出现的各种方法来了。当然，这类参与的场合多是咨询机构，参与的程序多是属于听证的程序，在这些场合的发言或者作出的决定不对行政机关的决策具有法律上的约束意义。所以，这是明显不同于我们刚才所说的各种制度性监督制度的。

不过，如果我们对这些事实上的约束力的存在充耳不闻，则是不够妥当。这是因为，应该如何将这些事实上的约束力在多大程度上加以制度化的问题，已经成为现代行政监督探讨的最为重要的论点之一。

吉尔伯特的矩阵

美国行政学者查尔斯·吉尔伯特（C. E. Gilbert）将这种事实上的监督与前述制度上的监督区别开来，将其称为非制度性监督。

如果将这种非制度性的监督也纳入视野的话，那么非制度性监督也可以分为外部监督和内部监督。即：上述目标群体、利害相关者的监督是外部监督，而与此相对的行政机关内部作出的反应、其他部门的同事们作出的反应等就是内部监督。而且政府人员的工会或者公务员团体所具有的约束力，就既可以分类为外部监督，也可以分类为内部监督。

表 20—1 就是根据这种分类方法，以表格方式表现出的行政监督的矩阵结构。以下就日本的制度性外部监督进行概述。

表 20—1　　行政监督（行政责任）的结构图

	制度性监督	非制度性监督
外部监督	议会的监督 执政机关的监督 法院的监督	咨询机关提出的希望、期待、批评 听证过程中提出的希望、期待、批评 信息公开请求的监督 来自目标群体、利害相关者的事实上的压力、抵抗行为 专家集团的评价、批评 与公务员工会的谈判 新闻媒体的报道
内部监督	会计检查院、人事院以及其他官房系统组织的管理监督 各省大臣对执行的管理 上级的职务命令	公务员工会提出的希望、期待、批评 同事们的评价、批评

国会的监督

民主监督的根本是国会进行的监督，可大体分为：（1）基于立法权的监督；（2）基于人事权的监督（选举内阁总理大臣，对内阁的信任与不信任，关于任命检察官、人事官、行政委员会委员的同意权，对法官的弹劾等）；（3）基于国政调查权的监督。

立法监督

"依法行政"原理的核心是依据立法权实行的监督，其内容包括：法案的表决、预算和决算的表决、条约的承认，及其审议过程中的质询和决议行为等。

立法监督的主要问题是：在对内阁提出的法案进行修正、对预算的修正、对决算的否决等方面，议员的立法权究竟能够多大程度上得到有效行使；政令等的委任立法权究竟能够多大程度上控制在较小的范围内。还有，作为强化立法权的方法，还曾经探讨过废除国会的会期制，引入逐条审议方式以及国会审查政令制度等问题。

直接立法制度

除此之外，作为国民直接参与立法过程的制度，有曾在魏玛时代的德意志等国广泛实行，今天仅在瑞士以及美国的各州和部分地方政府被采用的公民投票（referendum）和公民动议（initiative）制度。

内阁、内阁总理大臣、各省大臣的监督

议会内阁制下的执政机关是内阁、内阁总理大臣以及各省的大臣。

内阁的监督

内阁监督包括：(1) 基于法案提出权的监督（内阁对法案、预算、决算的承认以及条约的缔结权）；(2) 基于政令制定权的监督；(3) 基于人事权的监督（最高法院法官的任命权，审计官、人事官、行政委员会委员等的任命权，各省厅局长以上官员以及特殊法人负责人的人事认可权）；(4) 基于指挥监督权的监督（关于各项施政方针的决定、认可、同意）；(5) 内阁法制局的管理监督（关于内阁提出法案、政令草案的法令审查）等。

内阁总理大臣的监督

内阁总理大臣的监督包括：(1) 基于对国务大臣、副大臣、大臣政务官等的任命权以及指挥监督权的监督；(2) 基于作为内阁府的主管大臣所具有的内阁府令制定权的监督；(3) 作为内阁府主管大臣所具有的人事权和指挥监督权，指挥监督权中包含内阁府各机关的综合协调权等。

各省大臣的监督

各省大臣的监督包括：(1) 基于各省主管大臣所具有的省令制定权进行的监督；(2) 各省主管大臣所具有的人事权和指挥监督权。人事权包括对行政人员的惩戒处分权；指挥监督权当然首先包括对下级机关实施的行政处分的取消权，基于《行政复议法》对复议请求的复议权以及监察权。

行政委员会等

在此，就执政机关的监督做一些补充。会计检查院、人事院以及各类行政委员会等，是在一定程度上独立于内阁或各省大臣的合议制机关，其中的一些机关能够行使准立法权和准司法权。当然，这类合议制机关的数量同美国相比要少得多。

在美国，众多的行政审批事务是根据这些独立规制委员会的行政裁决（administrative adjudication）来处理的；而与此不同的是，在日本几乎所有的审批事务是以各省厅行政处分的方式来处理的。

法院的监督

保证“依法行政”原则的实现

最终保证“依法行政”原则实现的是法院。关于这一点出现了两大选择：或者像欧洲大陆国家那样在政府中设立作为特别法院的行政法院，或者像盎格鲁·撒克逊国家那样不设立此类法院，而由普通法院管辖所有的诉讼案件。

行政法院

明治宪法学习的是当时的普鲁士法制，关于行政案件诉讼的审判管辖权归属于行政法院。新宪法则与此不同，规定“所有司法权，属于最高法院以及依据法律的规定而设立的下级法院”（第 76 条第 1 款），还明确规定“不能设立特别法院，行政机关不能终审判决”（第 76 条第 2 款）。行政法学将这项改革称为由行政国家向司法国家的转变。

行政诉讼

1962 年制定的《行政诉讼法》关于起诉事项采用了概括主义原则，诉讼类型设定为上诉诉讼、当事人诉讼、公民诉讼、机关诉讼四种类型。

20.2 行政活动的直接参与

下面就“社会集团涌现”后出现的各类现代制度进行解说。这些制度中很多像已经介绍过的那样，具有要求或容许行政活动的目标群体、利害相关者以某种形式进行行政参与的特点。

行政人员工会的参与

劳动基本权

随着劳动运动的蓬勃兴起，公务领域中也诞生了劳动工会。而且到了保障普通劳动者的劳动基本权的时代后，是否应该将其适用于行政人员的问题成为各国争论的焦点。

劳动工会与行政人员团体

在将劳动基本权适用于行政人员的国家，在关于公务员薪酬及其他工作条件问题上，政府有义务作为用人方的代表同公务员工会谈判，根据情况还有义务缔结和履行集体协约。在这些国家，政府的劳务管理、人员编制、人事管理不得不受到谈判和协约的制约。

关于日本，就像在第 8 章中概说过的那样，无论是国家公务员还是地方公务员，一般职公务员是不能适用劳动三法的，不允许成立所谓的劳动工会。而且缔结集体协约的权利被否定，劳动争议行为被禁止。只是与政府就薪酬、工作条件以及联谊性和福利性活动的开展进行交涉时，可以结成行政人员团体，该团体具有法人资格。

在日本，在法律意义上，当局的管理权很少受到政府与行政人员团体间的谈判结果约束。不过，地方派出机构以及附属设施等，越是行政活动第一线的地方，当局的组织管理就越不能完全无视行政人员团体的意向。

参与政策规划

伴随“社会集团涌现”而出现的另一种制度是职能代表议员构成的经济议会等的建立，和以行政机关的附属机关形式建立起来的咨询机关。

职能代表方式

前者的职能代表方式是以魏玛时代的德国为中心，在战争时期的欧洲国家普及的制度。它是作为对由代表地方的议员所构成普通议会的补充而建立的“第二个议会”，是以职能集团为选区选举出的职能代表议员所构成的经济议会等形式，负责经济、产业政策相关法案等的审议。

不过，由于选区的设置存在技术上的困难，同时又由于经济议会等没有像人们期待的那样发挥出协调职能集团间利害关系的实际作用，而且相反加深了利益冲突，所以后来这一制度急速衰落下去。

咨询机关方式

今天无论是在哪个国家，后者的咨询机关方式都成了主流。在日本，则特别喜好运用这一制度方式，甚至有设置泛滥的趋势，因而每当行政改革的时候，咨询机关都会成为被整顿清理的对象。特别是在 2001 年 1 月中央省厅重组的机构改革中，原有的 211 个审议会等咨询机关被大幅度清理合并为 91 个。

审议会等是根据《国家行政组织法》第 8 条的规定，通过制定单项法令而建立的合议制机关，它不同于其他的大臣、局长设立的非正式咨询机构，也不同于各省厅设立的非正式的研究会等。

所谓的审议会等的咨询机关，还包括负责资格审查、行政复议审查等的审查会。不过我们在这里讨论的审议会等的咨询机关，不仅需要有学识经验的专家参与，而且还需要目标群体、利害相关者的代表参与，要将其意向反映到政策规划中，它或者是行政机关为了给自己构想的政策方案筹措到政策对象的赞同而建立的审议会。

当然，此类审议会的答询建议，并没有被赋予约束行政机关决策的法律效力。但是，若是为决定某项制度、政策而应该事前咨询正式设立的审议会的话，如果不进行这些咨询程序而进行决策，或者在审议会中未能获得多数的赞同而要采纳某项政策，实际上是很困难的。

行政委托员方式

另外，在日本还广泛采用委托国民个人通过帮助政府承担一些任务，参与部分政策实施行政业务的方式。

中央政府委托的事例有：民生委员、保护司（轻犯罪的监护观察员）、人权拥护委员、行政相谈（咨询）委员、国势（国情）调查员等。都道府县知事以及市镇村长委托的类似事例则更多。

这些应该被称为行政委托员的人员，在完成各自任务的同时，还作为行政机关的触角，发挥着将通过与行政活动目标群体、利害相关者的直接接触获得的感触反映给行政机关的反馈作用。

市民参与方式

另外，在都道府县和市镇村，在县民参与、市民参与的倡议声中，开始建立起冠名为县民会议、市民会议的，与以往审议会等风格不同的合议制机关。

但是，在自治体中，特别是在市镇村，因为以特定的职能集团为对象的行政活动不是很多，所以，旧有的审议会的委员并不是目标群体、利害相关方团体的代表，而多是各类行政相关团体的代表，或者是各类行政委托员等，是一些应该称为普通市民的人。

与此相反，中央政府的审议会则缺乏如上述县民参与、市民参与意义上的促进国民参与的空间。

行政立法、计划制定的参与

行政立法的事前参与和公众评价（public comment）制度

现代国家的法律只是在法律条文中规定了政策的大纲而已，关于更为重要的执行对象、执行基准、执行程序等的规定则是越来越多地委任给了政令、省令。于是人们不禁要问：这种行政立法的过程中，存在不存在听取目标群体和利害相关者的意向的制度？

美国的《行政程序法》即使是就这类规则的制定（rule making），也规定了事前程序，确立了相关制度，即在规则制定之前，政府有义务公示相关草案，受理人们对草案提出的意见书。

1994 年实施的日本的《行政程序法》中，没有规定这一规则制定的事前监督程序。但在 1999 年 3 月内阁会议通过的“关于规制的设定或改废的意见提出手续”决议中，规定各省厅在制定与规制相关的政令、省令等时要征求相关意见。这就是被称为公众评价的制度，而且逐渐向与规制相关的行政立法以外的领域扩展（2005 年已引入新的《行政程序法》）。

计划制定的事前监督程序与环境评估

这种事前程序的必要性，即使是在计划制定过程中也同样存在。

事实上在日本即便是在制定城市规划时，也要在决策前就城市规划的方案召开听证会等，是有利害关系的居民反映意见的必要措施；还规定要公开城市规划方案供市民阅览，创造居民提出意见的机会等。

另外，还有环境影响评估制度（assessment），即关于有可能给环境带来影响的公共事业，需要事前调查、预测、评估给环境带来的影响，公开评估结果以供市民阅览，并创造反映意见的机会，以利于环境的保护。在地方政府层面，从很早以前就推进了《环境影响评价条例》的制定，而中央政府的《环境影响评价法》的制定和实施则是在 1999 年。

居民运动与居民参与

与计划制定过程的事前监督程序问题密切相关的是抵抗型居民运动和居民参与的问题。

关于国际航空港（机场）、新干线铁路、核电站、大坝等的公共设施的建设，或者是市街地带的开发利用等问题，从20世纪60年代开始各国频频出现对这些建设开发决策的激烈反对和抵抗的居民运动，出现了建设开发计划不能推进的事态。

应该如何应对这种居民运动，这才是几乎所有先进国家共同面对的新的课题，以此为契机，出现了关于居民参与方式的多种尝试。

不过，由于这类居民运动多是发端于公共事业计划的地点如何选择而组织起来的运动，加上有利害关系的居民的范围难以划定，所以在计划过程的初期阶段就采取让目标群体、利害相关团体的代表参与咨询机构的方式并非有效。正因为如此，居民参与一般表现为事实上的谈判的形态。

压力团体与居民运动

不过，抵抗型的居民运动是不同于所谓的压力团体的，是以地域利益而不是行业利益为基础的。而且不像压力团体那样追求集团利益的增进，只是要求保全既有的良好的自然和生活环境。

但二者在代表特定集团利益方面是一致的。而且就像农协或医师会的主张不一定总是完完全全同整体利益相吻合一样，居民运动的主张也难以保证总是完全正确的。

但在今天，很少有人要全面否定压力团体参与的意义，而承认压力团体的参与具有补充议会的代表性缺陷的作用。抵抗型的居民运动也是代表着在一般的政治过程所不能合理代表的特定地域居民的利益。

而且，现代公共设施的规模远远大于以往，其外部性也不断扩大，这样为实现公共利益而建设的公共设施，由于建设不当而时常给设施周边地区的居民带来巨大的损害。抵抗型的居民运动所发挥的建设性作用就在于通过遏制这种公共事业的自大独善，促使人们重新审视整体利益与部分利益、多数者的利益与少数者的利益间的适当调和问题。

问题是，同压力团体的情况一样，特定利益集团的主张中究竟包含多少公共性，而且这种公共性应该由谁、经过怎样的程序来判定呢？

参与行政程序

下面介绍的制度是为拓宽利害相关者参与到个别具体的行政处分决定

过程的空间，而确保行政活动遵循适当程序的制度。这是在行政裁量不断扩大的背景下出现的，在欧美国家是通过制定行政程序法而法制化的制度。

日本《行政程序法》的制定过程

日本是在《行政事件诉讼法》和《行政复议法》制定之后的昭和三十年代后期，第一次临调提出应该制定一部对应这些事后救济程序法的事前程序法。不过在还没有正式进入法制化过程之前，日本迎来了国际化的时代，因为一些国家批评日本的行政活动缺乏透明性，所以可能是由于这一原因，第二次临调在其最终答询中提出作为确保行政活动信赖性的一项措施，应该制定行政程序法。

《行政程序法》的概要

1993 年 11 月制定、1994 年 10 月施行的日本的《行政程序法》，其立法目的在于确保行政运行的公正性和提高其透明性，进而有助于保护国民的权利和利益。该法规定了与许可、认可等行政处分、行政指导、申报的程序有关的一般事项，如制定行政处分的审查基准及其公开，设定办理手续所需的标准工作日及其公开，行政机关不能审批时要说明理由，对行政相对人不利的处分要履行问询程序，实施行政指导时要明示责任人，实施口头行政指导时，行政相对人如果要求出示相关行政指导文书，则应以书面形式交付等，这些程序都是相关行政机关应该履行的义务。

在中央政府制定了《行政程序法》之后，地方政府层面的行政程序条例的制定工作有了快速进展，截止到 1998 年 8 月，所有的都道府县和 2 974 个市区镇村普及了这项制度。

宣传咨询、行政相谈、监察专员

以上列举的各项行政参与制度都是针对政策对象集团及利害相关者，保障其能够明确表达自身权利与利益的机会的制度。

不过，在民众中有很多人不知道自己有表达利益的权利，不了解是否具有接受行政服务的资格。甚至很多人不知道应该向何处问询才能得到此类信息。更为严重的是，几乎所有的人不知道表达异议、申请复议、行政诉讼的方法，而且即便了解这些方法，也没有敢于诉诸这些手段来解决问题的执著。

宣传咨询、行政相谈

为此，行政机关首先设立了负责宣传咨询的专门机构，在努力提供政府行政服务的信息的同时，回答人们提出的各类问询和诉求。

另外，比如说税务相谈等，就那些咨询量大、回答是需要专业知识的领域，而安排了专门的咨询窗口。还有有关邻里纠纷、消费者投诉等属于民事纠纷的咨询也设立了相应的专门窗口来回应。

信访处理、监察专员

在这里要讨论的是如何回应民众对行政活动的不满和批评，而且是本来已经向某行政机关表达了不满，却完全没有得到回应的不满和批评如何处理的问题。同时，对这类不满和批评的问题的处理又是难以进入《行政复议法》规定的异议表达、请求复议等程序的。

作为回应此类不满和批评的机制而建立的制度就是人权拥护委员和**行政相谈**委员制度。还有些人认为仅此还不够充分，于是在他们的倡议下所引进的是监察专员制度。

监察专员（Ombudsman）是保护公民权利的**信访**调查官，也被称为“护民官”。这个制度 1809 年诞生于瑞典，第二次大战后，特别是 20 世纪 60 年代之后从北欧国家普及到英联邦国家，然后又迅速普及到美国的各个州。

这些国家所采用的监察专员制度有些是设在议会的，也有一些设在了行政机关。最初是由议会选任、对议会负责的具有独立性的不偏不党的公务员担任。监察专员有权受理市民对行政官、行政人员滥用权力问题，以及遭受不当行政权力或决定侵害的投诉，就此行使职权进行调查，提出纠错**劝告**，并向议会汇报的机关。

建立监察专员制度的目的在于：处理**信访**简便，可以发挥人格高尚和市民情怀的人士的权威，并以“合上法典、打开心扉”为理念，在处理公众的**信访**时可以排除官僚主义方式。

日本未能普及

在日本，原总务厅设立的监察专员制度研究会对此进行了六年的调查研究，在 1986 年将研究的结果汇总为最终报告书，提出内阁总理大臣在获得国会同意的前提下可以设立监察专员委员会，但是至今这一构想未能实现。

不过在自治体层面，1990 年川崎市已经开始了监察专员制度，除此之外，将对象限定为福利行政的监察专员制度，以及将对象限定为老人护理保险（nursing care insurance）行政的监察专员制度等，在日本全国各地有种种尝试。

信息公开制度

最后，我们就作为新的行政监督方式出现的信息公开制度进行概述。保护个人隐私的制度也与此密切相关。

信息公开的体系与信息公开制度

广义的信息公开体系如表 20—2 所示。其中的一般信息公开请求制度就是我们一般所说的信息公开制度。

表 20—2　　信息公开的体系

		向特定者公开的信息	向不特定者公开的信息
由政府机关的裁量决定公开的信息（信息提供措施）	不以积极的信息需求为前提的情报公开（宣传措施）	介绍、引导 资料提供 指导、帮助等	措施介绍，行政资料的发行、发放、颁布等的单项宣传 宣传报刊的发行等综合宣传等
	以积极的信息需求为前提的信息公开（信息中心措施）	引导窗口 信访窗口 窗口服务的信息展示角等	议会图书馆（室） 资料室、政府发行物中心 公文档案馆（室） 图书馆（室）等
政府机关有义务履行的信息公开（信息公开制度）	不以公开请求为前提的信息公开（信息公开义务制度）	作为行政程序的一环实施的告知、说明等	会议的公开、议事纪录的公开 条例等的公布、公示 公报的公开、告示 财政状况的公开 计划、评估报告等的自由阅览
	以公开请求为前提的信息公开（信息公开请求制度）	证明的交付 个人信息的公开请求 作为行政程序的一环而进行的相关公文的阅览请求等（特定信息的公开请求制度）	基于《信息公开法》（条例）的信息公开（一般信息公开请求制度）

所谓信息公开制度，就是当具有信息公开请求权者要求政府公开其保有的信息时，原则上政府有履行公开义务的制度。这一制度也是诞生于北欧国家，后来普及到美国、加拿大等国。

日本的信息公开制度

日本引进信息公开制度，始于自治体层面。截至 2000 年 4 月，所有的都道府县和 1 379 个市镇村制定了与信息公开制度相关的条例或纲要。不过镇村未制定的地方还有很多，制定率仅为自治体总数的 43.2％。

但是，自治体层面信息公开制度的普及已经获得了很大的成效。以律师等为中心组织起来的全国性市民运动团体“市民监察专员”，通过要求政府公开行政首长的交际费、行政人员的出差旅费、承包工程的招标等信息，而使“官官招待”以及各种不当支出的问题暴露出来。

迟迟出台的中央政府的《信息公开法》，是在 2001 年才制定、实施的。虽然法律规定包括外国人、法人在内的“任何人”都可以请求信息的公开，但是并没有明确规定这一请求权应该基于“知情权”。请求公开的对象被限定为中央政府的行政机关保有的信息，国会和法院保有的信息则在公开对象之外。另外，关于外交、防卫、刑侦等的信息是否公开则需要相关省厅的判断，这给信息的不公开留下了空间。而且，关于信息不公开决定的救济，首先是信息公开审查会的审查，如果对其审查结果不服，则才可以向全国的高等法院所在地的地方法院提起诉讼。

制度的争论点

在引入该制度的时候，以下问题成为了主要的争论焦点：

（1）请求权者的范围。是“任何人”都可以请求公开，还是要限定为这个国家的国民或自治体的居民。这个论点同制度创设的目的是为了保障“知情权”等人们的自由权，还是为了保障人们的参政权的讨论相关。

（2）对象机关的范围。是将政府内部的所有机关保有的信息作为公开的对象，还是将议会等保有的信息置于信息公开的对象之外。

（3）对象信息的范围。是将制度实行以前保有的信息作为公开的对象，还是将制度实行之后出现的信息限定为应该公开的对象。另外，是限于公文信息，还是要将照片、地图、图片、录音带等的信息也包括在内。

（4）不适用事项的范围。作为公开原则的例外特例，应该容许何种类型的信息“可以不公开”。

（5）救济方法。虽然提出了信息公开的请求，由于某种理由被拒绝公开时，关于不公开决定的适当与否进行争议的方法如何设计等。

制度的目的与核心

“没有信息的公开就没有参与”，正像这句话所说的那样，信息公开是政治参与和行政监督的大前提。

但政府机关总是有将自己收集、获得的信息垄断起来，不公开日常工作开展所依据的行政准则，以及隐匿事务执行程序的倾向。而且还会将信息的垄断和隐匿作为其权力的来源，而以此操纵政治家和民众。

所以，信息公开制度就是要打破这种官僚制统治的弊端，将行政活动透明化，制度建立的初衷则根植于对官僚制组织难以拂去的不信任感。

也就是说，创设这一制度的目的在于：强制要求政府公开那些没有这项制度就不可能公开的信息。所以，该制度的核心就是赋予国民以公开请求权，规定政府信息公开的义务，设定二者间法律上的权利义务关系。

制度的局限

不过，我们还应该审慎对待情报公开制度，期望值不能过高。这是因为这一制度还存在以下局限性，因此它还不能极大地促进国民的政治参与和对行政的监督。

（1）国民一方如果不花费时间和精力请求公开的话，信息则不能公开。

（2）信息只是对请求者公开，只是如此的话，则不能广泛公开于国民。

（3）没有要求政府一方有义务去收集、整理新的信息。不仅如此，相反，由于要求政府有义务对现有信息不加篡改地、原原本本地公开，所以被公开的信息对请求者来说不一定都是简明易懂、有意义的信息。

健全、充实广义信息公开的必要性

那么，作为国民参与政治、对行政活动有效监督的手段，我们在构建信息公开制度的同时，还要健全、充实构成广义信息公开体系的各项制度和措施。其中尤为重要的是，确立包括公开各种会议、会议记录在内的信息公布义务制度。

制度陷阱

而且信息公开制度中，除上述制度局限之外，还存在以下制度陷阱。

政府信息的收集、生产者为行政官、行政人员。那么，这些行政官和行政人员惧怕或厌恶人们利用信息公开制度提出信息公开请求时，就不愿意将信息以公文等的形式记录下来，或者即使做了记录，也有可能在很短的时间里将其废弃处理。

如果这样，信息公开制度就失去了意义。不仅如此，还会给行政运营带来障碍。

完善公文制作方法、管理方法的必要性

所以，在创设信息公开制度的同时，还要推进公文制作方法、管理方法的完善，有必要努力遏制这种不良的副作用发生。

20.3 行政责任

行政监督与行政责任

传统行政责任

当行政监督仅为制度性监督时，行政监督与行政责任看起来是互为表里的关系。这是因为，所谓的责任只不过是对监督的准确回应而已。如果对此进一步分解的话，所谓的行政官、行政人员的责任可以理解为完成政治机关交付的任务的责任（任务责任）；服从法律和预算规定的纪律，遵从上级机关的指令和上司的具体指示、命令而行动的责任（服从责任）；回应监督者的问责而就自己的行为进行辩明的责任（说明责任）；服从任命者的制裁的责任（受裁责任）。

传统行政责任的观念，正是这些内容。如果基于这一观念讨论的话，刻意将行政监督与行政责任区别对待，实际上是无益的。

不过，当我们就现代的行政官、行政人员的任务进行考察的时候，将行政监督和行政责任区分开来论述则是有益的。这是因为，现在出现了大量的、在传统监督制度之下难以捕捉的行政责任问题。

能动责任

首先，以往存在的被动责任之外，应该被称为能动责任的责任问题变得非常重要了。

辅助责任

对法令、预算规定的纪律，上级机关的指令，上司的具体指示和命令忠实地回应，这仍然还停留在被动责任上。而形成对照的是，现代的行政官和行政人员的任务还扩展为：在不违背法令和预算所规定的纪律、上级机关的指令、上司的具体指示和命令的前提下，可以主动、积极地自由裁量，行动上可以选择最佳方式。这就是自由裁量领域飞速扩大情况下产生的下级机关、部下的辅助责任问题。

辅佐责任

而且当组织法令规定的事务管辖领域出现新的社会问题的时候，现代的行政官、行政人员要尽早对此察知，并制定相应方案报告给上级机关，进而还要向政治机关提案，对上司、上级机关、政治机关的决策提出建议和忠告，有时还期待这些建议和忠告是谏言。这就是基于互动规范的政治、行政关系中的行政官、行政人员的辅佐责任。

使命感的共有与责任感的涵养

一般而言，法令、指令、指示和命令仅规定了一些不可以做的事项，或者说规定了最低限度应该做的事项，这对制裁不履行则是有效的手段，但在促使人们自发、积极行为方面则不是有效的方法。那么，为了保证这些积极能动行为，则需要依靠使命感的共有和责任感的培养等与传统监督制度不同的方法。

可以说，这就是行政监督论之外的行政责任论出现的第一个理由。当然，这里所说的辅助、辅佐的能动责任不过是科层结构组织的双向运作问题，将其置于传统的问责制或回应责任（accountability）的范围内进行讨论也不是不可能。

非制度性责任

问责性与回应性

但是，在现代国家中，随着行政活动对象集团、利害相关方的组织化的推进，这些团体与行政机关之间的相互作用开始日常化，人们就希望行政官、行政人员能够有效回应这些团体提出的要求和期待。应对这种非制度性的事实上的监督以及非制度性责任的发生和扩大的现实，就是促使我们引入回应性（responsibility）概念，以此取代以往的问责（accountability）概念的决定性原因。

弗里德里希的行政责任论

我们在第3章中简单介绍过的弗里德里希的行政责任论，正是出现在这一基础上。无论是行政人员的劳动工会或行政人员团体，还是对象集团、利害相关方的团体，它们对行政活动都不拥有法律上的监督权限，所以，行政官、行政人员没有法律义务回应这些团体、个人提出的要求和期待。但是，他们的意向、反应对行政活动来说，是非常重要的反馈信息。无视这些期待和要求，政策实施活动就不能顺利开展。

前面谈到的在自由裁量和政策的提出、方案制定层面的辅助、辅佐责任问题，这不仅仅是回应政治机关、上级机关、上司的期待的责任，而且也是回应部下、行政人员团体或者对象集团、利害相关者的期待，进一步说是回应国民大众期待的责任。

说明责任概念的扩张

说明责任的目前意义

这样，近来人们在使用说明责任的概念时，同过去相比概念的意义被扩张了。也就是说，说明的责任，像我们讨论过的那样，本来是作为对政治机关以及上级机关的制度性责任的一部分，意味着下级机关对上级机关的问责进行回应和就自己的行为加以辨明的责任（问责制）。但在今天这一概念扩张为行政机关就自己完成的政策、措施、公共事业，就其背景、意图、方法和成果等广泛向国民大众明确说明，求得其理解的责任。

换言之，仅就说明责任的概念层次而言，已经超出了当然的责任对象，即国民代表机关的政治机关层面，而被提升到终极监督者即国民层面，所以专门区别对上级负责的制度性责任和对应该称为具体行政服务的利害相关者的各国民集团负责的非制度性责任的不同，就失去了实际意义。

因特网通信的普及

问责制概念的内涵之所以得到如此扩张，一个重要的社会背景可以说是由于因特网通信的普及。行政机关通过在自己的网页上登载所有的必要信息，这实际上就使得问责制的简便履行成为可能。

行政责任的两难境地

虽然这么说，但上面讲到的能动责任和非制度性责任，是勉勉强强能同行政监督问题联系起来探讨的问题。这些责任问题，可以作为没有制度性监督的空白领域中的自由裁量责任来加以探讨。那么，现代的行政责任的性质真是如此吗？实际上，现代的行政责任已经变化为可以称作是能够破解“行政责任两难境地”的责任。

行政责任的两难境地

在民主政治体制之下，制度性的外部监督机关至少要分立为议会、执政机关、法院。制度性的内部监督也分化为直线系统组织进行的执行管理和官房系统组织进行的管理监督。而且，这一结构中又加入了其他多种多样的非制度性监督。

担当行政事务的行政官、行政人员受到来自多元化了的机关和团体的监督和期待，但是这些监督和期待相互矛盾对立的情况却时常发生。在这种情况下，负责行政事务的人员，他们的行为应该回应哪些监督和期待呢？

破解两难境地的责任

所谓现代的行政官、行政人员所面对的行政责任，人们认为就是破解和克服这类两难境地的责任。讨论到了这里，我们就需要清楚完全与监督概念分离的责任概念了。由此，就产生了下面的自律责任问题。

自律责任

行为服从于良心的责任

同吉尔伯特划分的四种类型的行政监督相对应的行政责任，在应答他人的监督或者期待的意义上，都是他律的责任。相对而言，服从自己的良心而行动的责任，是自律责任。

他律责任的相互间出现两难境地的时候，行政官、行政人员的信仰体系和价值观是克服这一境况的最后依靠。

私利与公共责任

而且，行政官、行政人员也是人，他不仅具有作为行政官、行政人员应有的行政责任，而且还有作为家庭、亲族成员的责任，作为行政人员团体会员的责任，作为某宗派信徒的责任等各种各样的个人责任，因此为行政责任与私人责任的矛盾而烦恼的事态也可能发生。

当对个人利害的关心凌驾于公共责任感的时候，就有可能出现贪污渎职。与此截然不同的是，如果公共责任感异常高扬，那么就有可能出现为了社会正义而不怕丢官的高尚行为。克服这种两难境地的关键，还是自律责任。

行政官、行政人员的激情、洞察力、责任感

总之，为了强化对现代国家行政活动的民主监督，就必须多方健全充实各项新的行政监督制度，并综合有机地组合运用这些制度。

与此同时，我们还要去寻求能培养行政官、行政人员的激情、洞察力、责任感的措施。

阅读资料

行政责任的两难境地

在这里，我们举例说明行政责任的两难境地问题。

假设最高法院判决议员选区不够合理，要求纠正。这个时候，是应该由根据《公职选举法》的规定，总务省自治行政局选举部马上重新启动选举制度调查会的工作，在向其咨询的基础上，立刻制定该法律的修正方案，并努力将法案提交给国会呢，还是把它看作是政治家的工作，静等国会或者执政党方面出现改革气氛呢？这就是两个制度性外部责任间的矛盾事例。

局长的意向同市长的意向相左时，课长应该赞成哪一方呢？当上司的期待同部下的期待相反的时候，中层管理者应该赞同哪一方呢？被夹在其他局的期待和自己所在局的期待之间，总务课长该如何处理呢？这些都是需要对两个制度性内部责任进行调整或扬弃的事例。

监督产业界的产业行政官厅，是应该回应产业界的期待，还是应该回应消费者的期待呢？是应该保护现有产业的既得权益，还是应该振兴新准入产业？这些都是两个非制度性外部责任矛盾的问题。

但是，两难矛盾既发生在制度性责任与非制度性责任之间，又发生在外部责任与内部责任之间。

假设你发现部下有受贿行为的事实，那么你只是秘而不宣、稳妥处理呢，还是应该提出告发，追究其刑事责任呢？如果追究刑事责任则使事件公开化，行政机关的社会信用会受到伤害。而且从结果上看，这名部下的家庭也会受到严厉的社会制裁，看起来有些过于严酷。尽管如此，但是如果不把事件公开出去，他还会影响部下，而且还会不去追问制造这一事态的行贿方的行为。这么做，不是违反社会正义吗？那么，又如何是好呢？在这里，上司所面对的是制度性外部责任与制度性内部责任间的矛盾。

在政策实施层面需要与利害相关人打交道，如果机械地解释和适用法律，仅限于这个个别具体事例，当确信其严重违反了具体正义，这时是否即便枉法也要去实现具体正义呢？还是应该坚持法律，即使面对利害相关者的激烈抗议以及接下来的诉讼也要站出来据理力争呢？行政人员在这里所体验的是制度性外部责任和非制度性外部责任的矛盾。

课长被局长叫去，假设被命令道："你们课的某某没有办理职务免除手续（可在工作时间做非业务活动），就在上班时间搞工会活动。这种情况绝对不能允许"。但在职场，假设以往这种程度的工会活动在上班时间是放任不管的，那么，如果课长依照局长的指示采取措施的话，这名有问题的行政人员不但不接受，而且课内的大多数工会会员一定会不满，我们假定工会会就此出现激烈的抗议行为。那么，课长应该如何对待局长的指示呢？在这里，课长则站在了制度性内部责任与非制度性内部责任的夹缝间了。

行政人员面对的最为深刻的两难境地是在直接上司下达指示和命令严

重违反个人的信念体系而无法服从的时候。如果这位行政人员具有坚强的人格，就会敢于将自己的信念告诉给上司，请求上司三思，要求他撤回指令。但是，如果上司听不进部下的抗议或谏言该怎么办？那么，你是选择越级向更上一级直接陈诉，还是选择匿名的内部告发呢？

如果认为这些方法都无益的时候如何是好？你是消极怠工，回避自己的责任，还是提出转任或辞职呢？决定辞职的时候，辞职的原因公开，还是不公开呢？

确定此类判断和选择的是自律责任。

参考文献

1. 行政学的教科书

［现在的教科书］

足立忠夫『新訂・行政学』日本評論社，1992年

今村都南雄等『ホーンブック行政学』北樹出版，1996年

片岡寛光・辻隆夫編『現代行政』法学書院，1988年

加藤一明等著『行政学入門・第二版』有斐閣，1985年

川野秀之等著『現代の行政』学陽書房，1983年

新藤宗幸『講義・現代日本の行政』東京大学出版会，2001年

田口富久治『行政学要論』有斐閣，1981年

西尾勝『行政の活動』有斐閣，2000年

福田耕治・真淵勝・縣公一郎編『行政の新展開』法律文化社，2003年

村松岐夫編『新版・行政学講義』青林書院，1985年

村松岐夫『行政学教科書・第二版』有斐閣，2002年

森田朗『現代の行政』放送大学教育振興会，1996年

［往日的教科书］

辻清明『行政学概論・上巻』東京大学出版会，1966年

長浜政壽『行政学講義案』有信堂，1957年

吉富重夫『現代行政学』勁草書房，1967年

蜡山政道『行政学講義序説』日本評論社，1950年

2. 现代行政与行政学的参考书（第1到第4章）

［丛书］

辻清明ほか編『行政学講座』全5巻，東京大学出版会，1976年

西尾勝・村松岐夫編『講座行政学』全6巻，有斐閣，1994—1995年

［行政学理论］

青木昌彦『日本企業の組織と情報』東洋経済新報社，1989年

青木昌彦（永易浩一訳）『日本経済の制度分析』筑摩書房，1992年

足立忠夫『行政管理論』玄文社，1960年

足立忠夫『職業としての公務員』公務職員研修協会，1978年

阿部孝夫『実践的行政管理論』成文堂，1999年

今里滋『アメリカ行政の理論と実践』九州大学出版会，2000年

今村都南雄『組織と行政』東京大学出版会，1978年

今村都南雄『行政の理法』三嶺書房，1988年

今村都南雄編著・行政管理研究センター監修『「第三セクター」の研究』中央法規出版，1993年

今村都南雄『行政学の基礎理論』三嶺書房，1997年

宇都宮深志・新川達郎編『行政と執行の理論』東海大学出版会，1991年

片岡寛光『行政国家』早稲田大学出版部，1976年

片岡寛光『行政と国民』早稲田大学出版部，1990年

片岡寛光『行政の構造』早稲田大学出版部，1992年
金本良嗣・宮島洋編『公共セクターの効率化』東京大学出版会，1991年
城山英明『国際行政の構造』東京大学出版会，1997年
田尾雅夫『行政サービスの組織と管理』木鐸社，1990年
渓内謙ほか編『現代行政と官僚制』上下2巻，東京大学出版会，1974年
田村徳治『行政学と法律学』弘文堂，1925年
手島孝『現代行政国家論』勁草書房，1969年
手島孝『行政概念の省察』学陽書房，1982年
手島孝『新版・アメリカ行政学』日本評論社，1995年
東京大字社会科学研究所編『転換期の福祉国家』上下2巻，東京大学社会科学研究所，1988年
長浜政壽『行政学序説』有斐閣，1959年
長浜政壽『現代国家と行政』有信堂，1973年
西尾勝『行政学の基礎概念』東京大学出版会，1990年
原田久『社会制御の行政学：マインツ行政社会学の視座』信山社，2000年
福田耕治『国際行政学』有斐閣，2003年
宮川公男・山本清『パブリック・ガバナンス：改革と戦略』日本経済評論社，2002年
宮嶋勝『公共組織の管理論』企画センター，1983年
村松岐夫『日本の行政』(中公新書)，1994年
森田朗編『行政学の基礎』岩波書店，1998年
吉富重夫『現代の行政管理』勁草書房，1974年
蠟山政道『行政組織論』日本評論社，1930年
蠟山政道『行政学研究論文集』勁草書房，1965年
渡辺榮文『行政学のデジャ・ヴュ：ボダン』九州大学出版会，1995年
[译著]
H. A. Simon（松田武彦ほか訳）『経営行動』ダイヤモンド社，1989年
H. A. Simon（宮沢光一監訳）『人間行動のモデル』同文館，1970年

P. Selznick（北野利信訳）『組織とリーダーシップ』評論社，1970年
P. Self（片岡寛光監訳）『行政官の役割』成文堂，1981年
F. W. Taylor（上野陽一訳・編）『科学的管理法』産業能率大学出版部，1969年
V. A. Thompson（大友立也訳）『ビューロクラシーと革新』日本経営出版会，1970年
C. I. Barnard（田杉競訳）『経営者の役割（新訳）』ダイヤモンド社，1968年
M. J. Hill（渡辺保男訳）『行政の社会学』学陽書房，1976年
M. P. Follett（斉藤守生訳）『経営管理の基礎：自由と調整』ダイヤモンド社，1963年
M. P. Follett（米田清貴・三戸公訳）『組織行動の原理』未来社，1972年
M. P. Follett（三戸公監訳）『新しい国家』文眞堂，1993年
C. C. Hood（森田朗訳）『行政活動の理論』岩波書店，2000年
H. G. Frederickson（中村陽一監訳）『新しい行政学』中央大学出版部，1987年
J. G. March；H. A. Simon（土屋守章訳）『オーガニゼーションズ』ダイヤモンド社，1977年
R. Mayntz（縣公一郎訳）『行政の機能と構造：ドイツ行政社会学』成文堂，1986年
P. R. Lawrence；J. W. Lorsch，（吉田博訳）『組織の条件適応理論』産業能率大学出版部，1977年
D. Waldo（足立忠夫訳）『行政学入門』勁草書房，1966年
D. Waldo（山崎克明訳）『行政国家』九州大学出版会，1986年

3. 关于中央与地方关系的参考书（第5到6章）

赤木須留喜『東京都政の研究』未来社，1977年
赤木須留喜『行政責任の研究』岩波書店，1978年
浅井清『明治維新と郡県思想』巌松堂書店，1939年
石川一三夫『近代日本の名望家と自治』木鐸社，1987年

石原信雄『新地方財政調整制度論』ぎょうせい，2000年
井出嘉憲『地方自治の政治学』東京大学出版会，1972年
稲継裕昭『人事・給与と地方自治』東洋経済新報社，2000年
今村都南雄編『自治・分権システムの可能性』敬文堂，2000年
岩崎美紀子『分権と連邦制』ぎょうせい，1998年
大石嘉一郎『近代日本の地方自治』東京大学出版会，1990年
大島太郎『日本地方行政史研究序説』未来社，1968年
大島太郎『官僚国家と地方自治』未来社，1981年
大森彌『自治体行政学入門』良書普及会，1987年
大森彌『自治行政と住民の「元気」：続・自治体行政学入門』良書普及会，1990年
大森彌『自治体職員論』良書普及会，1994年
大森彌・佐藤誠三郎編『日本の地方政府』東京大学出版会，1985年
片岡寛光編『国と地方：政府間関係の国際比較』早稲田大学出版部，1985年
加藤一明『日本の行財政構造』東京大学出版会，1980年
加藤一明ほか著『現代の地方自治』東京大学出版会，1973年
金井利之『財政調整の一般理論』東京大学出版会，1999年
姜再鎬『植民地朝鮮の地方制度』東京大学出版会，2001年
亀卦川浩『明治地方自治制度の成立過程』東京市政調査会，1955年
亀卦川浩『地方制度小史』勁草書房，1962年
社会保障研究所編『福祉国家の政府間関係』東京大学出版会，1992年
新藤宗幸『アメリカ財政のパラダイム・政府間関係』新曜社，1986年
新藤宗幸『地方分権・第二版』岩波書店，2002年
高木鉦作編『住民自治の権利』法律文化社，1973年
竹下譲監修『世界の地方自治制度』イマジン出版，2000年
地方自治百年史編集委員会編『地方自治百年史』全3巻，地方財務協会，1992年
辻清明『日本の地方自治』(岩波新書)，1976年
辻山幸宣『地方分権と自治体連合』敬文堂，1994年
日本行政学会編『分権改革：その特質と課題』ぎょうせい，1996年

日本政治学会編『近代日本政治における中央と地方』岩波書店，1985年
長浜政壽『地方自治』有斐閣，1952年
長浜政壽『中央集権と地方分権』日本評論社，1953年
西尾勝『未完の分権改革』岩波書店，1999年
西尾勝編『分権型社会を創る』シリーズ［分権型社会を創る］第1巻，ぎょうせい，2001年
松下圭一『日本の自治・分権』(岩波新書)，1996年
松下圭一『自治体は変わるか』(岩波新書)，1999年
松本克夫/自治・分権ジャーナリストの会編『第三の改革を目指して：証言でたどる分権改革』ぎょうせい，2000年
御厨貴『明治国家形成と地方経営』東京大学出版会，1980年
村松岐夫『地方自治』東京大学出版会，1988年
森田朗編『アジアの地方制度』東京大学出版会，1998年
山下茂ほか著『増補改訂版・比較地方自治』第一法規出版，1992年
山田公平『近代日本の国民国家と地方自治』名古屋大学出版会，1991年
横田清『アメリカにおける自治・分権・参加の発展』敬文堂，1997年
［译著］
Joachim Jens Hesse 編（木佐茂男監訳）『地方自治の世界的潮流：20カ国からの報告』信山社，1997年

4. 关于宪法结构和官僚制的参考书（第7到13章）

赤木須留喜『〈官制〉の研究：日本官僚制の構造』日本評論社，1991年
足立忠夫『近代官僚制と職階制』学陽書房，1952年
足立忠夫『公務員の人事管理と勤務評定』有信堂，1959年
石川真澄・広瀬道貞『自民党：長期支配の構造』岩波書店，1989年
石村善助『現代のプロフェッション』至誠堂，1969年
井出嘉憲『日本官僚制と行政文化』東京大学出版会，1982年
伊藤大一『現代日本官僚制の分析』東京大学出版会，1980年

伊藤正次『日本型行政委員会制度の形成』東京大学出版会，2003年
稲継裕昭『日本の官僚人事システム』東洋経済新報社，1996年
猪口孝・岩井泰信『「族議員」の研究』日本経済新聞社，1987年
鵜飼信成・長浜政壽・辻清明編『公務員制度』勁草書房，1956年
大河内繁男『現代官僚制と人事行政』有斐閣，2000年
岡田彰『現代日本官僚制度の成立』法政大学出版会，1994年
小沢一郎『日本改造計画』講談社，1993年
片岡寛光『内閣の機能と補佐機構』成文堂，1982年
外国公務員制度研究会編『欧米国家公務員制度の概要・米英独仏の現状』社会経済生産性本部生産性労働情報センター，1997年
金子仁洋『政官攻防史』(文春新書)，1999年
菅直人『大臣』(岩波新書)，1998年
北岡伸一『自民党：政権党の38年』読売新聞社，1995年
小林正彌『政治的恩顧主義論：日本政治研究序説』東京大学出版会，2000年
坂本義和・R・E・ウォード（Ward）編『日本占領の研究』東京大学出版会，1987年
新藤宗幸『福祉行政と官僚制』岩波書店，1996年
新藤宗幸『技術官僚』(岩波新書)，2002年
高橋和之『国民内閣制の理念と運用』有斐閣，1994年
田中一昭・岡田彰編『中央省庁改革』日本評論社，2000年
辻清明『新版・日本官僚制の研究』東京大学出版会，1969年
辻清明『公務員制の研究』東京大学出版会，1991年
西村美香『日本の公務員給与政策』東京大学出版会，1999年
日本公務員制度史研究会編『官吏・公務員制度の変遷』第一法規出版，1993年
日本政治学会編『現代日本政官関係の形成』岩波書店，1995年
日本の官僚研究会編『お役人操縦法』日本経済新聞社，1971年
秦郁彦『日本官僚制総合事典』東京大学出版会，2002年
畠山弘文『官僚制支配の日常構造』三一書房，1989年
牧原出『内閣政治と「大蔵省支配」』中央公論新社，2003年

松下圭一『市民自治の憲法理論』(岩波新書), 1975年
松下圭一『政治・行政の考え方』(岩波新書), 1998年
御厨貴『政策の総合と権力』東京大学出版会, 1996年
水谷三公『官僚の風貌』シリーズ［近代の日本］第13巻, 中央公論社, 1999年
水谷三公『江戸の役人事情』(ちくま新書), 2000年
三谷太一郎『近代日本の戦争と政治』岩波書店, 1997年
村山眞維『警邏警察の研究』成文堂, 1990年
村松岐夫『戦後日本の官僚制』東洋経済新報社, 1981年
森田朗『許認可行政と官僚制』岩波書店, 1988年
森田寛二『行政機関と内閣府』良書普及会, 2000年
山口二郎『一党支配体制の崩壊』岩波書店, 1989年
山口二郎『イギリスの政治・日本の政治』(ちくま新書), 1998年
［译著］
Akira Kubota (福井治弘訳)『高級官僚』福村出版, 1972年
M. Albrow (君村昌訳)『官僚制』福村出版, 1974年
M. Weber (世良晃志郎訳)『支配の社会学』I・II, 創文社, 1960, 62年
C. Johnson (矢野俊比古監訳)『通産省と日本の奇跡』TBSブリタニカ, 1982年
B. S. Silberman Silberman (武藤博己ほか訳)『比較官僚制成立史』三嶺書房, 1999年
A. Downs (渡辺保男訳)『官僚制の解剖』サイマル出版会, 1975年
P. M. Blau (阿利莫二訳)『現代社会の官僚制』岩波書店, 1958年
F. Heady (中村陽一訳)『政治体系と官僚制』福村出版, 1972年
R. Bendix (高橋徹・綿貫譲二訳)『官僚制と人間』未来社, 1956年
R. Merton (森東吾ほか訳)『社会理論と社会構造』みすず書房, 1961年
M. Lipsky (田尾雅夫・北大路信郷訳)『行政サービスのディレンマ: ストリート・レベルの官僚制』木鐸社, 1986年
F. E. Rourke (今村都南雄訳)『官僚制の権力と政策過程』中央大学

出版部，1981 年

5. 关于政策过程和行政管理的参考书（第 14 到 19 章）

足立忠夫『行政改革を考える』公務職員研修協会，1984 年
足立忠夫『行政サービスと責任の基礎理論』公務職員研修協会，1990 年
足立幸男『公共政策学入門』有斐閣，1994 年
足立幸男・森脇俊雄編『公共政策学』ミネルヴァ書房，2003 年
飯尾潤『民営化の政治過程』東京大学出版会，1993 年
石森久広『会計検査院の研究』有信堂，1996 年
伊藤大一編『変動期の公的規制』行政管理研究センター，1998 年
井上誠一『稟議制批判論についての一考察：わが国行政機関における意思決定過程の実際』行政管理研究センター，1981 年
今村都南雄編・地方自治総合研究所監修『公共サービスと民間委託』敬文堂・1996 年
岩井泰信『立法過程』東京大学出版会，1988 年
岩崎美紀子『行政改革と財政再建』御茶の水書房，2003 年
上山信一『「行政評価」の時代』NTT 出版，1998 年
上山信一『日本の行政評価』第一法規，2002 年
宇都宮深志『環境創造の行政学的研究』東海大学出版会，1984 年
宇都宮深志編『サッチャー改革の理念と実践』三嶺書房，1990 年
宇都宮深志『環境理念と管理の研究』東海大学出版会，1996 年
大河原伸夫『政策・決定・行動』木鐸社，1996 年
大嶽秀夫『政策過程』東京大学出版会，1990 年
大山耕輔『行政指導の政治経済学』有斐閣，1996 年
小関紹夫『行政改革の理論と実際』有信堂，1954 年
片岡寛光『行政の設計』早稲田大学出版部，1978 年
加藤芳太郎『日本の予算改革』東京大字出版会，1982 年
川上忠雄・増田寿男編『新保守主義の経済社会政策：レーガン・サッチャー・中曽根三政権の比較研究』法政大学出版会，1989 年
河中二講『政策と行政』良書普及会，1983 年

河中二講『政策決定と社会理論』良書普及会, 1984 年
神原勝『転換期の政治過程: 臨調の軌跡とその機能』総合労働研究所, 1986 年
君村昌『現代の行政改革とエージェンシー』行政管理研究センター, 1998 年
行政改革会議事務局編『諸外国の行政改革の動向』行政管理研究センター, 1997 年
草野厚『国鉄改革』(中公新書), 1989 年
草野厚『政策過程分析入門』東京大学出版会, 1997 年
河野一之『新版・予算制度』学陽書房, 1987 年
小林良彰『公共選択』東京大学出版会, 1988 年
小峰保栄『財政監督の諸展開』大村書店, 1974 年
佐藤竺『日本の地域開発』未来社, 1965 年
城山英明・鈴木寛・細野助博編『中央省庁の政策形成過程』中央大学出版部, 1999 年
城山英明・細野助博編『続・中央省庁の政策形成過程』中央大学出版部, 2002 年
新藤宗幸『行政改革と現代政治』岩波書店, 1986 年
新藤宗幸『財政破綻と税制改革』岩波書店, 1989 年
新藤宗幸『行政指導』(岩波新書), 1992 年
新藤宗幸『日本の予算を読む』(ちくま新書), 1995 年
総合研究開発機構・三菱総合研究所『廃棄物ゼロ成長社会の可能性』三菱総合研究所, 1977 年
田口富久治編『主要諸国の行政改革』勁草書房, 1982 年
武智秀之『行政過程の制度分析』中央大学出版部, 1996 年
辻中豊『利益集団』東京大学出版会, 1988 年
中野実『現代日本の政策過程』東京大学出版会, 1992 年
西尾隆『日本森林行政史の研究』東京大学出版会, 1988 年
西尾勝編『行政評価の潮流』行政管理研究センター, 2000 年
日本行政学会編『行政改革の推進と抵抗』勁草書房, 1966 年
日本政治学会編『現代日本の政党と官僚』岩波書店, 1967 年

日本政治学会編『55年体制の形成と崩壊』岩波書店，1979年
日本政治学会編『政策科学と政治学』岩波書店，1983年
日本政治学会編『現代日本の政治手続き』岩波書店，1986年
野口悠紀雄『予算編成における公共的意思決定過程に関する研究』経済企画庁経済研究所，1979年
野口悠紀雄『公共政策』岩波書店，1984年
廣瀬克哉『官僚と軍人』岩波書店，1989年
樋渡展洋『戦後日本の市場と政治』東京大学出版会，1991年
増島俊之『行政管理の視点』良書普及会，1981年
増島俊之『行政改革の視点』良書普及会，1996年
松下圭一『政策型思考と政治』東京大学出版会，1991年
真渕勝『大蔵省統制の政治経済学』中央公論社，1994年
宮川公男編『PPBSの原理と分析』有斐閣，1969年
宮川公男ほか著『PPBSの研究』経済企画庁経済研究所，1971年
宮川公男『政策科学の基礎』東洋経済新報社，1994年
宮川公男『政策科学入門』東洋経済新報社，1995年
武藤博己『イギリス道路行政史』東京大学出版会，1996年
村川一郎『政策決定過程』教育社，1985年
毛桂榮『日本の行政改革』青木書店，1997年
薬師寺泰蔵『公共政策』東京大学出版会，1989年
山口二郎『大蔵官僚支配の終焉』岩波書店，1987年
山内一夫『行政指導の理論と実際』ぎょうせい，1984年
山谷清志『政策評価の理論とその展開』晃洋書房，1997年
横山文野『戦後日本の女性政策』勁草書房，2002年
寄本勝美『ごみとリサイクル』岩波新書，1990年
［译著］
G. T. Allison（宮里政玄訳）『決定の本質：キューバ・ミサイル危機の分析』中央公論社，1977年
A. Wildavsky（小島昭訳）『予算編成の政治学』勁草書房，1972年
J. C. Campbell（小島昭・佐藤和義訳）『予算ぶんどり：日本型予算政治の研究』サイマル出版会，1984年

T. Thiemeyer；G. Quaden 編（尾上久雄ほか編訳）『民営化の世界的潮流』御茶の水書房，1987 年

H. H. Hinrichs；G. M. Taylor 編（加藤芳太郎ほか訳）『予算と経費分析』東京大学出版会，1974 年

J. Buchanan（山之内光躬・日向寺純雄訳）『公共財の理論』文眞堂，1974 年

F. J. Lyden；E. G. Miller 編（宮川公男訳）『PPBSとシステム分析』日本経済新聞社，1969 年

6. 行政控制和行政责任的参考书（第 20 章）

足立忠夫『市民対行政関係論』公務職員研修協会，1990 年

足立忠夫『土地収用制度の問題点』日本評論社，1991 年

井出嘉憲『行政広報論』勁草書房，1967 年

井出嘉憲ほか編『講座・情報公開：構造と動態』ぎょうせい，1998 年

宇賀克也『行政手続法の理論』東京大学出版会，1995 年

宇賀克也『情報公開法の理論』有斐閣，1998 年

大橋洋一『行政規則の法理と実態』有斐閣，1989 年

梶田孝道『テクノクラシーと社会運動』東京大学出版会，1988 年

片岡寛光『責任の思想』早稲田大学出版部，2000 年

加藤一明編『現代行政と市民参加』学陽書房，1978 年

行政監察制度研究会編『新時代の行政監察』ぎょうせい，1990 年

小島武司・外間寛編『オンブズマン制度の比較研究』中央大学出版部，1978 年

塩野宏『行政過程とその統制』有斐閣，1989 年

篠原一・林屋礼二『公的オンブズマン』信山社，1999 年

辻清明『社会集団の政治機能』弘文堂，1950 年

日本政治学会編『日本の圧力団体』岩波書店，1960 年

日本政治学会編『政治参加の理論と現実』岩波書店，1975 年

西尾勝『権力と参加』東京大学出版会，1975 年

西尾勝『都民参加と都政システム』東京都都民生活局，1978 年

華山謙『補償の理論と現実』勁草書房，1969年

松原治郎・似田貝香門編『住民運動の論理』学陽書房，1976年

村松岐夫・伊藤光利・辻中豊『戦後日本の圧力団体』東洋経済新報社，1986年

山崎克明『公務員労働関係の構造』九州大学出版会，1984年

寄本勝美『自治の現場と「参加」』学陽書房，1989年

［译著］

F. Stacey（宇都宮深志・砂田一郎監訳）『オンブズマンの制度と機能』東海大学出版会，1980年

D. C. Rowat（川野秀之訳）『世界のオンブズマン構想』早稲田大学出版部，1989年

人名索引

（以下所示的页码均为本书的页码）

译后记

一

2002 年我在中国人民大学参加“第一届中美公共管理国际学术研讨会”，有幸结识了中国人民大学出版社的刘晶女士，她向我表达了翻译日本行政学教科书的设想。我当时回答可以翻译现在诸位读到的这本书，但因来去匆匆，未能商妥。2004 年 5 月，当再次见到刘女士时，她似乎已经下定决心要翻译这本书，于是我们就开始商定翻译的具体工作。

我所做的第一件事是联系本书作者西尾胜先生，说明翻译意图。西尾先生表示支持，并让我联系该书的出版社有斐阁。同时，西尾先生告诉我这本教科书已经在韩国翻译出版发行。2004 年 6 月，我与有斐阁初步联系好版权问题，然后请人大出版社与有斐阁协商签约之事。其间，我开始联系翻译人员。当年暑期确定翻译合作者和分工后，等待版权合同的签订。合同一直等到年底才得以签订，2005 年初我们便动手翻译。译者的单位和分工如下：

毛桂荣（日本，明治学院大学），中文版序言、修订版序言、第 1 章至第 4 章；

杜创国（山西大学），第 5 章至第 8 章；

熊达云（日本，山梨学院大学），第 9 章至第 11 章，第 13 章；

张亲培（吉林大学），第 12 章，第 14 章至第 16 章；

白智立（北京大学），第 17 章至第 20 章。

翻译基本上按上述分工进行。初稿完成后，译者通过交换稿件相互做了许多校正。张亲培、杜创国、白智立都参与了部分译稿的校正和定稿工作，我对全书做了最后的校正。在文章要义的翻译上应该不会有大问题，如有错误，责任在我。不过，因为译者的语言风格和习惯不同，所以，文风未作统一要求。

本书的翻译与合作非常顺利。人名、学术名词、专业名词、基本上遵循和利用现有的中文著作中的译法，但有不同或相近的译法时，按我们的理解，以集体智慧选择了一些比较合理的译法，对某些译法也略作调整。译稿于 2005 年 10 月底完成。当时正值我随日本行政学会代表团正式访问中国行政管理学会，借这个机会将翻译稿直接交给了人大出版社刘晶女士。其后，本人向西尾先生提出希望他给中国读者写一份中文版序言，西尾先生欣然同意，并在百忙之中写了一份中文版序言。

在译后记里，除对一些翻译问题略作说明外，主要目的是对日本的行政学、本书的作者以及本书的特点做一些介绍。

二

日本行政学教育和研究最早可追溯到明治时代。在明治宪法成立以前，欧洲大陆，特别是有 200 年历史的德国官房学和行政学对日本的影响很大，德国的行政模式对日本也有很大的影响。1882 年东京大学开设的行政学讲座便是德国官房学。石泰因（L. von Stein）是官房学的泰斗，伊藤博文 1883 年去欧洲调查现代立宪国家的政治经验时，曾求教于它。石泰因的著作由元老院的书记翻译成日语，于 1887 年在日本发行。这一年威尔逊发表了《行政之研究》，真是历史的巧合。L. von Stein 的中文译法有几种，我们商定将其翻译为“石泰因”，理由是既取其音，也取其意。明治时代的日语著作中将其称为“石先生”。在日本，任何一本行政学教科书都会提到石泰因。

据过清明先生的解释，石泰因主张在确立“宪政与行政对立”关系的同时，也主张确立“行政与宪政对立”的另一种关系，即主张宪政对行政的控制与影响的同时，强调官僚制组织对宪政有补充抑或抑制功能。本书作者西尾先生指出，这在民主政治之下是不容许的。

对官僚制的不同定位，或者这种理论动向的出现可能与各国的现实有关。比较行政学认为，近代英美与欧洲大陆国家的发展以及行政官僚制的地位和作用有许多差异。法国和德国等大陆国家政治发展虽然在政治上不稳定，但具有稳定的官僚制。而英美，特别是英国，资本主义经济几乎是自发产生的（思考一下“看不见的手”这一名词便可明白）。政治发展和民主建设先于行政的发展。在近代早期，英国官僚制的作用很小，美国也不例外。这两个国家政治行政的发展与欧洲大陆的法德正好相反，即政治发展比较稳定，早期官僚制的规模和作用较小。这样，在稳定的民主政治国家对市场干预少，行政作用小的时代背景下，关于行政的学问，即近代行政学等到 19 世纪末 20 世纪初期才诞生。也就是说，在工业化、城市化的发展呼唤行政的积极介入时，英美才开始建设近代公务员制度，架构近代官僚制。相反，以稳定的官僚制作为近代国民国家支柱从而推动近代国家发展的欧洲大陆国家，官房学非常盛行。这是因为，官房学是支撑绝对君主制时代国家发展的学问，是君主和官僚的学问。大陆国家的行政法非常发达的时代背景也在于此。

日本学者井出嘉宪先生在其著作《日本官僚制与行政文化》中，把日本定位为“天生的行政国家”。日本官僚制的建设是与日本近代国家的建设同时进行的，甚至可以说，官僚制的建设先行于近代立宪国家的建设。比如说日本的内阁制度成立于 1885 年，东京（帝国）大学于 1886 年设立（其前身更早些）。至于官吏制度，明治政府于 1882 年公布了官吏服务规则，1887 年公布文官考试规则，这些都先于 1889 年公布的明治宪法和 1890 年新设的帝国议会。无论是“富国强兵”还是“殖产兴业”政策，官僚制集团都是日本明治国家建设的先锋兵。日本明治时代早期的文献曾经将“三权分立”的“三权”分别翻译为立法、司法和“行法”。从近代立宪国家的理念上来说，这应该是顺理成章的三组概念。值得注意的是，在明治国家建设的过程中“行法”转变成了“行政”。行政这一概念正是在这样的时代背景下创造的新词，显示了明治时代官僚制在“三权”中的地位和影响。

总之，日本为了建设近代国家，参考了欧洲大陆国家的制度，官房学、行政法成为行政研究的核心。但是，日本的近代官僚制组织并不是一夜之间形成的。明治时代的官僚是天皇的官僚，与天皇有着特别的忠诚关系。一般认为，日本明治时代的官僚制体系带有许多“家产官僚制”的特征。这个“家产官僚制”的概念出于韦伯（Weber）的概念“patrimonial bureaucracy”。这个概念有许多含义，既是与封建制相对的概念，又是与近代合理的官僚制相比较的概念，当然这两者之间有重叠。在韦伯的概念中，中国几千年的传统权力结构是“家产官僚制”，而欧洲和日本虽有不同，但都可归为封建制。我们可以想象一下，中国的皇帝可以任免县官，日本的天皇或将军却不可以任免地方藩主，后者才是封建制。作为官僚制组织，家产官僚制与近现代官僚制不同，后者基于合同制，官员有人身自由，而前者没有这种自由。家产官僚制在理念上，上对下有绝对的控制权。这里，我们直接引用了家产官僚制这个概念。

明治时代的官僚是天皇的官僚，因而产生一些基于身份的特权意识。而且，战前官吏制度的基础是考任制（突出的表现是高级官吏多为东京大学法学部出身），官僚制由此形成了其独特的内在规范和逻辑，特别是人事的自我管理成为规范和传统。因而，在追求立宪民主的过程中，如英国的近代史所示，以议会为中心的政治势力如何控制官僚制成为政治课题。王权与议会势力的较量表现在官僚的人事任免权上。在这个过程中，某种方式的政治任命，即与政权更替而共进退的官僚体系的成立，使得官僚制体系服从政治体系的逻辑成为政治要求；政治与行政的领导与被领导，控制与服从的相互关系在理念上得到确立。英文的 spoils system 或者 patronage，都是这个过程的表现。因此 spoils system 或 patronage 有其民主政治的含义。分肥（赃）制的中文翻译好像只是从贬义的方面来说的，但是本书的翻译尊重习惯。Patronage 在日语中被译为“情实任用”，中文没有合适的翻译，这里基本上翻译为赡徇制或政治庇荫制。读者可以在本书中理解到这种人事制度的时代意义。日本在战前有一些政治任命的尝试，但都未取得实质的成果。因而这个课题成为战后行政改革以及行政学研究的课题。

在上述时代背景下，如前所述，行政学教育和研究的地位和需求不如行政法。官房学教学在中断了大约30年之后，1921年开始在东京大学讲授行政学的蜡山政道成为日本第一代行政学者。正如辻清明先生、田口富久治先生都曾著文指出的那样，蜡山行政学的基本倾向是对管理学的研究。其方法论，抽象地说是以追求行政的合理化来实现政治的合理化。在国际上，20世纪二三十年代是管理学盛行的时代。在蜡山行政学的理论体系中，如缺乏行政责任的理论，可以说是蜡山教授那个时代的局限。当然，他在战前政治上的曲折与其学问体系是否相关，是一个值得探讨的问题，因为在政治不合理的环境中追求行政的合理化，有其局限。蜡山先生的唯一弟子辻清明先生从内阁制度的研究开始研究日本官僚制，将政治与行政的交叉点作为研究的中心，这是一个与蜡山先生不同的研究战略。辻清明的这种研究课题的选择一直影响到战后日本行政学研究的基本倾向。

日本的行政在战前受欧洲大陆，特别是德国的影响，战后日本的制度受美国的影响很多，行政委员会制度就是明证。但是，这种变化并不如我们想象的那样简单。比如，从美国引进的行政委员会制度在日本经历了许多曲折。再比如，战前的官僚制，其人事管理制度基本上是身份制、品位制。在战后改革中，日本公务员法明确规定引进美国的职位分类制度。有些中国行政学教科书里也写到日本有职位分类制。但是，正确的表述应该是“日本有职位分类制的法律，有类似于职位分类制的机制，但日本没有实施职位分类制”。看起来这是个小问题，但小问题后面有大文章。日本为什么没有职位分类制，本书中公务员制度的章节提到了这个问题。这个问题涉及日本行政体系的基本问题，如官房问题、大房间（大办公室）的工作方式问题、纵向权限分工问题。总而言之，美国行政对日本的影响也不是那么简单。

下面谈谈战后日本行政学的研究和教育。日本汲取美国行政学可以说是在二战之后。行政学的研究与教育受美国的影响反映在行政学教科书上，本书的作者也充分意识到这一点。战后很长一段时间，日本行政学教科书的内容多为美国行政学概念和理论的解说。但是，行政学理论的引进和实际运用存在着脱节现象，这也许是发展中国家研究和教育的普遍问题。那么战后日本行政学研究的基本特征是什么呢？

西尾先生曾著文指出，日本行政学的研究有四个特征：(1) 研究者的历史意识较强。历史的变化需要一个过程，行政学研究将日本置于一定的历史过程中，通过横向比较找出日本的定位，也就是哪些方面落后和需要改革的课题；(2) 官僚制研究是重点研究课题；(3) 研究地方制度的成果很多；(4) 行政学研究倾向于体制结构分析，宏观的把握和改革指向比较明显。这些研究特征都与美国行政学研究形成极大的对照。

如前所述，辻清明先生从内阁制度的研究开始研究日本官僚制，将政治与行政的交叉点作为研究的中心。可以说，上述战后日本行政学研究的四个特征的代表是辻清明先生。其具体理论依照上述四个特征可以概括如表 A—1 所示。辻清明先生的基本观点是，主张日本虽然有了新宪法的国民主权和议会制的制度规定，但是继承了战前天皇制国家传统的官僚制的统治机制构成了日本政治的基础，所以日本的新宪法体制还是空架子。与战后许多社会科学的研究者一样，他指出日本民主主义和近代化的落后面，以“近代对前近代”的对比方法来分析和批判日本的现实。另外，他对日本官僚制和地方制度作了不少研究。官僚制研究中，关于“割据性”和“特权性”的分析影响了许多学者。地方自治制度是战后宪法体制中重要的制度，也是支撑官僚制国家的重要支柱。虽然其他相关学科对这个问题也作了许多研究，但是在中央和地方关系问题上的许多优秀的分析研究都是行政学者的成果。日本行政学有很多著作研究日本的集权制，以及寻求地方分权的途径。这一点可以说是日本行政学的一个重要特点。

辻清明与村松岐夫的观点对照表

	辻清明		村松岐夫
特征的侧面	理想的模式	残留体系	战后的变化
统治结构	议会制	官僚制	议会制民主主义；政党优势
行政部结构与组织	公务员制	割据性；特权性	政治性的官僚；最大动员体系
中央与地方关系	地方分权	集权	制度集权；政治分权
国家与社会	公民社会主导	国家优势	日本式多元民主主义

上述以辻清明先生为代表的行政理论是 20 世纪四五十年代的成果。到了 20 世纪 80 年代以后，这个理论受到了挑战。当然，时代的变迁不容忽视，经济高度增长之后的日本社会和政治与以前的状况有了大的变化。

日本社会的成熟，政治多元化成为一般共识。因而理论上有了一些新的主张。比如京都大学行政学教授村松先生（现学习院大学教授）就认为日本的政治体制不是官僚主导的体制，而是确立了议会民主制，政党政治也走向成熟。他认为官僚的作用很大，可以说官僚是政治性的官僚或者说带有政治家面具的官僚，但是官僚毕竟还是官僚，他们的作用仅限于一定的政治框架内。由于政治的多元化，中央和地方关系虽然在制度上是集权型的，但是在政治过程中表现出来的却是分权、竞争过程。另外，在日本现代化的共同目标下，部门主义或山头主义在多元的政治环境中显现出有益的竞争或动员。

通过上述简单的介绍可以知道，两位学者虽然观点有不同之处，但是两者之间有一个共同之处。就是说日本的行政学研究是把官僚制研究、中央地方关系研究放在战略的地位，对政治行政体系进行宏观分析，在此基础上探讨如何改革的问题。总之，日本行政学的研究倾向于政治学的研究。可以说，这是日本政治行政体系中与官僚制的地位和影响力密切相关的倾向。日本与美国官僚制在各自政治体系中的地位和影响造成了不同的研究战略和研究课题。

战后日本行政学的基本研究倾向受辻清明的影响很大。辻清明先生培养了很多弟子，其中之一就是本书的作者。为了便于大家理解日本行政学，这里将辻清明在东京大学培养的弟子列举如下：溪内谦，阿利莫二，赤木须留喜，河中二讲，高木钲作，野村缨作，渡边保男，大岛太郎，小岛昭，佐藤竺，井出嘉宪，阿部齐，竹尾隆，中村阳一，北村公彦，冈村忠服，西尾胜，大森弥，天川晃等。再加上辻清明先生在 1974 年东大退休后到国际基督教大学培养的武藤博已，西尾隆，共计 23 名。这些都是战后日本行政学建设的主力。顺便添一句，本书的译者之一，白智立教授是武藤博己（现法政大学教授）先生的学生。

上述介绍未免有些喧宾夺主之嫌，但其目的在于与西尾先生的研究进行比较。

当然，日本行政学研究不限于东京大学，其他如京都大学吉富重夫、长滨政寿、村松岐夫，关西学院大学的足立忠夫、加藤一明先生，中央大学的今村都南雄先生，早稻田大学的片冈宽光先生等，都培养了许多优秀的学者。另外，政治理论家法政大学的松下圭一先生对于战后日本政治行政的研究提出了很多有影响的见解，其影响甚至扩展到日本政界。我的名古屋大学指导教授田口富久治先生曾尝试过马克思主义政治学的建设，从马克思主义国家论的观点对现代国家行政进行研究分析。这里对这一部分不能做详细介绍，读者可以从本书的参考文献中见其一斑。

辻清明先生及其后的那一代学者，或者说战后20世纪五六十年代的行政学研究中，真正深入到组织运作的内部进行分析的研究成果很少。回想起来，日本战后引进美国的职位分类制轰轰烈烈，但对其研究少之又少，实在令人感到意外。在战后初期，有机会作为美国行政教育考察团的一员，于1951年出访美国的关西学院大学教授足立忠夫先生可能是唯一对职位分类制、人事考核有研究的学者。日本第三、第四代行政学者一方面继承了上述传统，另一方面深入到官僚制组织内部进行分析。新一代学者认为行政学是政治学的一部分，但是同时认为关注行政官僚制的组织行动这一点是与政治学相异的行政学研究的特色。新一代学者在吸收美国行政学理论的同时，重新铸造行政学的概念，并且从日本的行政实践中提炼行政学的概念。本书的作者西尾胜在其著作《行政学的基础概念》中对“组织”、“管理”、“效率”、“行政需求”、“计划”等与组织行为相关的“行政”的基础概念进行了分析和整理归纳。行政学研究的新一代学者更对行政的决策、政府部委的具体政策活动、政策实施过程、人事行政或者公务员集团的人事运用的方法、行政项目的评价、财务行政、公务员的研修等问题进行了具体的分析。行政学的研究课题更加宽广和深入，研究方法也愈加多样化。在这个研究过程中，管理理论和政策分析融入了政治学倾向的行政学研究。

下面介绍本书的作者及其研究。

三

本书的作者西尾胜（日文汉字是“勝”）先生，1938年出生于东京，1961年东京大学法学部本科毕业，同年升为助手（助教）。任东大助手3年后，于1964年升任助教授（相当于中国的副教授）。助手（助教）任职（任官）期间，完成了作为行政学者的第一篇论文《美国大都市行政的结构：以纽约市政为例》。可以说，西尾先生的研究生涯是从美国市政问题，从研究城市问题开始的。这一点与许多美国行政学者的经历有相似之处，显而易见，这与美国行政学的发展和市政改革密不可分。另外，在日本，从本科毕业生中选拔优秀人才为助手（助教）的方法在东京大学很多。著名的政治学家丸山真男也是如此。顺便提一句，东京大学是国立大学（2004 年改为独立行政法人），教授称为教官，任职称为任官，退职称为退官。

1967 年西尾先生按计划前往美国哈佛和麻省理工留学 2 年。留学的原定计划是研究美国的城市规划，特别是重点研究 zoning 问题，但是当时的美国社会，如黑人暴动时有发生，社会、城市生活空间日益变迁，研究计划也渐而扩展到诸如城市重新开发、城市改造项目、社区活动事项的居民参与问题上。基于美国留学的成果，西尾先生回国后出版了《权力与参与：现代美国的都市行政》（东京大学出版社，1975 年）。另外，留美期间，东大学潮（“东大纷争”）激化，进而在 1969 年转化为东大安田讲堂的“拉锯攻坚”，在这种情况下，西尾助教授的留学也不得不提前结束，于 1969 年 3 月提前 3 个月回到东大，并于 6 月被任命为东大总长辅佐（校长助理）。在其后的 2 年任职期间，他辅助当时的加藤一郎校长（东大称校长为“总长”），处理学潮以及校务的善后工作。

西尾助教授于 1974 年升为教授，在这前后开始参与他居住的东京都武藏野市的市政改革，与所谓的“市民参与的武藏野市模式”密切相关。作为行政学者，西尾先生一面亲身体验行政的市民参与，一面对市民参与、居民参与、社区参与等问题进行理论研究。这一领域的著作是《都民参与的都政体系》（东京都都民生活局企划部编，1977 年）。

在行政学的研究方面，除了参与本书中提及的战后日本《行政学讲座》（共 5 卷，总编辑是辻清明）的编辑等研究和教育工作之外，西尾先生更专心于行政学基础概念的研究。他思考如何将美国行政学的众多基础概念运用于日本的行政实践，并进行概念的再提炼。如前所述，基于日本与美国行政体系的不同等原因，如何借鉴美国行政学是战后日本行政学研究的一个大问题。概念的整理是其中一个重要的理论课题。这个学术思考过程的最终结晶是在 1990 年出版的《行政学的基础概念》（东京大学出版社，1990 年）一书中。该书共有 12 章，研讨的行政学基础概念有行政、行政与管理、行政与组织、行政计划、行政裁量、行政责任、政府间关系、自治等。该书已成为日本行政学研究的必读书。

20 世纪 80 年代末，日本大学开始改革，其中之一是国立大学由以本科为中心的大学改为以研究生院（日本称为“大学院”）为中心的大学。正是在这个时期，西尾先生于 1992 年选任为东大法学部部长［东大法学部（相当于学院）下设法律系与政治系］，至 1994 年任期结束时基本完成了大学向大学院转轨的工作。在部长任职期间的繁忙事务中，利用工作之余开始写作本书，其成果就是本书的第一版（有斐阁，1993 年）。

20 世纪 90 年代是日本政治巨变的时代。1993 年日本自民党下台，实现了 38 年来的政权交替，而且地方分权成为日本的政治课题。但因国立大学管理人员不可兼任政府审议会委员，所以西尾先生只是在地方 6 团体（指地方政府相关的 6 个全国性组织，如全国知事会等）设立的“确立地方自治对策会议”之下，以学者专家为成员的“地方分权推进委员会”任委员。1994 年 3 月底东大法学部部长之职到期，西尾先生立即加入这场分权改革的潮流。除上述地方 6 团体的地方分权推进委员会的委员之外，又兼任政府的地方制度调查会的委员，内阁行政改革本部地方分权部会的民间专门委员。此后，1995 年 7 月基于推进地方分权法而设立的地方分权推进委员会成立时，又立即被任命为该会的委员，直至 2001 年 7 月一直专心于日本的地方分权改革，成为日本地方分权改革的核心人物。在地方分权推进委员会的任职期间，任该委员会有关行政的研讨小组组长，从事与政府各个部委交涉改革法案的工作。1999 年底，愤于政府部委对改革的不合作态度，毅然辞去该小组组长的职位，这在当时成为一大政治新闻。这个过程的亲身描述之一可见《未完的分权改革：与霞关官僚格斗的 1 300 日》（岩波书店，1999 年）一书。

鉴于东京大学的退官年龄为 60 岁，西尾先生于 1999 年 3 月底退休离开东京大学，同年 4 月就职于国际基督教大学。国际基督教大学的退休年龄为 65 岁，2004 年 3 月到期，又利用该校的退职者再雇佣制度，继续执教至今，现为该校大学院（研究生院）教授。顺便说一句，东大行政学讲座第一代学者蜡山政道先生，第二代学者辻清明先生，都在东大退官之后任国际基督教大学行政学教授。

其间，西尾先生参与了各种社会工作和学会工作。1975 年以后为日本行政学会理事，1994 年至 1997 年为学会理事长（会长），连任 2 届，现在是该学会顾问。也曾是日本自治学会第一位会长，又兼职以地方政府的职员为主而组织的自治体学会的顾问。至于政府审议会的工作，现在是日本政府第28届地方制度调查会临时委员。此外，西尾先生还是民间组织“21世纪民间临调”的共同代表。这个“民间临调”，共有4名共同代表，是一个超党派的政治团体，目的在于从民间的角度推进政府的政治改革。“临调”一语的起源是日本20世纪60年代以及80年代设立的有权威的临时行政调查会，由此产生了一些如“临调改革”等用语。该团体于1993年设立，聚集了财界、工会界、学界、报业界知名人士。该会的事务局设立在“社会经济生产性本部”（推进劳资协调的民间团体）的政治改革推进室。

西尾教授的个人专著，除了《权力与参加》（东京大学出版社，1975年）、《行政学的基础概念》（东京大学出版社，1990年）、《行政学》（第一版，1993年；新版，有斐阁，2001年）之外，还有《未完的分权改革：与霞关官僚格斗的1 300日》（岩波书店，1999年）、《行政的活动》（放送大学，1992年；改版，有斐阁，2000年），另外，还与别人共同编辑了《讲座行政学》6卷（有斐阁，1994年）以及大约40多部行政学相关著作。

西尾先生培养的行政学者，包括在东京大学和国际基督教大学期间受指导并就职于学界的弟子有：金龙瑞（韩国，梨花女子大学教授）、桥本信之（关西学院大学教授）、森田朗（东京大学教授）、千草孝雄（骏河台大学教授）、山口二郎（北海道大学教授）、广濑克哉（法政大学教授）、樋渡展洋（东京大学教授）、小林正弥（千叶大学教授）、赤间祐介（学艺大学教授）、田边国昭（东京大学教授）、城山英明（东京大学副教授）、金井利之（东京大学副教授）、牧原出（东北大学副教授）、姜再镐（韩国，国立釜山大学副教授）、西村美香（成蹊大学副教授）、藤田由宥子（专修大学副教授）、曾我謙悟（大阪大学副教授）、横山文野（已故，原跡见女子学园大学副教授）、打越绫子（成城大学副教授）、伊藤正次（首都大学东京副教授）、川手摂（东京市政调查会研究员）等。

本书是第一本翻译成中文的二战后的日本行政学教科书。本书可以说是日本行政学的标准教科书，自2001年新版发行以来，已经重印10多次。作为教科书，西尾先生曾在放送大学（NHK的函授大学）讲课时出过一本《行政学》（1988年）。1990年日本行政学会有一项调查显示，该教科书就有成为标准教科书的倾向。其后改写成有斐阁发行的《行政学》（1993年），立即被许多大学当作教科书使用。据说，日本自治大学（地方公务员研修机构）也采用该书作为教材。该书受到如此重视，原因不在于西尾先生（曾经）是东京大学行政学教授，而在于这本书的特色。要言之，这是一本日本本土化的行政学教科书，其目的在于建构日本的行政学体系。以下简要阐释本书各章的内容。

本书的第 1、2 章对行政的发展及其地位作了分析，第 3 章对美国行政学历史作了分析。对美国行政学史的分析与许多中国行政学教科书的分析有所不同，我认为西尾先生对于二战前的美国行政学的发展的理解有其独到之处。另外，这一章的行政管理的概念与中国的用法有些不同。日本没有“行政管理学”这种用词。第 4 章对日本的行政学历史作了简要的分析后，提出从制度论、管理论、政策论三个侧面建构行政学体系。第 5、6 章是关于中央和地方关系或者称之为政府间关系的问题。在中央地方关系的分类比较之后，对日本政府间关系的发展作了详尽的叙述。如前所述，中央和地方关系问题的研究是日本行政学研究的一个特点，这在本书也得到了体现。第 7 章和第 8 章以一般理论为前提，对日本的内阁制度、行政组织与人事制度进行了分析，第 9 章到第 15 章，更多涉及的是理论问题，也插入了对日本的分析。这不仅仅包括行政官僚制的内部行为，也涉及组织与其环境或者其作用对象的相互关系。比如第 10 章的分析以一般分析为前提，对日本行政组织的权限分配进行了分析，非常精辟。第 16 章更直接地分析了日本禀议制的决策体系，从实际运作分析日本行政组织的决策特点，并从组织结构的特点来分析其发生的理由。知晓经济学家青木昌彦先生的比较制度分析理论的读者，不难发现这部分的分析与青木先生的双对原理（信息分权与人事集权的分析）相似，而且第 16 章的分析与第 10 章相映照。第 17 章预算编制问题与会计检查问题是日本行政学研究的重点课题之一，是与官僚制权力问题密切相关的问题，也是日本行政学教科书的标准内容之一。第 18、19、20 章分别探讨了行政效率、行政管理、行政改革以及行政控制和行政责任。这三章也是兼顾了一般理论和日本的实际分析。

本书的体系，正如作者在第 4 章说明的那样，在于制度论、管理论、政策论的结合，其内容可以说是以一般的理论为前提演绎分析日本的行政，或者以日本的行政实践为基础归纳分析，其最终目的在于日本本土化行政学的建构。他的理论体系与先前介绍的辻清明先生的研究大有不同，读者可以进行比较。另外，日本本土化的行政学的建构这个目标有没有达到，交给读者自己判断。不过，对于中国读者而言，更重要的是从中领会到与美国以及中国不同的日本行政学的研究。当然，聪明的读者不难发现，比如说本书的第 11、12 章有些抽象，一般化的解释较多，对于日本的现实没有过多的涉及。这可能是由于行政学研究的分析积累不足。除此之外，在我看来，有一个重要的原因可能是西尾先生对文化问题的谨慎态度。本书没有行政文化的分析，比如说，对禀议制通常会从行政文化的角度去分析，而本书从组织结构、权限分配等方面进行分析。第 11 章和第 12 章内容涉及行政文化问题，更进一步说是相关人行为和集团行为问题，涉及社会规范、社会习惯的问题，有待于社会学的知识积累。本书不把一些行政的特殊现象和问题归诸文化问题，这可以说是日本行政学研究的一个共同特点。这一点对于我们建构中国行政学的努力有何启示，值得探讨。

四

翻译本书的目的，在于加深对日本行政以及日本行政学的理解。但是，要更进一步理解日本行政，仅仅靠教科书是不够的。书中的一部分叙述需要解释，需要译注。但是我们采取的方针是不加译注，理由是不想损失本书作为教科书的价值。比如“厅”这一概念，不是一两行译注就能解释的问题。防卫厅和检察厅都是厅，其性质不一样。有一些术语有特定含义，如“族议员”是指在某个政策领域有相当影响力的、专业化的（自民党的）议员，如厚生族、建设族，这些需要有关日本政治的知识。再如，日本的官房组织与中国办公厅或秘书处比较又有什么不同呢？这都需要更深入的研究。我们都把诸如此类的问题留给了未来。

日语与中文同用汉字有时候会造成麻烦。相同的汉字，但含义会不一样。比如体制与制度，在日语中体制是更广义、更动态的概念。中文似乎不一定，我们讲政治体制的改革，而不讲政治制度的改革。但更多的是相同汉字的便利。行政的概念如此，家产官僚制这一概念也是如此。另外，国民国家这个概念是 nation state 的翻译，查看中文字典和词典，nation state 有“民族国家”的翻译，这里我们沿用了日语“国民国家”这个概念。在讲到近现代国家或政治共同体的所有成员时，本书的翻译有一部分直接采用了“国民”这一概念。国民这一概念，我们在讲“国民革命”的时候才会用到。当然，这些都不是翻译这本行政学著作所能解决的问题。

日本行政学会现有600余名会员，1950年成立至今有50多年的历史。其规模在亚洲远远不及中国和韩国。在日本几乎没有如美国式的行政学院，没有行政学系。行政学教育大都在法学部（院）的政治学系进行，行政学一般作为法学部（院）政治学系的一门课程。日本行政学会的会员有八成同时也是日本政治学会的会员。在日本，行政学教学科目常常不是必修课而是选修课，不是2年级而是3年级的专业课程。公务员考试中，行政学也不是必考科目。公务员考试的科目大多为法律学的科目（宪法、行政法、民法等），日本公务员的人才多来源于法律学的学生，这一点是日本与美国不一样的地方。日本的行政学教学，除行政学科目外，有些大学开设地方自治论、公务员制度、公务员法代替行政学教育，以此满足公务员教育的需要。最近，日本司法制度改革引进了美国式的 Law School 教育制度。受这个改革的影响，也有一些大学成立行政或公共政策研究生院。但是，在短期内日本不会有如在中国茁壮成长的 MPA 教育。但这并不表示日本没有值得我们学习和参照的地方，本书就是一个很好的例子。

日本与中国行政学教育和研究的交流从20世纪80年代就已开始。两国的学会从2005开始将相互的学术交流升级为学会交流，2005年日本行政学会的代表团第一次正式访问中国。本书译稿在日本行政学会代表团访问中国之际交稿，具有特别的纪念意义。

本书的翻译得到了中国人民大学出版社刘晶女士的鼓励和鞭策，在具体联系过程中曹沁颖女士做了有益的沟通，编辑罗海林先生在文稿的润色方面做了大量的工作，另外，本书的翻译得到了日本财团法人三得利文化财团（Suntory Foundation）的资助，在此一并深表谢意。

由于译者水平有限，我们尽管做了很大的努力，书中的翻译仍有不足乃至错误之处，欢迎同仁批评指正。这将对进一步开展中日之间的行政学研究和交流大有裨益。如有值得商榷之处，也可直接与我联系。地址是：日本东京108-8636，明治学院大学法学部，电子邮件：mao@law. meiji-gakuin. ac. jp。

毛桂荣

2006年6月

中国人民大学出版社
《公共行政与公共管理经典译丛》

经典教材系列

（第一批书目）

1.《公共管理案例教学指南》 26.00元
  [美] 小劳伦斯·E·列恩 著，郗少健等 译
2.《公共管理导论》（第二版） 39.00元
  [澳] 欧文·E·休斯 著，彭和平等 译
3.《公共部门人力资源管理：系统与战略》（第四版） 65.00元
  [美] 唐纳德·克林格勒等 著，孙柏瑛 主译
4.《公共和第三部门组织的战略管理：领导手册》 43.00元
  [美] 保罗·C·纳特等 著，陈振明 主译
5.《公共预算中的政治：收入与支出，借贷与平衡》（第四版） 39.00元
  [美] 爱伦·鲁宾 著，叶娟丽 马俊等 译
6.《行政伦理学：实现行政责任的途径》（第四版） 29.00元
  [美] 特里·L·库珀 著，张秀琴 音正权 译校
7.《公共行政学：管理、政治和法律的途径》（第五版） 58.00元
  [美] 戴维·罗森布鲁姆 著，张成福等 译
8.《公共政策分析导论》（第二版） 49.00元
  [美] 威廉·邓恩 著，谢明等 译
9.《公共行政与公共事务》（第八版） 58.00元
  [美] 尼古拉斯·亨利 著，张昕等 译
10.《行政过程的政治：公共行政学新论》（第二版） 49.00元
  [美] 詹姆斯·W·费斯勒等 著，陈振明 主译

11.《非营利组织的战略营销》(第五版) 58.00 元
[美] 菲力普·科特勒等 著，孟延春等 译

经典教材系列
（第二批书目）

1.《公共组织理论》(第三版) 29.00 元
[美] 罗伯特·B·登哈特 著，竺乾威 译校
2.《公共财政管理：分析与应用》(第六版) 69.90 元
[美] 约翰·L·米克塞尔 著，马蔡琛等 译
3.《政治体制中的行政法》(第三版) 78.00 元
[美] 肯尼思·F·沃伦 著，王丛虎等 译
4.《现代城市规划》(第五版) 39.00 元
[美] 约翰·M·利维 著，张景秋等 译
5.《公共政策评估》 38.00 元
[美] 弗兰克·费希尔 著，吴爱明等 译
6.《公共行政经典》(第四版) (待出)
[美] 杰伊·M·沙夫里茨等 编，陈振明等 译
7.《公共组织经典》(第五版) (待出)
[美] 杰伊·M·沙夫里茨等 编，陈振明等 译
8.《公共管理中的应用统计学》(第五版) 49.00 元
[美] 肯尼思·J·迈耶等 著，李静萍等 译
9.《二十一世纪的公共行政：挑战与改革》 45.00 元
[美] 菲力普·J·库珀等 著，毛寿龙 译校
10.《公共管理中的量化方法：技术与应用》(第三版) 39.00 元
[美] 苏珊·韦尔奇等 著，郝大海 译
11.《官僚政治》(第五版) 39.80 元
[美] B. 盖伊·彼得斯 著，聂露等 译

经典教材系列

（第三批书目）

1.《政府和非营利组织会计》（第十二版） 79.00 元

[美] 厄尔·R·威尔逊等 著，荆新等 译校

2.《商业与社会：公司战略、公共政策与伦理学》（第十版） 59.80 元

[美] 詹姆斯·E·波斯特等 著，张志强等 译

3.《公共行政学：概念与案例》（第七版） 75.00 元

[美] 理查德·斯蒂尔曼二世 著，竺乾威等 译校

4.《公共与非营利组织绩效考评：方法与应用》 35.00 元

[美] 西奥多·H·波伊斯特 著，肖鸣政等 译

5.《公共管理导论》（第三版） （待出）

[澳] 欧文·E·休斯 著，张成福等 译校

6.《公共政策分析导论》（第三版） （待出）

[美] 威廉·邓恩 著，谢明等 译

7.《民治政府》（第二十版） （待出）

[美] 詹姆斯·麦格雷戈·伯恩斯等 著

8.《政治学理论与方法》（第二版） （待出）

[英] 戴维·马什等 著

9.《政治学》（第二版） 49.80 元

[英] 安德鲁·海伍德 著，张立鹏 译，欧阳景根 校

10.《比较政府与政治》（第五版） （待出）

[英] 罗德·黑格 马丁·哈罗普 著

11.《公共关系：职业与实践》（第四版） （待出）

[美] 奥帝斯·贝斯金等 著，郭惠民等 译

12.《行政学（新版）》 35.00 元

[日] 西尾胜 著，毛桂荣等 译

公共管理实务系列

1.《新有效公共管理者：在变革的政府中追求成功》（第二版） 28.00 元

［美］史蒂文·科恩等　著，王巧玲等　译

2.《驾御变革的浪潮：开发动荡时代的管理潜能》 22.00元

［加］加里斯·摩根　著，孙晓莉　刘霞　译校

3.《政府全面质量管理：实践指南》 25.00元

［美］史蒂文·科恩等　著，孔宪遂等　译

4.《无缝隙政府：公共部门再造指南》 30.00元

［美］拉塞尔·M·林登　著，汪大海等　译

5.《公共部门标杆管理：突破政府绩效的瓶颈》 28.00元

［美］帕特里夏·基利等　著，张定淮　译

6.《创建高绩效的政府组织：公共管理者实用指南》 23.00元

［美］马克·G·波波维奇　主编，孔宪遂等　译

7.《自上而下的政策制定》 23.00元

［美］托马斯·R·戴伊　著，鞠方安　译

8.《21世纪非营利组织管理》 28.00元

［美］詹姆斯·P·盖拉特　著，邓国胜等　译

9.《职业优势：公共服务中的技能三角》 19.00元

［美］詹姆斯·S·鲍曼等　著，张秀琴　译

10.《全球筹款手册：NGO及社区组织资源动员指南》 39.80元

［美］米歇尔·诺顿　著，张秀琴　译

政府治理与改革系列

（第一批书目）

1.《政府未来的治理模式》 26.00元

［美］B·盖伊·彼得斯　著，吴爱明等　译

2.《摒弃官僚制：政府再造的五项战略》 45.00元

［美］戴维·奥斯本等　著，谭功荣等　译

3.《突破官僚制：政府管理的新愿景》 25.00元

［美］麦克尔·巴泽雷　著，孔宪遂等　译

4.《民营化与公私部门的伙伴关系》 39.00元

［美］E. S. 萨瓦斯　著，周志忍等　译

政府治理与改革系列

（第二批书目）

1.《政府改革手册：战略与工具》　59.00 元
　［美］戴维·奥斯本等　著，谭功荣等　译
2.《新公共服务：服务，而不是掌舵》　25.00 元
　［美］珍妮特·登哈特　罗伯特·登哈特　著，丁煌　方兴　译校
3.《持续创新：打造自发创新的政府和非营利组织》　28.00 元
　［美］保罗·C·莱特　著，张秀琴　音正权　译校
4.《构建虚拟政府：信息技术和制度革新》　28.00 元
　［美］简·E·芳玎　著，邵国松　译
5.《公共决策中的公民参与：公共管理者的新技能与新策略》　25.00 元
　［美］约翰·克莱顿·托马斯　著，孙柏瑛等　译
6.《公民治理：引领 21 世纪的美国社区》　19.00 元
　［美］理查德·C·博克斯　著，孙柏英等　译

学术前沿系列

1.《公共行政的精神》　29.00 元
　［美］乔治·弗雷德里克森　著，张成福　译校
2.《重建民主行政——现代的困境和后现代的挑战》（待出）
　［美］盖里·L·威斯利等　著，刘霞等　译
3.《后现代公共行政——话语指向》　22.00 元
　［美］查尔斯·福克斯等　著，吴琼等　译
4.《公共行政的合法性——一种话语分析》　33.00 元
　［美］O. C. 麦克斯怀特　著，吴琼　译
5.《组织意像》（待出）

[加] 加里斯·摩根　著，刘霞等　译

6.《行政哲学》（待出）

[美] 乔恩·S·朱安　著，张成福等　译校

7.《官僚制内幕》 38.00 元

[美] 安东尼·唐斯　著，郭小聪等　译校

8.《公共行政的语言：官僚制、现代性和后现代性》 39.00 元

[美] 戴维·约翰·法默尔　著，吴琼　译

案例系列

1.《公共管理案例》 28.00 元

[美] 罗伯特·T·戈伦比威斯基等　主编，汪大海等　译

2.《组织发展案例：环境、行为与组织变革》 29.00 元

[美] 罗伯特·T·戈伦比威斯基等　主编，杨爱华等　译

3.《公共部门人力资源管理案例》 22.00 元

[美] T·赞恩·里夫斯　主编，句华　孙柏瑛　译校

4.《公共管理的法律案例分析》（待出）

[美] 戴维·H·罗森布鲁姆等　主编，王丛虎　译校

5.《非营利组织管理案例与应用》 21.00 元

[美] 罗伯特·T·戈伦比威斯基等　主编，邓国胜等　译

GYOSEI GAKU (new ed.)

by NISHIO Masaru

Originally published in Japan by YUHIKAKU PUBLISHING CO., LTD., Tokyo.

Chinese (in simplified character only) translation rights arranged with YUHIKAKU PUBLISHING CO., LTD., Japan through THE SAKAI AGENCY.

ISBN: 4-641-04977-7

图书在版编目（CIP）数据

行政学（新版）/（日）西尾胜著；毛桂荣等译.
北京：中国人民大学出版社，2006
（公共行政与公共管理经典译丛）
ISBN 7-300-07621-1

Ⅰ. 行…
Ⅱ. ①西…②毛…
Ⅲ. 行政学
Ⅳ. D035

中国版本图书馆 CIP 数据核字（2006）第 110221 号

公共行政与公共管理经典译丛
经典教材系列
行政学（新版）
［日］西尾胜　著
毛桂荣　杜创国　熊达云　张亲培　白智立　译

出版发行	中国人民大学出版社		
社　　址	北京中关村大街 31 号	**邮政编码**	100080
电　　话	010－62511242（总编室）		010－62511239（出版部）
	010－82501766（邮购部）		010－62514148（门市部）
	010－62515195（发行公司）		010－62515275（盗版举报）
网　　址	http://www.crup.com.cn http://www.ttrnet.com(人大教研网)		
经　　销	新华书店		
印　　刷	涿州市星河印刷有限公司		
规　　格	170 mm×228 mm　16 开本	**版　　次**	2006 年 9 月第 1 版
印　　张	25.25 插页 2	**印　　次**	2006 年 9 月第 1 次印刷
字　　数	413 000	**定　　价**	35.00 元